Die deutsche Grammatik

Die umfassende Grammatik für Beruf, Schule und Allgemeinbildung

von
Ines Balcik
Klaus Röhe
Verena Wróbel

PONS

Die deutsche Grammatik

Die umfassende Grammatik für Beruf,
Schule und Allgemeinbildung

von
Ines Balcik
Klaus Röhe
Verena Wróbel

Dieses Werk ist inhaltlich identisch mit ISBN 978-3-12-562861-8.

4. Auflage 2026

Redaktion: Corinna Löckle-Götz, Joachim Neubold, Arkadiusz Wróbel
Logoentwurf: Erwin Poell, Heidelberg
Logoüberarbeitung: Sabine Redlin, Ludwigsburg
Layout: one pm, Petra Michel, Stuttgart
Satz: Ulrike Promies, Metzingen
Druck und Bindung: Florjančič tisk d.o.o., Maribor

ISBN: 978-3-12-562481-8

Vorwort

Am Anfang sind es nur Laute, dann folgen Wörter - und mit den Wörtern kommt die Grammatik. Sie verleiht unserer Sprache und unserem Denken Struktur.

Die Sprache, mit der wir aufwachsen, verinnerlichen wir ohne bewussten Lernprozess. Als Kind eignet man sich recht schnell einen beachtlichen Wortschatz an. Aber nicht nur das. Man lernt auch sehr schnell die grammatischen Regeln dazu, ohne dass sie einem erklärt werden, beispielsweise, dass zur Bildung des Partizips Perfekt (Mittelwort der Vergangenheit) meistens ein *ge-* vor den Verbstamm *ge*setzt wird oder dass manche Nomen (Hauptwörter) den Plural mit einem Umlaut bilden wie die M*ü*tter und V*ä*ter. Auch bei der Reihenfolge der Satzglieder in einem Satz wenden wir Regeln an; einen Satz wie *Dieses Buch dir schenke ich* empfinden wir als falsch.

Wenn wir einen Blick in den Baukasten der deutschen Sprache werfen, finden wir darin für die Schriftsprache 30 Buchstaben; für die gesprochene Sprache stehen uns 40 bedeutungstragende Laute zur Verfügung. Vieles lässt sich mit diesen Bausteinen anfangen, aber nicht alle Kombinationen sind möglich.

Nach welchen Regeln also funktioniert die deutsche Sprache? Wie setzen sich die Bausteine zusammen, so dass sinnvolle deutsche Wörter und Sätze entstehen?

Die beiden Autorinnen und der Autor haben sich gemeinsam mit der PONS-Redaktion zum Ziel gesetzt, diese Fragen umfassend und verständlich zu beantworten. Dabei sollen neben Interessierten mit Deutsch als Muttersprache auch jene angesprochen werden, die Deutsch als Zweit- oder Fremdsprache lernen.

Wir laden Sie ein auf eine interessante Reise durch die deutsche Grammatik.

So benutzen Sie das Buch

Damit Sie sich in diesem Buch leicht zurechtfinden, gibt es vor jedem Kapitel eine **Übersichtsseite**, auf der die wichtigsten Punkte zusammengefasst und mit Seitenverweisen versehen sind. Viele **Verweise** im Text leiten Sie außerdem schnell zu verwandten Themen weiter.

Weiterführende Informationen können Sie nachlesen unter den folgenden Symbolen:

ergänzende Hinweise und Lerntipps

! Stolperfallen oder häufige Fehler

fff wichtige Regeln zur Rechtschreibung

; Tipps zur Zeichensetzung

stilistische Hinweise

Wenn Sie eine Frage zu einem ganz bestimmten Stichwort, Thema oder Fachbegriff beschäftigt, helfen Ihnen die Erklärung der **grammatischen Fachbegriffe** und das **Sach- und Stichwortverzeichnis** am Ende des Buches weiter.

Wir wünschen Ihnen viel Freude und Erfolg mit diesem Buch.

Autorinnen, Autor und die PONS-Redaktion

INHALT

DIE BAUSTEINE DER SPRACHE

DIE WORTBAUSTEINE

DIE WORTBILDUNG

DIE WORTARTEN

DIE WORTARTEN IM ÜBERBLICK

DIE NOMEN

DIE ZAHLADJEKTIVE UND ZAHLWÖRTER

DIE VERBEN

DIE ADVERBIEN

DIE NEBENSÄTZE

DIE VERNEINUNG (NEGATION)

RECHTSCHREIBUNG UND ZEICHENSETZUNG

DIE RECHTSCHREIBUNG

INHALT

Nützliche Tabellen und Schaubilder

DIE BAUSTEINE DER SPRACHE

DIE LAUTE UND BUCHSTABEN

ÜBERSICHT

Laute und Buchstaben, Laut-Buchstaben-Zuordnung

→ S. 14

Laute sind die kleinsten Bausteine der gesprochenen Sprache, die in der geschriebenen Sprache durch **Buchstaben**, die kleinsten Bausteine der Schriftsprache, wiedergegeben werden.

Die Zahl der Laute ist viel größer als die Zahl der Buchstaben, ein einzelner Buchstabe kann für verschiedene Laute stehen, z. B.: akti**v** – ner**v**ös.

Umgekehrt kann ein einzelner Laut durch Buchstabenkombinationen ausgedrückt werden, z. B.: sch – Tasche.

Vokale (Selbstlaute)

→ S. 16

Vokale sind Laute, die ohne Engen- oder Verschlussbildung im Rachen- und Mundraum ausgesprochen werden. Sie sind immer stimmhaft und werden kurz oder lang gesprochen. In der geschriebenen Sprache werden Vokale durch folgende Buchstaben repräsentiert:

Einfache Vokale: a, e, i, o, u **Umlaute:** ä, ö, ü **Diphthonge:** ei, ai, au, eu

Konsonanten (Mitlaute)

→ S. 18

Konsonanten sind Laute, die mit einer Enge oder einem Verschluss im Rachen- und Mundraum gebildet werden. Sie können stimmhaft oder stimmlos sein. In der geschriebenen Sprache werden Konsonanten durch folgende Buchstaben und Buchstabenkombinationen repräsentiert:

Stimmhafte Konsonanten: b, d, g, j, l, m, n, r, s, w, *ng*
Stimmlose Konsonanten: f, h, k, p, q, s, ß, t, v, x, z, *ch, ck, ks, pf, ts, tsch*

Laut-Buchstaben-Zuordnung

Laute sind die kleinsten Bausteine der **gesprochenen Sprache**, also die kleinsten lautlichen Einheiten, die die Bedeutung eines Wortes verändern können. Sie werden auch **Phoneme** genannt.

In der **geschriebenen Sprache** werden Laute durch **Buchstaben** wiedergegeben. Buchstaben sind die kleinsten Bausteine der **Schriftsprache**, also die kleinsten geschriebenen Einheiten, die die Bedeutung eines Wortes verändern können. Sie werden auch **Grapheme** genannt.

→ Aussprache, S. 28 ff.

Beispiele für die Bedeutungsänderung eines Wortes, wenn ein einzelner Buchstabe verändert wird,

am Wortanfang: **w**iegen - **s**iegen
im Wortinnern: le**b**en - le**g**en
am Wortende: de**r** - de**s**

Der deutschen Schriftsprache liegt das **lateinische Alphabet** zugrunde, das 26 Buchstaben hat.

a b c d e f g h i j k l m n o p q r s t u v w x y z
A B C D E F G H I J K L M N O P Q R S T U V W X Y Z

Hinzu kommen die Umlaute ***ä, ö, ü*** sowie der Buchstabe ***ß***.

→ Der Buchstabe *ß*, S. 20

Die Zahl der Laute ist viel größer als die Zahl der Buchstaben; deshalb gibt es keine eindeutige Laut-Buchstaben-Zuordnung. Ein einzelner Buchstabe kann für verschiedene Laute stehen. Beispiele:

Rei**s** - rei**s**en

Der *s*-Laut im Wort *Reis* wird anders ausgesprochen als der *s*-Laut im Wort *reisen*. Der erste *s*-Laut wird stimmlos gesprochen, der zweite stimmhaft. In der Schriftsprache werden sie aber beide durch den Buchstaben *s* dargestellt.

→ stimmlose und stimmhafte Konsonanten, S. 19; → Schreibung der s-Laute, S. 557

sie rasten

Wie das Wort *rasten* ausgesprochen wird, hängt von seiner Bedeutung ab. Wenn das Wort von *rasen* (*sich schnell bewegen*) abgeleitet ist (*sie rasten*), wird das *a* lang ausgesprochen. Ist das Wort aber von *rasten* (*eine Pause machen*) abgeleitet, so wird das *a* kurz ausgesprochen (*sie rasten*).

→ kurze / lange Vokale, S. 30

Umgekehrt kann ein einzelner Laut durch Buchstabenkombinationen ausgedrückt werden. Beispiele:

ch - ma**ch**en, rei**ch**
sch - Ta**sch**e
th - Ma**th**ematik (aber: Ra**th**aus, en**th**alten)
ck - We**ck**er
ph - Katastro**ph**e

Da die Schreibung vieler Wörter mit der historischen Entwicklung der Sprache zusammenhängt, kann ein einziger Laut sogar mit unterschiedlichen Buchstaben und Buchstabenkombinationen geschrieben werden. Beispiele für die unterschiedliche Schreibung eines Lautes:

lang gesprochenes *a*: m**a**len, m**ah**len, S**aa**l
der *eu*-Laut: **Eu**le, R**äu**ber

→ Rechtschreibung, S. 552, 556

Warum lateinisches Alphabet?

Das lateinische Alphabet ist das weltweit am weitesten verbreitete Schriftsystem. Es ist eine Buchstabenschrift, die seit etwa 700 v. Chr. von den Römern verwendet und weiterentwickelt wurde.

Ursprünglich umfasste dieses Alphabet nur 21 Buchstaben; im Laufe der Jahrhunderte stieg deren Zahl auf 26. Die Buchstaben *j, u, w, y, z* kamen erst im Laufe der Zeit hinzu.

So wie es in der deutschen Sprache die zusätzlichen Zeichen *ä, ö, ü, ß* gibt, werden auch in einigen anderen Sprachen zusätzliche Buchstaben verwendet, um spezielle Laute in der Schrift abzubilden, zum Beispiel *ç, é, è* im Französischen, *å, ø* in den skandinavischen Sprachen, *č, š* im Tschechischen oder *ı, ş* im Türkischen.

Vokale und Konsonanten

Je nachdem, wie die Laute gebildet (d. h. artikuliert) werden, werden sie in Vokale (Selbstlaute) und Konsonanten (Mitlaute) unterteilt.

Vokale

Vokale werden auch **Selbstlaute** genannt, weil zur Aussprache eines einzelnen Vokals kein weiterer Laut nötig ist. Zum Beispiel wird der Vokal *a* auch als *a* ausgesprochen.

Vokale sind **immer stimmhaft**. Bei ihrer Bildung werden die Stimmbänder durch die aus der Lunge nach oben strömende Luft in Schwingung versetzt; man kann am Kehlkopf ein Vibrieren spüren. Danach jedoch entweicht der Luftstrom völlig ungehindert durch den Rachen- und Mundraum.

→ Aussprache der Vokale, S. 28

Die fünf Grundvokale oder einfachen Vokale der geschriebenen Sprache sind ***a, e, i, o, u***.

Außerdem gibt es in der deutschen Schriftsprache die drei so genannten **Umlaute *ä, ö, ü***.

Neben den einfachen Vokalen gibt es vier **Diphthonge**; das sind Doppel- oder Zwielaute, die aus zwei Vokalen zusammengesetzt sind, und zwar ***ei, ai, au, eu***.

Nur vom Diphthong *au* ist auch ein Umlaut abgeleitet: ***äu***.

Einfache Vokale	Umlaute	Diphthonge
a Tal, Matte	**ä** lächerlich, Lärm	**ai** Mai
e Schnee, schnell		**au** Raum
i Liebe, Ring		**ei** mein
o Los, Roller	**ö** stören, öffnen	**eu** euch
u nur, Durst	**ü** Tür, Wüste	
		Diphthong-Umlaut
		äu Räuber

Im Deutschen werden Vokale lang oder kurz gesprochen.

Ein betonter Vokal wird in aller Regel **lang gesprochen**, wenn nur ein oder gar kein Konsonant folgt, wie in Tal oder Zoo. Die Lippen sind dann weniger weit geöffnet als bei kurz gesprochenen Vokalen wie in Futter.

Auch die Verdoppelung eines Vokals wie in Meer, ein auf einen Vokal folgendes Dehnungs-h wie in Zahl oder Reh oder die Vokalfolge *ie* wie in Sieb zeigen an, dass ein Vokal lang gesprochen wird.

Ein betonter Vokal wird in der Regel **kurz gesprochen**, wenn auf ihn zwei oder mehr Konsonanten folgen wie in Rand oder Mitte.

Vokal	lang		kurz	
a	[aː]	Name, Stahl, Saal	[a]	Matte, Dach
e	[eː]	Regen, mehr, Meer	[ɛ]	retten
i	[iː]	Kino, ihm, Liebe	[ɪ]	Mitte
o	[oː]	rot, Rohr, Moos	[ɔ]	Frost
u	[uː]	Mut, Uhr	[ʊ]	Muster
ä	[ɛː]	zählen, Mädchen	[ɛ]	Wäsche
ö	[øː]	Höhle, mögen	[œ]	öffnen
ü	[yː]	lügen, Mühle	[ʏ]	Sünde

→ Rechtschreibung, S. 549 ff. → Aussprache, IPA, S. 26

Sonderfall: *y*

Das ***y*** kommt in der deutschen Sprache nur in Fremd- und Lehnwörtern vor. Es kann einen **Vokal oder einen Konsonanten** ausdrücken.

Als Vokal wird *y* meist wie ein *ü* gesprochen: Hymne, Myrte, Physik, Polyp.

In einigen Wörtern wird es auch wie *i* gesprochen: Babylon, Calypso, Polygraf; ebenso in Wörtern, die aus dem Englischen stammen und auf *y* enden: Baby, City.

Wird *y* konsonantisch verwendet, wird es ähnlich wie *j* ausgesprochen: Bayern, Hyazinthe, Yacht (auch: Jacht).

Konsonanten

Alle Buchstaben unseres Alphabets mit Ausnahme von *a, e, i, o, u* stehen für Laute, die wir Konsonanten nennen. Sie werden auch **Mitlaute** genannt, weil bei der Aussprache eines einzelnen Konsonantenbuchstaben ein Vokallaut mitklingt. Zum Beispiel wird der Buchstabe *b* als *be* gesprochen, der Buchstabe *r* als *er*, der Buchstabe *w* als *we*.

Bei der Aussprache der Konsonanten wird – im Unterschied zu den Vokalen – der Luftstrom im Rachen- und Mundraum behindert, aufgestaut oder sogar ganz unterbrochen. Dies geschieht mithilfe der Lippen, der Nase, des Gaumens und der Zunge.

Die Konsonantenbuchstaben der deutschen Schriftsprache sind
b, c, d, f, g, h, j, k, l, m, n, p, q, r, s, ß, t, v, w, x, z

Konsonanten können nach der Art ihrer Aussprache und den dabei beteiligten Organen weiter unterschieden werden. Grundlegend ist die Einteilung in stimmhafte und stimmlose Konsonanten und Konsonantenverbindungen.

→ Aussprache der Konsonanten, S. 31

Beim Sprechen eines stimmhaften Konsonanten kann man am Kehlkopf ein Vibrieren spüren. Das Vibrieren entsteht, weil die Stimmbänder durch die aus der Lunge nach oben strömende Luft in Schwingung versetzt werden. Der Laut klingt weich.

Stimmhafte Konsonanten werden mit den Buchstaben ***b, d, g, j, l, m, n, r, s, w*** und der Buchstabenverbindung ***ng*** geschrieben.

b	[b]	**B**ein, we**b**en	**n**	[n]	**N**ame, nen**n**en
d	[d]	**D**ach, re**d**en	**ng**	[ŋ]	Ra**ng**, Fi**ng**er
g	[g], [ʒ] [ʤ]	**G**arten Gara**g**e **G**in	**r**	[ʀ], [r], [ʁ]	**r**ot, He**rr**
			s	[z]	**s**agen, le**s**en
			v	[v]	als *w* gesprochen in Lehnwörtern wie **V**ase, **V**entil
j	[j]	**j**eder, Bo**j**e			
l	[l]	**l**achen, Wa**l**d	**w**	[v]	**W**ald, e**w**ig
m	[m]	**M**onat, Rah**m**en			

→ IPA-Zeichen, S. 32

Beim Sprechen eines **stimmlosen Konsonanten** dagegen strömt die Luft ungehindert nach oben aus. Die Stimmbänder werden nicht in Schwingung versetzt, am Kehlkopf ist kein Vibrieren spürbar. Der Laut klingt hart.

Stimmlose Konsonanten und **Doppellaute** (→ S. 26) werden mit den Buchstaben ***f, h, k, p, q, s, ß, t, v, x, z*** und den Buchstabenverbindungen ***ch, ck, ks, pf, sch, tsch*** geschrieben.

ch	[x], [ç]	ma**ch**en, Li**ch**t → Aussprache, S. 40	**s, ß**	[s]	lu**s**tig, la**ss**en, flie**ß**en
f	[f]	**F**est, A**ff**e	**sch**	[ʃ]	Ta**sch**e, **Sch**irm
h	[h]	**H**ilfe, wo**h**er	**t**	[t]	We**tt**er, **T**ee**t**asse
k, ck	[k]	**K**äse**k**uchen, tro**ck**en	**tsch**	[t͜ʃ]	plan**tsch**en, Pa**tsch**e
p	[p]	ko**p**ieren, Par**k**	**v**	[f]	**V**ogel, **v**erteilen
pf	[p͜f]	Gi**pf**el, **Pf**effer	**x, ks**	[ks]	fi**x**, Ke**ks**
qu	[kv]	(nur in Verbindung mit *u*) **Qu**alm, **Qu**adrat	**z**	[t͜s]	gei**z**ig, wür**z**en

→ IPA-Zeichen, S. 26 f.

Der Buchstabe *ß*: typisch deutsch!

Den Buchstaben ***ß*** gibt es nur in der deutschen Sprache. Er wird in Deutschland, Österreich und Luxemburg gebraucht. In der Schweiz und in Liechtenstein wird er nicht mehr verwendet, stattdessen wird dort **ss** geschrieben: Gruß wird dann zu Gruss, Spaß zu Spass …

Der Buchstabe *ß* wurde früher auch *Eszett* genannt, weil er aus einer Verbindung der Schriftzeichen ſ und ʒ entstanden ist, die in älteren Schriftarten (Antiqua) verwendet wurden. Er kommt nicht am Wortanfang vor, es gibt ihn deshalb nur als Kleinbuchstaben.

→ Rechtschreibung: Schreibung der *s*-Laute, S. 557 ff.

DIE LAUTBILDUNG UND AUSSPRACHE

ÜBERSICHT

Phonetik

→ S. 22

Der Teil der Lautlehre, der beschreibt, wie die Laute der gesprochenen Sprache gebildet werden, wird **Phonetik** genannt. Wichtig für die Entstehung der **Laute** sind:

- die **Sprechorgane** (z. B. Lippen, Zunge ...)
- der **Artikulationsort** (z. B. Ober- und Unterlippe für [b], [p] ...)
- die **Artikulationsart** (z. B. plosiv [b], [p] ...)

Die internationale Lautschrift IPA

→ S. 26

Mit dem Internationalen Phonetischen Alphabet (IPA) werden Laute unabhängig vom verwendeten Alphabet und unabhängig von der Sprache einheitlich dargestellt, z. B. : [a], [aː], [e], [ɛ],[b], [ç], [d] ...

Die deutschen Laute

→ S. 28

Die Laute im Deutschen können in folgende Gruppen eingeteilt werden:

Vokale: [a, ɐ, e, ɛ, ɪ, i, o, ɔ, ø, œ, u, ʊ, y, ʏ]
Diphthonge: [a i̯, a u̯, ɔ y̆, u i̯]

Konsonanten: [b, ç, d, f, g, h, j, k, l, m, n, ŋ, p, ʀ, r, ʁ, s, ʃ, t, v, x, z, ʒ]
Doppellaute: [pf̮, ts̮, tʃ̮, dʒ̮]

Besonderheiten bei Vokalen und Konsonanten

→ S. 36

Die deutschen Laute weisen eine Reihe von Besonderheiten auf, z. B:

Allophone: lautliche Varianten eines Phonems (z. B. [ç] und [x]).
Auslautverhärtung: Stimmloswerden von [b], [d], [g] am Ende einer Silbe oder eines Wortstammes.

Artikulation

Laute entstehen, indem beim Ausatmen Luft durch die Sprechorgane geleitet wird. Zu den Sprechorganen zählen die Stimmbänder, der Gaumen, der Kehlkopf, die Rachenhöhle, der Nasenraum, die Zunge und die Lippen. Laute werden beschrieben, indem man ihren Artikulationsort und ihre Artikulationsart sowie die an der Artikulation beteiligten Sprechorgane genau definiert. Die Bildung der Laute und ihre Aussprache werden **Artikulation** genannt.

Der Teil der Lautlehre, der beschreibt, wie die Laute der gesprochenen Sprache gebildet werden, wird **Phonetik** genannt.

Grundlagen der Artikulation

Da die verschiedenen Sprachen über unterschiedliche Phoneme verfügen, sind die Grundlagen der Artikulation besonders beim Lernen einer Fremdsprache wichtig. Sie helfen aber auch, die Aussprache der Muttersprache deutlicher werden zu lassen und zu verbessern.

Artikulationsorgane

An der Artikulation der deutschen Laute sind die in der Abbildung dargestellten beweglichen und unbeweglichen Sprechorgane des Mund- und Rachenraumes beteiligt.

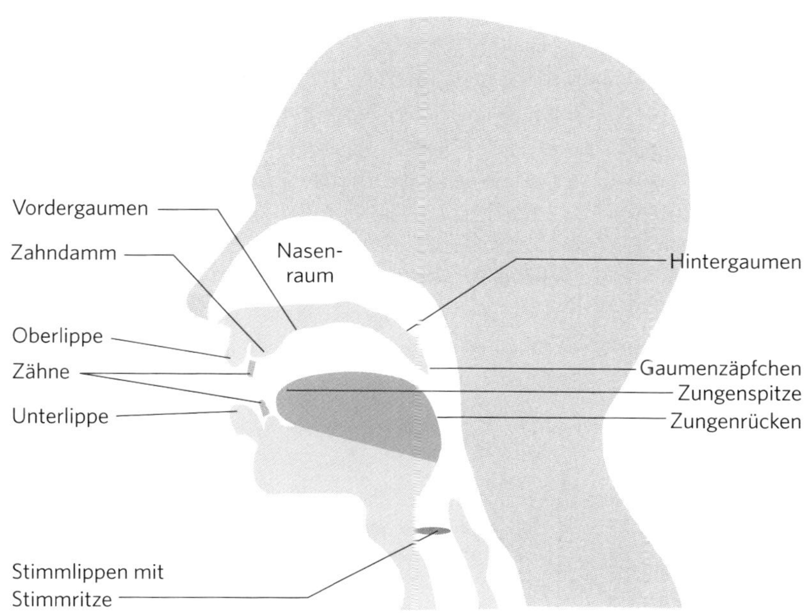

Artikulationsorgan	Ein dort gebildeter Laut ist
1. Lippen	labial
2. Zähne	dental
3. Zahndamm	alveolar
4. hinter dem Zahndamm	postalveolar
5. Vorderzunge	koronal
6. Zungenrücken	dorsal
7. Vordergaumen	palatal
8. Hintergaumen	velar
9. Gaumenzäpfchen	uvular
10. Stimmritze	glottal

Artikulationsort

Bei der Bildung von Konsonanten wird der Luftstrom an einer bestimmten Stelle im Rachen- und Mundraum behindert oder ganz unterbrochen. An diesem Vorgang sind immer zwei Sprechorgane beteiligt. Der **Artikulationsort** liegt dort, wo diese Organe den Luftstrom behindern oder unterbrechen. Für deutsche Konsonanten gibt es sieben Artikulationsorte.

Laute nach Artikulationsort	beteiligte Organe	Laute nach IPA + Beispiele	
Lippenlaute (bilabial)	Ober- und Unterlippe	[b] [m] [p]	**b**ald **M**und **P**aar
Lippen-Zahnlaute (labiodental)	Unterlippe und Zähne	[f] [v]	**F**reund **w**er
Zahnlaute (alveolar)	Zungenspitze (Zungenkranz) und Zahndamm	[d] [l] [n] [r] [s] [ʃ] [t] [t͡s] [t͡ʃ] [z]	**d**enn **l**inks **N**est **r**ennen Gla**s** **Sch**ein **T**afel **z**ehn Ma**tsch** **s**ein
Vordergaumenlaute (palatal)	Zungenrücken und (harter) Vordergaumen	[ç] [j]	i**ch** **j**a
Hintergaumenlaute (velar)	Zungenrücken und (weicher) Hintergaumen	[g] [ŋ] [x] [k]	**g**ern la**ng** wa**ch** **K**ind
Zäpfchenlaute (uvular)	Zungenrücken und Gaumenzäpfchen	[ʀ], [ʁ]	**r**ennen

Stimmritzenlaute (glottal)	Stimmritze im Kehlkopf	[h] [ʔ]	Haus be-achten

→ IPA-Zeichen, S. 27

BAUSTEINE

Artikulationsart

Die Artikulationsart beschreibt genauer, wie der Luftstrom bei der Bildung der Konsonanten verändert wird. Dabei können stimmhafte oder stimmlose Laute entstehen.

Für deutsche Konsonanten gibt es fünf Artikulationsarten.

Laute nach Artikulationsart	**Beschreibung**	**Laute nach IPA + Beispiele**	
		stimmlose	**stimmhafte**
Verschlusslaute oder Plosive (plosiv)	Der Luftstrom wird kurz ganz unterbrochen und entweicht dann explosionsartig.	[p] **P**anne [t] **T**onne [k] **K**ind	[b] **B**auer [d] **d**och [g] **G**ast
Reibelaute oder Frikative (frikativ)	An einer Engstelle wird die vorbeiströmende Luft verwirbelt; ein Reibegeräusch entsteht.	[f] **F**rau [s] Ra**s**t [ʃ] **Sch**nee [ç] i**ch** [x] Da**ch** [h] **H**aus	[v] **w**er [z] **l**esen [ʒ] **G**enie [j] **j**a [ʁ] **r**ennen
Nasenlaute oder Nasale (nasal)	Der Mundraum wird durch ein Senken des Hintergaumens verschlossen; die Luft entweicht durch die Nase.		[m] **M**utter [n] **N**est [ŋ] la**ng**
Seitenlaute oder Laterale (lateral)	Die Luft entweicht auf einer oder auf beiden Seiten der Zunge.		[l] **l**inks

Schwinglaute oder Vibranten	Die Zungenspitze oder das Gaumenzäpfchen schwingt (rollt oder vibriert) hin und her.	[r] **r**ennen [ʀ] **r**ennen
Affrikaten	Eng zusammen ausgesprochene Verbindungen aus Verschluss- und Reibelauten.	[p͡f] **Pf**und [t͡s] **z**ehn [t͡ʃ] Ma**tsch** [d͡ʒ] **G**in

→ IPA-Zeichen, S. 27

Die internationale Lautschrift IPA

Das Internationale Phonetische Alphabet (IPA) ist ein weltweit verwendetes **Lautschriftalphabet**, das Laute unabhängig vom verwendeten Alphabet und unabhängig von der Sprache einheitlich darstellt. Die Lautschrift wird meist in eckige Klammern gestellt, um sie von anderen Schriftsystemen zu unterscheiden. Das IPA umfasst alle Kombinationen von Artikulationsart und -ort der verschiedenen Laute aller Sprachen. Es enthält deshalb deutlich mehr phonetische Zeichen, als es Buchstaben gibt, damit alle Laute wiedergegeben werden können.

Einige Laute wie [ã], [ãː], [ɛ̃], [õ], [d͡ʒ], [ʒ] kommen nur in Fremdwörtern vor. Das sind Wörter, die aus anderen Sprachen übernommen wurden, aber noch ähnlich wie in der Herkunftssprache ausgesprochen werden.

Das **Zeichen ː** zeigt an, dass der Vokal vor diesem Zeichen lang gesprochen wird (→ S. 30).

Mit ˈ wird die **betonte Silbe** (→ S. 46) bei der Umschrift eines ganzen Wortes markiert, z. B. [ˈrɪçtʊŋ] (*Richtung*).

IPA-Zeichen für deutsche Laute

Vokale

[a]	m**a**tt
[aː]	h**a**ben
[ɐ]	Vat**er**
[ã]	R**en**dezvous
[ãː]	Abonnem**ent**
[e]	**E**tage
[eː]	S**ee**le
[ɛ]	W**ä**sche
[ɛː]	z**äh**len
[ɛ̃]	Cous**in**
[ə]	mach**e**
[ɪ]	K**i**ste
[i]	pr**i**vat
[iː]	Z**ie**l
[o]	Pr**o**jekt
[oː]	**oh**ne
[õ]	F**on**due
[õː]	F**on**ds
[ɔ]	**o**ft
[ø]	**ö**kologisch
[øː]	H**öh**le
[œ]	**ö**ffnen
[u]	z**u**letzt
[uː]	g**u**t
[ʊ]	M**u**tter
[y]	Z**y**presse
[yː]	M**üh**le
[ʏ]	S**ü**nde

Diphthonge

[ai̯]	w**ei**t
[a̯u]	H**au**s
[ɔy̯]	H**eu**
[ui̯]	pf**ui**

Doppellaute

[p͡f]	**Pf**und
[t͡s]	**z**ehn
[t͡ʃ]	Ma**tsch**
[d͡ʒ]	Mana**g**er

Konsonanten

[b]	**B**all
[ç]	mi**ch**
[d]	**d**enn
[f]	**F**reund
[g]	**g**ern
[h]	**H**and
[j]	**j**a
[k]	**K**ind
[l]	**l**inks
[m]	**m**att
[n]	**N**est
[ŋ]	la**ng**
[p]	**P**aar
[ʀ], [r], [ʁ]	**r**ennen
[s]	gro**ß**
[ʃ]	**sch**ön
[t]	**T**afel
[v]	**w**er
[x]	Lo**ch**
[z]	**S**ingen
[ʒ]	Gara**g**e
[ʔ]	(Knacklaut)

→ Tipp, S. 33

Anlaut, Inlaut und Auslaut

Laute können am Anfang, im Innern oder am Ende einer Silbe, eines Wortes oder eines Satzes vorkommen. Bezogen auf Wörter werden diese Laute wie folgt definiert:

Der **Anlaut** ist der erste Laut eines Wortes:

bald, **r**ot, **a**lt [**b**alt], [**r**o:t], [**a**lt] ...

Der **Inlaut** liegt innerhalb eines Wortes. Ein Inlaut ist also jeder Laut, der nach einem Anlaut, aber vor einem Auslaut gesprochen wird:

H**an**d, m**i**t, S**tar**t [h**an**t], [m**ɪ**t], [ʃ**tar**t] ...

Der **Auslaut** ist der letzte Laut eines Wortes:

wei**t**, Brie**f**, lo**s** [vai̯**t**], [bri:**f**], [lo:**s**] ...

Die Aussprache der deutschen Laute

In der deutschen Sprache werden ungefähr 40 Phoneme verwendet. Etwa die Hälfte davon sind Vokallaute, obwohl es im Alphabet mehr Konsonantenbuchstaben als Vokalbuchstaben gibt (→ vgl. Tabelle, S. 27).

Verbindung von Vokalen und Konsonanten beim Sprechen

Die folgenden Tabellen zeigen Vokale und Konsonanten, wie sie als Einzellaute gesprochen werden. Normalerweise werden Vokale und Konsonanten beim Sprechen miteinander verbunden. Dabei beeinflussen sie sich gegenseitig. Dieser Vorgang wird **Assimilation** genannt.

Aussprache der Vokale

Als Artikulationsart gilt für alle Vokale, dass der Luftstrom ungehindert durch den Rachen- und Mundraum entweicht. Von der Lage der Zunge und von der Lippenrundung hängt es ab, wie der im Kehlkopf erzeugte stimmhafte Ton verändert wird.

Außerdem wird unterschieden zwischen **offenen und geschlossenen Vokalen**. Bei der Aussprache geschlossener Vokale hebt sich die Zunge zum Oberkiefer, der Mund ist fast geschlossen. Bei der Aussprache offener Vokale senkt sich die Zunge zum Unterkiefer, der sich seinerseits senkt. Der Mund ist geöffnet. Zwischen offen und geschlossen gibt es noch Abstufungen.

Den Bereich des Mundraumes, in dem die Vokale gebildet werden, kann man vereinfacht mit Hilfe des so genannten **Vokalvierecks** darstellen.

Neben der Stelle, an der ein Vokal gebildet wird (vorn, zentral, hinten), zeigt das Vokalviereck auch den Grad der Enge bzw. des Verschlusses von geschlossen über halbgeschlossen und halboffen bis offen an.

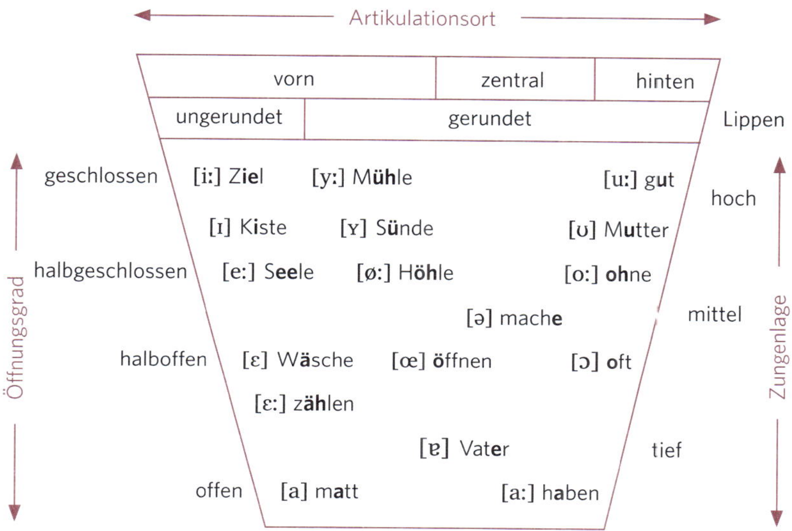

IPA-Zeichen	Lippenrundung	Bildung im Mundraum	offen / geschlossen	Beispiel
[a]	unger.	vorn	offen	b**a**ld
[aː]	unger.	hinten	offen	H**ah**n
[ɐ]	unger.	zentral	fast offen	Tell**er**
[ɛː]	unger.	vorn	fast offen	k**ä**me
[eː]	unger.	vorn	halb geschlossen	Schn**ee**
[ɛ]	unger.	vorn	halb offen	n**e**tt
[ə]	unger.	zentral	neutral	Gab**e**n
[iː]	unger.	vorn	geschlossen	schl**ie**f
[ɪ]	unger.	fast vorn	fast geschl.	K**i**nn
[oː]	gerundet	hinten	halb geschl.	r**o**t
[ɔ]	gerundet	hinten	halb offen	K**o**pf
[øː]	gerundet	fast vorn	halb geschlossen	st**öh**nen
[œ]	gerundet	fast vorn	halb offen	M**ö**rder
[uː]	gerundet	hinten	geschlossen	g**u**t
[ʊ]	gerundet	fast hinten	fast geschlossen	b**u**nt
[yː]	gerundet	fast vorn	geschlossen	Gr**ü**ße
[ʏ]	gerundet	fast vorn	fast geschlossen	Gr**ü**nde

Die deutschen Vokalbuchstaben können als sehr unterschiedliche Laute gesprochen werden. Die Aussprache hängt davon ab, wo die Vokale im Wort stehen und ob sie betont werden oder nicht.

Ein betonter Vokal kann lang ausgesprochen werden. (→ lange Vokale, S. 17)

Lange Vokale: [aː] in h**a**ben, [eː] in R**e**gen, [iː] in Z**ie**gel, [oː] in B**o**den, [uː] in K**uh**

Ein betonter Vokal kann kurz ausgesprochen werden. (→ kurze Vokale, S. 17)

Kurze Vokale: [a] in M**a**tte, [ɛ] in W**ä**sche, [ɪ] in K**i**nd, [ɔ] in **o**ft, [ʊ] in B**u**tter

Der Vokalbuchstabe **e** kommt in der deutschen Schrift sehr häufig vor. In der gesprochenen Sprache wird das *e* in unbetonten Silben aber oftmals nur angedeutet oder sogar ganz „verschluckt":

- Als so genannter **Murmellaut** oder **Schwa-Laut [ə]** ist das e unbetont, z. B. als Endungs-e wie in führ**e**n [ˈfyːrən], heul**en** [ˈhɔ̆ylən], Rab**e** [ˈraːbə], oder in Präfixen wie in b**e**raten [bəˈraːtn], g**e**macht [gəˈmaxt].
- In Wörtern, die auf ***-er*** enden wie Ob**e**r [ˈoːbɐ], lieb**e**r [ˈliːbɐ] bildet das *e* gemeinsam mit dem anschließenden *r* einen speziellen Klang [ɐ].
- Praktisch nicht ausgesprochen wird das *e* in Wörtern wie Himm**e**l [ˈhɪml], machen [ˈmaxn] und in Pluralformen auf *-en*: Rab**e**n [ˈraːbn], Ros**e**n [ˈroːzn], …

→ betonte und unbetonte Silben, S. 46

Klangfarbe der Vokale

Versuchen Sie, die verschiedenen Klangfarben der Vokale bewusst zu hören.

Zum Beispiel steht in dem Wort Verkehr der erste *e*-Laut an unbetonter Stelle und klingt entsprechend schwach und farblos. Der zweite *e*-Laut des Wortes jedoch strömt breit durch die Mundöffnung und klingt hell und klar.

In Teenager wird das *e* wie ein langes *i* ausgesprochen. In Fest hören wir ein *ä*.

Ähnliches gilt auch für die *o*-Laute, zum Beispiel in dem Wort Motto: Das kurze, offene *o* vor dem *t*-Laut hat wesentlich weniger Klangcharakter als das gedehnte und geschlossene *o* am Ende des Wortes.

Aussprache der Konsonanten

Die deutschen Konsonantenbuchstaben werden einheitlicher ausgesprochen als die Vokale; es gibt kaum Abweichungen.
Der Konsonant ***b*** z. B. wird im IPA nur durch ein einziges Lautzeichen dargestellt, das genau dem Buchstaben entspricht: [b] wie in Ball.

IPA-Zeichen	Artikulationsart	Artikulationsort	stimmhaft oder stimmlos	Beispiel
[b]	plosiv	labial	stimmhaft	**B**ank
[ç]	frikativ	palatal	stimmlos	wei**ch**
[d]	plosiv	alveolar	stimmhaft	**d**anke
[f]	frikativ	dental	stimmlos	**F**isch
[g]	plosiv	velar	stimmhaft	**G**arten
[h]	frikativ	glottal	stimmlos	**H**ose
[j]	frikativ	palatal	stimmhaft	**j**eder
[k]	plosiv	velar	stimmlos	**K**arte
[l]	lateral	alveolar	stimmhaft	**L**eder
[m]	nasal	labial	stimmhaft	**M**ann
[n]	nasal	alveolar	stimmhaft	**n**ie
[ŋ]	nasal	velar	stimmhaft	Ra**ng**
[p]	plosiv	labial	stimmlos	**P**erle
[r]	vibrant	alveolar	stimmhaft	**R**ose
[ʀ]	vibrant	uvular	stimmhaft	**R**ose
[ʁ]	frikativ	uvular	stimmhaft	**R**ose
[s]	frikativ	alveolar	stimmlos	Rei**s**
[ʃ]	frikativ	postalveolar	stimmlos	**Sch**uh
[t]	plosiv	alveolar	stimmlos	**T**or
[v]	frikativ	dental	stimmhaft	**W**ein
[x]	frikativ	velar	stimmlos	wa**ch**
[z]	frikativ	alveolar	stimmhaft	**S**eil
[ʔ]	plosiv	glottal	stimmlos	be**-**achten

Der Knacklaut

Das Zeichen **[ʔ]** steht für einen unauffälligen Knacklaut, der durch einen kurzen Verschluss der Stimmlippen entsteht, wenn auf eine unbetonte Silbe mit vokalischem Auslaut die folgende mit einem betonten Vokal beginnt, denn die Stimmlippen müssen sich beim Wechsel vom einen auf den anderen Vokal neu einstellen:

b**ea**chten [bəˈʔaxtn], b**ei**nhalten [bəˈʔɪnhaltn], d**ie U**hr [diːˈʔuːɐ]

Wenn man die Wörter deutlich flüstert, kann man den Knacklaut im Kehlkopf wahrnehmen.

Neben dem Zeichen **[ʔ]** wird in der phonetischen Schrift auch **[|]** zur Darstellung des Knacklauts verwendet.

Allophone

Lautliche Varianten eines Phonems werden als **Allophone** bezeichnet.

Wenn die Variante abhängig von der lautlichen Umgebung ist, wird sie **kombinatorische Variation** genannt. Dies gilt im Deutschen zum Beispiel für die stimmlose **Konsonantenverbindung** *ch*.

Für sie gibt es zwei Ausspracharten. Die Aussprache hängt von dem Vokal ab, auf den *ch* folgt.

[ç] – Nach *e, i* wird ***ch*** hell gesprochen als ein am vorderen Gaumen gebildeter Reibelaut (palatal, frikativ, stimmlos): ***ch*** in re**ch**nen, mi**ch**, wei**ch** …

[x] – Nach *a, au, o, u* wird ***ch*** dunkel gesprochen als ein am hinteren Gaumen gebildeter Reibelaut (velar, frikativ, stimmlos): ***ch*** in wa**ch**, Rau**ch**, Wo**ch**e, Bu**ch** …

In der Schweiz wird *ch* immer als [x] gesprochen.

→ Aussprache von *ch*, S. 40

Wenn die **Variante unabhängig von der lautlichen Umgebung** ist, wird sie **freie Variation** genannt. Dies gilt im Deutschen für die Aussprache des ***r*-Lauts**.

R wird im Deutschen meist als Zäpfchenlaut gesprochen (als stimmhafter uvularer Frikativ [ʁ] oder als stimmhafter uvularer Vibrant [ʀ]). In einigen Gegenden Deutschlands, vor allem in Bayern, in Österreich und in der westlichen Deutschschweiz wird es dagegen als Zungenspitzenlaut (als stimmhafter alveolarer Vibrant [r]) gesprochen. Die unterschiedliche Aussprache verändert aber nicht die Bedeutung des Wortes, in dem er vorkommt.

In den romanischen Sprachen, z. B. im Italienischen, wird der *r*-Laut immer als Zungenspitzenlaut gebildet – wie im Wort grazie (*danke*).

Machen Sie den Test: Sprechen Sie das ähnlich wie *Brötchen* klingende Kunstwort ***Bdötchen*** mehrmals hintereinander so weich wie möglich aus. Sie werden feststellen, dass in der Kombination des *b*- und des *d*-Lauts ein Zungenspitzenlaut entsteht, der einem *r*-Laut ähnelt. Die Zungenspitze vibriert und kann so das Zungenspitzen-*r* bilden.

Hochdeutsch und Mundarten

Die Aussprache der deutschen Laute kann regional sehr unterschiedlich sein. Wie die Orthografie die Regeln der Rechtschreibung erfasst, gibt es auch eine weniger bekannte und weniger verbindliche **Orthoepie** oder **Orthophonie**, die die Regeln zur Aussprache der Laute umfasst.

Während früher die Bühnenaussprache als Standard galt, orientiert sich die Standardaussprache heute an der Aussprache der Nachrichtensprecher. Aber auch die Aussprache dieser Sprecher ist nicht einheitlich, da es im Deutschen keine fest definierte und allgemein akzeptierte Standardaussprache gibt.

Die Aussprache der Nachrichtensprecher in den deutschsprachigen Ländern Deutschland, Österreich und der Schweiz ist nicht identisch. Außerdem gibt es auch innerhalb dieser Länder Aussprachevarianten, die von der regionalen Herkunft der Sprecher bestimmt werden und von dem Dialekt oder der Mundart, die dort gesprochen wird.

Norddeutsche Variante der Aussprache von Vokalen

In Norddeutschland zum Beispiel werden Vokale oft kürzer gesprochen als in der Standardsprache. Dadurch ändert sich auch die Aussprache der nachfolgenden Konsonanten, z. B. „Tach" [tax] für Tag [taːg], „Zuch" [t͡sux] für Zug [t͡suːg] oder „Spass" [ʃpas] für Spaß [ʃpaːs].

→ kurze und lange Vokale, S. 17

Schreibweise der *s*-Laute

Die deutsche Sprache kennt **zwei *s*-Laute**, für die es drei Schreibweisen gibt. Der stimmhafte *s*-Laut wie in *Rose* wird grundsätzlich mit *s* geschrieben. Ein *s*, gefolgt von einem Vokal, am Wort- oder Silbenanfang wird in der Standardsprache immer stimmhaft (d. h. als [z]) gesprochen:

Wortanfang: **S**alz, **S**onne, **S**eil
Silbenanfang: Blu-**se**, ra-**sen**, We-**sen**

Der **stimmlose *s*-Laut** (d. h. [s]) wird ***s*, *ss* oder *ß*** geschrieben wie in Reis, Wasser, weiß. Bei der Rechtschreibung muss man deshalb ein wenig aufpassen.

Erschwerend kommt hinzu, dass in einigen Regionen alle *s*-Laute stimmhaft gesprochen werden (Hessen), während andere Regionen, besonders im süddeutschen Raum, keinen stimmhaften *s*-Laut kennen. Dort wird *s* auch am Wort- und Silbenanfang stimmlos gesprochen.

→ Rechtschreibung: *s*-Schreibung, S 557 ff.

Regionale Unterschiede bei der Aussprache von *sp* und *st*

Wenn ein Wort oder eine Silbe mit ***sp*** oder ***st*** beginnt, spricht man diese beiden Buchstaben hochsprachlich wie *schp* [ʃp] bzw. *scht* [ʃt]:

„Spitze Steine" werden gesprochen „schpitze Schteine" [ˈʃpɪt͡sə ˈʃtai̯nə].

In Norddeutschland ist aber auch die Aussprache „s-pitze S-teine" [spɪt͡sə stai̯nə] verbreitet.

Stehen dagegen *sp* oder *st* in der Mitte eines Wortes zwischen zwei Vokalen oder am Wortende, spricht man sie auch als *sp* [sp] bzw. *st* [st]: „knisternde Holzraspel" werden gesprochen „knisternde Holzraspel" [ˈknɪstɐndə ˈhɔlt͡sraspl].

Im Schwäbischen ist dagegen die Aussprache „knischternde Holzraschp(e)l" [ˈknɪʃtɐndə ˈhɔlt͡sraʃpl] üblich.

Besonderheiten bei Vokalen, Umlauten und Diphthongen

ei, ai [ai̯]

Der Diphthong [ai̯] kommt in den Schreibweisen ***ei*** und ***ai*** vor. In der Aussprache sind sie meist nicht voneinander zu unterscheiden. Im Mittelalter wurde *ei* noch [ei̯] ausgesprochen (wie im englischen Wort *day*), heute ist die Aussprache für *ei* und *ai* durchweg [ai̯].

Die meisten Wörter werden mit ***ei*** geschrieben:

breit, Eimer, Feier, Leiter, meinen, reich, Seite, Teich, weit, weiß ...

Mit ***ai*** werden nur wenige Wörter geschrieben:

Detail, Hai, Hain, Kai, Kaiser, Laie, Mai, Main, Mais, Rain ...

→ Rechtschreibung, S.556

Einige Wörter kann man sich leicht merken, weil sie gleich ausgesprochen werden, aber je nach Schreibweise des Diphthongs unterschiedliche Bedeutung haben. Solche Wörter werden **Homophone** genannt.

[ˈlai̯p]	Leib	(Körper)	Laib	(Brot)
[ˈlai̯çə]	Leiche	(toter Körper)	Laich	(Froscheier)
[ˈzai̯tə]	Seite	(im Buch)	Saite	(bei Saiteninstrumenten)
[ˈvai̯zə]	weise, Weise		Waise	(Kind ohne Eltern)

In einigen Eigennamen und geografischen Bezeichnungen wird der Laut [ai̯] auch als ***ey*** oder ***ay*** geschrieben:

Frey, Meyer, Speyer, Bayern, Mayer ...

äu, eu [ɔy̆]

Auch ***äu*** und ***eu*** unterscheiden sich in der Aussprache kaum voneinander.

[gəˈbɔy̆də]	Gebäude	[ɔy̆lə]	Eule
[gəˈʀɔy̆ʃ]	Geräusch	[fʀɔy̆də]	Freude
[ˈzɔy̆bɐn]	säubern	[hɔy̆tə	heute
[ˈtɔy̆ʃən]	täuschen	[tɔy̆ɐ]	teuer

→ Rechtschreibung, S. 556

e [e], *ä* [ɛ]

Zwischen **e** und ***ä*** wird bei deutlicher Aussprache unterschieden. Bei flüchtiger Aussprache wird im norddeutschen Sprachraum in beiden Fällen eher [e], im süddeutschen eher [ɛ] gesprochen.

[ˈbɛ:ʀən]	Bären	[ˈbe:ʀən]	Beeren
[ˈɛ:ʀə]	Ähre	[ˈe:ʀə]	Ehre
[ˈlɛʀçə]	Lärche	[ˈlɛʀçə]	Lerche
[ˈzɛ:gən]	sägen	[ˈze:gən]	Segen

→ Rechtschreibung, S. 555

oe [œ] [ø]

Einige Wörter werden mit ***oe*** geschrieben. In Familiennamen wird *oe* in der Regel wie *ö* [œ] bzw. [ø] ausgesprochen:

G**oe**the, M**oe**ller, **Oe**ttinger, Sp**oe**rl ...

In einigen geografischen Namen in Norddeutschland wird *oe* jedoch als langes *o* [oː] gesprochen:

C**oe**sfeld, Itzeh**oe**, S**oe**st ...

Auch der Eigenname B**oe**ing wird mit [oː] gesprochen, die Stadt M**oe**rs dagegen mit [œ].

In Ableitungen, die auf geografische Namen auf *-o* zurückgehen, wird *oe* nicht als ein Laut, sondern [oɐ] gesprochen:

Chicago → Chicagoer, Kairo → Kairoer, Oslo → Osloer

oi, ae, ui

In einigen niederrheinischen Ortsnamen wird ***oi*** als langes *o* [oː] wie in *Brot* gesprochen:

Grevenbr**oi**ch, Korschenbr**oi**ch, Tr**oi**sdorf ...

und ***ae*** als langes *a* [aː] wie in Hase: Kevel**ae**r ...

Dagegen wird ***ui*** ausgesprochen wie *ü* [yː]: D**ui**sburg, J**ui**st

Besonderheiten bei Konsonanten

Nicht immer kann man sich bei der Schreibung von Konsonanten an der Aussprache orientieren. Im Deutschen gibt es Mitlaute, die zwar gleich oder sehr ähnlich ausgesprochen, im Schriftbild aber unterschiedlich wiedergegeben werden.

Aussprache von *b, d, g - p, t, k*

Wortstämme oder Silben, die auf den Buchstaben ***b, d*** oder ***g*** enden, werden mit den stimmlosen Plosiven [p], [t] oder [k] gesprochen. Man spricht in diesem Fall von **Auslautverhärtung**. Es ist in der Aussprache also kein Unterschied feststellbar zu Wortstämmen bzw. Silben, die auf ***p, t*** oder ***k*** enden:

Buchstabe b, d, g im Auslaut **Aussprache [p], [t], [k]**		**Buchstabe p, k, t im Auslaut** **Aussprache [p], [t], [k]**	
Kal**b**	[kalp]	Ty**p**	[ty:p]
Ba**d**	[ba:t]	Ta**t**	[ta:t]
Ber**g**	[bɛrk]	Wer**k**	[vɛrk]

In abgeleiteten oder gebeugten Formen, in denen die Buchstaben *b, d* und *g* nicht mehr Auslaut sind, werden sie jedoch als stimmhafte Plosive [b], [d], [g] gesprochen; denn sie sind dann der Anlaut einer neuen Silbe. Die Aussprache bei Wortstämmen auf *p, t* und k bleibt auch in abgeleiteten und gebeugten Formen stimmlos.

Kal**b**	[kalp]	Käl**ber**, kal**ben**	[ˈkɛlbɐ, ˈkalbən]
Ty**p**	[ty:p]	Ty**pen**, ty**pisch**	[ˈty:pən, ˈty:pɪʃ]
Ba**d**	[ba:t]	Bä**der**, ba**den**	[ˈbɛ:dɐ, ˈba:dən]
Ta**t**	[ta:t]	Ta**ten**, tä**tig**	[ˈta:tən, ˈtɛ:tɪç]
Ber**g**	[bɛrk]	Ber**ges**, ber**gig**	[ˈbɛrgəs, ˈbɛrgɪç]
Wer**k**	[vɛrk]	Wer**kes**, wer**keln**	[ˈvɛrkəs, ˈvɛrkəln]

Ob ein mit stimmlosen Plosiven [p], [t] oder [k] gesprochener Wortstamm mit *b* oder *p*, *d* oder *t*, *g* oder *k* geschrieben wird, lässt sich besonders durch Ableitung oder Verlängerung des Wortstammes (→ S. 66) herausfinden.

→ Rechtschreibung, S. 561 ff.

Aussprache des Buchstaben *g*

Die Auslautverhärtung bei der Aussprache des Buchstaben *g* findet nur statt, wenn das *g* auf ***a, e, l, o, r, u*** folgt.

Vertr**ag**, Bel**eg**, Ta**lg**, Tr**og**, Bu**rg**, Z**ug** **...**

Folgt das *g* jedoch auf ein *i* oder ein *n* am Silbenende, ist die Aussprache eine andere.

→ Aussprache von *-ig* und *-lich*, S. 42; → Aussprache von *-ng*, S. 43

Aussprache von *ch*

Die Konsonantenverbindung ***ch*** wird nach den Vokalen ***e, i*** hell gesprochen als [ç]. Nach den Vokalen ***a, au, o, u*** wird *ch* dunkel gesprochen als [x].

→ Allophone, S. 33

Neben dieser Grundregel sind bei der Aussprache der Konsonantenverbindung *ch* einige weitere Besonderheiten zu beachten:

Am Wortanfang wird *ch* standardsprachlich vor den hellen Vokalen ***e, i*** als [ç] gesprochen:

China, **Che**mie ...

Auch die Aussprache *sch* [ʃ] kommt **umgangssprachlich** oder regional am Wortanfang vor diesen Vokalen vor.

In Süddeutschland wird *ch* am Wortanfang vor *e* und *i* meist als [k] gesprochen.

Auch in deutschen **geografischen Namen** wird *ch* am Wortanfang vor *e* und *i* als [k] gesprochen:

Chemnitz, **Chie**msee ...

Ch **am Wortanfang vor dunklen Vokalen** wird als [k] gesprochen:

Charakter, **Ch**or ...

Wenn *ch* **am Wortanfang vor Konsonanten** steht, wird es ebenfalls wie [k] gesprochen:

Chlor, **chr**onisch ...

Ch am Wortanfang vor dunklen Vokalen mit der Aussprache [x] kommt nur in sehr wenigen Fremdwörtern vor: **Ch**uzpe ...

Im Wortinnern vor dem Konsonanten ***s*** wird *ch* ebenfalls als [k] gesprochen:

Dei**chs**el, wa**chs**en ...

In einigen Fällen wird *ch* auch als *sch* [ʃ] oder *tsch* [tʃ] gesprochen.

Die Aussprache [ʃ] kommt vor allem bei Wörtern vor, die **aus dem Französischen** stammen:

Champignon, **Ch**ance, Re**ch**er**ch**e ...

Die Aussprache [tʃ] kommt vor allem bei Wörtern vor, die **aus dem Englischen oder Spanischen** stammen:

Champion, **Ch**ip, Ma**ch**o ...

Übersicht über die Aussprache der Konsonantenverbindung *ch*

Laut	am Wortanfang	im Wortinnern	Beispiel
[ç]		nach den Vokalen **e, i**	mi**ch**, Re**ch**t
	vor den Vokalen **e, i**		**Ch**emie, **Ch**ina
[x]		nach den Vokalen **a, au, o, u**	ma**ch**en, Rau**ch**, Ko**ch**, Tu**ch**
	selten vor dem Vokal **u**		**Ch**uzpe

[k]	vor den Vokalen **a, o**		**Ch**arakter, **Ch**or
	vor Konsonanten		**Ch**lor, **ch**ronisch
	in geografischen Namen vor **e, i**		**Ch**emnitz, **Ch**iem-see
	in Süddeutschland vor **e, i**		**Ch**emie, **Ch**ina
		vor **s**	Dei**ch**sel, wa**ch**sen
	in italienischen Wörtern	in italienischen Wörtern	**Ch**ianti, Gnoc**ch**i
[ʃ]	umgangssprachlich und regional vor *e, i*		**Ch**emie, **Ch**ina
	in französischen Wörtern:	in französischen Wörtern:	**Ch**ance, Re**ch**er**ch**e
[tʃ]	in englischen Wörtern	in englischen Wörtern	**Ch**ip, Ma**tch**
	in spanischen Wörtern	in spanischen Wörtern	**Ch**ica, Ma**ch**o

Aussprache von *-ig* und *-lich*

Bei Wörtern, die auf ***-ig*** oder ***-lich*** enden, werden die Buchstabenkombinationen ***-ig*** und ***-ich*** identisch ausgesprochen: [ɪç].

-lich		**-ig**	
fröh**lich**	[ˈfrø:lɪç]	freud**ig**	[ˈfrɔy̯dɪç]
mög**lich**	[ˈmø:klɪç]	rost**ig**	[ˈrɔstɪç]
vergeb**lich**	[fɛɐˈge:plɪç]	staub**ig**	[ˈʃtau̯bɪç]

Bei gebeugten oder abgeleiteten Formen ändert sich jedoch die Aussprache von *-ig*, da *-ig* dann die Endstellung im Wort verliert: Das *g* wird zum Anlaut einer neuen Silbe und als [g] gesprochen.

-lich		-ig	
eine fröh**liche** Runde	['frø:lıçə]	eine freud**ige** Nachricht	['frɔydıgə]
mög**liche** Gefahren	['mø:klıçə]	ein rost**iger** Nagel	['rɔstıgɐ]
vergeb**liche** Mühe	[fɛɐ'ge:plıçə]	ein staub**iger** Weg	['ʃtaubıgɐ]

Endet ein Adjektiv oder Adverb allerdings auf ***-iglich***, wird *-ig* als [ık] gesprochen, obwohl *-ig* an einem Silbenende steht:

ew**ig** ['e:vıç], aber: ew**iglich** ['e:vıklıç]
led**ig** ['le:dıç], aber: led**iglich** ['le:dıklıç]

Der Wechsel in der Aussprache gilt auch für **Adjektive, die auf *-lig* enden:**

grusel**ig** ['gru:səlıç], heimel**ig** ['haimәlıç] kniffel**ig** ['knıfəlıç]...

→ Rechtschreibung: Wortverlängerung bei *g* oder *k*, S. 561

Süddeutsche Variante bei der Aussprache von *-ig*

Im süddeutschen Raum wird die Buchstabenfolge ***-ig*** am Wortende oft wie ***-ik*** [ık] gesprochen. Die standardsprachliche Aussprache ist aber *-ich* [ıç], auch wenn in Ableitungen dieser Wörter wieder [g] gesprochen wird.

Kön**ig** ['kø:nıç] → Kön**ige** ['kø:nıgə], aber: kön**ig**lich ['kø:nıklıç]

Aussprache von *-ng* [ŋ]

Die Buchstabenfolge ***-ng*** im Auslaut eines Worts wird standardsprachlich als stimmhafter Nasal [ŋ] ausgesprochen, Das ***g*** wird nicht als einzelner Laut ausgesprochen, sondern bildet zusammen mit dem *n* einen einzigen Laut - auch bei Wortverlängerungen.

la**ng** [laŋ], la**nge** [laŋə]; Lösu**ng** ['lø:zʊŋ], Lösu**ngen** ['lø:zʊŋən]

Aussprache von *-on*

Einige Lehnwörter aus dem Französischen enden auf den **Nasal *-on*** [õ], den es in deutschen Wörtern nicht gibt. Diese Buchstabenfolge wird in einigen häufig gebrauchten Wörtern oft wie *-ong* [ɔŋ] ausgesprochen:

Balk**on** [balˈkɔŋ], Ball**on** [baˈlɔŋ], Bet**on** [beːˈtɔŋ], Sais**on** [zɛˈzɔŋ] ...

Auch die Aussprache [oːn] mit langem Vokal und ohne Nasal kommt bei einigen Wörtern vor: Balk**on** [balˈkoːn], Ball**on** [baˈloːn], Kart**on** [kaʀtoːn] ...

Bei anderen, seltener gebrauchten Wörtern hat sich die französische Aussprache erhalten:

Chans**on** [ʃãˈsõː], Crout**on** [kruˈtõː], Rais**on** (Räson) [rɛˈzõː] ...

Aussprache von *v*

Eine Besonderheit der deutschen Sprache ist es, dass der Konsonantenbuchstabe ***v*** in der Regel als [f] gesprochen wird:

ver- (Präfix), von, voll, davor, Vogel ...

In vielen Wörtern, die aus anderen Sprachen ins Deutsche übernommen wurden, spricht man *v* dagegen wie *w* [v]:

Klavier, nervös, Pulver, Revolver, Vene, Vase, Veranda, Video ...

Als [f] gesprochen wird *v* auch in Vers und Nerven, aber als [v] in nervös.

Wenn der Buchstabe *v* am Ende eines Wortes steht, kommt es zur **Auslautverhärtung**, das *v* wird stimmlos als [f] gesprochen: Sie ist aktiv. Bei gebeugten Formen wird das *v* dagegen als [v] gesprochen: Sie ist aktives Mitglied.

Zur Auslautverhärtung kommt es zum Beispiel bei den Adjektiven:

aktiv, alternativ, brav, konkav, konservativ, objektiv, subjektiv ...

Beim Städtenamen Hannover wird *v* als [f] gesprochen, beim Eigennamen Eva gibt es beide Aussprachevarianten: [ˈeːfa] und [ˈeːva].

BAUSTEINE

DIE BETONUNG UND INTONATION

ÜBERSICHT

Betonung → S. 46

Die Betonung entsteht, indem eine Silbe intensiver bzw. lauter gesprochen wird oder die Tonhöhe sich beim Sprechen verändert. Jedes Wort enthält mindestens eine betonte Silbe, z. B. ˈ**ge**-hen, ˈ**Wet**-ter. Wörter mit mehr als zwei Silben haben eine **Haupt- und eine Nebenbetonung**, z. B. ˈ**un**verˌbraucht, ˌApriˈ**ko**se

Verbpräfixe und Betonung → S. 47

Grundsätzlich gilt: Trennbare Wortbestandteile sind fast immer betont, nicht trennbare sind unbetont.

Trennbare, betonte Verbpartikel: ˈ**vor**täuschen, ˈ**ab**reißen, ˈ**mit**nehmen
Nicht trennbare, unbetonte Präfixe: **ver**ˈlangen, **be**ˈgießen, **er**ˈlauben

Intonation → S. 52

Die Intonation von Wörtern (Wortmelodie) → S. 53

Man unterscheidet **Hochton** und **Tiefton**. Der Hochton markiert den am stärksten betonten Laut (= Akzent).

Die Intonation von Sätzen (Satzmelodie) → S. 53

Man unterscheidet eine steigende, fallende oder schwebende Intonation:

Fallende Intonation gibt es meistens bei Aussagesätzen.
Steigende Intonation ist typisch für Entscheidungsfragen.
Schwebende Intonation kommt bei Sprechpausen vor, etwa zwischen Haupt- und Nebensatz.

Die Betonung von Wörtern

Jedes Wort in der deutschen Sprache enthält mindestens eine betonte Silbe. Die Betonung entsteht, indem eine Silbe intensiver bzw. lauter gesprochen wird oder die Tonhöhe sich beim Sprechen verändert. Die Betonung wird im Folgenden mit ˈ vor der betonten Silbe gekennzeichnet.

→ Kapitel „Silben", S. 59

Betonte und unbetonte Silben

Eine Sprechsilbe kann betont oder unbetont sein.

betonte Silben: ˈ**hof**-fen, ˈ**war**-ten, ˈ**o**-der ...
unbetonte Silben: ˈhof-**fen**, ˈwar-**ten**, ˈo-**der** ...

Die meisten Silben, die kein **unbetontes *e*** [ə] enthalten, sind betont. Das unbetonte *e* wird auch **Murmellaut** (→ S. 31) genannt.

Ein unbetontes *e* kommt häufig in der letzten Silbe eines Wortes vor.

unbetontes e in der letzten Silbe: ˈWet-t**e**r, ˈKlin-g**e**l, ˈrei-t**e**n ...

Es gibt aber auch Präfixe mit unbetontem **e**:

unbetontes e in der ersten Silbe: g**e**-ˈgan-gen, v**e**r-ˈste-hen, b**e**-ˈreiten ...

Zweisilbige deutsche Wörter werden in der Regel auf der ersten Silbe betont:

Betonung der ersten Silbe: ˈ**ge**-hen, ˈ**Wet**-ter, ˈ**Kan**-te, ˈ**spie**-len ...

In vielen zweisilbigen Wörtern, die ursprünglich aus anderen Sprachen stammen, wird die zweite bzw. letzte Silbe betont.

Betonung der zweiten Silbe: Kar-ˈ**ton**, Pa-ˈ**ket**, Kon-ˈ**flikt**, Ga-ˈ**rant** ...

Bei Wörtern, die aus mehr als zwei Silben bestehen, liegt die Betonung häufig auf der vorletzten Silbe.

Betonung der vorletzten Silbe: Ba-ˈ**na**-ne, Re-ˈ**gie**-rung, ˌA-po-ˈ**the**-ke ...

Hauptbetonung und Nebenbetonung

Bei Wörtern mit mehr als zwei Silben trägt eine Silbe die Hauptbetonung (gekennzeichnet mit ˈ), eine weitere Silbe eine Nebenbetonung. Die Nebenbetonung wird im Folgenden mit ˌ vor der nebenbetonten Silbe gekennzeichnet:

ˈunverˌbraucht, ˌApriˈkose, ˈunmissverˌständlich

Betonung zusammengesetzter Wörter

Bei Wörtern, die durch Komposition (→ S. 71) gebildet sind, trägt der erste Bestandteil die Hauptbetonung:

Betonung des Grundwortes: ˈ**Ta**-sche, **Rech**-ner
Betonung des zusammengesetzten Wortes: ˈ**Ta**-schen-ˌrech-ner

Verbpräfixe und Betonung

Viele Verben haben Präfixe (→ S. 67, 319) oder sind Zusammensetzungen mit Verbpartikeln (→ S. 320). Dabei unterscheiden wir trennbare und nicht trennbare Verben:

an-kommen, **her**-geben, **ver**-reisen, **weg**-gehen

Die trennbaren Wortbestandteile sind fast immer betont, die nicht trennbaren sind unbetont.

Trennbare, betonte Verbpartikel: ˈ**vor**täuschen, ˈ**ab**reißen, ˈ**mit**nehmen
Nicht trennbare, unbetonte Präfixe: **ver**ˈlangen, **be**ˈgießen, **er**ˈlauben

Verbpräfixe sind unbetont

Die vom Verb **nicht trennbaren Präfixe** bleiben in allen konjugierten Formen des Verbs fest mit ihm verbunden.

beladen	wir **be**laden, sie hat **be**laden
verstehen	ich **ver**stehe, er hat **ver**standen
zerreißen	wir **zer**reißen, ihr werdet **zer**reißen

Nicht trennbare Präfixe (Verben → S. 319) beeinflussen die Betonung des Verbs nicht, sie sind unbetont. Betont ist die erste Silbe, die auf das Präfix folgt.

Betonung ohne Vorsilbe	Betonung mit Vorsilbe
'**la**den	be'**la**den
'**ste**hen	ver'**ste**hen
'**rei**ßen	zer'**rei**ßen

Die häufigsten Verbpräfixe sind:

be- → begreifen, belasten, bestellen ...
emp- → empfangen, empfehlen, empfinden
ent- → entladen, entrüsten, entstellen ...
er- → erfahren, erleben, erzählen ...
ge- → gedeihen, geraten, gestehen ...
ver- → verlieben, verlieren, vertrauen ...
zer- → zerbrechen, zerdrücken, zerstören ...

Verbpartikeln sind betont

Die vom Verb **trennbaren Verbpartikeln** (→ S. 320) bleiben nur in bestimmten Formen und Satzstellungen mit dem Verb verbunden, nämlich im Infinitiv, im Partizip Präsens und Partizip Perfekt.

Infinitiv (Grundform)	Partizip I	Partizip II
aufstehen	**auf**stehend	**auf**gestanden
weggehen	**weg**gehend	**weg**gegangen
zurückkommen	**zurück**kommend	**zurück**gekommen

Auch am Ende eines Nebensatzes bleibt die Verbindung erhalten:

Ich warte darauf, dass sie **zurück**kommt.
Wer nicht **weg**geht, bleibt eben da.

Ansonsten stehen die Verbpartikeln getrennt vom Verb am Satzende von Hauptsätzen:

Ich stehe **auf**. Sie gehen **weg**. Wir kommen morgen wieder **zurück** ...

Bei Verben mit Verbpartikel liegt die Wortbetonung nicht mehr auf dem Verb, sondern auf der Verbpartikel.

Betonung ohne Verbpartikel	Betonung mit Verbpartikel
ˈ**steh**en	ˈ**auf**stehen
ˈ**geh**en	ˈ**weg**gehen
ˈ**kom**men	**zu**ˈ**rück**kommen

Präpositionen, Adverbien, Adjektive oder Nomen können sich als Verbpartikeln mit einem Verb verbinden. Am häufigsten kommen Präpositionen und Adverbien als Verbpartikeln vor:

Präpositionen	Beispiel
ab, an, auf, durch, mit, neben, vor, zu, zwischen ...	**ab**fahren, **an**kommen, **auf**drehen, **durch**drehen, **mit**nehmen, **neben**ordnen, **vor**stellen, **zu**lassen, **zwischen**speichern
Adverbien	
empor, heraus, hervor, hin, weg ...	**empor**ragen, **heraus**ragen, **hervor**ragen, **hin**stellen, **weg**lassen

Auch Adjektive und Nomen können zu Verbpartikeln werden:

Adjektive	
fest, frei, hoch ...	**fest**nehmen, **frei**stellen, **hoch**heben
Nomen	
Stand, Teil ...	**preis**geben, **stand**halten, **teil**nehmen

→ Getrennt- und Zusammenschreibung bei Verben, S. 536, 539

Ausnahme *dar-*

Eine weitere Verbpartikel ist ***dar***. Sie bildet eine Ausnahme, weil sie anders als die anderen Verbpartikeln nur in Verbindung mit einigen wenigen Verben, aber nicht als selbstständiges Wort vorkommt: darbieten, darbringen, darlegen, darreichen, darstellen.

Verbpartikeln, die betont oder unbetont sein können

Einige Präpositionen kommen sowohl in trennbaren als auch in nicht trennbaren Verbindungen mit Verben vor (→ S. 322). Als trennbare Verbpartikeln sind sie betont, als nicht trennbare Präfixe unbetont.

	Betonung des trennbaren Verbs	**Betonung des nicht trennbaren Verbs**
durch	ˈ**durch**stellen	durchˈ**drin**gen
über	ˈ**über**schwappen	ˌüberˈ**win**den
um	ˈ**um**rechnen	umˈ**ge**ben
unter	ˈ**unter**bringen	ˌunterˈ**füh**ren

Das gilt auch für ***hinter*** und ***wider***, allerdings kommen Verben mit diesen Präpositionen seltener in beiden Formen vor.

hinter	(ˈ**hinter**bringen)	ˌhinterˈ**geh**en
wider	ˈ**wider**klingen	ˌwiderˈ**fah**ren

Einige Verben, die mit ***durch, über, um*** oder ***unter*** verbunden werden, haben zwei verschiedene Bedeutungen mit entsprechend zwei unterschiedlichen Betonungen: Einmal ist die Präposition eine Verbpartikel und trennbar, einmal ist sie unbetont und damit ein Präfix und nicht trennbar. Die Bedeutung des Verbs entscheidet über die Betonung.

Zum Beispiel wird beim Verb umgehen in der Bedeutung von *behandeln, bewerkstelligen* die Präposition *um* als Verbpartikel betont (ˈumgehen), in der Bedeutung *ausweichen, vermeiden* dagegen ist *um* ein untrennbares Präfix und somit unbetont (umˈgehen):

Er **ging** mit der Situation souverän **um**.
Er um**ging** das Problem auf elegante Weise.

Zu dieser Gruppe gehören unter anderem folgende Verben:

Verbpartikel betont, trennbar	Bedeutung	Präfix unbetont, nicht trennbar	Bedeutung
durchbrechen	(zer)brechen	durch**bre**chen	herauskommen
übersetzen	hinüberfahren	über**set**zen	in eine andere Sprache übertragen
überziehen	anziehen	über**zie**hen	bedecken
umfahren	überfahren	um**fah**ren	vorbeifahren
umgehen	behandeln, bewerkstelligen	um**ge**hen	ausweichen, vermeiden

→ Verben, mal trennbar, mal untrennbar, S. 322

Ausnahme *miss-*: mal betont, mal unbetont, aber nie trennbar

Unbetont ist *miss-* als Präfix vor einem Verb.

miss**rat**en, miss**deu**ten, miss**trau**en ...

Bei manchen Verben wird *miss-* jedoch betont, und zwar dann, wenn ein Verb bereits ein Präfix enthält:

missverstehen, **miss**behagen, **miss**gestalten ...

Im Gegensatz zu den Verbpartikeln ist *miss-* jedoch nie trennbar vom Verb, egal, ob das Verb noch ein Präfix besitzt oder nicht.

Intonation

Die Intonation umfasst verschiedene Bereiche: Durch Betonung von Silben, Wörtern und anderen Satzelementen, durch Heben und Senken der Stimme, durch Rhythmus und Pausen kann gesprochene Sprache gegliedert werden.

Diese Unterschiede werden durch Hören wahrgenommen. Sie können durch **Tonhöhen** beschrieben werden. Ein Ton entspricht dabei einem Laut (→ S. 14). **Tonbögen** zeigen an, wie sich die Tonhöhe in gesprochenen Wörtern und Sätzen verändert. Dieses Zusammenspiel der Töne wird auch **Wortmelodie** und **Satzmelodie** genannt.

Die Intonation von Wörtern (Wortmelodie)

Hochton und Tiefton

Bei der Intonation von Wörtern unterscheiden wir Hochton und Tiefton.

Der Hochton markiert den am stärksten betonten Laut in einer sprachlichen Äußerung. Er wird auch **Akzentton** genannt. Eine betonte Silbe (→ S. 46) trägt den Hochton eines Wortes. Die Tonhöhe ist also an dieser Stelle am höchsten.

Bei den folgenden Beispielen zeigen die senkrechten Linien im Wort die Silbentrennung an. Die Intonationsbögen darunter geben den Verlauf der Tonhöhe an.

Steigende und fallende Tonhöhen

Zwischen Tiefton und Hochton gibt es innerhalb mehrsilbiger Wörter noch verschiedene Abstufungen. Je nach Abfolge der Töne ergibt sich eine steigende oder fallende Intonation, bei mehr als zweisilbigen Wörtern auch eine schwebende.

Die Intonation von Sätzen (Satzmelodie)

Aus einzelnen Wörtern werden Sätze gebildet, die ihrerseits mit unterschiedlichen Tonhöhen ausgesprochen werden. Dabei werden drei Intonationsarten unterschieden: fallende, steigende und schwebende Intonation.

Fallende Intonation

Bei fallender Intonation fällt die Satzmelodie zum Satzende hin ab. Dies ist meistens in **Aussagesätzen** (→ S. 463) der Fall.

Die Tonhöhe fällt von der Silbe an, die im Satz am stärksten betont wird. Im Normalfall liegt dieser Hauptakzent eher gegen Ende des Satzes.

Wir gehen heute ins **Ki**no.

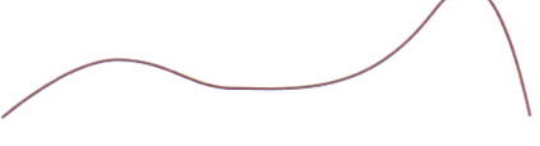

Wir lebten in **Lon**don.

Paul möchte den gelben **Pul**li kaufen.

Für heute habe ich ge**nug** gelernt.

In der deutschen Sprache erhält der Satzanfang inhaltlich besonderes Gewicht. Da die Satzstellung (→ Satzbaupläne, S. 450 ff.) weniger streng als in anderen Sprachen geregelt ist, kann man das Satzglied, das inhaltlich hervorgehoben werden soll, an den Satzanfang stellen. Dadurch kann sich die Position des Hauptakzents auf ein anderes Wort verschieben:

Heute gehen wir ins **Ki**no. → Ins Kino gehen wir **heu**te.

Aber auch bei üblicher Satzstellung können einzelne Wörter besonders stark betont werden, wenn sie aus inhaltlichen Gründen besonders hervorgehoben werden sollen. Dennoch bleibt die Intonation des gesamten Satzes fallend.

Wir gehen heute ins Kino. (nicht die anderen)
Wir **ge**hen heute ins Kino. (Wir fahren nicht mit dem Auto zum Kino.)
Wir gehen **heu**te ins Kino. (nicht erst morgen oder übermorgen)

Wir gehen heute **ins** Kino. (Wir schauen nicht nur außen die Plakate an.)
Wir gehen heute ins **Ki**no. (Wir gehen nicht ins Theater.)

Auch **Aufforderungssätze** (→ S. 466) werden grundsätzlich mit fallender Intonation gesprochen. Im folgenden Beispiel ist die Tonlage bei der vorletzten Silbe des Satzes, nämlich „ki" am höchsten, die Intonation fällt aber mit der allerletzten Silbe (im Beispiel „no") ab → fallende Intonation.

Geh doch mit uns ins **Ki**no!

Mit fallender Intonation werden häufig auch Fragen gesprochen, und zwar **Ergänzungsfragen** (→ S. 465)

Warum hast du das ge**macht**?

Wieso **hilfst** du ihm nicht?

Steigende Intonation

Bei steigender Intonation steigt die Satzmelodie zum Satzende hin an. Dies ist in **Entscheidungsfragen** (→ S. 463) der Fall. Die Stimme steigt dabei von der letzten betonten Silbe im Satz bis zum Satzende an:

Gehen wir heute ins **Ki**no?

Würdest du **mit**kommen?

Auch ein Aussagesatz kann zu einer Entscheidungsfrage werden, wenn er mit zum Ende hin steigender Tonhöhe gesprochen wird.

Wir gehen heute ins **Ki**no?

Du hältst diesen Aspekt für **un**bedeutsam?

Schwebende Intonation

Bei schwebender Intonation bleibt die Satzmelodie innerhalb eines Satzes zwischen zwei Wörtern auf einer Höhe.

Von schwebender Intonation spricht man bei Sprechpausen, wie sie etwa zwischen Haupt- und Nebensatz gemacht werden.

Wir wissen, dass ihr nicht mitkommen wollt.

Intonation als Stilmittel

Rhythmus und Pausen werden besonders in der Dichtung als Stilmittel eingesetzt. Zwei Beispiele aus ganz unterschiedlichen Zeiten:

Die Freude, das schöne leichtgläubige Kind,	xXxxXxXxxxX*
Es wiegt sich in Abendwinden:	xXxxXxXx
Wo Silber auf Zweigen und Büschen rinnt,	xXxxXxxXxX
Da wirst du die Schönste finden!	xXxxXxXx

Aus „Elfe" von Joseph von Eichendorff (1788–1857)

Tiefe Stille herrscht im Wasser,	XxXxXxXx
Ohne Regung ruht das Meer,	XxXxXxX
Und bekümmert sieht der Schiffer	XxXxXxXx
Glatte Fläche ringsumher.	XxXxXxX

Aus „Meeresstille" von J. W. v. Goethe (1749-1832)

was ist geschehen	XxxXx
kann es so weitergehen?	XxxXxXx
blieben wir stehn	XxxX
oder lernten wir zu gehen	XxXxXxXx

Aus dem Rap „Ein neues Jahr", Quelle: http://newbieosmc.blogspot.com/search/label/Meine%20Raptexte

* Ein großes X markiert eine betonte Silbe, ein kleines x eine unbetonte.

Intonationshilfen

Intonation ist ein Merkmal der gesprochenen Sprache. In der geschriebenen Sprache können Tonhöhen und Satzmelodien nicht abgebildet werden, aber es gibt einige Möglichkeiten, wie eine von den üblichen Mustern abweichende Betonung gekennzeichnet werden kann.

Einzelne Wörter können zum Beispiel fett, kursiv, unterstrichen oder in anderer Schriftart oder Schriftgröße gedruckt und damit besonders hervorgehoben werden:

Das habe ich <u>niemals</u> behauptet.
Das habe ich niemals behauptet.
Das habe ICH niemals behauptet.
Das habe ich *niemals* behauptet.

Satzzeichen als Intonationshilfen

Auch Satzzeichen geben einen Hinweis auf die Intonation: Fragezeichen und Ausrufezeichen zeigen fallende oder steigende Intonation an.

Gedankenstriche und Doppelpunkte können eingesetzt werden, um eine schwebende Intonation anzudeuten:

Das ändert sich jetzt **–** wir bleiben hier.
Die Monatsnamen sind**:** Januar, Februar, März ...

Auch mit Kommas werden Sätze gegliedert. Kommas dürfen aber nicht beliebig gesetzt werden, um schwebende Intonation anzudeuten. Deshalb darf in den folgenden beiden Beispielsätzen kein Komma stehen:

Bei Abfahrt des Zuges bitte von der Bahnsteigkante zurücktreten.
Auf der Rückseite des Bildbandes über Tiere ist ein Eisbär abgebildet.

Denn Kommaregeln basieren auf Grammatikregeln:

Treten Sie bitte zurück**,** wenn der Zug abfährt.
Auf der Rückseite des Bildbandes über Tiere ist ein Eisbär abgebildet**,** auf der Vorderseite ein Pinguin.

→ Zeichensetzung: Das Komma, S. 578 ff.

DIE SILBEN

ÜBERSICHT

Silben als Sprecheinheiten → S. 60

Silben sind **Sprecheinheiten**. Als lautliche Einheiten lassen sie sich zwischen den Lauten und den Wörtern einordnen: Silben sind aus Lauten zusammengesetzt, Silben werden zu Wörtern verbunden.

n - a - d - e - l → na - del → Nadel

Aufbau einer Silbe → S. 60

Jede Silbe enthält einen Vokal, Diphthong oder Umlaut.

Silben mit Vokal: R**e**-g**a**l, h**u**-p**e**n, S**o**n-n**e** ...
Silben mit Diphthong: M**au**-er, Pr**ei**s, **Eu**-le ...
Silben mit Umlaut: M**ä**d-chen, st**ö**h-nen ...

Offene und geschlossene Silben → S. 61

Wir unterscheiden offene und geschlossene Silben.

Offene Silben enden mit einem Vokal, Diphthong oder Umlaut, z. B.

Sch**o**-k**o**-l**a**-d**e**, Pf**au**, L**i**-m**o**-n**e**, K**eu**-l**e**

Geschlossene Silben enden mit einem oder mehreren Konsonanten, z. B.

la**ng**-sa**m**, stü**r**-ze**n**, ei**n**-ze**ln**, Moo**r**-huh**n**

Einsilbige und mehrsilbige Wörter → S. 62

Wörter können einsilbig oder mehrsilbig sein.

einsilbig: Wind, Baum, Blatt ...
zweisilbig: Ru-der, Ster-ne ...
dreisilbig: Ba-na-ne, ein-tei-len ...

Die Merkmale der Silben

Silben sind **Sprecheinheiten**. Als lautliche Einheiten lassen sie sich zwischen den Lauten und den Wörtern einordnen: Silben sind aus Lauten zusammengesetzt, Silben werden zu Wörtern verbunden.

Laute: n, a, d, e, l **Silben:** na, del **Wort:** Nadel

Silben sind keine Wortbausteine!

Silben dürfen nicht mit Wortbausteinen (→ Morpheme, S. 64) verwechselt werden, die immer eine grammatische oder lexikalische Bedeutung tragen. Um deutlich zu machen, dass Silben lautliche Einheiten sind, werden sie auch **Sprechsilben** genannt.

Aufbau einer Silbe

Eine Silbe besteht aus einem oder mehreren Phonemen (→ S. 14, 28), muss aber keine eigene lexikalische Bedeutung haben.

Silben **ohne eigene Bedeutung**: lo-ben
Silben **mit eigener Bedeutung**: Haus-tür

Jede Silbe enthält einen Vokal, Diphthong oder Umlaut. Es gibt in der deutschen Sprache keine Silbe, die nur aus Konsonanten besteht.

Silben mit Vokal: R**e**-g**a**l, h**u**-p**e**n, S**o**n-n**e** ...
Silben mit Diphthong: M**au**-er, Pr**ei**s, **Eu**-le ...
Silben mit Umlaut: M**ä**d-chen, st**ö**h-nen ...

Silben ohne Vokal

Nur einige lautmalerische Interjektionen (→ S. 400) kommen auch ohne Vokal aus:

hmmm, brrr, psst ...

Offene und geschlossene Silben

Wir unterscheiden offene und geschlossene Silben.

Offene Silben enden mit einem Vokal, Diphthong oder Umlaut.

Sch**o**-k**o**-l**a**-d**e**, Pf**au**, L**i**-m**o**-n**e**, K**eu**-l**e**

Offene Silben müssen nicht immer einen Konsonanten enthalten. Sie können auch mit einem einzigen Vokal oder mit einem Diphthong gebildet werden.

Silben, die aus einem Vokal bestehen: **U**-fer, **A**-po-the-ke, The-**a**-ter ...
Silben, die aus einem Diphthong bestehen: **Eu**-le, **Au**-la ...

Geschlossene Silben enden mit einem oder mehreren Konsonanten. Der Kern einer geschlossenen Silbe enthält einen Vokal, einen Umlaut oder einen Diphthong.

l**a**ng-sam, st**ü**r-zen, **ei**n-zeln, M**oo**r-huhn

Einige besonders lange einsilbige Wörter mit geschlossenen Silben:

Strumpf, Schmerz, Schwert

Im Schriftlichen keine einzelnen Buchstaben abtrennen!

Die Regeln für die Worttrennung beruhen im Wesentlichen auf der Trennung der Wörter in Sprechsilben. Einzelne Buchstaben am Wortanfang oder -ende dürfen im Schriftlichen jedoch nicht abgetrennt werden, auch wenn sie eine eigene Sprechsilbe bilden. Beim Schreiben darf also nicht ~~U-fer~~, ~~A-potheke~~ oder ~~The-a~~ getrennt werden; **Eu**-le und **Au**-la sind aber korrekt getrennt.

→ Worttrennung, S. 607 ff.

Einsilbige und mehrsilbige Wörter

Wörter können einsilbig oder mehrsilbig sein. Wenn wir mehrsilbige Wörter langsam aussprechen oder vorlesen, können wir die Pausen zwischen den einzelnen Silben hören.

einsilbig: Wind, Baum, Blatt ...
zweisilbig: Ru-der, Ster-ne ...
dreisilbig: Ba-na-ne, ein-tei-len ...
viersilbig: Ge-le-gen-heit ...

DIE WORTBAUSTEINE

ÜBERSICHT

Morpheme

→ S. 64

Die kleinsten **bedeutungstragenden** Wortbausteine sind die Morpheme.

Sie werden auch **Sprachsilben** genannt.

Morpheme mit inhaltlicher Bedeutung: **Kind**-er **lach**-ten

(*Kind* und *lach* sind Wortstämme → S. 66)

Morpheme mit grammatischer Funktion: Kind-**er** lach-**ten**

(*-er* ist eine Deklinationsendung, *-ten* ist eine Konjugationsendung)

Sprechsilben und **Sprachsilben** sind nicht dasselbe!

Vgl.: rei-sen (Sprechsilben) und reis-en (Sprachsilben)

Lexeme

→ S. 65

Bausteine, die als **selbstständige Wörter** vorkommen, werden **Lexeme** genannt: Bild, oft, Pferd, schwer, viel ...

Wortstämme

→ S. 66

Die Wortstämme bilden den **Kern eines Wortes**, und zwar sowohl in Bezug auf die Wortbedeutung als auch auf den Wortaufbau:

Be**lege**, ge**reinig**t, ver**tret**en, **schön**ste, **Zeit**ung

Präfixe und Suffixe

→ S. 67

Präfixe (Vorsilben) und **Suffixe** (Endungen) sind keine selbstständigen Wortbausteine, sondern sie ergänzen den Wortstamm. Präfixe stehen immer vor, Suffixe stets nach dem Stamm.

Präfixe: entscheiden, **vor**lesen ... **Suffixe:** schäd**lich**, Hinder**nis** ...

Morpheme

Viele Wörter im Deutschen setzen sich aus mehreren Elementen zusammen, die **Wortbausteine** genannt werden.

Die kleinsten **bedeutungstragenden** Wortbausteine sind die Morpheme.

Sie haben immer eine eigene inhaltliche Bedeutung oder eine grammatische Funktion. Im Unterschied zu den Sprechsilben (→ S. 60) werden sie deshalb auch **Sprachsilben** genannt.

Wörter lassen sich in einzelne Morpheme zerlegen:

Be-leg, ver-tret-en, Zeit-ung

Manche Wörter, nämlich einsilbige, bestehen aus nur einem Morphem:

Zeit, schnell, vor

Morpheme mit inhaltlicher Bedeutung: **Kind**-er **lach**-ten

(*Kind* und *lach* sind Wortstämme → S. 66)

Morpheme mit grammatischer Funktion: Kind-**er** lach-**ten**

(*-er* ist die Deklinationsendung für den Nominativ Plural → S. 111, *-ten* ist die Konjugationsendung für die 1. und 3. Person Plural Präteritum → S. 258)

Sprechsilben und Sprachsilben sind nicht dasselbe!

Sprechsilben und **Sprachsilben** stimmen nicht immer überein, denn Sprechsilben (→ S. 60) beruhen auf einer lautlichen Einteilung, Sprachsilben dagegen beruhen auf der Bedeutung und der Funktion des Wortbausteins.

Trennung nach Sprechsilben: rei-sen, vor-stel-len, Ab-lei-tung
Aufbau nach Sprachsilben: reis-en, vor-stell-en, Ab-leit-ung

Manchmal gibt es zwei Möglichkeiten der Silbentrennung

In einigen Fällen darf bei der Worttrennung nach Sprechsilben oder nach Sprachsilben getrennt werden. Beispiele:

Trennung nach Sprechsilben: he-raus, hi-nein, Inte-resse
Trennung nach Sprachsilben: her-aus, hin-ein, Inter-esse

→ Worttrennung, S. 607 ff.

Lexeme

Bausteine, die als **selbstständige Wörter** vorkommen und so in Wörterbüchern aufgenommen sind, werden **Lexeme** genannt:

Bild, oft, Pferd, schwer, viel

Viele Wörter können durch Flexion (Beugung → S. 88) in unterschiedlichen Formen vorkommen. In Wörterbüchern ist stets die **Grundform** eines Wortes zu finden.

Adjektiv in der **Grundform**: **neu**
gebeugtes Adjektiv, Femininum Singular: eine **neue** Zeitschrift

Nomen in der **Grundform**: Stern
gebeugtes Nomen im Plural: Sterne

Die Grundform der Verben (→ S. 247) wird auch **Infinitiv** oder **Nennform** genannt. Sie setzt sich zusammen aus dem Wortstamm und der Endung ***en*** oder ***n***.

Verb in der **Grundform**: schreib**en**
konjugiertes Verb, 2. Person Singular Präsens: du schreib**st**

→ flektierbare und nicht flektierbare Wortarten, S. 87

Wortstämme

Zu den Morphemen gehören Wortstämme wie wort, bau, stein, hand, viel, fahr.

Die Wortstämme bilden den **Kern eines Wortes**, und zwar sowohl in Bezug auf die Wortbedeutung als auch auf den Wortaufbau:

Be**leg**e, ge**reinig**t, ver**tret**en, **schön**ste, **Zeit**ung

Einfache Wörter besitzen immer nur einen Wortstamm.

ein Wortstamm: Bahn, Fahrt, hell, wach

Zusammensetzungen aus mehreren Wörtern haben entsprechend mehr Stämme. Wörter ohne einen Wortstamm gibt es nicht.

zwei Wortstämme: Eier-körbe, hell-wach
drei Wortstämme: Drei-Königs-treffen
vier Wortstämme: Kirsch-kern-kopf-kissen

Der Wortstamm bei Verben wird auch **Verbstamm** genannt:

reiten, **geh**en, **spiel**en, **rat**en

Unregelmäßige Verben verändern in einigen Formen ihren Stammvokal. Manche verändern gar den Stamm noch stärker. Entscheidend ist immer der Wortstamm, der in der Grundform sichtbar wird:

du **fährst** → Grundform: **fahr**en → Verbstamm: **fahr**
ihr habt ge**sung**en → Grundform: **sing**en → Verbstamm: **sing**
ich **möcht**e → Grundform: **mög**en → Verbstamm: **mög**

→ Unregelmäßige Verben, S. 259

Präfixe und Suffixe

Viele Wortbausteine sind nicht als eigene Wörter in Wörterbüchern zu finden, beeinflussen aber als Morpheme die Bedeutung eines Wortes. Zu diesen Bausteinen gehören Präfixe und Suffixe. Präfixe werden auch **Vorsilben** genannt, Suffixe werden auch **Endungen** genannt.

verbieten, **un**mög**lich**, **Ab**tei**lung**

Präfixe und Suffixe sind keine selbstständigen Wortbausteine, sondern sie ergänzen den Wortstamm. Präfixe stehen immer vor, Suffixe stets nach dem Stamm.

Präfixe: **ent**scheiden, **vor**lesen
Suffixe: schäd**lich**, Hinder**nis**

Diese Wortbausteine können verschiedene Funktionen haben.

Flexionsbausteine

Präfixe und Suffixe werden bei der Flexion von Wörtern verwendet, also immer dann, wenn ein Wort seiner grammatischen Funktion im Satz entsprechend verändert und gebeugt wird. Man nennt diese Wortbausteine **Flexionspräfixe** bzw. **Flexionssuffixe**.

Beispiele für Flexionsbausteine:

Das Suffix ***-en*** zeigt den Infinitiv sowie die 1. und 3. Person Plural eines Verbs im Präsens an:

blend**en**, sing**en**

Die Suffixe ***-ete, -t*** zeigen das **Tempus** und die **Person** an:

(er) blend**ete**, (sie) sing**t**

Das Präfix ***ge-*** und die Suffixe ***-(e)t*** und ***-en*** zeigen das **Partizip Perfekt** an:

(ihr habt) **ge**-spiel-**t**, (sie hat) **ge**blend**et**, (wir haben) **ge**sung**en**

→ Konjugation und Deklination, S. 88

Ableitungsbausteine

Daneben gibt es im Deutschen auch viele Präfixe und Suffixe, mit denen vorhandene Wörter in neue Wörter mit neuer Bedeutung abgewandelt werden können. Man nennt sie deshalb **Ableitungspräfixe** bzw. **Ableitungssuffixe**.

Beispiele für Ableitungsbausteine:

Das Präfix ***ent-*** zeigt an, dass ein Vorgang rückgängig gemacht wird:

entladen, **ent**fesseln

Das Suffix ***-bar*** macht aus einem Verbstamm ein Adjektiv:

bezahl**bar**, wasch**bar**

Das Suffix ***-lich*** macht aus einem Nomen ein Adjektiv:

freund**lich**, weib**lich**

Das Präfix ***un-*** drückt ein Gegenteil aus:

unfreundlich, **un**ehrlich

Das Suffix ***-keit*** verwandelt ein Adjektiv in ein Nomen:

Unfreundlich**keit**, Unehrlich**keit**

Anhand dieser Beispiele lässt sich gut erkennen, wie neue Wörter und Wortarten mithilfe von Präfixen und Suffixen entstehen.

→ Ableitungen mit Präfixen und Suffixen, S. 75 ff.

DIE WORTBILDUNG

ÜBERSICHT

Von Wortbildung sprechen wir, wenn bestehende Wörter in neue abgewandelt werden.

Zusammensetzung (Komposition)

→ S. 71

Durch die Verbindung von zwei oder mehreren selbstständigen Wörtern entsteht ein neues Wort, ein Kompositum. Dabei sind Verbindungen unterschiedlicher Wortarten möglich, z. B.:

Nomen + Nomen	Verb + Nomen	Adjektiv + Verb
Garten-haus	Reit-halle	hell-sehen

Ableitung (Derivation)

→ S. 75

Wortneubildungen, in denen Präfixe (Vorsilben) und Suffixe (Endungen) einem bestehenden Wort eine neue Bedeutung verleihen, heißen Ableitungen.

Präfixe: be-, emp-, ent-, er-, ge-, miss-, un-, ur-, ver-, zer- ...
Suffixe: -bar, -haft, -ig, -isch, -lich, -los, -chen, -er, -heit, -keit, -ung ...

Konversion

→ S. 79

Ein Wort(stamm) kann ohne Veränderung seiner Form in eine neue Wortart übertragen werden, z. B.:

ernst (Adjektiv) → Ernst (Nomen), essen (Verb) → Essen (Nomen)

Kürzung

→ S. 80

Durch Kürzung komplexer Wörter und Wortgruppen können neue Wörter entstehen. **Kurzwörter** werden in der reduzierten Form geschrieben und gesprochen. Sie haben ein Genus und werden gebeugt, z. B.:

EU (**E**uropäische **U**nion), Kita (**Ki**nder**ta**gesstätte), Abo (**Abo**nnement) ...

Grundlagen der Wortbildung

Werden bestehende Wörter in neue abgewandelt, sprechen wir von **Wortbildung**.

Mit Hilfe der Wortbausteine **Stamm, Präfix** und **Suffix** (→ S. 66 ff.) lassen sich Wörter bilden, die sich sowohl in der Form als auch in der Bedeutung vom Ausgangswort unterscheiden. Beispiele:

Ausgangswort:	Hof, Schuld
→ Wortbildung durch Zusammensetzung verschiedener Stämme:	Schulhof, Schuldfrage
→ Wortbildung durch Präfix:	**Vor**hof, **Un**schuld
→ Wortbildung durch Suffix:	höf**lich,** schuld**ig**

Flexionsformen schaffen keine neuen Wörter

Wortbausteine werden auch bei der Bildung von Flexionsformen (Beugungsformen) eingesetzt. Die durch **Flexionspräfixe** oder **Flexionssuffixe** gebildeten Wortformen sind aber keine neuen Wörter mit anderer Bedeutung. Sie gelten deshalb nicht als Wortbildungen und sind nicht als Lexeme (→ S. 65) in Wörterbüchern zu finden.

Lexem	**Flexionsform**
sprechen	**gesprochen**
alt	ein **alter** Hut
Land	viele **Länder**

→ Flexion, Konjugation und Deklination, S. 88 ff.

Die wichtigsten Prinzipien der Wortbildung sind **Zusammensetzung** (Komposition), **Ableitung** (Derivation), **Konversion** und **Kürzung**.

Sowohl für die Struktur als auch für die Bedeutung der Wortbildungen gelten bestimmte Regeln.

Zusammensetzung (Komposition)

Zusammensetzung bedeutet, dass **zwei oder mehrere selbstständige Wörter zu einem neuen Wort verbunden werden**. Der Fachbegriff für eine Zusammensetzung ist **Kompositum**, der Plural lautet *Komposita*.

Bei Wortbildungen durch Zusammensetzung sind Verbindungen unterschiedlicher Wortarten möglich.

Wortarten	Zusammensetzung
Nomen + Nomen	Gartenhaus
Verb + Nomen	Reithalle
Adjektiv + Nomen	Hochhaus
Präposition + Nomen	Aufstand
Verb + Adjektiv	treffsicher
Nomen + Adjektiv	steinreich
Präposition + Adjektiv	überdeutlich
Adjektiv + Verb	hellsehen
Nomen + Verb	teilnehmen
Präposition + Verb	unterschlagen

Besonders häufig kommen in der deutschen Sprache Zusammensetzungen aus Nomen vor.

→ Getrennt- und Zusammenschreibung, S. 545

Komposita aus Verb + anderer Wortart

Steht an erster Stelle einer Zusammensetzung ein Verb, **entfällt** die Endung ***-en*** bzw. ***-n*** des Infinitivs. Nur der **Verbstamm** (→ S.257) wird verwendet.

treff**en** + sicher → treffsicher
geh**en** + Weg → Gehweg

Fugenelemente

Manchmal werden Wörter durch **Fugenelemente** oder **Fugenlaute** zu Komposita verbunden. Diese Verbindungselemente werden meist eingefügt, damit sich das zusammengesetzte Wort besser aussprechen lässt. Eine feste Regel dafür, wann Fugenelemente verwendet werden, gibt es aber nicht.

Oft wird ein Fugenelement eingefügt, wenn ein Nomen an erster Stelle eines Kompositums steht. Häufig wird ***s*** eingeschoben. Seltener kommen ***e, es, en, ens, n, er,*** als Fugenelemente vor.

Nomen mit Fugen-*s*: Arbeit**s**zimmer, gebrauch**s**fertig, Zahlung**s**ziel

Wörter mit anderen Fugenelementen: Eis**es**kälte, Strauß**en**ei, Schmerz**ens**geld, sonne**n**baden, Kind**er**zimmer

Bestimmungswort und Grundwort

In Zusammensetzungen unterscheiden wir zwischen dem Bestimmungs- und dem Grundwort.

Bestimmungswort	+	**Grundwort**	→	**Kompositum**
Wasser	+	Glas	→	Wasserglas

Das **Grundwort** bestimmt stets die Wortart des Kompositums.

Das **Bestimmungswort** erklärt das Grundwort nur näher.

Grundwort

Das Grundwort ist immer **der letzte Teil eines Kompositums**, es steht also im zusammengesetzten Wort ganz rechts. Das Grundwort entscheidet über die grammatischen Merkmale der gesamten Zusammensetzung und bestimmt damit ihre Wortart.

Bestimmungswort + Grundwort		Zusammensetzung (Wortart)
reiten + Halle (Verbstamm + Nomen)	→	Reithalle (Nomen)
hoch + Haus (Adjektiv + Nomen)	→	Hochhaus (Nomen)
auf + Stand (Präposition + Nomen)	→	Aufstand (Nomen)
treffen + sicher (Verbstamm + Adjektiv)	→	treffsicher (Adjektiv)
stein + reich (Nomen + Adjektiv)	→	steinreich (Adjektiv)
über + deutlich (Präposition + Adjektiv)	→	überdeutlich (Adjektiv)
hell + sehen (Adjektiv + Verb)	→	hellsehen (Verb)
teil + nehmen (Nomen + Verb)	→	teilnehmen (Verb)
unter + schlagen (Präpostion + Verb)	→	unterschlagen (Verb)

Bei **Zusammensetzungen mit Nomen** bestimmt das Grundwort außerdem das Genus (→ S. 96) des Kompositums.

Bestimmungswort + Grundwort		Zusammensetzung (Genus)
das Haus + **der** Schuh	→	**der** Hausschuh (Maskulinum)
das Haus + **die** Tür	→	**die** Haustür (Femininum)
gehen + **der** Weg	→	**der** Gehweg (Maskulinum)
auf + **die** Gabe	→	**die** Aufgabe (Femininum)
hoch + **das** Haus	→	**das** Hochhaus (Neutrum)

Bestimmungswort

Das **Bestimmungswort**, das immer **an erster Stelle** einer Zusammensetzung steht, erläutert und bestimmt das Grundwort inhaltlich näher. Das kann unter ganz unterschiedlichen Aspekten geschehen.

Das Bestimmungswort kann beschreiben . .			
eine Eigenschaft:	ein Weg, auf dem man geht	→	Gehweg
einen Vergleich:	so hell wie am Tag	→	taghell
einen Zweck, eine Eigenschaft:	ein Tisch, an dem man schreiben kann	→	Schreibtisch
einen Grund:	eine Explosion, die von Gas verursacht wird	→	Gasexplosion

Zusammensetzungen mit mehreren Bestimmungswörtern

Zusammensetzungen können aus mehr als zwei Wörtern bestehen und weitere Verbindungen mit anderen zusammengesetzten Wörtern eingehen. Dann hat das Kompositum mehr als ein Bestimmungswort:

Schulaufsichtsbehörde, Spätsommernacht, megatonnenschwer ...

Vermögen + *s* + Schaden → Vermögensschaden
Haft + Pflicht + Versicherung → Haftpflichtversicherung
Vermögensschaden + Haftpflichtversicherung → Vermögensschadenhaftpflichtversicherung

Präfixe und Suffixe in Zusammensetzungen

In Zusammensetzungen aus mehreren Wörtern können auch Präfixe und Suffixe vorkommen, denn die Bestandteile der Zusammensetzungen können ihrerseits durch Ableitungen mit Präfixen und Suffixen (→ S. 75) entstanden sein .

Vorzeigeobjekt, **Un**abhäng**igkeit**serklär**ung**

Verbindungselement Bindestrich

Bei sehr langen und unübersichtlichen Wortzusammensetzungen kann auch der Bindestrich als Verbindungselement eingesetzt werden:

Vermögensschaden-Haftpflichtversicherung.

Aber denken Sie besonders bei Verbindungen mit Fremdwörtern daran, dass zusammengesetzte Wörter im Deutschen auf jeden Fall verbunden werden müssen. Sie dürfen in einem deutschen Text also schreiben Contentmanagementsystem oder Contentmanagement-System oder Content-Management-System, aber nur in einem englischen Text unverbunden content management system.

→ Bindestrich, S. 605

Ableitungen mit Präfixen und Suffixen

Wortneubildungen, in denen Präfixe (Vorsilben) und Suffixe (Endungen) einem bestehenden Wort eine neue Bedeutung verleihen, heißen **Ableitungen**. Die Vorsilben und Endungen nennt man **Ableitungspräfixe** und **Ableitungssuffixe**.

Ableitung mit Präfix:	richten → **be**richten
Ableitung mit Suffix:	vertrauen → vertrau**lich**
Wortbildung mit Präfix und Suffix:	bereiten → **Vor**bereit**ung**

In der deutschen Sprache gibt es viele Präfixe (Vorsilben) und Suffixe (Endungen), mit denen vorhandene Wörter in neue abgewandelt werden können. Ein abgeleitetes Wort kann durch diese Wortbausteine und durch Komposition (→ S. 71) eine ganz neue Bedeutung erhalten, die von der Grundbedeutung des Wortstamms mehr oder weniger weit entfernt ist. Alle Wörter, die auf einen Wortstamm zurückgehen, werden auch **Wortfamilie** genannt.

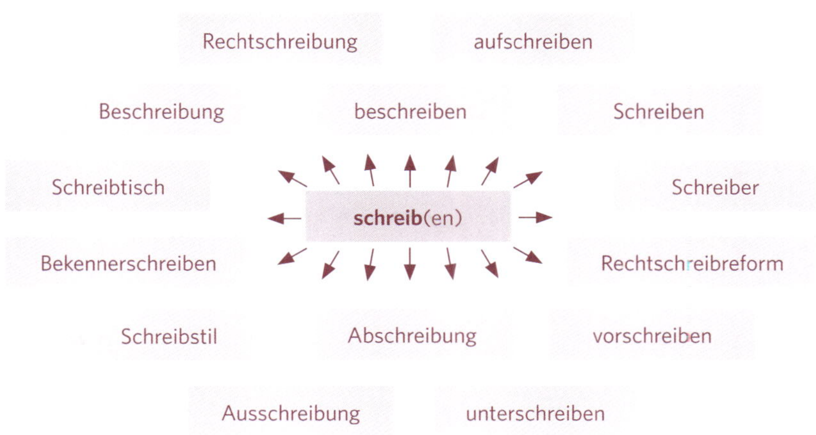

Ableitungspräfixe

Im Folgenden sind die gebräuchlichsten Präfixe zusammengestellt, mit denen neue Wörter gebildet werden können.

Präfix	Verben	Nomen	Adjektive
be-	bezahlen	Beruf	
emp-	empfangen	Empfang	
ent-	entwenden	Entgelt	
er-	erzählen	Erfolg	
ge-	gestehen	Gehör	
miss-	misstrauen	Missmut	
un-		Unheil	unschön
ur-	urteilen	Ursache	uralt
ver-	vermeiden	Verschluss	
zer-	zerteilen	Zerfall	

Einige Präfixe kommen speziell bei Wörtern vor, die **aus dem Lateinischen oder Griechischen** stammen. Sehr häufig gebraucht werden:

a-, an-	Atheist, anaerob ...	*ex-*	Examen, Export ...
de-	defekt, Depression ...	*im-, in-*	Import, Institut ...
dis	Diskussion, Distanz ...	*re-*	reagieren, Redaktion ...

Daneben gibt es noch viele weitere Präfixe für Wörter aus diesen beiden Sprachen:

Adjektiv, **auto**nom, **bi**polar, **Dia**lyse, **homo**gen, **Hypo**these, **Kon**ferenz, **mono**ton, **Trans**port ...

Auch viele **Präpositionen** und **Adverbien** können als Ableitungspräfixe eingesetzt werden, um neue Nomen und Verben zu bilden. Im Zusammenhang mit Verben werden sie **Verbpartikeln** (→ S. 318 ff.) genannt.

	Nomen (Grundwort: Sicht)	**Verb** (Grundwort: legen)
Ableitungen mit Präpositionen	**Ab**sicht, **An**sicht, **Auf**sicht, **Aus**sicht, **Durch**sicht, **Für**bitte, **Hin**sicht, **Nach**sicht, **Über**sicht, **Um**sicht, **Vor**sicht	**ab**legen, **an**legen, **auf**legen, **aus**legen, **bei**legen, **hinter**legen, **nach**legen, **über**legen, **unter**legen, **vor**legen, **wider**legen, **zu**legen
Ableitungen mit Adverbien		**hin**legen, **hinein**legen, **nieder**legen, **weg**gehen

Ein Unding! – Das Präfix *un-, Un-*

Die Vorsilbe ***un-*** wird besonders bei Adjektiven eingesetzt, um Wortpaare zu bilden, die **gegensätzliche Bedeutung** haben:

anständig → **un**anständig, brauchbar → **un**brauchbar

Auch viele Nomen drücken mit der Vorsilbe ***Un-*** Gegenteiliges aus:

Geduld → **Un**geduld, Achtsamkeit → **Un**achtsamkeit, Mensch → **Un**mensch

Heute wird das Präfix *un-* oft auch **bedeutungsverstärkend** gebraucht: Unsumme, Unmenge, Unkosten bedeuten nicht das Fehlen von Summe, Menge oder Kosten, sondern im Gegenteil eine sehr große Summe, Menge oder hohe Kosten.

Im Wort Untiefe kann das Präfix bedeutungsverstärkend sein, dann ist die Stelle besonders tief. *Untiefe* kann aber auch das Gegenteil von *Tiefe* bedeuten und eine besonders flache Stelle kennzeichnen.

Ableitungssuffixe

Viele Ableitungssuffixe kennzeichnen ganz bestimmte Wortarten. Durch die Ableitungen kann also ein Wort entstehen, das zu einer anderen Wortart gehört als das Ursprungswort.

Einige Wörter enthalten sogar mehrere Suffixe. Die Wortart wird durch das letzte Suffix bestimmt (→ Bestimmungs- und Grundwort, S. 72):

Nomen: Freund → Adjektiv: freund**lich** → Nomen: Freundlich**keit**

Suffixe für Adjektive

-bar	lesbar, strafbar ...	***-lich***	freundlich, lieblich ...
-haft	glaubhaft, lebhaft ...	***-los***	freudlos, gedankenlos ...
-ig	fertig, traurig	***-sam***	achtsam, wirksam ...
-isch	herrisch, kindisch ...		

Suffixe für Nomen

-chen	Frauchen, Spielchen ...	***-keit***	Einigkeit, Übelkeit ...
-e	Freude, Liebe ...	***-lein***	Häuflein, Scherflein ...
-ei	Bücherei, Keilerei ...	***-ling***	Findling, Säugling ...
-er	Begleiter, Maler ...	***-nis***	Wagnis, Zeugnis ...
-heit	Schönheit, Sicherheit ...	***-sal***	Labsal, Schicksal ...
-igkeit	Genauigkeit, Planlosigkeit ...	***-schaft***	Freundschaft, Sippschaft ...
-ik	Statistik	***-sel***	Schnipsel, Stöpsel ...
-in	Freundin, Fürstin ...	***-tum***	Brauchtum, Wachstum ...
-ismus	Fanatismus	***-ung***	Leitung, Steigung ...

Suffixe für Verben

-(e)l(n)	hangeln, witzeln ...	***-ier(en)***	servieren, telefonieren ...
-(e)r(n)	eifern, steigern ...	***-ig(en)***	predigen, steinigen ...

Suffixe für Adverbien

-s	abends, rechts ...
-(er)weise	beziehungsweise, freundlicherweise ...

BAUSTEINE

Ableitungen mit Ablaut und Umlaut

Neue Wörter können auch mit Hilfe der so genannten **inneren Abwandlung** gebildet werden. Dabei wird ein Wort durch einen Ablaut oder durch einen Umlaut im Innern verändert.

Ableitungen mit Ablaut

Ein Vokal oder Diphthong (→ S. 16) wird durch einen anderen Vokal ersetzt. Das trifft auf viele Nomen zu, die von Verben abgeleitet sind.

w**a**chsen → W**u**chs
br**e**chen → Br**u**ch
h**e**lfen → H**i**lfe
gr**ei**fen → Gr**i**ff
fl**ie**ßen → Fl**u**ss

Ableitungen mit Umlaut

Ein Grundvokal wird durch einen Umlaut (→ S. 17) ersetzt. Oft wird diese Variante der Wortbildung noch mit angefügten Ableitungspräfixen oder -suffixen kombiniert.

L**a**st → l**ä**stig
Br**o**t → Br**ö**tchen
K**u**nst → k**ü**nstlich
T**au** → **ver**t**äu**en

Konversion

Ein Wort (meistens ein Wortstamm) kann ohne Veränderung seiner Form in eine neue Wortart übertragen werden. Man spricht in diesen Fällen von einer **Konversion**. Neue Wörter, die durch Konversion entstehen, werden auch **Konvertate** genannt.

Verb: suchen	→	Nomen: Suche
Verb: essen	→	Nomen: Essen
Adjektiv: kühl	→	Verb: kühlen
Adjektiv: ernst	→	Nomen: Ernst
Nomen: Wechsel	→	Verb: wechseln
Nomen: Tank	→	Verb: tanken
Nomen: Dank	→	Präposition: dank

Der Verbstamm entspricht dem Wortstamm

Lassen Sie sich nicht durch die Endung -***n*** oder -***en*** der Verbgrundformen (Infinitive) irritieren (→ Lexeme, S. 65). Entscheidend bei der Konversion ist allein der unverändert bleibende Verbstamm (→ S. 257), der dem Wortstamm (→ S. 66) entspricht.

„Tierische" Konvertate

Besonders ausdrucksstark sind Konvertate, die von **Tierbezeichnungen** abgeleitet sind: sich in der Sonne **aalen**, für eine Prüfung **büffeln**, über den Boulevard **gockeln**, über das Wetter **unken**, die Straße entlang**wieseln**.

Kürzung

Auch Verkürzungen von Wörtern werden der Wortbildung zugerechnet, denn mit ihnen lassen sich gleichfalls neue, oft formelhafte Bezeichnungen ableiten.

Abkürzungen

Abkürzungen werden nur in der Schriftsprache verwendet, in der mündlichen Rede werden die Wörter vollständig ausgesprochen. Deshalb werden sie nicht zur Wortbildung gerechnet.

evtl. - eventuell
s. o. - siehe oben
sog. - so genannt
u. a. - und andere(s), unter anderem / anderen
u. a. m. - und andere / anderes mehr
usw. - und so weiter
v. a. - vor allem
vgl. - vergleiche
z. B. - zum Beispiel
Abs. - Absender
Dr. - Doktor
Nr. - Nummer
Str. - Straße
Tel. - Telefon

→ Zeichensetzung: Der Punkt, S. 574

Initialwörter

Initialwörter werden auch **Buchstabenwörter** genannt. Das Initial oder die Initiale bezeichnet einen Anfangsbuchstaben. Entsprechend bleibt bei dieser Variante der Verkürzung nur der Anfangsbuchstabe einer Wortform oder eines Wortteils übrig.

Initialwörter werden in der Regel buchstabiert, d. h. die Buchstaben werden einzeln gesprochen wie die Laute im Alphabet.

ARD - **A**rbeitsgemeinschaft der öffentlich-rechtlichen **R**undfunkanstalten der Bundesrepublik **D**eutschland
BRD - **B**undes**r**epublik **D**eutschland
CD - **c**ompact **d**isc (digitaler Datenträger)

DFB – **D**eutscher **F**ußball-**B**und
DVD – **d**igital **v**ersatile **d**isc (digitaler Datenträger)
EM – **E**uropa**m**eisterschaft
EU – **E**uropäische **U**nion
LKW/Lkw – **L**ast**k**raft**w**agen
OSZE – **O**rganisation für **S**icherheit und **Z**usammenarbeit in **E**uropa
PKW/Pkw – **P**ersonen**k**raft**w**agen
SMS – **s**hort **m**essage **s**ervice (Kurznachricht)
THW – **T**echnisches **H**ilfswerk
USA – **U**nited **S**tates of **A**merica
WM – **W**elt**m**eisterschaft

Manche Initialwörter können aber auch wie Wörter gesprochen werden, und zwar dann, wenn sie Vokale enthalten und deshalb auch wie ein normales Wort aussprechbar sind.

die ESA – European Space Agency (*europäische Weltraumorganisation*)
PISA – Programme for International Student Assessment (*internationaler Vergleich von Schülerleistungen*)
der TÜV – Technischer Überwachungsverein
die UNO – United Nations Organization (*Vereinte Nationen*)
der / die VIP – very important person (*sehr wichtige, bekannte Person*)

Initialwörter kommen auch als Teile von Wortverbindungen vor. Einige von ihnen sind nur in solchen Verbindungen gebräuchlich.

CD-Regal, DFB-Pokal, DVD-Hülle, US-Präsident ...
PISA-Studie, TÜV-Plakette, VIP-Lounge ...

Partielle Kurzwörter

Wenn bei der Kürzung nur ein Teil des Wortes gekürzt wird und der Rest erhalten bleibt, entstehen partielle Kurzwörter.

HNO-Arzt *__H__als-__N__asen-__O__hren-__Arzt__*
O-Saft *__O__rangen__saft__*

U-Bahn	***U**ntergrund**bahn***
U-Boot	***U**nterwasser**boot***

Silbenkurzwörter

Zu den Kurzwörtern gehören auch die **Silbenkurzwörter**. Sie werden aus den Anfangsbuchstaben zusammengesetzter Nomen zu neuen Silben (→ S. 59 ff.) und Wörtern geformt.

Arge	***Ar**beits**ge**meinschaft*
Kripo	***Kri**minal**po**lizei*
Kita	***Ki**nder**ta**gesstätte*
Trafo	***Tra**ns**fo**rmator*

Kopfwörter

Bei der Bildung einiger Kurzformen entfallen die hinteren Teile des ursprünglichen Wortes. Diese Kurzwörter nennt man **Kopfwörter**.

Abo	***Abo**nnement*
Akku	***Akku**mulator*
Disko / Disco	***Disko**thek*
Foto	***Foto**grafie*
Info	***Info**rmation*
Navi	***Navi**gationsgerät*
Video	***Video**band, -clip, -film*

Solche Kurzwörter können als Teile von Wortzusammensetzungen gebraucht werden.

Alufolie	*Aluminiumfolie*
Biofleisch	*Fleisch aus natürlicher, artgerechter Haltung*
Fotoalbum	*Album für Fotografien*
Ökostrom	*umweltfreundlich gewonnener Strom*

Rumpf- und Endwörter

Wird durch Kürzung nur der Mittelteil bzw. das Ende des ursprünglichen Wortes verwendet, spricht man von Rumpfwörtern bzw. Endwörtern. Diese Kurzwörter sind relativ selten.

Rumpfwort: Lisa (aus *E**lisa**beth*) **Endwort:** Bus (aus *Omni**bus***)

Kofferwörter

Bei den so genannten *Kofferwörtern* (Wortkreuzungen) werden Teile aus zwei Wörtern so verschmolzen, dass ein neues Wort mit neuer Bedeutung entsteht. Anders als bei anderen Kurzwörtern existiert hier keine Langform: Es gibt also beispielsweise nur den Brunch, aber keinen ~~Breakfast-Lunch~~ (→ *Brunch* ist also eine Wortkreuzung).

breakfast	+	lunch	→	der Brunch
Daten	+	Kartei	→	die Datei
Deutsch	+	Englisch	→	Denglisch
ja	+	nein	→	jein
Kur	+	Urlaub	→	der Kurlaub
Motor	+	Hotel	→	das Motel
smoke	+	fog	→	der Smog
teuer	+	Euro	→	der Teuro

DIE WORTARTEN

DIE WORTARTEN IM ÜBERBLICK

ÜBERSICHT

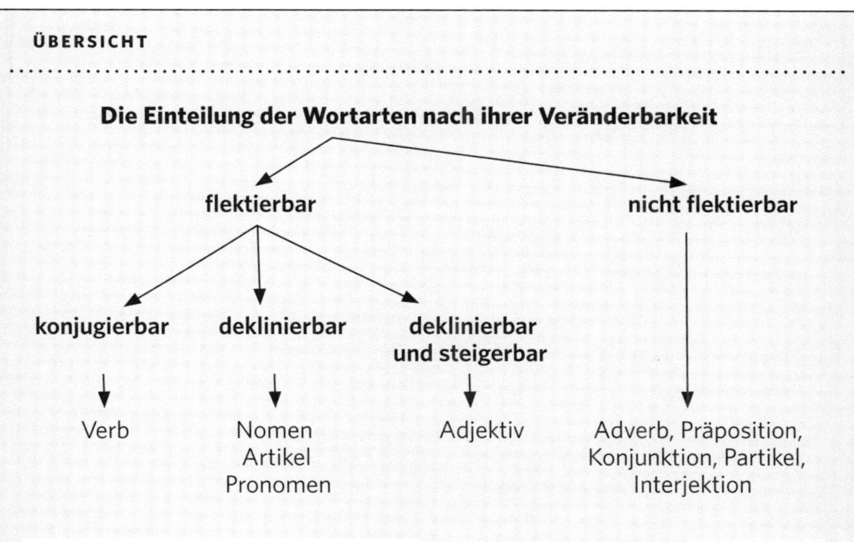

Die Flexion (Beugung) von Wörtern

→ S. 88

Flektierbare Wörter werden entsprechend ihrer grammatischen Aufgabe im Satz gebeugt, ihre Form wird also verändert. Nicht flektierbare Wörter verändern ihre Form dagegen nicht. Es gibt drei Varianten der Beugung:

Konjugation: Beugung nach Person (1., 2., 3. Person), Numerus (Singular, Plural), Tempus (Präsens, Präteritum usw.), Modus (Indikativ, Konjunktiv) und Genus Verbi (Aktiv, Passiv)

Deklination: Beugung nach Genus (männlich, weiblich, sächlich), Numerus (Singular, Plural) und Kasus (Nominativ, Genitiv, Dativ, Akkusativ)

Komparation: Steigerung. Positiv (Grundstufe) → Komparativ (Steigerungsstufe) → Superlativ (Höchststufe)

Die Einteilung der Wortarten

Wörter lassen sich im Deutschen in zehn Wortarten unterteilen.

Wortart	Beispiele
Nomen (Substantive, Hauptwörter)	Stadt, Land, Umleitung
Artikel (Geschlechtswörter)	der, die, das, ein, eine, ein
Pronomen (Fürwörter)	ich, euch, jemand, dein, dieser, jenes
Adjektive (Eigenschaftswörter)	leise, frech, fröhlich, blau
Verben (Zeitwörter, Tätigkeitswörter)	machen, lesen, gehen, dürfen
Adverbien (Umstandswörter)	nämlich, gestern, links, dann
Präpositionen (Verhältniswörter)	in, neben, vor, trotz
Konjunktionen (Bindewörter)	und, aber, oder, weil, dass
Partikeln (sonstige nicht flektierbare Wörter)	ziemlich, nahezu, halt, recht
Interjektionen (Ausrufe- oder Empfindungswörter) und **Satzäquivalente**	ah, hmm, huch, oho! ja, nein, doch, danke, bitte

In einigen Grammatiken werden **Numeralien** oder **Zahlwörter** als eigene Wortart angeführt – eine Einteilung, die sich nach inhaltlichen Kriterien richtet. Da aber die meisten Zahlwörter **Zahladjektive** sind und gebeugt werden können, werden sie heute in der Regel den Adjektiven zugeordnet.

Interjektionen werden manchmal zu den Partikeln gerechnet. Da sie jedoch andere Eigenschaften aufweisen, werden sie in dieser Grammatik zusammen mit den Satzäquivalenten als eigenständige Wortart behandelt.

Eine Partikel, viele Partikeln

Auch wenn mit *Partikeln* nicht veränderbare Wörter bezeichnet werden, ändert der Grammatikbegriff selbst sehr wohl seine Form: *Die Partikel* ist ein feminines Nomen; im Plural heißt es *die Partikel**n***.

Auch in der Physik gibt es den Fachausdruck *Partikel*, aber es gibt zwei Möglichkeiten: Man kann wie beim Grammatikbegriff im Singular *die Partikel* sagen; häufiger ist aber *das Partikel* (Neutrum). Dann allerdings lautet die Pluralform *die Partikel* (ohne -n).

Flektierbare und nicht flektierbare Wortarten

Die Wortarten lassen sich unterteilen in flektierbare (veränderbare, beugbare) und nicht flektierbare (unveränderliche, nicht beugbare) Wortarten.

Flektierbare Wörter werden entsprechend ihrer grammatischen Aufgabe im Satz gebeugt, ihre Form wird also durch Anhängen von Endungen oder weitere Umformungen verändert. Nicht flektierbare Wörter verändern ihre Form dagegen nicht.

→ Flexionsbausteine, S. 69

Flektierbare Wortarten:

Nomen, Artikel, Pronomen, Adjektive, Verben

Nicht flektierbare Wortarten:

Adverbien, Präpositionen, Konjunktionen, Partikeln, Interjektionen, Satzäquivalente

Flexion (Beugung)

Unter dem Oberbegriff *Flexion* werden drei Varianten der Beugung zusammengefasst: die **Konjugation**, die **Deklination** und die **Komparation** (Steigerung).

Nur Verben werden **konjugiert**, alle anderen flektierbaren Wortarten werden **dekliniert**. Adjektive werden zusätzlich **gesteigert**.

Konjugation

Verben werden gebeugt (konjugiert) nach:

Person	1., 2., 3. Person	**wir** singen, **du** gehst **sie** lernt
Numerus (Zahl)	Singular (Einzahl), Plural (Mehrzahl)	**du** fährst **ihr** fahrt
Tempus (Zeit)	Präsens (Gegenwart), Präteritum (Vergangenheit) u. a.	sie **schreiben** ich **schrieb**
Modus (Aussageweise)	Indikativ (Wirklichkeitsform), Konjunktiv (Möglichkeitsform) Imperativ	er **wählt**, er **ging** er **wähle**, er **ginge** **Wähle! Wählt!**
Genus verbi (Handlungsform)	Aktiv (Tätigkeitsform), Passiv (Leideform)	du **liebst** wir **werden geliebt**

→ Konjugation der Verben, S. 254 ff.

Deklination

Nomen, Adjektive, Artikel, Pronomen und Numeralien werden gebeugt (dekliniert) nach:

Genus (Geschlecht)	Maskulinum (männlich)	**der** Mann
	Femininum (weiblich)	**die** Frau
	Neutrum (sächlich)	**das** Kind
Numerus (Zahl)	Singular (Einzahl)	**das** Buch
	Plural (Mehrzahl)	**die** Flüsse
Kasus (Fall)	Nominativ (1. Fall)	**der** Hund
	Genitiv (2. Fall)	**des** Kater**s**
	Dativ (3. Fall)	**dem** Pferd
	Akkusativ (4. Fall)	**den** Hasen

Im folgenden Beispielsatz werden nur die Präpositionen aus und von sowie die Konjunktion und nicht flektiert, denn sie gehören zu den Wortarten, die nicht verändert werden. Alle anderen Wörter im Satz sind konjugiert bzw. dekliniert.

Mein**e** Papagei**en** fl**ogen** aus d**em** Zimmer und w**ur**d**en** von d**er** Katze d**es** Nachbar**n** gejag**t**.

Die Flexionsform jedes der gebeugten Wörter in diesem Beispielsatz lässt sich genau bestimmen:

Konjugation					
Verb (gebeugt)	**Person**	**Numerus**	**Tempus**	**Genus verbi**	**Modus**
flogen	3. Person	Plural	Präteritum	Aktiv	Indikativ
wurden gejagt	3. Person	Plural	Präteritum	Passiv	Indikativ

Deklination

	Wortart	**Genus**	**Numerus**	**Kasus**
Meine	Possessiv-pronomen	Maskulinum	Plural	Nominativ
Papageien	Nomen	Maskulinum	Plural	Nominativ
dem	Artikel	Neutrum	Singular	Dativ
Zimmer	Nomen	Neutrum	Singular	Dativ
der	Artikel	Femininum	Singular	Dativ
Katze	Nomen	Femininum	Singular	Dativ
des	Artikel	Maskulinum	Singular	Genitiv
Nachbarn	Nomen	Maskulinum	Singular	Genitiv

Komparation

Adjektive können gesteigert werden. Die Grundform wird **Positiv** genannt, davon abgeleitet werden der **Komparativ** (die Steigerungsstufe) und der **Superlativ** (die Höchststufe):

Positiv	**Komparativ**	**Superlativ**
weit	weit**er**	der / die / das weit**este** (Weg / Hose / Feld), am weit**esten**
groß	größ**er**	der / die / das größ**te** (Teil / Menge / Stück), am größ**ten**
hell	hell**er**	der / die / das hell**ste** (Stern / Leuchte / Licht), am hell**sten**

→ Steigerung der Adjektive, S. 206

DIE NOMEN

ÜBERSICHT

Konkreta / Abstrakta

→ S. 92

Nomen werden in **Konkreta**, d. h. Gegenständliches wie Gattungs- und Klassenbezeichnungen (Kind, Vogel) sowie Eigennamen (Berlin) und **Abstrakta**, also Nichtgegenständliches wie Vorstellungen (Seele) eingeteilt.

Begleiter der Nomen

→ S. 94

Zu den Begleitern der Nomen gehören Artikel (**das** Glas), Pronomen (**mein, dieses** Glas) sowie Adjektive und Numeralien (**großes** Glas / **zwei** Gläser).

Genus

→ S. 96

Nomen haben ein grammatisches Geschlecht (Genus), das man am Artikel erkennt: **der** Sand (**maskulin**), **die** Bank (**feminin**), **das** Spiel (**neutral**).

Numerus

→ S. 102

Nomen gibt es im **Singular** (Einzahl) und im **Plural** (Mehrzahl). Die Pluralformen werden unterschiedlich gebildet: mit Endung (Freund**e**), mit Umlaut (M**ü**tter), mit Endung und Umlaut (R**ä**um**e**), ohne Änderung (Kissen).

Kasus

→ S. 108

Nominativ (1. Fall; er antwortet auf die Frage: *Wer oder was?*)
Genitiv (2. Fall; er antwortet auf die Frage: *Wessen?*)
Dativ (3. Fall; er antwortet auf die Frage: *Wem?*)
Akkusativ (4. Fall; er antwortet auf die Frage: *Wen oder was?*)

Deklination

→ S. 109

Nomen werden dekliniert, und zwar **nach Genus**, **Numerus** und **Kasus**, z. B. de**s** Kind**es** = neutral, Singular, Genitiv.

Konkreta und Abstrakta

Nomen – sie werden auch Substantive, Hauptwörter, Namen- oder Dingwörter genannt - lassen sich nach ihrer Bedeutung in zwei große Gruppen einteilen.

Nomen, mit denen wir Lebewesen und mit den Sinnen wahrnehmbare Dinge bezeichnen, werden **Konkreta** genannt (Singular: *Konkretum*). Zu ihnen gehören so genannte **Gattungs- und Klassenbezeichnungen** (**Appellative**), die eine Gruppe zusammengehöriger Lebewesen oder Dinge, aber auch die einzelnen Glieder einer Gruppe benennen.

Eigennamen gehören ebenfalls zu den Konkreta. Sie bezeichnen immer nur einzelne Glieder einer Gattung.

Gattungsbezeichnungen (Appellative)	
Menschen	Kind, Frau, Mann ...
Tiere	Vogel, Hund, Biene ...
Pflanzen	Nelke, Kiefer, Moos ...
Dinge	Auto, Wohnhaus, Zeitung
Eigennamen	
Namen für Personen und Tiere	Tobias, Lena Langer, Prof. Schmitt, Bambi ...
Städte-, Straßen- und Ländernamen	Berlin, Bahnhofstraße, Italien ...
geografische Namen	Donau, Alpen, Nordsee ...
Namen für Gebäude und Organisationen	Kölner Dom, Holstentor, Geschwister-Scholl-Schule ...

Nomen, mit denen wir Vorstellungen, Eigenschaften, Zustände oder Gefühle bezeichnen, werden **Abstrakta** genannt (Singular: *Abstraktum*). Sie bezeichnen Nichtgegenständliches, also gedankliche Dinge, die wir mit unseren Sinnen nicht wahrnehmen können.

Auch Vereinigungen und Organisationen, die aus Personen bestehen, zählen zu den Abstrakta. Sie bilden als „belebte“ Abstrakta eine Ausnahme.

Zustände: Ärger, Glück, Leben ...
Eigenschaften: Fleiß, Schönheit, Talent ...
Vorstellungen: Bewusstsein, Friede, Seele ...
belebte Abstrakta: Gesellschaft, Publikum, Verein ...

Großschreibung der Nomen

Nomen werden **immer großgeschrieben**.

Die **H**äuser in dieser **S**traße sind starkem **V**erkehrslärm ausgesetzt.

Das gilt auch für **fremdsprachliche Nomen**, sofern sie in deutschsprachigen Texten verwendet werden.

Beim letzten **M**eeting gab es **C**hampagner und **P**izza!

Nomen an ihrer Endung erkennen

Alle Wörter, die auf ***-heit, -keit, -ling, -mut, -nis, -sal, -schaft, -tum, -ung*** enden, sind Nomen und in aller Regel Abstrakta:

Dunkel**heit**, Früh**ling**, Heiter**keit**, Mann**schaft**, Reich**tum**, Schick**sal**, Über**mut**, Umgeb**ung** ...

Auch mit den **Endungen *-ei*** und ***-sel*** werden Nomen gebildet. Sie sind meist Abstrakta:

Anbieder**ei**, Lecker**ei**, Anhäng**sel**, Schnip**sel** ...

Begleiter der Nomen

Allen Nomen kann ein Begleiter vorangestellt werden.

der Hut, **ein** Fahrrad, **jedes** Kind, **viele** Jahre ...

Bestimmter und unbestimmter Artikel

Zu den Begleitern gehören der bestimmte Artikel und der unbestimmte Artikel (→ S. 127 ff.) oder **Kontraktionen** (→ S. 131), also Präpositionen, die mit einem Artikel verschmolzen sind:

das Glas, **ein** Freund, **fürs** Leben ...

Pronomen und Numeralien als Begleiter

Auch Pronomen und Zahladjektive können Nomen begleiten. Dann ersetzen sie den Artikel.

Demonstrativpronomen:	**dieser** Schurke, **jenes** Land, **dieselbe** Frage, **solche** Probleme ...
Possessivpronomen:	**unsere** Arbeit, **ihr** Glück, **eure** Wohnung ...
Indefinitpronomen:	**etwas** Butter, **alle** Studenten, **jedes** Jahr ...
Fragepronomen:	**Welcher** Film? **Welche** Unterlagen? ...
Zahladjektive:	**zwei** Freunde, **385** Zuschauer ...

Im Unterschied zum bestimmten und unbestimmten Artikel können Pronomen und Numeralien aber auch ein Nomen ersetzen.

→ Pronomen, S. 143 ff.; → Zahladjektive und Zahlwörter, S. 217 ff.

Adjektive als Begleiter

Manchmal geht einem Nomen nur ein Adjektiv voran. Dann erhält das Adjektiv eine Endung der starken Deklination, anhand der das Genus, der Kasus und der Numerus des Nomens erkennbar werden.

Er schwimmt nicht gern in tiefe**m** Wasser.
Sie liebt stark**e** Hitze.
Wir hatten große**s** Glück.
Die Verhandlungen platzten wegen überhöhte**r** Ansprüche.

→ Deklination der Adjektive, S. 195 ff.

Fehlende Begleiter lassen sich immer ergänzen

Der Begleiter kann im Satzzusammenhang auch ganz fehlen (→ Wegfall des Artikels, S. 137 ff.):

Er hat mal wieder Pech gehabt.
Glück und Glas, wie leicht bricht das. ...

Dennoch kann jedes einzelne Nomen durch einen Begleiter ergänzt werden:

Er hat mal wieder **viel** Pech gehabt.
Das Glück und **das** Glas, wie leicht ...

Attribute

Wenn ein Nomen mit einfachen oder erweiterten Attributen (Beifügungen) näher bestimmt wird, steht der Begleiter nicht unmittelbar vor dem Nomen. Die Attribute treten zwischen Begleiter und Nomen.

mein Kleid
mein **schönes** Kleid
mein **sehr schönes** Kleid

dieser Mantel
dieser **alte** Mantel
dieser **unvorstellbar alte** Mantel

→ Attribute als Satzgliedteile, S. 436 ff.

Das Genus (grammatisches Geschlecht)

Alle Nomen haben ein grammatisches Geschlecht, ein **Genus** (Plural: *Genera*). Es wird durch die Artikel (→ S. 127 ff.) angegeben.

Wenn man die Nomen *Sandkasten, Schaukel, Spiel* ohne Artikel nennt, ist nicht zu erkennen, welches Genus diese Nomen besitzen. Erst durch die Artikel ***der*** *Sandkasten,* ***die*** *Schaukel,* ***das*** *Spiel* wird das grammatische Geschlecht erkennbar.

Im Deutschen gibt es **drei Genera**:

Maskulinum (maskulin / männlich):	**der** Sandkasten
Femininum (feminin / weiblich):	**die** Schaukel
Neutrum (neutral / sächlich):	**das** Spiel

Genusbestimmung der Nomen

Da der bestimmte Artikel im Nominativ Plural (→ S. 130) für alle Genera gleich lautet (die Sandkästen, die Schaukeln, die Spiele), lässt sich das Genus eines Nomens eindeutig nur am Nominativ Singular des bestimmten Artikels erkennen.

Grammatisches und natürliches Geschlecht

Neben dem *grammatischen Geschlecht* (**Genus**) gibt es bei **Lebewesen und Personenbezeichnungen** auch ein *natürliches Geschlecht* (**Sexus**). Entscheidend für die Flexion eines Nomens ist aber das grammatische Geschlecht.

Meistens entspricht das grammatische Geschlecht dem natürlichen:

der Hengst (männl. Pferd)	→ Maskulinum	der Lehrer	→ Maskulinum
die Stute (weibl. Pferd)	→ Femininum	die Lehrerin	→ Femininum

→ siehe auch Artikel, S. 129

Grammatisches und natürliches Geschlecht stimmen aber nicht immer überein. Dies gilt vor allem für Personenbezeichnungen, die mit dem **Suffix** (→ S. 67, 78) ***-chen*** oder ***-lein*** enden. Sie stehen im Neutrum und unterscheiden sich vom natürlichen Geschlecht der bezeichneten Person.

	grammatisches Geschlecht	natürliches Geschlecht
das Büb**chen**	Neutrum	Maskulinum
das Männ**lein**	Neutrum	Maskulinum
das Mäd**chen**	Neutrum	Femininum
das Fräu**lein**	Neutrum	Femininum

Bei einigen Nomen kann man vom Genus nicht auf das natürliche Geschlecht schließen, weil sie **männliche und weibliche Personen** bezeichnen.

	grammatisches Geschlecht	natürliches Geschlecht
der Mensch	Maskulinum	Maskulinum / Femininum
die Person	Femininum	Maskulinum / Femininum
das Baby	Neutrum	Maskulinum / Femininum

Nomen, mit denen wir **Sachen oder Gegenstände** bezeichnen, haben ebenfalls ein Genus, obwohl die bezeichneten Sachen oder Gegenstände gar kein natürliches Geschlecht besitzen.

	grammatisches Geschlecht	natürliches Geschlecht
der Haken	Maskulinum	–
die Nadel	Femininum	–
das Garn	Neutrum	–

Nomen mit mehreren Genera

Manche Nomen können mit unterschiedlichen Genera gebraucht werden.

Einige Nomen behalten ihre Bedeutung, sie ist unabhängig vom verwendeten Genus. Eine Auswahl:

das / der Blog
das / der Bonbon
der / das Dotter
der / (selten:) das Dschungel
das / die E-Mail
das / der Event
der / das Gelee
der / (selten:) die Gleichmut
der / das Gummi (Kautschuk)
der / das Häcksel
der / die / das Jogurt
der / das Kaugummi
der / das Keks
das / der Laptop
der / das Lasso
der / das Liter
der / das Meter
der / die Quader
das / der Radar
der / die Spachtel
das / der Viadukt
das / der Virus

Bei einigen Nomen **ändert sich je nach Genus die Wortendung**; die Bedeutung verändert sich jedoch nicht.

die Backe oder: der Backen
die Knolle oder: der Knollen
die Ritze oder: der Ritz
die Socke oder: der Socken
die Spalte oder: der Spalt
die Zehe oder: der Zeh

Andere Nomen nehmen **je nach Genus eine andere Bedeutung** an. Diese gleich lautenden Nomen mit unterschiedlichen Genera und unterschiedlicher Bedeutung werden **Homonyme** genannt.

Manche Nomen lauten im Nominativ (Singular) gleich, haben aber unterschiedliche Bedeutungen und oft auch unterschiedliche Genera. Haben die unterschiedlichen Bedeutungen nichts miteinander zu tun, sprechen wir von **Homonymen**. Sind die Bedeutungen aber verwandt oder können auf eine gemeinsame (sprachhistorische) Wurzel zurückgeführt werden, sprechen wir von **Polysemen**. Eine Auswahl:

Homonyme / Polyseme	Genitiv Singular	Nominativ Plural	Bedeutung
der Balg	des Balg(e)s	die Bälger	*ungezogenes Kind*
das Balg	des Balg(e)s	die Bälge	*Tierhaut*
der Band	des Band(e)s	die Bände	*Buch*
das Band	des Band(e)s	die Bänder	*Stoffstreifen*
das Band	des Band(e)s	die Bande	*enge Freundschaft*
der Bauer	des Bauern	die Bauern	*Landwirt*
das / der Bauer	des Bauers	die Bauer	*Vogelkäfig*
der Bund	des Bund(e)s	die Bünde	*Bündnis*
das Bund	des Bund(e)s	die Bunde	*Bündel, Strauß*
der Ekel	des Ekels	–	*Abscheu*
das Ekel	des Ekels	die Ekel	*eklige Person*
der Erbe	des Erben	die Erben	*Person, die erbt*
das Erbe	des Erbes	(die Erbschaften)	*Hinterlassenschaft*
der Flur	des Flur(e)s	die Flure	*Korridor*
die Flur	der Flur	die Fluren	*Wiese und Feld*
der Gehalt	des Gehalt(e)s	die Gehalte	*Inhalt, Wert*
das Gehalt	des Gehalt(e)s	die Gehälter	*Arbeitslohn*
der Heide	des Heiden	die Heiden	*Nichtchrist*
die Heide	der Heide	die Heiden	*Landschaftsform*
der Kiefer	des Kiefers	die Kiefer	*Gesichtsknochen*
die Kiefer	der Kiefer	die Kiefern	*Baum*
der Kiwi	des Kiwis	die Kiwis	*eine Vogelart*
die Kiwi	der Kiwi	die Kiwis	*eine Frucht*
der Mangel	des Mangels	die Mängel	*Fehler*
der Mangel	des Mangels	–	*Fehlen*
die Mangel	der Mangel	die Mangeln	*Gerät zum Glätten großer Tücher*
das Mark	des Marks	–	*Knocheninneres*
die Mark	der Mark	die Mark	*Münze*
die Mark	der Mark	die Marken	*Landschaft, Grenzland*

der Marsch	des Marsch(e)s	die Märsche	*Wanderung*
die Marsch	der Marsch	die Marschen	*Schwemmland vor Küsten*
der Mast	des Mast(e)s	die Masten (Maste)	*Schiffsmast, Pfahl*
die Mast	der Mast	die Masten	*Tierfütterung*
der Moment	des Moment(e)s	die Momente	*Augenblick*
das Moment	des Moment(e)s	die Momente	*Umstand; Merkmal*
der Schild	des Schild(e)s	die Schilde	*Schutz*
das Schild	des Schild(e)s	die Schilder	*Hinweistafel*
der See	des Sees	die Seen	*Binnengewässer*
die See	der See	–	*Meer*
das Steuer	des Steuers	die Steuer	*Lenkung*
die Steuer	der Steuer	die Steuern	*Abgabe*
der Tau	des Tau(e)s	–	*Niederschlag*
das Tau	des Tau(e)s	die Taue	*Seil*
der Teil	des Teil(e)s	die Teile	*Teil von etwas*
das Teil	des Teil(e)s	die Teile	*einzelnes Stück*
der Tor	des Toren	die Toren	*Narr*
das Tor	des Tors	die Tore	*Pforte*
der Verdienst	des Verdienst(e)s	die Verdienste	*Einkommen*
das Verdienst	des Verdienst(e)s	die Verdienste	*Leistung*
der Vorsatz	des Vorsatzes	die Vorsätze	*Plan, Wille*
das Vorsatz	des Vorsatzes	die Vorsätze	*Verbindung von Buchblock und Einband*
das Wehr	des Wehres	die Wehre	*Staustufe an Flüssen*
die Wehr	der Wehr	die Wehren	*Verteidigung*

Nomen mit gleichem Genus

Einige mehrdeutige Nomen (Homonyme / Polyseme → S. 98) können dasselbe Genus haben. Beispiele:

Homonyme / Polyseme	Nominativ Plural	Bedeutung
die Bank	die Bänke	*Sitzgelegenheit*
die Bank	die Banken	*Geldinstitut*
der Block	die Blöcke	*Papier*
der Block	die Blocks	*Wohngebäude*
der Block	die Blöcke	*(Holz-)Klotz*
die Bremse	die Bremsen	*Insekt*
die Bremse	die Bremsen	*Hemmvorrichtung*
der Geist	–	*Verstand, Intellekt*
der Geist	die Geister	*Gespenst*
das Gericht	die Gerichte	*Ort der Rechtsprechung*
das Gericht	die Gerichte	*Mahlzeit*
der Himmel	–	*Paradies*
der Himmel	–	*astronomischer Ort*
die Mutter	die Mütter	*weibl. Elternteil*
die Mutter	die Muttern	*Schraubenteil mit Gewinde*
das Schloss	die Schlösser	*Bauwerk*
das Schloss	die Schlösser	*Türverschluss*
die Stimme	die Stimmen	*Sprechfähigkeit*
die Stimme	die Stimmen	*Wahlstimme*
der Stock	Stock (Stockwerke)	*Etage im Gebäude*
der Stock	die Stöcke	*Holzstab*
der Strauß	die Strauße	*großer Laufvogel*
der Strauß	die Sträuße	*Blumenbund*
das Wasser	die Wässer	*Wassersorte*
das Wasser	die Wasser	*Wassermasse*
das Wort	die Wörter	*einzelnes Wort*
das Wort	die Worte	*Textaussage*

Der Numerus (Singular und Plural)

Nomen gibt es im **Singular** (Einzahl) und im **Plural** (Mehrzahl). Man nennt diese beiden Formen den **Numerus**. Der Numerus (Plural: *Numeri*) gibt die grammatische Zahl der Nomen an:

der Tisch → die Tische, ein Stuhl → Stühle ...

Die Pluralformen der Nomen können im Deutschen mit bestimmten Endungen gebildet werden, mit einer Kombination aus Umlaut + Endung, nur mit Umlaut oder ohne besondere Endung.

Pluralbildung mit *-e, -er*

Viele **maskuline Nomen**, die stark dekliniert werden (→ S. 111 ff.), und viele **neutrale Nomen** bilden den Plural mit der Endung ***-e*** oder ***-er***.

Singular	Pluralendung	Plural
der Befehl	**-e**	die Befehl**e**
das Bild	**-er**	die Bild**er**
das Brett	**-er**	die Brett**er**
der Freund	**-e**	die Freund**e**
der Geist	**-er**	die Geist**er**
der Stein	**-e**	die Stein**e**

Der **Vokal *a, o, u*** oder der **Diphthong *au*** im Wortstamm wird im Plural zum **Umlaut** (→ S. 14 ff.).

Singular	Umlaut, Pluralendung	Plural
der Rand	**-ä-, -er**	die R**ä**nd**er**
der Hof	**-ö-, -e**	die H**ö**f**e**
der Wurm	**-ü-, -er**	die W**ü**rm**er**
der Raum	**-äu-, -e**	die R**äu**m**e**

Pluralbildung mit *-n, -en*

Feminine Nomen bilden den Plural meist mit ***-en*** oder ***-n***, schwach deklinierte (→ S. 114 ff.) **maskuline Nomen** immer. Einige **neutrale Nomen** bilden den Plural ebenfalls mit ***-en***.

Singular	Pluralendung	Plural
das Auge	**-n**	die Auge**n**
die Karte	**-n**	die Karte**n**
der Mensch	**-en**	die Mensch**en**
das Ohr	**-en**	die Ohr**en**
die Stunde	**-n**	die Stunde**n**
die Uhr	**-en**	die Uhr**en**

Pluralbildung mit *-s*

Insbesondere **Fremdwörter** (→ S. 106) bilden den Plural häufig mit ***-s***.

Singular	Pluralendung	Plural
das Auto	**-s**	die Auto**s**
das Foto	**-s**	die Foto**s**
die Kamera	**-s**	die Kamera**s**
der Tipp	**-s**	die Tipp**s**

Viele **Initialwörter** (→ S. 81) bilden den Plural ebenfalls mit ***-s***.

Singular	Pluralendung	Plural
die CD (compact disc)	**-s**	die CD**s**
die DVD (digital versatile disc)	**-s**	die DVD**s**
die GmbH (Gesellschaft mit beschränkter Haftung)	**-s**	die GmbH**s**
der LKW (Lastkraftwagen)	**-s**	die LKW**s** (auch: LKW)
der VIP (very important person)	**-s**	die VIP**s**

Auch viele **Silbenkurzwörter** (→ S. 83) und **Kopfwörter** (→ S. 83) bilden den Plural mit ***-s***.

Singular	Pluralendung	Plural
das Abo	**-s**	die Abo**s**
der Akku	**-s**	die Akku**s**
die Kita	**-s**	die Kita**s**
der Studi	**-s**	die Studi**s**
der Promi	**-s**	die Promi**s**
der Trafo	**-s**	die Trafo**s**
die Uni	**-s**	die Uni**s**

Pluralbildung mit Umlaut

Viele **maskuline Nomen, die auf *-el, -er* oder *-en* enden**, bilden den Plural mit Umlaut.

Singular	Umlaut	Plural
der Apfel	**-ä**	die **Ä**pfel
der Bruder	**-ü**	die Br**ü**der
der Garten	**-ä**	die G**ä**rten

Pluralbildung ohne Veränderung

Vor allem **maskuline und neutrale Nomen, die auf *-el, -er* oder *-en* enden**, bilden den Plural ohne Endung und ohne Umlaut. Man spricht in solchen Fällen auch von **Nullendung**.

das Kissen → die Kissen
das Segel → die Segel
das Zeichen → die Zeichen

Wörter und *Worte*

Beim Nomen ***Wort*** gibt es zwar nicht mehrere Genera, aber **zwei Pluralformen** (Fremdwörter mit zwei Pluralformen → S. 106) mit unterschiedlicher Bedeutung:

Die Wörter bezeichnen einzelne Wörter, ***die Worte*** dagegen einen Textzusammenhang.

Ausnahmen: *Klöster, Mütter, Töchter*

Das **einzige neutrale Nomen**, das den **Plural mit Umlaut** bildet, ist

das Kloster → die Klöster.

Die beiden **einzigen femininen Nomen**, die den Plural auf diese Weise bilden, sind

die Mutter → die Mütter und ***die Tochter → die Töchter.***

Der *Käse* und die *Käse*

Das einzige maskuline Wort auf **-e** mit endungslosem Plural ist

der Käse → die Käse.

Die *Wasser* und die *Wässer*

Von dem neutralen Nomen ***das Wasser*** gibt es zwei Pluralformen ohne Endung. Die Pluralform ohne Umlaut ***die Wasser*** bezeichnet Gewässer oder große Wassermengen, die Pluralform mit Umlaut ***die Wässer*** dagegen bestimmte Wassersorten.

Nomen, die nur im Singular vorkommen

Manche Nomen kommen nur im Singular vor, weil sie nicht zählbar, sondern nur als Menge erfassbar sind. Das gilt vor allem für Sammelbezeichnungen, stoffliche Bezeichnungen oder Abstrakta. Man nennt sie **Singulariatantum / Singularetantums** (Singular: *das Singularetantum*).

die Butter, das Fleisch, das Gold, die Milch, das Obst, die Polizei, der Regen, der Schnee, das Silber, der Zucker, die Geduld, die Trauer ...

Nomen, die nur im Plural vorkommen

Andere Nomen kommen nur im Plural vor. Man nennt sie **Pluraliatantum / Pluraletantums** (Singular: *das Pluraletantum*).

die Balearen, die Einkünfte, die Eltern, die Ferien, die Geschwister, die Kosten, die Leute, die Röteln, die Vereinigten Staaten ...

Pluralbildung bei Fremdwörtern

Bei einigen Fremdwörtern wird der Plural nach den Regeln der Herkunftssprache gebildet. Beispiele:

Singular	**Plural**
das Antibiotikum	die Antibiotik**a** (**nicht:** ~~Antibiotikas~~)
der Numerus	die Numer**i**
das Tempus	die Tempor**a**

Daneben gibt es Fremdwörter, deren Pluralbildung Varianten zulässt, z. B.:

Singular	**Plural**
der Atlas	die Atlanten / Atlasse
der Ballon	die Ballons / Ballone
der Espresso	die Espressos / **(selten:)** Espressi
das Examen	die Examen / Examina
der Globus	die Globusse / Globen
der Index	die Indizes / Indices / Indexe
das Klima	die Klimas / Klimata

das Komma	die Kommas / Kommata
das Konto	die Konten / (selten:) Kontos / Konti
das Lexikon	die Lexika / Lexiken
der Magnet	die Magnete / Magneten
der Monitor	die Monitoren / Monitore
der Papagei	die Papageien / Papageis
die Pizza	die Pizzas / Pizzen
das Porto	die Portos / Porti
das Pronomen	die Pronomen / Pronomina
das Risiko	die Risiken / (selten:) Risikos
das Schema	die Schemas / Schemata / Schemen
das Solo	die Solos / Soli
das Tempo	die Tempos / Tempi
das Thema	die Themen / Themata
das Visum	die Visen / Visa (**nicht**: ~~Visas~~)

Bei Nomen, die **aus dem Englischen** ins Deutsche übernommen wurden, bildet man den Plural in der Regel durch **Anhängen eines -s.** Beispiele:

Singular	**Plural**	**Übersetzung**
das Baby	die Baby**s**	*Säugling*
die Band	die Band**s**	*Musikgruppe*
die E-Mail	die E-Mail**s**	*elektronischer Brief*
der Flop	die Flop**s**	*Misserfolg*
das Handy	die Handy**s**	*Mobiltelefon*
das Hobby	die Hobby**s**	*Freizeitbeschäftigung*
das Outfit	die Outfit**s**	*äußere Aufmachung*
der Safe	die Safe**s**	*Geldschrank*
der Snack	die Snack**s**	*Imbiss*
die Soap	die Soap**s**	*Seifenoper*
die Story	die Story**s**	*Geschichte*
das T-Shirt	die T-Shirt**s**	*kurzärmeliges Hemd*

Englische Nomen auf *-y*

Englische Wörter, die auf ***-y*** enden und den Plural mit ***-s*** bilden, folgen den deutschen Rechtschreibregeln: Sie werden großgeschrieben und behalten im Plural das *-y*:

die Body**s**, die Lady**s**, die Party**s**, die Pony**s** ...

Im Englischen wechselt dagegen das *-y* zu *-ie*, wenn die Pluralform gebildet wird:

bod**ies**, lad**ies**, part**ies** ...

Auch aus englischen Begriffen gebildete **Initialwörter** (→ S. 81) können einen Plural bilden:

die CD**s**, die DVD**s**, **aber ohne *-s:*** die SMS im Singular und im Plural

Englische Wörter, die **auf *-er* enden**, bleiben im Plural meist unverändert:

die Computer, die Container, die Reporter ...

Die Kasus (Fälle)

Nomen können innerhalb eines Satzes in verschiedenen Kasus (*Fällen*) vorkommen. Wir unterscheiden im Deutschen **vier Kasus**:

Nominativ	1. Fall	**Der Krimi** war spannend.
Genitiv	2. Fall	Das Ende **des Krimis** war spannend.
Dativ	3. Fall	Mord kommt in **dem Krimi** nicht vor.
Akkusativ	4. Fall	Wir haben **den Krimi** schon gesehen.

Fragen helfen, den jeweiligen Kasus der Nomen zu ermitteln.

Nominativ	**Wer oder was?**	**Wer oder was** war spannend? **Der Krimi** war spannend.
Genitiv	**Wessen?**	**Wessen** Ende war spannend? Das Ende **des Krimis** war spannend.
Dativ	**Wem?**	In **wem** kommt kein Mord vor? Mord kommt in **dem Krimi** nicht vor.
Akkusativ	**Wen oder was?**	**Wen oder was** haben wir schon gesehen? Wir haben **den Krimi** schon gesehen.

Die Reihenfolge der Fälle

Die **Reihenfolge Nominativ, Genitiv, Dativ, Akkusativ** folgt der traditionellen Darstellung, die noch an die lateinische Grammatik angelehnt ist.

In vielen Lehrwerken für *Deutsch als Fremdsprache* wird die Reihenfolge *Nominativ, Akkusativ, Dativ, Genitiv* gewählt, weil die Nominativ- und Akkusativform der Nomen häufig übereinstimmen, während der Genitiv am schwierigsten zu bilden ist und am seltensten verwendet wird.

Grundlagen der Deklination

Werden die Formen eines Nomens entsprechend ihrer grammatischen Funktion im Satz gebeugt (*flektiert*), spricht man von der **Deklination**. Sie betrifft das Genus, den Numerus und den Kasus des Nomens.

Der Kasus eines Nomens kann an bestimmten Endungen sichtbar werden oder an Begleitern (→ S. 94), die vor dem Nomen stehen:

de**s** Regen**s**, de**m** Elefant**en**, mein**e** Frage**n** ...

Kasuserkennung mittels Frageprobe

Wenn das Nomen weder Deklinationsendung noch Begleiter hat, lässt sich der Kasus auch mit der **Frageprobe** bestimmen.

Milch schmeckt **Ben** am besten.

Frage: **Wer oder was** schmeckt Ben am besten? Antwort: **Milch** schmeckt … → Kasus: Nominativ

Frage: **Wem** schmeckt Milch am besten? Antwort: **Ben** schmeckt … → Kasus: Dativ

Auch die **Ersatzprobe** kann helfen. Bei der Ersatzprobe wird das Nomen durch ein Personalpronomen (→ S. 146 ff.) ersetzt: Milch schmeckt **ihm** am besten.

→ Ersatzprobe, S. 409 f.

Wörterbücher geben Auskunft über die Deklinationsart

Die meisten Wörterbücher geben Hinweise, wie ein Nomen dekliniert wird. Meist werden **Genus sowie Genitiv- und Pluralendung** angegeben. Beispiele:

Gang, der < (e)s, Gänge >
← Genusangabe mithilfe des bestimmten Artikels

oder:

Gang, < (e)s > Gänge m
← Genitivendung ← Genusangabe: *m* = Maskulinum

Lehrer, der < s, - >
← - = Nominativ Plural ist endungslos

Schwert < (e)s , -er > nt
← Genitivendung ← Genusangabe: *nt* = Neutrum

Enge, die < - > (kein Plur.)
Nomen existiert nur im Singular

oder:

Enge < - > *(kein Plur.)* f
Genusangabe: *f* = Femininum

Die Deklinationsendungen sind abhängig von der Art der Deklination. Es gibt **drei Deklinationsarten**: die schwache, die starke und die gemischte Deklination. Man unterscheidet sie nach den Genitivformen im Singular und den Nominativformen im Plural.

Die starke Deklination

Starke Deklination der maskulinen Nomen

Die meisten maskulinen Nomen werden stark dekliniert.

	Singular	**Plural**
Nominativ	der Fahrer, Opa, Tag	die Fahrer, Opa**s**, Tag**e**
Genitiv	des Fahrer**s**, Opa**s**, Tag**es**	der Fahrer, Opas, Tage
Dativ	dem Fahrer, Opa, Tag(**e**)	den Fahrern, Opas, Tagen
Akkusativ	den Fahrer, Opa, Tag	die Fahrer, Opas, Tage

Signale für die starke Deklination der Maskulina:

Genitiv Singular	angehängtes **-s** oder **-es**
Nominativ Plural	angehängtes **-e, -er, -s oder keine Endung**
Dativ Singular	Die Endung **-e** im Dativ Singular gilt als veraltet und ist nur noch in bestimmten Wendungen üblich: bei Tag**e**, hierzuland**e** / hier zu Land**e**, im Fall**e** des ..., im Grund**e**, im Lauf**e** der Zeit , in diesem Sinn**e**, jdn. zurat**e** / zu Rat**e** ziehen ...

Maskuline Nomen auf *-en* im Nominativ

Maskuline Nomen, die im **Nominativ Singular auf *-en*** enden, werden stark dekliniert und erhalten daher ein **-*s* im Genitiv Singular**.

der Reifen → des Reifen**s**, der Name(n) → des Namen**s**, der Wagen → des Wagen**s**, der Rahmen → des Rahmen**s**, der Nutzen → des Nutzen**s** ...

Starke Deklination der femininen Nomen

	Singular	Plural
Nominativ	die Maus, Oma, Mutter	die M**ä**us**e**, Oma**s**, M**ü**tter
Genitiv	der Maus, Oma, Mutter	der M**ä**use, Omas, M**ü**tter
Dativ	der Maus, Oma, Mutter	den M**ä**usen, Omas, M**ü**ttern
Akkusativ	die Maus, Oma, Mutter	die M**ä**use, Omas, M**ü**tter

Signale für die starke Deklination der Feminina:

Singular	Die Formen im Singular sind alle gleich.
Nominativ Plural	angehängtes **-e** oder **-s oder keine Endung**
Plural	Viele stark deklinierte feminine Nomen weisen im Plural einen **Umlaut** (→ S. 17) auf.

Starke Deklination der neutralen Nomen

	Singular	Plural
Nominativ	das Bad, Büro	die Bäd**er**, Büro**s**
Genitiv	des Bad**es**, des Büro**s**	der Bäder, Büros
Dativ	dem Bad, Büro	den Bädern, Büros
Akkusativ	das Bad, Büro	die Bäder, Büros

Signale für die starke Deklination der Neutra:

Genitiv Singular	angehängtes **-s** oder **-es**
Nominativ Plural	angehängtes **-e, -er, -s oder keine Endung**

Genitivendung -*s* oder -*es*?

Die normale Endung bei maskulinen und neutralen stark deklinierten Nomen im Genitiv Singular ist -*s*. Aber **-*es* kann angehängt werden**, wenn das Nomen nur aus einer Silbe besteht:

Tag**(e)s**, Bad**(e)s**, Wort**(e)s** ...

oder wenn die letzte Silbe betont ist:

Er'folg**(e)s**, Be'trag**(e)s**, Ge'winn**(e)s** ...

Dagegen **muss -*es* angehängt werden**, wenn ein Nomen auf ***-s, -ss, -ß, -x, -tz*** oder ***-z*** endet. Das *e* wird aus lautlichen Gründen eingeschoben und erleichtert die Aussprache:

des Besitz**es**, des Haus**es**, des Schloss**es**, des Schoß**es**, des Präfix**es**, des Platz**es**, des Schmerz**es** ...

Endet das Nomen im Nominativ auf ***-sch, -tsch, -st***, überwiegt die Endung -*es*, da sie leichter auszusprechen ist. Die kürzere Endung -*s* ist aber ebenfalls möglich:

des Fisch**es** / des Fisch**s**, des Matsch**es** / des Matsch**s**, des Mast**es** / des Mast**s** ...

Nomen mit Umlaut im Plural

Alle Nomen, die im Plural einen Umlaut (→ S. 17) aufweisen, werden **stark dekliniert**:

der Stuhl → die St**ü**hle, die Laus → die L**ä**use, das Huhn → die H**ü**hner ...

Die schwache Deklination

Es gibt maskuline und feminine Nomen mit schwacher Deklination, aber keine neutralen Nomen.

Schwache Deklination der maskulinen Nomen

	Singular	Plural
Nominativ	der Bote	die Bot**en**
Genitiv	des Bot**en**	der Bot**en**
Dativ	dem Bot**en**	den Bot**en**
Akkusativ	den Bot**en**	die Bot**en**

Die **Signale** für die schwache Deklination der Maskulina:

Singular	Im Singular enden die Nomen im Genitiv, Dativ und Akkusativ auf **-en** bzw. **-n**. Im Nominativ sind sie **endungslos oder** enden auf **-e**.
Plural	Im Plural enden sie immer auf **-en**.

Schwache Deklination der femininen Nomen

	Singular	Plural
Nominativ	die Uhr	die Uhr**en**
Genitiv	der Uhr	der Uhr**en**
Dativ	der Uhr	den Uhr**en**
Akkusativ	die Uhr	die Uhr**en**

Die **Signale** für die schwache Deklination der Feminina:

Plural	Im Plural enden die femininen Nomen immer auf **-en**.

Besonderheiten der schwachen Deklination maskuliner Nomen

Alle Bezeichnungen für maskuline Lebewesen, die im **Nominativ Singular** auf **-e** enden, werden **schwach dekliniert** und enden deshalb **im Genitiv, Dativ und Akkusativ Singular** auf ***-en.*** Beispiele:

der Bote → des Boten, dem Boten, den Boten
der Brit**e** → des Brit**en**, dem Brit**en**, den Brit**en**
der Has**e** → des Has**en**, dem Has**en**, den Has**en**

Ebenso werden dekliniert:

der Jung**e** → des Jung**en**
der Löw**e** → des Löw**en**
der Rab**e** → des Rab**en**
der Schöff**e** → des Schöff**en**
der Zeug**e** → des Zeug**en** ...
der Lai**e** → des Lai**en**
der Neff**e** → des Neff**en**
der Ries**e** → des Ries**en**
der Türk**e** → des Türk**en**

Vorsicht beim Genitiv!

Maskuline Nomen, die im **Nominativ Singular** auf **-e** enden, enden im **Genitiv Singular** nie auf ***-ens***, sondern nur auf ***-en***.

der Bube, der Neffe → des Bube**n**, des Neffe**n**

(**nicht:** ~~des Bubens~~, ~~des Neffens~~)

Ausnahmen sind nur folgende Nomen: Friede(n) → des Friede**n**s; ebenso: Buchstabe, Funke(n), Gedanke(n), Glaube(n), Haufe(n), Name(n), Same(n), Schade(n), Wille(n) (→ S. 118)

Nur **stark** deklinierte maskuline Nomen enden im **Genitiv** auf **-s**.

Der Junge und das Junge

Das maskuline Nomen ***der Junge*** wird **schwach dekliniert**. Es gibt aber auch *das Junge* als Bezeichnung für ein junges Tier, das ebenfalls schwach dekliniert wird, obwohl es eigentlich keine neutralen Nomen mit schwacher Deklination gibt. Das Nomen ***das Junge*** ist nämlich abgeleitet von *jung* und somit ein nominalisiertes Adjektiv.

→ Adjektive: schwache Deklination, S. 197; → Nominalisierung, S. 198

Auch einige **Nomen für Lebewesen**, die im **Nominativ Singular nicht auf -e** enden, werden **schwach dekliniert**. Beispiel:

der Bär → des Bär**en**, dem Bär**en**, den Bär**en**

Ebenso werden dekliniert:

der Fürst → des Fürst**en**
der Held → des Held**en**
der Prinz → des Prinz**en**
der Vorfahr → des Vorfahr**en**
der Graf → des Graf**en**
der Narr → des Narr**en**
der Tor → des Tor**en** ...

(Neben *Vorfahr* existiert auch die Variante ***der Vorfahre***. Die Deklination ist dieselbe.)

Auch ***der Mensch*** wird **schwach dekliniert**, obwohl mit diesem Nomen Männer und Frauen gemeint sein können:

der Mensch → des Mensch**en**, dem Mensch**en**, den Mensch**en**

→ grammatisches und natürliches Geschlecht S. 96)

Maskuline Nomen auf ***-and, ant, -ast, -at, -ent, -et, -ist, it-, -nom, -oge, -ot***, die Lebewesen bezeichnen, werden ebenfalls **schwach dekliniert**. Beispiele:

der Diplom**and** → des Diplomand**en**
der Elef**ant** → des Elefant**en**
der Gymnasi**ast** → des Gymnasiast**en**

der Litera**t** → des Litera**ten**
der Konsum**ent** → des Konsumen**ten**
der Proph**et** → des Prophe**ten**
der Piani**st** → des Pianis**ten**
der Erem**it** → des Eremi**ten**
der Psychol**oge** → des Psycholo**gen**
der Öko**nom** → des Ökono**men**
der Ex**ot** → des Exo**ten**

Der Plural hilft weiter

Die Endungen im Plural dieser maskulinen Nomen für Lebewesen sind dieselben wie im Genitiv, Dativ und Akkusativ Singular, da sie der schwachen Deklination unterliegen: ***-en***.

Wenn Sie sich bei den Singularformen unsicher sind, **nehmen Sie den Plural zu Hilfe**, z. B.: die Elefan**ten**.

Daraus können Sie dann ableiten, dass der Elefant im Genitiv, im Dativ und im Akkusativ Singular ebenfalls die Endung *-en* erhalten muss: des Elefan**ten** (nicht: ~~Elefants~~), dem Elefan**ten** (nicht: ~~Elefant~~), den Elefan**ten** (nicht: ~~Elefant~~).

Der *Herr*, des *Herrn*, ...

Bei dem Nomen ***Herr*** entfällt das **-e** bei den Singularendungen:

der Herr → des Herrn, dem Herrn, den Herrn

Der Empfänger eines Briefs steht im Akkusativ. Die Anschrift auf einem Briefumschlag lautet also:

Herrn Max Meier, Müllerstr. 3, 45678 Musterhausen.

Schwache und starke Deklination maskuliner Nomen

Einige maskuline Nomen werden schwach und stark dekliniert:

der Ahn → *des Ahne**n** / Ahn(**e**)**s**, dem Ahn**en** / Ahn, den Ahn**en** / Ahn*

Aber nur ***schwach***: d***er Ahne*** → *des Ahn**en** ...*

(Die weibliche Form lautet ***die Ahne*** oder ***die Ahnin***.)

der Nachbar → *des Nachbar**n** / Nachbar**s**, dem Nachbar**n** / Nachbar, den Nachbar**n** / Nachbar*

Der ***Bauer*** in der **Bedeutung *Landwirt*** wird **schwach** dekliniert:

→ *des Bauer**n**, dem Bauer**n**, den Bauer**n***

Der ***Bauer*** in der **Bedeutung *Erbauer*** oder ***Vogelkäfig*** wird **stark** dekliniert:

→ *des Bauer**s**, dem Bauer, den Bauer*

Bei einigen Nomen existieren **im Nominativ Singular zwei Formen: eine auf -e und eine auf -en**. Bei diesen Nomen hat im Laufe der Zeit ein allmählicher Wechsel von der schwachen zur starken Deklination stattgefunden. Beide Nominativformen können verwendet werden und unterscheiden sich nicht in der Bedeutung.

Nominativ mit -e überwiegt	Nominativ mit *-en* überwiegt
der Funke(n)	***der Frieden***
der Gedanke(n)	***der Gefallen***
der Glaube(n)	***der Haufen***
der Name(n)	***der Samen***
der Wille(n)	***der Schaden***

In den anderen Fällen unterscheiden sich diese Nomen nicht.

	Nominativ mit -e	Nominativ mit -en
Nominativ	der Gedank**e**	der Fried**en**
Genitiv	des Gedank**ens**	des Fried**ens**
Dativ	dem Gedank**en**	dem Fried**en**
Akkusativ	den Gedank**en**	den Fried**en**

Eine Ausnahme bildet ***der Drache / der Drachen***, denn die beiden Formen haben unterschiedliche Bedeutungen und im Genitiv Singular unterschiedliche Formen.

schwache Deklination	starke Deklination
der Drache (Fabeltier)	**der Drachen** (Spielzeug, Fluggerät, Segelboot oder eine streitsüchtige Person)
Genitiv: des Drachen	Genitiv: des Drachens

Das Herz ist eine Ausnahme!

Das neutrale Nomen ***Herz*** fällt bei der Deklination völlig aus dem Rahmen:

*das Herz → des Herz**ens**, dem Herz**en**, das Herz*

Plural in allen Formen: *die / der / den / die Herz**en***

Die gemischte Deklination

Einige Nomen im Maskulinum und Neutrum werden **im Singular stark, im Plural aber schwach** dekliniert. Man spricht dann von der gemischten Deklination.

Gemischte Deklination der maskulinen und neutralen Nomen

	starke Deklination im Singular	**schwache Deklination im Plural**
Nominativ	das Ohr	die Ohr**en**
Genitiv	des Ohr**(e)s**	der Ohr**en**
Dativ	dem Ohr	den Ohr**en**
Akkusativ	das Ohr	die Ohr**en**

Weitere Beispiele für die gemischte Deklination:

Singular	**Plural**
das Auge, des Auge**s**	die Auge**n**
das Bett, des Bett**(e)s**	die Bett**en**
der Dorn, des Dorn**(e)s**	die Dorn**en** (in der Technik auch: Dorne)
das Hemd, des Hemd**(e)s**	die Hemd**en**
der Staat, des Staat**(e)s**	die Staat**en**

Maskuline Nomen auf *-or*

Maskuline Nomen, die **im Nominativ Singular auf unbetontes *-or*** enden, werden **im Singular stark** dekliniert:

der Autor → des Autor**s**, dem Autor, den Autor.

Ebenso: der Kurator, der Motor, der Rotor, der Traktor ...

Im Plural werden diese Nomen **schwach** dekliniert:

die Autor**en** → der Autor**en** ...

Fehlende Kasusendungen

Jedes Nomen kann und muss im Normalfall die vier Fälle Nominativ, Genitiv, Dativ und Akkusativ nach der starken, schwachen oder gemischten Deklination bilden. Dennoch gibt es Ausnahmen, in denen die Deklination des Nomens unterbleibt.

Genitiv-*s* bei Personennamen

Das Genitiv-**s** fehlt bei **Personennamen, die von einem Artikel begleitet sind**, wenn der vollständige Name oder der Nachname genannt wird:

Hast du die Filme **der Sophia Loren** gesehen?
Wer übernimmt die Rolle **des Faust**?

Genitiv-*s* bei Monatsnamen, Sprachbezeichnungen, Fachbegriffen

Wahlweise mit oder ohne Genitiv-*s* können Monatsnamen, Wochentage, Sprachbezeichnungen, Fachbegriffe und manche Produktbezeichnungen und Fremdwörter stehen:

in den letzten Tagen des September / September**s**
am Abend des Sonntag / Sonntag**s**
die Ursprünge des Spanisch / Spanisch**s** ...
die Blützezeit des Barock / Barock**s**
der Einfluss des Islam / Islam**s**
die Neuerungen des (World Wide) Web / (World Wide) Web**s**

Dativ- und Akkusativendung *-en*

In einigen Fällen wird heute die Endung **-*en* bei schwachen maskulinen Nomen im Dativ und Akkusativ Singular** weggelassen. Das gilt vor allem für Nomen ohne Begleiter:

ohne Begleiter, ohne Endung	mit Begleiter, mit Endung
Geben Sie Name und Adresse an!	Geben Sie **Ihren** Nam**en** und Ihre Adresse an!
Sie kam mit Assistent Müller.	Sie kam mit **ihrem** Assistent**en** Müller.
Diese Aufgabe wird Kandidat Meier übertragen.	Diese Aufgabe wird **dem** Kandidat**en** übertragen.
Das Verhältnis zwischen Arzt und Patient muss stimmen.	Das Verhältnis zwischen dem Arzt und **seinem** Patient**en** muss stimmen.

Im **Dativ Plural** dagegen bleibt die Endung *-n* auch dann erhalten, wenn das Nomen nicht nach einem Begleiter oder Adjektiv steht.

ohne Begleiter, mit Endung	mit Begleiter, mit Endung
Kinder**n** ist der Zutritt verboten.	**Unseren** Kindern ist der Zutritt verboten.
Ich esse lieber Eis mit Früchte**n**.	Ich esse lieber Eis mit **vielen** Früchten.

Zusammengesetzte Nomen

Zusammensetzungen – **Komposita** – entstehen, wenn zwei selbstständige Wörter zu einem Wort mit neuer Bedeutung verbunden werden. In der deutschen Sprache gibt es sehr viele Komposita mit Nomen.

→ Wortbildung: Zusammensetzung, S. 71 ff; → Getrennt- und Zusammenschreibung, S. 535 ff.

Grundwort und Bestimmungswort

Gemäß den Regeln der Wortbildung werden Komposita gebildet aus einem Grundwort (→ S.72), das die Wortart des Kompositums bestimmt, und einem Bestimmungswort (→ S. 73), das das Grundwort näher erklärt.

Bestimmungswort	Grundwort		Kompositum	Bestimmung
das Buch	die Seite	→	die Buchseite	die Seite in einem Buch
der Sand	die Düne	→	die Sanddüne	eine Düne aus Sand
der Regen	der Schirm	→	der Regenschirm	ein Schirm als Schutz vor dem Regen

Das Genus des zusammengesetzten Nomens

Auch wenn Nomen mit Wörtern anderer Wortarten zu Komposita verbunden werden, gilt stets, dass das Grundwort, das immer am Ende der Zusammensetzung steht, über die grammatischen Merkmale des zusammengesetzten Wortes entscheidet.

Ein Kompositum, dessen Grundwort ein Nomen ist, ist also immer ein Nomen mit dem Genus (grammatischen Geschlecht) des Grundworts.

Bestimmungswort + Grundwort	Zusammensetzung (Genus)
Nomen + Nomen	
das Haus + der Schuh	der Hausschuh (Maskulinum)
das Haus + die Tür	die Haustür (Femininum)
das Haus + das Dach	das Hausdach (Neutrum)
Adjektiv + Nomen	
hoch + das Haus	das Hochhaus (Neutrum)
groß + die Stadt	die Großstadt (Femininum)
leicht + das Gewicht	das Leichtgewicht (Neutrum)
Verbstamm + Nomen	
geh~~en~~ + der Weg	der Gehweg (Maskulinum)
lob~~en~~ + die Rede	die Lobrede (Femininum)

unveränderliche Wörter + Nomen	
auf + die Gabe	die Aufgabe (Femininum)
gegen + der Wind	der Gegenwind (Maskulinum)
zwischen + der Halt	der Zwischenhalt (Maskulinum)

→ Verbstamm, S. 256 ff.

Fugenelemente

Ein Fugenelement wird oft eingefügt, weil es die Aussprache eines Kompositums erleichtert. Es ist nicht durch feste Grammatikregeln bedingt.

Steht an erster Stelle als Bestimmungswort einer Zusammensetzung ein Nomen, wird häufig ein Fugenelement eingefügt (→ S. 72).

Häufige Fugenelemente sind ***-s, -es, -ens, -n, -er:***

Staat-**s**-minister, Eis-**es**-kälte, Herz-**ens**-wunsch, Sonne-**n**-schein, Kind-**er**-garten ...

Das Fugenelement ***-er*** erhalten nur solche Nomen, die auch den Plural mit *-er* bilden. Aber es gibt **keine eindeutigen Regeln**, wann Fugenelemente benutzt werden und wann nicht. Dies gilt insbesondere für das Fugen-*s*.

Man findet es auch bei Nomen, die nach ihrem Deklinationsmuster gar nicht die Endung *-s* erhalten:

Arbeit**s**amt, Liebe**s**brief ..., obwohl es keine einzelne Form *Arbeits* oder *Liebes* gibt.

Einige Wörter bilden Zusammensetzungen einmal mit, einmal ohne Fugen-*s*:

mit Fugen-*s*	**ohne Fugen-*s***
Gebrauch**s**muster	Gebrauchspuren
Bestand**s**aufnahme	Bestandteil

In manchen Fällen erhält ein zusammengesetztes Wort durch ein Fugen-*s* eine andere Bedeutung:

mit Fugen-s	**ohne Fugen-s**
Lands**s**leute (kommen aus einem Land)	Landleute (kommen vom Land)
Pfarrer**s**familie (die Familie des einen Pfarrers)	Pfarrerfamilie (eine Familie mit vielen Pfarrern)
Sommer**s**zeit (bezieht sich auf die Jahreszeit)	Sommerzeit (bezieht sich auf die Uhrzeit)

Bei vielen zusammengesetzten Nomen schwankt der Gebrauch mit und ohne Fugenzeichen. Dies gilt zum Beispiel für Zusammensetzungen mit dem Grundwort ***Steuer***. Während im allgemeinen Sprachgebrauch die Formen mit Fugen-*s* üblich sind, werden in Fach- und Amtssprache die Formen ohne -*s* verwendet.

mit Fugen-s (allgemein)	**ohne Fugen-s (Fachsprache)**
Einkommen**s**steuer	Einkommensteuer
Ertrag**s**steuer	Ertragsteuer
Vermögen**s**steuer	Vermögensteuer

Ähnliches gilt für das Grundwort ***Schaden***. Sowohl der Schadenersatz als auch der Schaden**s**ersatz sind richtig.

→ Zusammensetzung (Komposition), S. 71 ff.

Nominalisierungen

Auch **andere Wortarten** können im Deutschen **als Nomen** gebraucht werden. Man spricht in solchen Fällen von Nominalisierungen oder **Substantivierungen**. Häufig haben die nominalisierten Wörter ebenfalls Artikel, Pronomen oder unbestimmte Mengenangaben als Begleiter. Sie werden großgeschrieben.

Wortart	Beispielwort	Nominalisierung
Verb	lachen essen	sein **L**achen das **E**ssen
Adjektiv	allgemein gut	im **A**llgemeinen alles **G**ute
Partizip	folgend angestellt	das **F**olgende, im **F**olgenden der **A**ngestellte
Pronomen	sein ich	das **S**eine das **I**ch
Zahlwörter	zwei, fünf zweiter	eine **Z**wei, eine **F**ünf der **Z**weite von rechts
Adverb	hier, jetzt heute	im **H**ier und **J**etzt im **H**eute
Präposition	aus auf, ab	im **A**us das **A**uf und **A**b
Konjunktion	wenn, aber	ohne **W**enn und **A**ber
Interjektion	ach	mit lautem **A**ch

→ Groß- und Kleinschreibung: Nominalisierung, S. 528 ff.

Zur Deklination nominalisierter Wörter

Nominalisierte Wörter – außer den Adjektiven, Partizipien und Possessivpronomen – kommen praktisch **nur im Singular** vor.

Bei **Verben** wird zur Bildung des **Genitivs** ein **-s angehängt**:

Der Klang seines Lachen**s** ist hervorstechend.

In den übrigen Fällen bleibt das nominalisierte Verb **endungslos**.

Nominalisierte Numeralien (außer den Ordinalzahlen → S. 223 ff.) Adverbien, Konjunktionen und Interjektionen werden meistens **nicht dekliniert**.

→ Deklination nominalisierter Adjektive und Partizipien, S. 198

DIE ARTIKEL

ÜBERSICHT

Artikel begleiten Nomen

→ S. 128

Artikel treten **nur in Verbindung mit Nomen** als deren Begleiter auf, stehen **immer vor dem Nomen** und werden gemeinsam mit ihm dekliniert.

Artikel geben das **Genus** (das grammatische Geschlecht) der Nomen an:

der Anzug (maskulin), **die** Mütze (feminin), **das** Kleid (neutral).

Deklination der Artikel

→ S. 130

Der bestimmte Artikel ***der, die, das*** kommt im Singular und im Plural vor:

der Rucksack – **des** Tages – **die** Mütter – **den** Bildern

Im Plural lautet der bestimmte Artikel für alle Genera (Geschlechter) gleich.

Der unbestimmte Artikel ***ein, eine, ein*** kommt **nur im Singular** vor:

ein Mann – **eines** Mannes – **einem** Mann – **einen** Mann

Gebrauch des Artikels

→ S. 132

Der Artikel gibt an, ob mit einem Nomen auf etwas **Bestimmtes** oder **Unbestimmtes** verwiesen wird.

Auf dem Sessel liegt **ein** (irgendein) Hemd. **Das** (Dieses) Hemd gehört mir.

Verneinung des Artikels

→ S. 140

Der unbestimmte Artikel wird sowohl im Singular als auch im Plural mit ***kein*** verneint:

Es gibt **kein** Problem / **keine** Probleme.

Nomen mit bestimmtem Artikel werden mit ***nicht*** verneint:

Das ist **nicht** das Problem.

Artikel begleiten Nomen

Artikel sind keine selbstständige Wortart, sondern treten **nur in Verbindung mit Nomen** als deren Begleiter auf. Sie stehen **immer vor dem Nomen** und werden gemeinsam mit ihm dekliniert, das heißt, sie stimmen mit ihnen in Genus (grammatisches Geschlecht), Numerus (Zahl) und Kasus (Fall) überein:

eine Suppe, **der** Teller, **eines** Elefanten, **die** Bestecke, **den** Spielern ...

Artikel als Pronomen

Artikel können auch als Pronomen gebraucht werden. Dann werden ***der, die, das*** zu **Demonstrativpronomen** (→ S. 156), ***ein, eine*** werden zu **Indefinitpronomen** (→ S. 183).

Umgekehrt können auch Pronomen als Begleiter (→ S. 94) der Nomen eingesetzt werden.

Es gibt deshalb auch Grammatikwerke, die Artikel und Pronomen gemeinsam in einem Kapitel behandeln.

Bestimmter und unbestimmter Artikel

Man unterscheidet zwischen dem **bestimmten Artikel** und dem **unbestimmten Artikel**.

Bestimmter Artikel:	***der, die das***	**der** Traum, **die** Reise, **das** Glück
Unbestimmter Artikel:	***ein, eine, ein***	**ein** Helfer, **eine** Tür, **ein** Reh

Artikel und Genus

Artikel geben das Genus (das grammatische Geschlecht) der Nomen an. Wir nennen sie darum auch **Geschlechtswörter**.

Nur anhand des vorangestellten Artikels wird erkennbar, ob ein Nomen maskulin (männlich), feminin (weiblich) oder neutral (sächlich) ist.

	bestimmter Artikel	unbestimmter Artikel
Maskulinum	**der** Anzug	**ein** Anzug
Femininum	**die** Mütze	**eine** Mütze
Neutrum	**das** Kleid	**ein** Kleid

Welches Geschlecht?

Die Zuordnung des Artikels zu einzelnen Nomen hat manchmal ihre Tücken. So sagen wir zum Beispiel das Band und meinen einen Streifen Stoff. Wir sagen der Band und meinen ein Buch aus einer bestimmten Buchreihe. Es heißt der Computer, die Maschine, das Schiff.

Das ist nicht immer logisch. Am besten merkt man sich bei jedem Nomen, welches Genus es hat.

Natürliches Geschlecht und grammatisches Geschlecht

Das natürliche Geschlecht (Sexus) stimmt nicht immer mit dem grammatischen Geschlecht (Genus) überein, wie die folgenden Beispiele zeigen.

Das Weib und das Mädchen sind neutrale Nomen, während das natürliche Geschlecht dieser Personen weiblich ist. Das Tier ist ein neutrales Nomen, kann aber sowohl ein weibliches als auch ein männliches Tier bezeichnen.

Der Rogner ist maskulin, obwohl dies die Bezeichnung für einen weiblichen Fisch ist. Der Teenager und der Säugling sind maskulin, obwohl das natürliche Geschlecht weiblich oder männlich sein kann. Die Memme ist ein feminines Nomen, das aber auch für einen Mann verwendet werden kann.

Attribute zwischen Artikel und Nomen

Artikel stehen nicht immer unmittelbar vor dem Nomen, das sie begleiten. Zwischen Artikel und Nomen können einfache oder erweiterte **Attribute** (→ S. 436 ff.) treten, die das Nomen näher bestimmen.

ein See
ein großer **See**
ein ziemlich großer **See**
ein für diese Gegend ziemlich großer **See**

die Hose
die verschmutzte **Hose**
die völlig verschmutzte **Hose**
die seit gestern völlig verschmutzte **Hose**

Deklination des bestimmten Artikels

Deklination des bestimmten Artikels

Der bestimmte Artikel ***der, die, das*** kommt im Singular und im Plural vor und wird gemeinsam mit dem Nomen dekliniert, das er begleitet. Im Plural lautet er für alle Genera gleich.

Singular	maskulin	feminin	neutral
Nominativ	**der** Rucksack	**die** Tasche	**das** Gepäckstück
Genitiv	**des** Rucksacks	**der** Tasche	**des** Gepäckstücks
Dativ	**dem** Rucksack	**der** Tasche	**dem** Gepäckstück
Akkusativ	**den** Rucksack	**die** Tasche	**das** Gepäckstück
Plural	**(für alle Genera gleich)**		
Nominativ	**die** Rucksäcke	**die** Taschen	**die** Gepäckstücke
Genitiv	**der** Rucksäcke	**der** Taschen	**der** Gepäckstücke
Dativ	**den** Rucksäcken	**den** Taschen	**den** Gepäckstücken
Akkusativ	**die** Rucksäcke	**die** Taschen	**die** Gepäckstücke

Verschmelzung des bestimmten Artikels mit Präpositionen

In der Umgangssprache wie auch in der Schriftsprache können Präpositionen (→ S. 363 ff.) mit dem bestimmten Artikel verschmelzen. Diese Verschmelzung wird **Kontraktion** genannt. In der folgenden Tabelle sind alle möglichen Verschmelzungen aufgelistet. Die mit Klammern versehenen Verschmelzungen werden fast nur in der Umgangssprache verwendet.

an + dem	→	**am** Morgen	(über + den	→	**übern** Teich)
an + das	→	**ans** Netz	über + das	→	**übers** Meer
(auf + dem	→	**aufm/auf'm** Stuhl)	um + das	→	**ums** Geld
(auf + den	→	**aufn/auf'n** Tisch)	(unter + dem	→	**unterm** Bett)
auf + das	→	**aufs** Brett	(unter + den	→	**untern** Scheffel)
durch + das	→	**durchs** Feld	(unter + das	→	**unters** Messer)
für + das	→	**fürs** Leben	von + dem	→	**vom** Land
(hinter + dem	→	**hinterm** Mond)	(vor + dem	→	**vorm** Stall)
(hinter + den	→	**hintern** Ofen)	(vor + den	→	**vorn** Karren)
hinter + das	→	**hinters** Licht	(vor + das	→	**vors** Fenster)
in + das	→	**ins** Haus	zu + dem	→	**zum** Beispiel
in + dem	→	**im** Bilde	zu + der	→	**zur** Schule
(über + dem	→	**überm** Berg)			

Und wo bleibt der Apostroph?

Verschmelzungen von Präposition + Artikel schreibt man bis auf die beiden Ausnahmen ***aufm / auf'm*** und ***aufn / auf'n*** ohne Apostroph!

Deklination des unbestimmten Artikels

Der unbestimmte Artikel ***ein, eine, ein*** kommt **nur im Singular** vor und wird gemeinsam mit dem Nomen dekliniert, das er begleitet.

	maskulin	feminin	neutral
Nominativ	**ein** Mann	**eine** Frau	**ein** Kind
Genitiv	**eines** Mannes	**einer** Frau	**eines** Kindes
Dativ	**einem** Mann	**einer** Frau	**einem** Kind
Akkusativ	**einen** Mann	**eine** Frau	**ein** Kind

→ Gebrauch der Verneinung, S. 141

Gebrauch des Artikels

Die Adjektive *bestimmt* und *unbestimmt* weisen bereits auf den Gebrauch der beiden Artikelarten hin: Der Artikel gibt an, ob mit einem Nomen auf etwas Bestimmtes oder Unbestimmtes verwiesen wird.

Der **bestimmte Artikel** begleitet ein Nomen, das etwas im Text- oder Redezusammenhang **bereits Bekanntes oder Bestimmtes** bezeichnet. Der bestimmte Artikel kann durch ***dieser*** ersetzt werden.

Das / Dieses Hemd gehört meinem Bruder.
Den / diesen Film haben wir schon letzte Woche gesehen.

Der **unbestimmte Artikel** begleitet ein Nomen, das im Text- oder Redezusammenhang **zum ersten Mal erwähnt** wird, sich also auf etwas bislang noch **Ungenanntes und Unbestimmtes** bezieht. Der unbestimmte Artikel kann durch ***irgendein*** ersetzt werden.

Auf dem Sessel liegt **ein / irgendein** Hemd.
Wollt ihr euch heute Abend noch **einen / irgendeinen** Film ansehen?

Individualisierender und generalisierender Gebrauch

Oft begleitet der Artikel ein Nomen, das etwas einzeln Zählbares bezeichnet: einen oder mehrere Menschen oder Gegenstände, eine oder mehrere Sachen oder ein oder mehrere Tiere. Das Nomen verweist auf einzelne Individuen einer Gattung und wird **individualisierend** gebraucht.

	bestimmt	unbestimmt
Singular	**Die** Blume ist verblüht. Ich habe **das** Buch gekauft.	Lea pflückt **eine** Blume. Du wolltest **ein** Buch mitnehmen.
Plural	**Die** Blumen sind verblüht. Ich habe **die** Bücher gekauft.	Lea pflückt Blumen. Du wolltest Bücher mitnehmen.

Wenn der Artikel ein Nomen begleitet, das alle Menschen, alle Tiere oder Pflanzen einer Gattung oder alle Dinge einer Art bezeichnet, wird das Nomen verallgemeinernd verwendet. Das Nomen verweist in diesen Fällen auf eine Gesamtheit, es wird **generalisierend** gebraucht.

	bestimmt	unbestimmt
Singular	**Der** Zitronenfalter ist ein Insekt.	**Ein** Zitronenfalter ist ein Insekt.
Plural	**Die** Zitronenfalter sind Insekten.	Zitronenfalter sind Insekten.

Funktionsverbgefüge

In einigen Ausdrücken und Redewendungen kann der Gebrauch des Artikels von den Grundregeln abweichen. Dies gilt besonders bei **Funktionsverben** (→ S. 245). Das sind Verben, die zusammen mit einem Nomen verwendet werden. Das Nomen wird in dieser Verbindung zum **Akkusativobjekt** (→ S. 425) oder zum **Präpositionalobjekt** (→ S. 429). Beispiele für solche **Funktionsverbgefüge**:

mit bestimmtem Artikel:	**die** Frechheit besitzen
mit Kontraktion:	**im** Einsatz sein, **zum** Abschluss bringen, **zur** Vernunft bringen
mit bestimmtem oder unbestimmtem Artikel:	**die / eine** Antwort geben, **die / eine** Wahl haben
mit unbestimmtem Artikel:	**ein** Ende bereiten
ohne Artikel:	Anwendung finden

Der bestimmte Artikel bei geografischen Bezeichnungen

Die Namen von Bergen und Gebirgen, von Flüssen, Seen und Meeren, von Gestirnen und von einigen Landschaften werden mit dem bestimmten Artikel benutzt:

die Zugspitze, der Ural, die Anden ...
der Rhein, die Donau, der Bodensee, die Nordsee ...
der Orion, der Mars, der Große Wagen ...
das Ruhrgebiet, die Puszta, die Bretagne ...

Einige Ländernamen werden mit dem bestimmten Artikel gebraucht, sofern sie **im Plural** stehen, **auf *-ei* enden** oder mit einem zusätzlichen Wort wie Republik, Staat o. Ä. gebraucht werden:

die Bermudas, die Niederlande, die Vereinigten Arabischen Emirate (die VAE), die Vereinigten Staaten von Amerika (die USA)...

die Mongolei, die Slowakei, die Türkei ... (**aber** ohne Artikel: Brunei)

die Dominikanische Republik, das Vereinigte Königreich von Großbritannien, der Staat Deutschland, die Bundesrepublik Deutschland ...

Einzelne weitere Ländernamen werden ebenfalls immer mit dem bestimmten Artikel gebraucht:

der Libanon, die Schweiz, der Tschad, die Westsahara ...

Bei einigen weiteren Ländernamen schwankt der Gebrauch mit und ohne Artikel:

(der) Irak, (der) Iran, (der) Jemen ...

→ vgl. Nullartikel bei Städtenamen, S. 138

Der bestimmte Artikel bei Eigennamen

Eigennamen werden in der Regel ohne Artikel verwendet (→ S. 138), aber in einigen Fällen wird der bestimmte Artikel auch bei bestimmten Eigennamen gebraucht.

Namen von **Straßen, Gebäuden, Institutionen, Zeitungen, Zeitschriften und Schiffen** werden mit dem bestimmten Artikel gebraucht:

die Parkstraße
die Sophienkirche
die Augsburger Allgemeine (Zeitung)
die Agentur für Arbeit
die „Gorch Fock" ...
die Schlossallee
das Goethe-Haus
der „Stern" (eine Zeitschrift)

In bestimmten Ausnahmefällen stehen auch **Personennamen mit dem bestimmten Artikel**, und zwar

- bei Schauspielrollen und Kunstwerken:
  er spielt den Faust; wir wollen die Mona Lisa sehen...
  (**aber:** heute gibt es (die) „Iphigenie")
- bei Namen bekannter weiblicher Schauspielerinnen:
  die Monroe, die Bardot ...

- bei Berufs- oder Tätigkeitsbezeichnungen und vor Titeln mit Attribut:

  der Komponist Ludwig van Beethoven, der Dichter Georg Trakl, der amerikanische Präsident George Washington …
  (**aber** ohne Artikel, wenn der Titel zum Namen gehört:
  Präsident Washington)

→ vgl. auch Nullartikel bei Eigennamen, S. 138

Personennamen und Artikel

Vornamen werden umgangssprachlich oft in Verbindung mit dem bestimmten Artikel gebraucht:

der Paul hat das gesagt, die Lisa hat das gemeint …

Abwertende Bedeutung erhalten **Nachnamen**, die umgangssprachlich mit dem bestimmten Artikel gebraucht werden:

die Müller hat es weitererzählt, der Meyer weiß es noch nicht …

In der Schriftsprache darf in diesen Fällen **kein Artikel** stehen.

Der bestimmte Artikel bei Maßbezeichnungen

Bei Maß- und Mengenbezeichnungen wird der bestimmte Artikel gebraucht, wenn er **anstelle von *pro* oder *je*** steht. Man spricht auch von **distributivem Gebrauch**. Mengenangaben stehen dabei im Nominativ (→ S. 108), Zeitangaben im Akkusativ (→ S. 108):

Der karierte Stoff kostet zwei Euro **der** / pro **Meter**.
Die Kinder besuchen ihre Oma zweimal **den** / je / pro **Monat**.

Besondere Verwendungsweisen des unbestimmten Artikels

Der unbestimmte Artikel wird **in Verbindung mit dem Verb *haben*** gebraucht. Das gilt für Sätze mit dem Aufbau Satzglied im Nominativ + Verb *haben* + Satzglied im Akkusativ:

Wir **haben eine** Glückssträhne. Ihr **habt eine** neue Einladung.

Das gilt auch im Zusammenhang mit **Maß- und Mengenangaben**:

Die Strecke hat **eine Länge** von drei Kilometern. Der Turm hat **eine Höhe** von zwanzig Metern.

Wegfall des Artikels: Nullartikel

In bestimmten Fällen begleiten weder bestimmter noch unbestimmter Artikel das Nomen. Man spricht dann auch vom **Nullartikel**.

Kein Artikel bei unbestimmten Nomen im Plural

Wenn das Nomen im Plural unbestimmt bleiben soll, entfällt der Begleiter, da es keine Pluralformen des unbestimmten Artikels gibt:

Draußen bellen Hunde. Auf der Straße fahren Autos. Im Kühlschrank sind Eiswürfel. In jedem Haushalt stehen Elektrogeräte.

Unbestimmte Zahlwörter als Begleiter

Nomen im Plural können zwar nicht vom unbestimmten Artikel begleitet werden, wohl aber von einem unbestimmten Zahlwort (→ S. 228):

Manche Früchte sind verdorben. **Etliche** Versuche hat er hinter sich. Sie besitzt **einige** Wohnungen. **Viele** Fragen sind noch offen.

Manche unbestimmten Zahlwörter können noch durch Attribute erweitert sein:

Hier werden **besonders** viele Häuser gebaut.

Kein Artikel bei Eigennamen, Berufs- und Herkunftsbezeichnungen

Vor Personennamen und Titeln steht in der Schriftsprache **kein Artikel**:

Sandra ist meine beste Freundin.
Frau Meier ist wieder umgezogen.
Sie trifft heute Alex und Phil.
Doktor Feige hat heute keine Sprechstunde.

Auch **vor Städtenamen** fehlt der Artikel:

Rom ist eine Reise wert.
Ich habe einen Koffer in Berlin.

Bei Bezeichnungen, die die **Zugehörigkeit zu bestimmten Gruppen** wie Beruf, Herkunft oder Religion anzeigen, fehlt oft der Artikel:

Er bleibt Polizist.
Sie ist Italienierin.
Paul ist Katholik.
Anna wird Pilotin.
Sie war Ärztin.
Lena ist als Praktikantin beschäftigt.

Attribute bei Eigennamen → mit Artikel!

Wenn Eigennamen oder geografische Bezeichnungen durch Attribute näher bestimmt werden, steht **der bestimmte Artikel davor**:

Der nette Herr Müller hat mich an den Termin erinnert.
Das im Norden Deutschlands gelegene Schleswig-Holstein ist eine beliebte Urlaubsregion.

→ vgl. Tipp, S. 136

Kein Artikel bei Stoffbezeichnungen und Abstrakta

Bei Stoff- oder Sammelbezeichnungen – das heißt Nomen für Dinge und Materialien, die nicht zählbar sind – **entfällt der Artikel ganz**:

Pflanzen brauchen Licht, Wasser und gute Luft.
Energie wird immer teurer.
Holz ist ein natürlicher Werkstoff.
Wer trinkt gerne Tee?

→ nicht zählbare Nomen, S. 106

Auch **Nomen, die Abstrakta** (→ S. 92) **bezeichnen**, werden meist ohne Artikel gebraucht:

Einsamkeit macht vielen Menschen zu schaffen.
Sie hatten Glück.
Sport hält fit.
Gesundheit ist ihm wichtig.

Das gilt auch für **Adjektive, Partizipien und Verben, die zu Nomen geworden sind**:

Er mag gern Fettes und Gegrilltes.
Lesen macht Spaß.

→ Nominalisierung, S. 125, 198, 249, 253, 254

Kein Artikel bei vielen Redewendungen

In vielen Redewendungen fehlt der Artikel, z. B.:

an Bord	auf See	bei Tisch
Einspruch einlegen	Fahrrad fahren	Feuer und Flamme sein
Haus und Hof verlieren	von Herzen	mit Kind und Kegel
auf Leben und Tod	an Ort und Stelle	mit Rücksicht auf
Schritt für Schritt	bei Tag und Nacht	Tür und Tor öffnen ...

WORTARTEN

Kein Artikel bei Titel und Schlagzeilen

In Schlagzeilen, Überschriften, Anzeigen usw. wird meist ebenfalls auf Artikel verzichtet:

Anschlag auf Bankdirektor aufgeklärt
Stau nach Massenkarambolage
Wegen Renovierung vorübergehend geschlossen
Achtung, Lebensgefahr!

Verneinung des Artikels

Für den **bestimmten Artikel** gibt es **keine verneinte Form**. Nomen mit bestimmtem Artikel können jedoch **mit *nicht*** verneint werden:

Das ist **nicht** der Fehler / **nicht** die Frage / **nicht** der richtige Weg ...

→ Negation, S. 519 f.

In der deutschen Sprache gibt es eine **verneinte (negative) Form des unbestimmten Artikels**:

kein Fehler, **keine** Frage, **kein** Problem ...

Anders als beim unbestimmten Artikel, der nur im Singular vorkommt, gibt es verneinte Formen auch **im Plural**:

keine Fehler, **keine** Fragen, **keine** Probleme ...

Deklination von *kein, keine*

Singular	maskulin	feminin	neutral
Nominativ	**kein** Zahn	**keine** Nase	**kein** Ohr
Genitiv	**keines** Zahn(e)s	**keiner** Nase	**keines** Ohr(e)s
Dativ	**keinem** Zahn	**keiner** Nase	**keinem** Ohr
Akkusativ	**keinen** Zahn	**keine** Nase	**kein** Ohr

Plural (für alle Genera gleich)	maskulin	feminin	neutral
Nominativ	**keine** Zähne	**keine** Nasen	**keine** Ohren
Genitiv	**keiner** Zähne	**keiner** Nasen	**keiner** Ohren
Dativ	**keinen** Zähnen	**keinen** Nasen	**keinen** Ohren
Akkusativ	**keine** Zähne	**keine** Nasen	**keine** Ohren

Kein* und *ein* dekliniert man wie *mein* und *dein

Kein, keine, kein und der unbestimmte Artikel werden wie das Possessivpronomen ***mein, dein, sein*** ... flektiert; sie erhalten die gleichen Endungen:

eine / keine / meine Stunde, **eines / keines / ihres** Zeichens ...

→ Possessivpronomen, S. 152, 154

Gebrauch der Verneinung

Mit *kein* wird ganz allgemein und neutral verneint:

Er hat eine Tasche dabei. → Er hat **keine** Tasche dabei.
Ein Foto ist schöner als das andere. → **Kein** Foto ist schöner als das andere.

Auch **unbestimmte Nomen im Plural**, die nicht von einem Artikel begleitet werden, werden mit *kein* verneint:

Sie haben Schuhe gekauft. → Sie haben **keine** Schuhe gekauft.
Im Park spielen Kinder. → Im Park spielen **keine** Kinder.

Auch **Stoffbezeichnungen und Abstrakta**, die unverneint ohne Artikel auftreten, werden mit *kein* verneint:

Wir haben Glück. → Wir haben **kein** Glück.
Herr Müller trinkt Bier. → Herr Müller trinkt **kein** Bier.

Verstärkte Verneinung

Die Verneinung kann verstärkt oder betont werden, wenn *kein* durch ***nicht ein*** oder ähnliche Ausdrücke ersetzt wird.

Neutrale Verneinung:

Tim hat **keine** Sechs im Zeugnis.

Verstärkte Verneinung (Betonung liegt auf ***einzig*** bzw. ***ein***):

Tim hat **keine einzige** Sechs im Zeugnis.
Tim hat **nicht eine** Sechs im Zeugnis.

Verstärkte Verneinung (Betonung liegt auf dem Verstärkungswort ***überhaupt, gar, absolut***):

Tim hat **überhaupt keine** Sechs im Zeugnis.
Tim hat **gar keine** Sechs im Zeugnis.
Tim hat **absolut keine** Sechs im Zeugnis.

→ Negation, S. 519

DIE PRONOMEN

ÜBERSICHT

Pronomen als Stellvertreter und Begleiter → S. 144

Pronomen sind Wörter, die meist stellvertretend für Nomen oder Nominalgruppen stehen. Man nennt sie darum auch **Stellvertreter** oder **Fürwörter**.

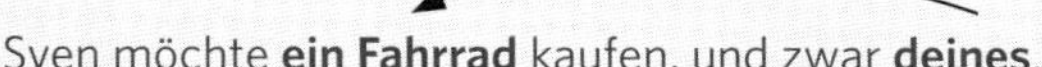

Sven möchte **ein Fahrrad** kaufen, und zwar **deines**.

Einige Pronomen können auch als **Begleiter** gebraucht werden. Sie stehen dann vor dem Nomen, auf das sie sich beziehen.

Sven möchte **dieses Fahrrad** kaufen.

Pronomen werden (nach Genus, Numerus und Kasus) **dekliniert**.

Pronomen in der Übersicht

Personalpronomen	ich, du, er, sie, es, ...	→ S. 146
Possessivpronomen	mein, dein, sein, ihr ...	→ S. 151
Demonstrativpronomen	dieser, diese, dieses ...	→ S. 156
Reflexivpronomen	sich; mich, dich, uns ...	→ S. 167
Relativpronomen	der, die, das; welcher ...	→ S. 171
Interrogativpronomen	wer; welcher; was für ein ...	→ S. 178
Indefinitpronomen	einige, irgendein, jeder ...	→ S. 183

Die Pronomen in der Übersicht

Pronomen sind Wörter, die meist stellvertretend für Nomen oder Nominalgruppen stehen. Man nennt sie darum auch **Stellvertreter** oder **Fürwörter**. Pronomen werden dekliniert.

Sven möchte **ein Fahrrad** kaufen, und zwar **dieses**, nicht **jenes** dort. **Meins** gefällt ihm nicht.

Einige Pronomen können auch als **Begleiter** gebraucht werden. Sie stehen dann vor dem Nomen, auf das sie sich beziehen.

Sven möchte **dieses Fahrrad** kaufen. **Mein Rad** gefällt ihm nicht. **Manche Räder** sind wirklich nicht schön.

→ siehe auch Nomen, S. 94

Wir unterscheiden folgende Pronomen:

	Pronomen	als Stellvertreter	als Begleiter
Personalpronomen (persönliche Fürwörter)	ich, du, er / sie / es, wir, ihr, sie	**Er** geht nach Hause.	**(gibt es nicht)**
Possessivpronomen (besitzanzeigende Fürwörter)	mein, dein, sein / ihr / sein, unser, euer, ihr	**Deine** gefallen mir nicht.	**Deine Schuhe** gefallen mir nicht.
Demonstrativpronomen (hinweisende Fürwörter)	dieser, diese, dieses; der, die, das; jener, jene, jenes; derselbe, dieselbe, dasselbe; derjenige, diejenige, dasjenige	**Das** ist nicht **dasselbe**.	Immer wieder kommen **dieselben Fragen** auf.

Reflexivpronomen (rückbezügliche Fürwörter)	sich; mich, dich, uns, euch	Sie freut **sich**.	**(gibt es nicht)**
Relativpronomen (bezügliche Fürwörter)	der, die, das; welcher, welche, welches; wer, was	Die Kappe, **die** ich gefunden habe, …	**(gibt es nicht)**
Interrogativpronomen (Fragefürwörter)	wer, was; welcher, welche, welches; was für (ein)	**Was** hast du gesagt?	**Welche Hefte** brauchst du?
Indefinitpronomen (unbestimmte Fürwörter)	einige, irgendein, jeder, mehrere, manche, etliche, wenige	**Einiges** ist mir bekannt.	Wir haben **einige Fragen**.

Pronomen machen Texte fließend

Pronomen stellen Bezüge her, indem sie auf Folgendes verweisen oder sich auf schon Erwähntes rückbeziehen. Mit ihrer Hilfe lassen sich umständliche Formulierungen oder Wiederholungen vermeiden und Texte abwechslungsreicher gestalten.

Die von uns angestrebten Ziele waren sehr ehrgeizig. Wir konnten **sie** trotzdem erreichen.

Ich hasse **es**, **beim Essen gestört zu werden**.

Personalpronomen

Die Personalpronomen ***ich, du, er, sie, es, wir, ihr, sie*** werden auch **persönliche Fürwörter** genannt. Sie haben stets die Funktion eines Stellvertreters.

Deklination der Personalpronomen

Singular

	1. Person	**2. Person**	**3. Person**		
			maskulin	feminin	neutral
Nominativ	ich	du	er	sie	es
Genitiv	meiner	deiner	seiner	ihrer	seiner
Dativ	mir	dir	ihm	ihr	ihm
Akkusativ	mich	dich	ihn	sie	es

Plural

	1. Person	**2. Person**	**3. Person (für alle drei Genera gleich)**
Nominativ	wir	ihr	sie
Genitiv	unser	euer	ihrer
Dativ	uns	euch	ihnen
Akkusativ	uns	euch	sie

Der Gebrauch der Personalpronomen

Das Personalpronomen **ersetzt die sprechende und die angesprochene Person** ebenso wie die Person oder Sache, über die gesprochen wird.

	1. Person	2. Person	3. Person
Singular	ich	du	er, sie, es
Plural	wir	ihr	sie
	sprechende Person(en)	angesprochene Person(en)	besprochene Person(en)/Sache/n)

Ein Sprecher verwendet die Formen der **1. Person**, wenn er sich selbst meint oder eine Gruppe, der er angehört:

Sara erzählt: „**Ich** treffe mich gerne mit meinen Freundinnen. Am liebsten fahren **wir** zusammen Skateboard. Abends gehen **wir** manchmal ins Kino."

Mit dem Pronomen der **2. Person** wendet man sich nur an Personen, mit denen man vertraut ist:

Hallo Lisa und Phil, ich habe mich sehr gefreut, dass **ihr** gestern hier wart. Seid **ihr** gut zurückgekommen? Hast **du**, Phil, meine SMS bekommen?

Mit den Formen der **3. Person** bezieht man sich meist auf Personen oder Dinge, auf Handlungen oder Vorgänge, von denen zuvor schon die Rede war, und vermeidet so umständliche Wiederholungen.

Lars ist ein großer Fußballfan. **Er** freut sich schon auf die nächste WM.
Die Theater-AG probt **eine Komödie**. **Sie** soll bald aufgeführt werden.
Das Schulfest war ein voller Erfolg. Allen hat **es** sehr gefallen.
Katrin und Vera verabreden sich. Gemeinsam wollen **sie** ins Kino gehen.

Die **Genitivform des Personalpronomens** kommt fast nur noch in festen Redewendungen bei bestimmten Verben vor:

Er hat sich **ihrer** angenommen.
Sie wollen **seiner** gedenken.
Sie rühmen sich **meiner**.

Zum Gebrauch der Pronomen im Genitiv

Der Genitiv des Personalpronomens und anderer Pronomen klingt heute **eher veraltet**. Häufig benutzt man stattdessen einen präpositionalen Ausdruck.

Genitiv des Pronomens (Demonstrativpronomen → S. 165):

Wir schämen uns **dessen**.

Präpositionaler Ausdruck (→ S. 366, 428, 429):

Wir schämen uns **wegen dieser Sache**.

Die Höflichkeitsform

Für die höfliche Anrede benutzt man die Formen der **3. Person Plural**. Die Höflichkeitsform kann sich an eine oder mehrere Personen richten. Sie wird **immer großgeschrieben**.

Habe ich **Ihnen** schon gesagt, dass **Sie** mir bekannt vorkommen? Ich habe **Sie** schon einmal gesehen.

Die persönliche Anrede in Briefen

Die Pronomen ***du*** und ***ihr*** schreibt man grundsätzlich klein, nur in Briefen darf man sie auch großschreiben:

Du hast in **d**einem / **D**einem letzten Brief geschrieben, dass **e**uer / **E**uer Telefon kaputt ist. Ich hoffe, dass **d**ein / **D**ein Handy funktioniert.

→ Groß- und Kleinschreibung, S. 530

Der Gebrauch des Pronomens *es*

es als Stellvertreter

Das Personalpronomen *es* ist vor allem **Stellvertreter für Personen oder Dinge im Neutrum**.

Das Mädchen läuft zum Park. **Es** trifft sich dort mit seinen Freundinnen.
Wem gehört das Lineal? **Es** gehört Timm.

Das Pronomen *es* kann auch **auf einen ganzen Satz** zurückverweisen, wenn aus dem Zusammenhang deutlich wird, was gemeint ist:

Gestern ist mein Computer kaputt gegangen. Ich habe **es** kommen sehen.

es als Subjekt bei unpersönlichen Verben

Bei unpersönlichen Verben übernimmt das Pronomen *es* die **Funktion des Subjekts.** Man spricht hier von *es* als einem **Pseudoaktanten**: Das Pronomen *es* ist zwar Subjekt des Satzes, aber *es* handelt nicht. Das Pronomen wird nur aus grammatischen Gründen benötigt.

Unpersönliche Verben sind vor allem solche, die Wettererscheinungen beschreiben:

blitzen, dämmern, donnern, dunkeln, gewittern, hageln, nieseln, regnen, schneien, tauen, tröpfeln, wetterleuchten ...

Es schneit schon den ganzen Tag, aber bald wird **es tauen**.
Es blitzte und **donnerte** gewaltig.

In bestimmten Wendungen werden auch einige andere **Verben, die nicht unpersönlich sind**, mit *es* als Subjekt benutzt, z. B.:

Es gibt immer verschiedene Möglichkeiten.
Es handelt sich wohl um mehrere Missverständnisse.
Es gehört sich nicht, laut zu rülpsen. (→ siehe auch folgenden Abschnitt)

Es steht sehr schlecht um ihn.
Es geht ihm schon wieder besser.
Es bleibt spannend.
Es lag an seiner barschen Bemerkung, dass die Stimmung eskalierte.

→ siehe auch unpersönliches Passiv, S. 283 f.

es als Prädikativersatz

Es kann **anstelle eines prädikativ verwendeten Adjektivs oder Nomens** (→ S. 414 ff.) gebraucht werden.

Als der Sturm endlich nachließ, waren alle **froh**. Ich war **es** auch.

Wenn wir **glücklich** sind, bist du **es** auch.

Sie sind **Ärzte** und ihre Kinder wollen **es** auch werden.

es als hinweisendes Wort auf einen Nebensatz

Es kann als **hinweisendes Wort (Korrelat) auf einen *dass*-Satz** oder eine **Infinitivgruppe** verwendet werden:

Es ärgert mich, **dass** du immer zu spät kommst.
Ich kann **es** nicht verstehen, **dass** er heute nicht kommt.
Es hat mich gefreut, von Ihnen zu **hören**.

Stellt man die Reihenfolge von Haupt- und Nebensatz um, fällt das Pronomen *es* weg:

Dass du immer zu spät kommst, ärgert mich.
Dass er heute nicht kommt, kann ich nicht verstehen.
Von Ihnen zu hören hat mich gefreut.

→ Objektsätze, S. 496; → Infinitivkonstruktion, S. 511

WORTARTEN

es als Platzhalter

Am Satzanfang kann das Pronomen *es* auf ein Subjekt verweisen, das erst später im Satz genannt wird. Dabei spielt es keine Rolle, ob das eigentliche Subjekt maskulin, feminin oder neutral ist und ob es im Singular oder Plural steht. Man gebraucht *es* in diesem Fall als **Platzhalter** (→ S. 424), damit der im Aussagesatz übliche Satzbauplan (→ S. 450 ff.) mit der Reihenfolge Subjekt + Prädikat eingehalten werden kann.

Es freuen sich im Winter **viele Kinder** aufs Eislaufen.
Es waren auch zahlreiche **Ehrengäste** anwesend.

Stellt man die Reihenfolge der Satzglieder um, fällt das Pronomen *es* weg:

Im Winter freuen sich viele Kinder aufs Eislaufen.
Auch zahlreiche Ehrengäste waren anwesend.

→ siehe auch unpersönliches Passiv, S. 284

Sonderfall: Bei Sätzen mit den **Verben *sein*** und ***werden*** kann *es* nicht wegfallen, da *sein* und *werden* neben dem Subjekt stets ein Prädikatsadjektiv oder Prädikatsnomen benötigen (→ S. 415, 417):

Draußen zwitschert ein Vogel. **Es ist** eine Amsel.
Drinnen sitzen zwei Tiere am Fenster. **Es sind** meine Katzen.
Doris ist schwanger. **Es wird** ein Junge.
Marion ist auch schwanger. **Es werden** Drillinge.

Possessivpronomen

Possessivpronomen werden auch **besitzanzeigende Fürwörter** genannt.

Sie stehen meistens als **Begleiter** vor dem Nomen, auf das sie sich beziehen. Sie können aber auch als **Stellvertreter** gebraucht werden.

Begleiter: Gib **meine** Tasche her.
Stellvertreter: Das ist **meines**.

Jeder Person ist ein Possessivpronomen zugeordnet.

Singular	als Begleiter	als Stellvertreter
1. Person (ich)	mein Fahrrad	mein(e)s
2. Person (du)	dein Ball	deiner
3. Person (er, sie, es)	sein, ihr, sein Haus	seines, ihres, seines
Plural		
1. Person (wir)	unser Kind	unseres
2. Person (ihr)	euer Auto	eures
3. Person (sie)	ihr Schlüssel	ihrer

Deklination der Possessivpronomen

Die folgende Tabelle zeigt die **Deklination als Begleiter** vor einem Nomen am Beispiel des Possessivpronomens *mein*. Alle anderen Possessivpronomen erhalten bei der Deklination dieselben Endungen.

Singular	Maskulinum	Femininum	Neutrum
Nominativ	mein Kamm	mein**e** Bürste	mein Haar
Genitiv	mein**es** Kammes	mein**er** Bürste	mein**es** Haar(e)s
Dativ	mein**em** Kamm	mein**er** Bürste	mein**em** Haar
Akkusativ	mein**en** Kamm	mein**e** Bürste	mein Haar
Plural	**(für alle drei Genera gleich)**		
Nominativ	mein**e** Kämme / Bürsten / Haare		
Genitiv	mein**er** Kämme / Bürsten / Haare		
Dativ	mein**en** Kämmen / Bürsten / Haaren		
Akkusativ	mein**e** Kämme / Bürsten / Haare		

→ zur Schreibung der Possessivpronomen bei der höflichen Anrede und in Briefen siehe Rechtschreibung, S. 530

Die **Deklination der Possessivpronomen als Stellvertreter** unterscheidet sich in zwei Fällen von der Deklination als Begleiter:

- im Nominativ Singular Maskulinum: Das ist mein**er**.
- im Nominativ und Akkusativ Singular Neutrum: Das ist mein**(e)s**. Ich nehme mein**(e)s**.

Dasselbe gilt für alle anderen Possessivpronomen als Begleiter.

Formen von *uns(e)re* und *eu(e)re*

In einigen Formen von ***euer*** und ***unser*** kann das unbetonte e entfallen. Das gilt

- im Genitiv Singular für Maskulinum / Femininum / Neutrum: uns**(e)**res Kammes, uns**(e)**rer Bürste, uns**(e)**res Haares, eu**(e)**res Kammes, eu**(e)**rer Bürste, eu**(e)**res Haares;
- im Nominativ, Dativ und Akkusativ Singular Femininum: uns**(e)**re Bürste, uns**(e)**rer Bürste, uns**(e)**re Bürste, eu**(e)**re Bürste, eu**(e)**rer Bürste, eu**(e)**re Bürste;
- im Dativ Singular Maskulinum / Neutrum: uns**(e)**rem / unserm Kamm, uns**(e)**rem / unserm Haar, eu**(e)**rem / euerm Kamm, eu**(e)**rem / euerm Haar;
- im Akkusativ Singular Maskulinum: uns**(e)**ren / unsern Kamm, eu**(e)**ren / euern Kamm;
- im Dativ Plural Maskulinum / Femininum / Neutrum: uns**(e)**ren / unsern Kämmen / Bürsten / Haaren, eu**(e)**ren / euern Kämmen / Bürsten / Haaren.

Es gelten hier dieselben Regeln wie bei **Adjektiven, die auf *-er* enden**, z. B. finster, teuer ... (→ S. 200)

Gebrauch der Possessivpronomen

Ein Possessivpronomen gibt in aller Regel an, zu wem eine Person oder eine Sache gehört; es **drückt einen Besitz** aus. Daneben kann es aber auch Verhältnisse beschreiben, die eine Zugehörigkeit oder Abhängigkeit im weiteren Sinne ausdrücken.

	als Begleiter	**als Stellvertreter**
Besitz	**Meine** Eltern leben in Marl.	**Deine** kenne ich noch nicht.
	Wem gehören diese Sachen? Das ist **mein** Pulli.	Und das ist **seiner**.
Zugehörigkeit	Sicher wird **deine** Mannschaft gewinnen.	**Eure** gewinnt sicher nicht.
	Ihr müsst euch beeilen, sonst verpasst ihr **euren** Bus.	Leider ist **unserer** schon weg.

Ein Possessivpronomen bezieht sich sowohl auf das Nomen, das den **Besitz** oder die Zugehörigkeit angibt, als auch auf den **Besitzer**.

Der **Stamm des Pronomens** richtet sich in Person und Numerus nach dem **Besitzer.** Beispiele:

Ich verdanke **mein**em Vater sehr viel. (1. Person Singular → mein)

Du wolltest doch **dein**e Tante anrufen. (2. Person Singular → dein)

Wir werden **unser**en Nachbarn schreiben. (1. Person Plural → unser)

Steht der Besitzer in der **3. Person Singular,** richtet sich der Stamm des Possessivpronomens zusätzlich nach dem Genus des Besitzers:

Frau Burk holt **ihr**en Sohn ab (3. Person Singular Femininum → ihr)

Herr Mog ruft nach **sein**em Hund. (3. Person Singular Maskulinum → sein)

Dieses Kind sucht **sein**e Mutter. (3. Person Singular Neutrum → sein)

Das Possessivpronomen richtet sich im Singular außerdem in Numerus, Genus und Kasus nach dem Nomen, das den **Besitz** angibt und dessen Begleiter oder Stellvertreter es ist. Diese Anpassung erfolgt über die **Deklinationsendungen**. Beispiele:

Heute kommt mein**e Tochter** zu Besuch. (Nominativ Singular Femininum)

Ich verdanke mein**em Vater** sehr viel. (Dativ Singular Maskulinum)

Du wolltest doch dein**e Tante** anrufen. (Akkusativ Singular Femininum)

Im Plural spielt das Genus des Nomens, das den Besitz angibt, keine Rolle, da die Possessivpronomen für alle drei Genera gleich lauten:

Wir werden unser**en Nachbarn / Müttern / Kindern** schreiben.
(Dativ Plural)

Das Wort *eigen* verstärkt die Besitzverhältnisse

Possessivpronomen können durch das Adjektiv ***eigen*** ergänzt und verstärkt werden:

Er benutzt lieber seinen **eigenen** Füller.
Ihr könnt euch dazu eure **eigenen** Gedanken machen.

Demonstrativpronomen

Demonstrativpronomen werden auch **hinweisende Fürwörter** genannt, denn sie weisen auf eine bereits bekannte Sache oder Person hin.

Wenn sie die Funktion eines **Begleiters** haben, stimmen sie in **Numerus, Genus und Kasus** mit dem Nomen überein, das sie begleiten:

Dieses Buch habe ich noch nicht gelesen. (Akkusativ Singular Neutrum)

Wenn sie als **Stellvertreter für ein Nomen** gebraucht werden, stimmen sie in **Numerus und Genus** mit dem Nomen überein, das sie ersetzen:

Dieses habe ich gelesen. (Singular, Neutrum)

Zu den Demonstrativpronomen gehören

dieser, diese, dieses
jener, jene, jenes
solcher, solche, solches
der, die, das
derjenige, diejenige, dasjenige
derselbe, dieselbe, dasselbe

Deklination der Demonstrativpronomen *dieser, jener, solcher*

Die Pronomen *dieser, diese, dieses, jener, jene, jenes* und *solcher, solche, solches* haben dieselben Deklinationsendungen.

Singular	Maskulinum	Femininum	Neutrum
Nominativ	dies**er**, jen**er**, solch**er**	dies**e**, jen**e**, solch**e**	dies**es**, jen**es**, solch**es**
Genitiv	dies**es**, jen**es**, solch**es**	dies**er**, jen**er**, solch**er**	dies**es**, jen**es**, solch**es**
Dativ	dies**em**, jen**em**, solch**em**	dies**er**, jen**er**, solch**er**	dies**em**, jen**em**, solch**em**
Akkusativ	dies**en**, jen**en**, solch**en**	dies**e**, jen**e**, solch**e**	dies**es**, jen**es**, solch**es**

Plural	(für alle drei Genera gleich)
Nominativ	dies**e**, jen**e**, solch**e**
Genitiv	dies**er**, jen**er**, solch**er**
Dativ	dies**en**, jen**en**, solch**en**
Akkusativ	dies**e**, jen**e**, solch**e**

Gebrauch der Demonstrativpronomen *dieser* und *jener*

Das Pronomen ***dieser, diese, dieses*** weist auf eine räumliche oder zeitliche **Nähe** hin, während das Pronomen ***jener, jene, jenes*** eine räumliche oder zeitliche **Distanz** zum Ausdruck bringt. Diese Unterscheidung gilt unabhängig davon, ob die Pronomen als Begleiter oder als Stellvertreter gebraucht werden.

Begleiter	Stellvertreter
Dieses Rad (hier) gehört mir, **jenes** Rad (dort drüben) meinem Bruder.	**Dieses** gehört mir, **jenes** meinem Bruder.
Dieser Ansicht kann ich zustimmen, **jener** (zuvor geäußerten) These nicht.	**Dieser** kann ich zustimmen, **jener** nicht.

Das Demonstrativpronomen *dieses*, also die neutrale Form, bezieht sich nicht nur auf Personen und Sachen, es kann auch **anstelle eines ganzen Satzes** stehen:

Er hat mich gestern schamlos angelogen. **Dieses** werde ich ihm nicht verzeihen.

Oft wird in dieser Funktion auch die verkürzte Form ***dies*** benutzt:

Dies werde ich mir merken.

Immer starke Deklination!

Die Demonstrativpronomen ***dieser, diese, dieses*** und ***jener, jene, jenes*** werden immer stark dekliniert. Sie erhalten also bei der maskulinen und neutralen Endung im **Genitiv Singular** ein ***-s***:

Umgangssprachlich werden sie im Genitiv Singular manchmal schwach dekliniert und enden dann auf *-n*. Standardsprachlich korrekt ist aber nur:

Der Hut diese**s** (**nicht**: ~~diesen~~) Mannes sieht komisch aus.
Die Schuhe jene**s** (**nicht**: ~~jenen~~) Mannes waren kaputt.
Anfang diese**s** / jene**s** Jahres (**nicht**: ~~Anfang diesen / jenen Jahres~~) ...

Schwache Deklination ist dagegen beim Pronomen ***jeder*** erlaubt.
→ siehe S. 187

***Dieses* kann zu *dies* verkürzt werden.**

Statt *dieses* lässt sich auch die **Kurzform *dies*** verwenden, wenn das Pronomen **als Stellvertreter** gebraucht wird:

Dies gehört mir.
Dies werde ich mir gerne merken.

→ siehe S. 157

Gebrauch des Demonstrativpronomens *solcher*

Das Pronomen *solcher, solche, solches* nimmt unter den Demonstrativpronomen eine Sonderstellung ein. Während die übrigen Demonstrativpronomen auf Nomen oder Nominalgruppen in ihrer Gesamtheit verweisen, bezieht sich *solcher, solche, solches* auf eine **besondere Eigenschaft eines Nomens oder einer Nominalgruppe**. Das Pronomen kann als Begleiter oder als Stellvertreter gebraucht werden.

	dieser	**solcher**
Als Begleiter	**Dieses Brot** schmeckt mir nicht. (Diese Brotsorte schmeckt mir nicht.)	**Solches Brot** schmeckt mir nicht. (Ein Brot mit einer bestimmten Eigenschaft schmeckt mir nicht.)
Als Stellvertreter	**Dieses** schmeckt mir nicht.	**Solches** schmeckt mir nicht.

Das Pronomen *solcher, solche, solches* kann auch **wie ein Adjektiv** gebraucht werden und folgt dann auf den unbestimmten Artikel oder dessen verneinte Form *kein*.

- Singular, unbestimmter Artikel: **Ein solcher** Preis ist gerechtfertigt.
- Singular, verneinter unbestimmter Artikel: **Kein solcher** Preis ist gerechtfertigt.
- Plural, verneinter unbestimmter Artikel: **Keine solchen** Preise sind gerechtfertigt.

→ Deklination der Adjektive, S. 195 ff., 202

Das nicht flektierbare *solch*

Auch die unveränderliche Form ***solch*** kann vor einem Nomen stehen. Dann muss allerdings ein Adjektiv und / oder ein unbestimmter Artikel dazwischengesetzt werden, die dekliniert werden:

Das rechtfertigt nicht **solch** hoh**en** Preis.
Das rechtfertigt nicht **solch** ein**en** Preis.
Das rechtfertigt nicht **solch** ein**en** hoh**en** Preis.

Anstelle von *solch + unbestimmter Artikel* wird in der Umgangssprache auch ***so einer, so eine, so eines*** gebraucht:

Das rechtfertigt nicht **so** einen hohen Preis.

Deklination der Demonstrativpronomen *derselbe, derjenige*

Die Demonstrativpronomen *derselbe, dieselbe, dasselbe* und *derjenige, diejenige, dasjenige* bestehen aus zwei Teilen, die beide dekliniert werden müssen.

Singular	Maskulinum	Femininum	Neutrum
Nominativ	**der**selb**e**, **der**jenig**e**	**die**selb**e**, **die**jenig**e**	**das**selb**e**, **das**jenig**e**
Genitiv	**des**selb**en**, **des**jenig**en**	**der**selb**en**, **der**jenig**en**	**des**selb**en**, **des**jenig**en**
Dativ	**dem**selb**en**, **dem**jenig**en**	**der**selb**en**, **der**jenig**en**	**dem**selb**en**, **dem**jenig**en**
Akkusativ	**den**selb**en**, **den**jenig**en**	**die**selb**e**, **die**jenig**e**	**das**selb**e**, **das**jenig**e**
Plural	**(für alle drei Genera gleich)**		
Nominativ	**die**selb**en**, **die**jenig**en**		
Genitiv	**der**selb**en**, **der**jenig**en**		
Dativ	**den**selb**en**, **den**jenig**en**		
Akkusativ	**die**selb**en**, **die**jenig**en**		

Besonderheiten zum Gebrauch von *derselbe*

Wenn *derselbe, dieselbe, dasselbe* mit einer Präposition verbunden wird, gibt es zwei Möglichkeiten der Schreibung bei gleicher inhaltlicher Bedeutung:

Die Präposition steht vor dem Pronomen:	Die Präposition verschmilzt mit dem ersten Teil des Pronomens:
Laura und Verena haben **an demselben** Tag Geburtstag.	Laura und Verena haben **am selben** Tag Geburtstag.
Immer wieder kommt es **zu demselben** Fehler.	Immer wieder kommt es **zum selben** Fehler.

Selbst und selber

Die Wörter *selbst* und *selber* sind keine Pronomen, sondern gehören zu den Fokuspartikeln (→ S. 396), auch wenn sie äußerlich dem Pronomen *derselbe* ähneln. Sie werden nicht dekliniert und stehen **hinter ihrem Bezugswort**:

Du **selbst / selber** hast es versprochen. Sie **selbst / selber** wollte es so.

Die Fokuspartikel *selber* hat dieselbe Bedeutung wie *selbst*, wird aber eher in der **Umgangssprache** benutzt.

In der Bedeutung von ***sogar*** steht *selbst* **vor seinem Bezugswort** und ist auch in diesem Fall kein Pronomen, sondern eine Fokuspartikel.

Selbst ich habe das verstanden.
Selbst heute träume ich noch von diesem Abend.

Das Demonstrativpronomen *derselbe, dieselbe, dasselbe* darf **nicht mit *der / die / das gleiche* verwechselt** werden, denn es gibt einen Bedeutungsunterschied:

Laura und Verena arbeiten mit **demselben** Buch. = Beide arbeiten mit einem einzigen Buch.

Laura und Verena arbeiten mit dem **gleichen** Buch. = Jede besitzt ein eigenes Buch, es gibt also zwei Bücher mit dem gleichen Titel.

Zum Gebrauch von *derjenige*

In den meisten Fällen weist das Pronomen *derjenige, diejenige, dasjenige* auf einen unmittelbar folgenden **Relativsatz** (→ S. 488 ff.) hin. Das gilt sowohl beim Gebrauch als Begleiter als auch als Stellvertreter.

als Begleiter	als Stellvertreter
Diejenigen Sportler, die am Wettbewerb teilnehmen, sollen zum Startpunkt kommen.	**Diejenigen**, die am Wettbewerb teilnehmen, sollen zum Startpunkt kommen.
Hast du schon **diejenigen Briefmarken** aussortiert, die besonders wertvoll sind?	Hast du schon **diejenigen** aussortiert, die besonders wertvoll sind?

Als Begleiter wird *derjenige, diejenige, dasjenige* seltener verwendet, weil es schwerfälliger wirkt. Es wird nur dann eingesetzt, wenn es darum geht, die Auswahl besonders zu betonen:

Michael Schumacher war **derjenige** Rennfahrer, der neue Maßstäbe setzte.

Deklination des Demonstrativpronomens *der*

Wird das Demonstrativpronomen *der, die, das* als **Begleiter** gebraucht, wird es wie der bestimmte Artikel dekliniert. → siehe S. 130

Wird das Demonstrativpronomen *der, die, das* als **Stellvertreter** gebraucht, hat es im **Genitiv Singular** sowie im **Genitiv und Dativ Plural andere Flexionsformen**.

Singular	Maskulinum	Femininum	Neutrum
Nominativ	der	die	das
Genitiv	des (Begleiter)	der (Begleiter)	des (Begleiter)
	dessen (Stellvertreter)	**deren / derer** (Stellvertreter)	**dessen** (Stellvertreter)
Dativ	dem	der	dem
Akkusativ	den	die	das

Plural	**(für alle drei Genera gleich)**
Nominativ	die
Genitiv	der (Begleiter) **deren / derer** (Stellvertreter)
Dativ	den (Begleiter) **denen** (Stellvertreter)
Akkusativ	die

Beispiel im Genitiv Singular Maskulinum:

Das Werk **des Komponisten** ist beeindruckend.
→ **Dessen** Werk ist beeindruckend. → siehe Gebrauch von *dessen,* S. 165

Beispiel im Genitiv Plural:
Ich liebe die flämischen Maler und **deren** Zeitgenossen.

Beispiel im Dativ Plural:
Das sind unangenehme Leute. Mit **denen** ist nicht zu spaßen.

→ siehe Gebrauch von *deren* und *derer,* S. 165

Gebrauch des Demonstrativpronomens *der*

Das Demonstrativpronomen *der, die, das* dient vor allem der **Hervorhebung** und wird, anders als der bestimmte Artikel, **betont** gesprochen. In der folgenden Übersicht sind die Silben, die im Satz den Hauptakzent tragen, fett markiert.

als Demonstrativpronomen	**als Artikel**
Der Kuchen schmeckt aber gut!	Der Kuchen schmeckt aber **gut**!
Die Tasche dort? Nein, **die** Tasche gehört mir nicht.	Die Tasche dort? Nein, die **Ta**sche gehört mir nicht.
Auf **das** Fest freue ich mich heute schon!	Auf das Fest freue ich mich **heute** schon!

WORTARTEN

Die Neutrumform ***das*** kann auch **maskuline und feminine Nomen vertreten**, auch im Plural, obwohl es selbst im Singular steht. Das gilt sowohl für Personen als auch für Gegenstände. Beispiele:

- maskulines Nomen: Geben Sie mir **den Koffer** zurück. **Das** ist meiner.
- feminines Nomen: Hast du **die Schauspielerin** gesehen? **Das** ist die berühmte Preisträgerin.
- Nomen im Plural: Da drüben liegen **viele Sachen** herum. Sind **das** deine?

Die Neutrumform ***das*** kann sich auch auf einen ganzen Satz (Haupt- oder Nebensatz) beziehen.

Du hast nicht angerufen. **Das** gefällt mir nicht.
Das ist nicht die Regel, dass jeder gleich alles versteht.
Dass er später nach Hause geht, **das** habe ich dir doch gleich gesagt.

Der, die, das als Ersatz für ein Personalpronomen

Als Stellvertreter wird *der, die, das* oft **umgangssprachlich** anstelle eines Personalpronomens (→ S. 146) gebraucht:

Du meinst Tina? Ja, mit **der** spiele ich gern Fußball.

Wählen Sie in der Schriftsprache hier anstelle des umgangssprachlichen und oft abwertend gebrauchten Demonstrativpronomens besser die höflicheren Formulierungen mit dem Personalpronomen:

Du meinst Tina? Ja, mit **ihr** spiele ich gern Fußball.

Die Genitivformen *dessen, deren* und *derer*

Als Demonstrativpronomen **weist *derer*** meistens **voraus** auf ein Pronomen, das erst noch genannt wird. Es wird heute nur noch selten gebraucht und kann durch *derjenigen* ersetzt werden.

Genitiv Singular Femininum:

Das sind die Eltern **derer** (derjenigen), die neulich bei uns war.

Genitiv Plural (alle Genera):

Das sind die Kinder **derer** (derjenigen), die neulich neben uns einzogen.

Deren weist niemals voraus.

Derer* und *deren können zurückweisen auf etwas bereits Genanntes.

Genitiv Singular Femininum:

Dort lag auch eine Goldkette. Nur **derer / deren** bemächtigte er sich.

Genitiv Plural (alle Genera):

Die Lizenzeinnahmen muss man dazurechnen. Inklusive **derer / deren** ist das diesjährige Ergebnis beachtlich.

***Dessen* weist** meistens **zurück** auf ein bereits genanntes maskulines bzw. neutrales Nomen oder Pronomen:

Genitiv Singular Maskulinum:

Wir gelangten zu einem kleinen Gebirgszug. Jenseits **dessen** sollte die große Ebene liegen.

Genitiv Singular Neutrum:

Ich habe die falsche Entscheidung getroffen. **Dessen** bin ich mir bewusst.
(*Dessen* bezieht sich hier auf den ganzen vorstehenden Satz.)

Deren und *dessen* statt Possessivpronomen

Die Genitivformen *deren* und *dessen* können **anstelle des Possessivpronomens** (→ S. 151) stehen. Mit ihrer Hilfe können missverständliche Mehrdeutigkeiten vermieden werden. *Dessen* verweist ebenso wie *deren* immer zurück auf ein schon vorher genanntes Nomen oder Pronomen.

Possessivpronomen:

Wenden Sie sich bitte an Frau Olbrich, ihre Chefin oder **ihre** Sekretärin.
(Die Sekretärin ist Frau Olbrichs Sekretärin.)

Frag doch mal Alexander oder seinen Freund oder **seinen** Bruder.
(Gemeint ist Alexanders Bruder.)

Demonstrativpronomen *der*:

Genitiv Singular Femininum:

Wenden Sie sich bitte an Frau Olbrich, ihre Chefin oder **deren** Sekretärin.
(Die Sekretärin ist die Sekretärin der Chefin.)

Genitiv Singular Maskulinum:

Frag doch mal Alexander oder seinen Freund oder **dessen** Bruder. (Gemeint ist der Bruder des Freundes von Alexander.)

Genitiv Plural (alle Genera):

Morgen treffen wir Sonja, ihre Freunde und **deren** Kinder.
(*Deren* bezieht sich auf die Freunde. Es handelt sich also um die Kinder der Freunde.)

Possessivpronomen sind die erste Wahl

Wenn Missverständnisse ausgeschlossen sind, ist es besser, das Possessivpronomen anstelle von *deren* oder *dessen* zu benutzen:

Wenden Sie sich an Frau Olbrich oder ihre (**nicht**: deren) Sekretärin.
Frag doch mal Alexander oder seinen (**nicht**: dessen) Bruder.

Reflexivpronomen

Das **Reflexivpronomen** wird auch **rückbezügliches Fürwort** genannt. Es drückt in aller Regel aus, dass ein Geschehen oder eine Handlung auf das Subjekt oder Objekt eines Satzes zurückverweist; dieses Subjekt oder Objekt kann ein Nomen oder ein Pronomen sein.

Das einzige eindeutige Reflexivpronomen ist das der 3. Person Singular und Plural, nämlich ***sich***:

Der Zug verspätet **sich**.
Sie beeilen **sich**.

Die Reflexivpronomen der 1. und 2. Person entsprechen den Personalpronomen (→ S. 146) dieser Personen. Man spricht deshalb auch von **reflexiv gebrauchten Personalpronomen**:

Ich schaue **mir** einen Film an.
Hast du **dich** gut erholt?
Wir melden **uns** morgen.

Der Einfachheit halber werden hier beide Arten als Reflexivpronomen bezeichnet.

Deklination des Reflexivpronomens

Reflexivpronomen kommen nur im Dativ und im Akkusativ vor.

Singular	1. Person	2. Person	3. Person
Dativ	mir	dir	sich
Akkusativ	mich	dich	sich
Plural			
Dativ	uns	euch	sich
Akkusativ	uns	euch	sich

Gebrauch des Reflexivpronomens bei echten reflexiven Verben

Für **reflexive Verben** im engeren Sinn, auch echte reflexive Verben genannt, gelten **drei Merkmale**:

- Das Reflexivpronomen kann nicht weggelassen werden:
  ~~Das bildest du ein.~~ Das bildest du dir ein.
- Das Reflexivpronomen kann nicht durch ein anderes Nomen oder Pronomen ersetzt werden:
  ~~Lisa erholt uns.~~ Lisa erholt sich.
- Nach dem Reflexivpronomen kann nicht gefragt werden:
  Er wundert sich. ~~Wen wundert er?~~

Der **Kasus** des Reflexivpronomens hängt vom Reflexivverb ab, dem es folgt. Es gibt viele reflexive Verben, die ein **Reflexivpronomen im Akkusativ** verlangen. Beispiele:

sich auskennen: Du **kennst dich** darin besonders gut aus.
sich beeilen: **Beeilen** wir **uns**! Sonst verpassen wir den Zug.
sich bewerben: Ich **bewerbe mich** bei einer Zeitung.
sich ereignen: Ein schlimmer Unfall hat **sich ereignet**.
sich erholen: Wir **erholten uns** von diesem Schock.
sich räuspern: Die Zuhörer **räusperten sich** die ganze Zeit.

sich schämen: Julia **schämt sich**, weil sie Geld geklaut hat.
sich sehnen: Susi **sehnt sich** so sehr nach Max!
sich verirren: Hänsel und Gretel **verirrten sich** im Wald.
sich verlieben: Leon hat **sich** schon wieder **verliebt**.

Reflexive Verben mit einem **Reflexivpronomen im Dativ** kommen seltener vor. Beispiele:

sich etwas aneignen: Er hat **sich** das Geld unrechtmäßig **angeeignet**.
sich etwas anmaßen: Was **maßt** du **dir** an?
sich etwas einbilden: Wir **bilden uns** das wohl nur **ein**.
sich etwas überlegen: Habt ihr **euch** das gut **überlegt**?

Verben mit wechselndem Gebrauch

Viele Verben können ohne und mit Reflexivpronomen verwendet werden, sie haben dann jeweils eine **andere Bedeutung** oder werden anders gebraucht.

mit Reflexivpronomen	ohne Reflexivpronomen
Der Richter **befindet sich** im Gebäude.	Der Richter **befindet** über den Antrag. Der Richter **befindet** den Antrag für gut.
Herr Meier **erinnert sich** nicht.	Haben Sie Frau Müller an den Termin **erinnert**?
Die Kinder **fürchten sich** im Dunkeln.	Herr Neumann **fürchtet** um seinen Ruf.
Er **stellt sich** das ganz anders **vor**.	Er **stellt** uns heute die neue Chefin **vor**.

Weitere Verben, die mit **Reflexivpronomen im Akkusativ** gebraucht werden können: irren, verfahren, verlassen auf ...

Weitere Verben, die mit **Reflexivpronomen im Dativ** gebraucht werden können: kaufen, herausnehmen, vornehmen ...

Reflexiv gebrauchte Verben

Auch andere Verben, die keine echten reflexiven Verben sind, können reflexiv verwendet werden. Dann steht das Reflexivpronomen an der Stelle eines Nomens oder Pronomens, aber die **Bedeutung des Verbs ändert sich nicht**:

Er wäscht sich.
Ich habe mich geschnitten.
Ihr habt euch verletzt. ...

Weitere Verben, die ohne Bedeutungsänderung mit Reflexivpronomen im Akkusativ gebraucht werden können: anschauen, berichtigen, fragen, kämmen, verändern, verletzen, verpflichten, verteidigen, waschen ...

Weitere Verben, die ohne Bedeutungsänderung mit Reflexivpronomen im Dativ gebraucht werden können: schaden, verschaffen, verzeihen, widersprechen ...

Reziproke Bedeutung des Reflexivpronomens

Das Reflexivpronomen ***sich*** kann eine **wechselseitige (reziproke) Beziehung** ausdrücken:

Die Autofahrer beschimpften **sich** kräftig.

Wird ***gegenseitig*** hinzugefügt, kommt die wechselseitige Bedeutung noch deutlicher zum Ausdruck:

Die Autofahrer beschimpften **sich** kräftig **gegenseitig**.

Statt Reflexivpronomen + *gegenseitig* kann auch das reziproke Pronomen ***einander*** verwendet werden. Es wird vor allem in der Schrift- und Hochsprache anstelle des Reflexivpronomens gebraucht. Außerdem hilft es, Missverständnisse zu vermeiden, wenn *sich* sowohl reflexiv als auch reziprok verstanden werden kann.

Beispiel	reflexive Bedeutung	reziproke Bedeutung
Die Thesen widersprechen **sich**.	Diese Thesen sind **in sich** widersprüchlich.	Diese Thesen widersprechen **einander** (**sich gegenseitig**).
Sie lieben **sich.**	Sie lieben nur **sich selbst**.	Sie lieben **einander** (**sich gegenseitig**).
Sie schauen **sich** an.	Sie betrachten **sich selbst** im Spiegel.	Sie schauen **einander** (**sich gegenseitig**) an.

***Selbst* zur Verstärkung der reflexiven Bedeutung**

Das Reflexivpronomen *sich* kann durch die Fokuspartikel (→ S. 396) ***selbst*** verstärkt werden:

Ich wundere mich **selbst**. / Ich **selbst** wundere mich.
(Nicht nur du wunderst dich, ich wundere mich auch.)

→ vgl. mit Tipp, S. 161

Relativpronomen

Zu den Relativpronomen (**bezüglichen Fürwörtern**) gehören ***der, die, das, welcher, welche, welches*** und ***wer, was***. Sie werden als Stellvertreter in **Relativsätzen** (→ S. 488 ff.) verwendet.

Deklination der Relativpronomen der und welcher

Das Relativpronomen *der, die, das* wird wie das gleich lautende Demonstrativpronomen flektiert (→ S. 162).

Die Flexionsendungen des Relativpronomens *welcher, welche, welches* stimmen mit denen des Demonstrativpronomens *dieser, diese, dieses* überein (→ S. 156).

Singular	Maskulinum	Femininum	Neutrum
Nominativ	der, welcher	die, welche	das, welches
Genitiv	dessen, welches (welchen) / dessen	deren, welcher / deren	dessen, welches (welchen) / dessen
Dativ	dem, welchem	der, welcher	dem, welchem
Akkusativ	den, welchen	die, welche	das, welches
Plural	**(für alle drei Genera gleich)**		
Nominativ	die, welche		
Genitiv	deren, welcher / deren		
Dativ	denen, welchen		
Akkusativ	die, welche		

Genitiv von *welcher*

Die Genitivformen von *welcher* (Maskulinum) und *welches* (Neutrum) sind ungebräuchlich und werden in aller Regel durch die entsprechenden Formen von ***der, die, das*** ersetzt:

Es war ein Ereignis, **dessen** (welchen) er sich erinnerte.
Das waren sehr viele Probleme, **deren** (welcher) sie sich angenommen hatte.

Deklination der Relativpronomen *wer* und *was*

Die Relativpronomen *wer* und *was* kommen **nur im Singular** vor.

	wer	**was**
Nominativ	wer	was
Genitiv	wessen	wessen
Dativ	wem	was
Akkusativ	wen	was

Dativ von *was*

Die Dativform ***was*** wird nur nach einer Präposition (Präposition + *was)* verwendet. Diese Verbindung ist umgangsprachlich und sol te im Schriftlichen durch ein Pronominaladverb (→ S. 356) ersetzt werden:

Er weiß nicht, **mit was** er beginnen soll. → ..., **womit** er beginnen soll.
Er weiß nicht, **von was** er leben soll. → ..., **wovon** er leben soll.

Der Gebrauch der Relativpronomen

Relativpronomen leiten Nebensätze ein, und zwar **Relativsätze** (→ S. 488 ff.).

Sie beziehen sich auf ein Nomen oder ein Pronomen im übergeordneten Satz und bestimmen dieses näher. Da sie die **Funktion eines Stellvertreters** haben, ersetzen sie das Nomen oder Pronomen, auf das sie sich beziehen. Sie werden deshalb auch **bezügliche Fürwörter** genannt.

Das Buch, **das** mein Bruder gerade liest, muss sehr spannend sein.

Hauptsatz: *Das Buch muss sehr spannend sein.*
Relativsatz: ..., *das mein Bruder gerade liest,* ...

→ Das Relativpronomen *das* im Relativsatz bezieht sich auf das Bezugswort *das Buch* im Hauptsatz.

Das, **was** ihr gesagt habt, ist falsch.

Hauptsatz: *Das ist falsch.*
Relativsatz: ..., *was ihr gesagt habt, ...*

→ Das Relativpronomen *was* im Relativsatz bezieht sich auf das Bezugswort *das* im Hauptsatz.

Das Relativpronomen stimmt in **Genus** und **Numerus** mit dem Wort überein, auf das es sich im übergeordneten Satz bezieht:

Beispielsatz	**Genus und Numerus des Bezugsworts**	**Genus und Numerus des Relativpronomens**
Wir möchten **die Zeitschrift** kaufen, **die** neu erschienen ist.	Femininum Singular	Femininum Singular
Das, **was** ihr gesagt habt, ist falsch.	Neutrum Singular	Neutrum Singular

Der **Kasus** des Relativpronomens richtet sich nach der grammatischen Funktion, die es im Relativsatz übernimmt. Das Relativpronomen kann Subjekt oder Objekt des Relativsatzes sein.

Beispielsatz	**Kasus des Bezugsworts**	**Kasus des Relativpronomens**
Den Film, **der** heute im Kino anläuft, wollen wir sehen.	Akkusativ	Nominativ
Der Film, **dessen** Titel noch unbekannt ist, wird sicher ein Erfolg.	Nominativ	Genitiv
Der Film, **dem** alle gespannt folgen, bekommt bestimmt einen Preis.	Nominativ	Dativ
Von **dem Film**, **den** wir heute sehen, habe ich vorher nichts gehört.	Dativ	Akkusativ

Vor dem Relativpronomen kann auch eine Präposition stehen, die seinen Kasus bestimmt:

Beispielsatz	Kasus des Bezugsworts	Kasus des Relativpronomens
Der Film, **von dem** wir schon viel gehört hatten, war wirklich toll.	Nominativ	Dativ
Den Film, **für den** wir Schlange stehen mussten, kannte ich schon.	Akkusativ	Akkusativ

Der Gebrauch des Relativpronomens *der / die / das*

Die Relativpronomen *der, die, das* werden am häufigsten gebraucht.

Manchmal gibt es im übergeordneten Satz mehrere mögliche Bezugswörter für das Relativpronomen. Das Relativpronomen bezieht sich in der Regel auf das Nomen oder Pronomen im übergeordneten Satz, **das ihm am nächsten steht.** Wenn Sie dies bei der Satzstellung beachten, können Sie Missverständnisse vermeiden:

Lara legt die Blätter in **die Schublade** zurück, **die** sie gerade geordnet hat.
(Lara hat die Schublade geordnet, nicht die Blätter.)

Lara legt **die Blätter**, **die** sie gerade geordnet hat, in die Schublade zurück.
(Lara hat die Blätter geordnet.)

Die Genitivform ***deren*** weist zurück auf ein schon vorher genanntes Nomen oder Pronomen. Sie begleitet Nomen im Femininum Singular und Plural. Das Relativpronomen wird in diesem Zusammenhang als **Genitivattribut** (→ S. 442) gebraucht:

Die Freundin, **deren Ring** er gefunden hat, freut sich.
Die Freundin, **deren Ringe** er gefunden hat, freut sich.

→ vgl. auch Demonstrativpronomen *deren, derer*, S. 165

Manchmal hängt das Relativpronomen von einer Präposition ab, die den Genitiv verlangt, oder es wird als **Genitivobjekt** (→ S. 427) gebraucht, weil das Verb im Relativsatz es verlangt. Dann kann anstelle von *deren* auch *derer* stehen. Üblicher ist es jedoch, *deren* zu benutzen:

Die Lampe, mittels **deren (derer)** der Raum ausgeleuchtet wird, ist schwenkbar. (Präpositionalobjekt: *Mittels wessen wird der Raum …?*)

Die Tat, **deren (derer)** er beschuldigt wird, liegt lange zurück. (Genitivobjekt: *Wessen wird er beschuldigt?*)

Der / die / das – Demonstrativ- oder Relativpronomen?

Das Relativpronomen *der, die, das* kann mit dem gleich lautenden Demonstrativpronomen verwechselt werden. **Ersetzungen** helfen, die beiden Pronomen voneinander zu unterscheiden:

Wenn Sie *der, die, das* sinnvoll durch *welcher, welche, welches* ersetzen können, handelt es sich um das **Relativpronomen**:

Der Film, **der (welcher)** gestern im Kino lief, hat ihm gefallen.

Lässt sich *der, die, das* hingegen sinnvoll durch *dieser, diese, dieses* ersetzen, liegt das **Demonstrativpronomen** vor:

Der Film gestern, **der (dieser)** hat ihm gefallen.

Stolperfalle: Das Relativpronomen nach neutralen Nomen

Nach neutralen Nomen lautet das Relativpronomen immer *das* und nicht *was*:

Das Stück, **das** ~~(was)~~ er genommen hat, …
Das Brot, **das** ~~(was)~~ ich gegessen habe, …

Der Gebrauch des Relativpronomens *welcher*

Das Relativpronomen *welcher, welche, welches* wird seltener und eher in der Schrift- als in der Umgangssprache gebraucht. Es steht anstelle von *der, die, das* und wird meist nur noch verwendet, um die Wiederholung gleich lautender Formen zu vermeiden.

Das T-Shirt, **das das** Mädchen trägt, gefällt mir gut.
→ Das T-Shirt, **welches das** Mädchen trägt, gefällt mir gut.

Auch nach dem Demonstrativpronomen *derjenige, diejenige, dasjenige* kann das Relativpronomen *welcher, welche, welches* stehen. Es wird auch hier anstelle von *der, die, das* gebraucht, um Wiederholungen zu vermeiden.

Diejenigen, **die** / **welche** mit den Aufgaben fertig sind, können nach Hause gehen.
Diejenigen, **die** / **welche** die Aufgaben erledigt haben, können nach Hause gehen.

Der Gebrauch der Relativpronomen *wer, was*

Mit den Pronomen *wer* und *was* können Relativsätze gebildet werden, deren Bezugswort im übergeordneten Satz fehlt und hinzugedacht werden muss. Man nennt diese Relativsätze auch **notwendige** oder **freie Relativsätze**.

Wer mit den Aufgaben fertig ist, kann nach Hause gehen.
= **Diejenigen, die** mit den Aufgaben fertig sind, ...
Ich esse nur, **was** mir schmeckt. = Ich esse nur **das**, **was** mir schmeckt.

→ notwendige Relativsätze, S. 491

Das Relativpronomen ***was*** wird nach Pronomen, nach Zahladjektiven, die im Neutrum stehen, und nach nominalisierten Adjektiven im Superlativ gebraucht.

Pronomen:	Ich esse **das / etwas / nichts**, **was** mir schmeckt.
Zahladjektiv:	Sie hat **alles** geschafft, **was** sie sich vorgenommen hatte.
Superlativ:	Das war **das Beste**, **was** ihm passieren konnte.

Es kann sich auch auf einen ganzen Satz beziehen:

Ich konnte früher nach Hause gehen, was mich sehr gefreut hat.

→ weiterführende Nebensätze, S. 510

Pronominaladverbien klingen eleganter

Steht vor dem Pronomen *was* eine Präposition, ist es besser, anstelle dieser oft schwerfälligen Formulierung ein **Pronominaladverb** (→ S. 356) zu verwenden:

Ich weiß nicht, **zu was** das gut sein soll. → Ich weiß nicht, **wozu** das gut sein soll.

Weitere Pronominaladverbien, die anstelle von *Präposition + was* gebraucht werden können, lauten zum Beispiel:

wodurch (durch was)
wonach (nach was)
woran (an was)
worauf (auf was)
woraus (aus was)
worüber (über was)

Interrogativpronomen

Interrogativpronomen (**Fragefürwörter**) leiten meistens Fragesätze, seltener Ausrufesätze ein. Zu dieser Gruppe der Pronomen gehören ***wer / was, welcher / welch / welches*** und ***was für ein / eine / ein.***

Deklination der Interrogativpronomen *wer, was*

	wer	**was**
Nominativ	wer	was
Genitiv	wessen	wessen
Dativ	wem	was
Akkusativ	wen	was

Der Gebrauch der Interrogativpronomen *wer, was*

Die Pronomen *wer, was* haben die **Funktion eines Stellvertreters** und kommen **nur im Singular** vor. Beide Pronomen können aber für mehrere Personen oder Sachen stehen.

Mit *wer* fragt man nach Personen, mit *was* nach Gegenständen oder Sachverhalten. *Wer* ist seinem grammatischen Geschlecht nach ein Maskulinum, kann sich aber sowohl auf männliche wie auf weibliche Personen beziehen. *Was* ist ein Neutrum, kann sich aber auf Sachen beziehen, die maskulin, feminin oder neutral sind.

Stellvertreter für Nomen im Singular:

Frau Schmidt hat angerufen. – **Wer** hat angerufen?
Deine Motorhaube klappert. – **Was** klappert?

Stellvertreter für Nomen im Plural:

Wir haben **die Müllers, die Meiers und die Webers** eingeladen. –
Wen haben Sie eingeladen?

Wir haben **die Getränke** besorgt. – **Was** habt ihr besorgt?

Deklination des Interrogativpronomens *welcher*

Singular	**Maskulinum**	**Femininum**	**Neutrum**
Nominativ	welch**er**	welch**e**	welch**es**
Genitiv	welch**es** (welch**en**)	welch**er**	welch**es** (welch**en**)
Dativ	welch**em**	welch**er**	welch**em**
Akkusativ	welch**en**	welch**e**	welch**es**
Plural	**(für alle drei Genera gleich)**		
Nominativ	welch**e**		
Genitiv	welch**er**		
Dativ	welch**en**		
Akkusativ	welch**e**		

Genitiv: *welches* oder *welchen*?

Im Genitiv Singular Maskulinum und Neutrum wird die Form *welches* gebraucht, wenn ein Nomen folgt, dessen **Genitiv nicht auf -s** endet:

Welch**es** Narren Strophen sind das?

Folgt ein **Nomen mit *s*-Genitiv**, kann sowohl *welches* als auch *welchen* stehen:

Welch**es** / Welch**en** Dichter**s** Verse sind das?

Allerdings wird die Genitivform am Satzanfang nur noch sehr selten verwendet. Häufiger folgt sie auf ein Nomen:

Zu Beginn welch**es** / welch**en** Jahr**es** wurde er geboren?

→ Genitivattribut, S.442

Der Gebrauch des Interrogativpronomens *welcher*

Das Interrogativpronomen *welcher, welche, welches* kommt als **Stellvertreter und Begleiter** vor. Es stimmt in Numerus, Genus und Kasus mit dem Nomen überein, das es begleitet oder ersetzt.

	Ich habe gestern **einen Film** im Kino gesehen.
Begleiter:	**Welchen Film** hast du gesehen?
Stellvertreter:	**Welchen** hast du gesehen?

Mit dem Interrogativpronomen *welcher, welche, welches* wird angesichts mehrerer Möglichkeiten nach einer bestimmten Person oder Sache gefragt.

Wir wollen morgen Freunde besuchen. (allgemeine Feststellung)
→ **Welche Freunde** wollt ihr besuchen? / **Welche** wollt ihr besuchen?
(Nur eine bestimmte Gruppe aus einer größeren Anzahl ist gemeint.)

Deklination des Interrogativpronomens *was für ein*

In der Verbindung *was für ein, eine, ein* bleibt die Formel *was für* unverändert, *ein, eine, ein* wird **wie der unbestimmte Artikel dekliniert** und steht wie dieser **nur im Singular**. Im Plural verwendet man anstelle der gesamten Fügung die Formen von *welche*.

Singular	**Maskulinum**	**Femininum**	**Neutrum**
Nominativ	was für ein	was für eine	was für ein
Genitiv	was für eines	was für einer	was für eines
Dativ	was für einem	was für einer	was für einem
Akkusativ	was für einen	was für eine	was für ein
Plural	**(für alle drei Genera gleich)**		
Nominativ	was für welche		
Genitiv	was für welcher		
Dativ	was für welchen		
Akkusativ	was für welche		

Der Gebrauch des Interrogativpronomens *was für ein*

Das Pronomen *was für ein, eine, ein* kann als Begleiter und ebenso als Stellvertreter gebraucht werden.

Begleiter: **Was für eine** Jeans hat sie sich gekauft?
Stellvertreter: **Was für eine** hat sie sich gekauft?

Mit der Verbindung *was für ein, eine, ein* erfragt man die **Beschaffenheit oder Eigenschaft**, auch ein bestimmtes Merkmal eines Lebewesens oder einer Sache:

Laura hat sich eine **teure** Jeans gekauft.
Was für eine Jeans hat sich Laura gekauft? / **Was für eine** hat sie sich gekauft?

Fragepronomen oder Frageadverb? - Machen Sie die Probe!

Interrogativpronomen werden gelegentlich mit den Interrogativadverbien (→ S. 355) und Pronominaladverbien (→ S. 356) *wie, wo, wann, warum, womit* usw. verwechselt. Sie können beide Wortarten aber leicht auseinanderhalten, wenn Sie sich merken:

Adverbien können nicht dekliniert werden, Interrogativpronomen hingegen werden dekliniert.

Wann (nicht dekliniert) kommst du?
Was für einen (dekliniert) Apparat hast du?

Der Gebrauch der Interrogativpronomen in Sätzen

Interrogativpronomen leiten **direkte Fragesätze** (Ergänzungsfragen → S. 465) und **indirekte Fragesätze** ein (→ S. 492).

Direkter Fragesatz:
Tom fragt Lisa: „**Welches** Computerspiel hast du gespielt?"

Indirekter Fragesatz:
Tom fragt Lisa, **welches** Computerspiel sie gespielt hat.

Interrogativpronomen können auch Ausrufe und Ausrufesätze einleiten:

Wer will das schon wissen!
Was für ein Durcheinander!
Oh, **welche** Freude!

Dabei sind neben den flektierten auch die unflektierten Formen ***welch*** vor Adjektiven oder ***welch ein, eine, ein*** gebräuchlich (→ vgl. *solch*, S. 159):

Welch großes Glück! **Welch ein** Pech!

Indefinitpronomen

Wenn Personen oder Sachen nicht näher identifiziert oder ihre Anzahl, Menge, Größe usw. **nicht genau bestimmt** werden können oder sollen, gebraucht man Indefinitpronomen (**unbestimmte Fürwörter**):

Das geht **jeden** etwas an.
Irgendjemand hat nach dir gerufen.
Ich habe **nichts** gehört.

Indefinitpronomen werden teils als **Begleiter und Stellvertreter**, teils nur als Stellvertreter verwendet. Die folgende Tabelle zeigt die wichtigsten Indefinitpronomen im Überblick.

Pronomen	als Begleiter	als Stellvertreter
all, alle, alles	Sie wünschte ihm **alles** Gute.	**Alle** waren gekommen.
beide	Zuschauer standen auf **beiden** Seiten.	Wir luden die **beiden** ein.
einer	(= unbestimmter Artikel *ein, eine, ein* → S. 132)	**Einer** wird gewinnen.
einige	**Einige** Zuschauer waren noch da.	**Einige** blieben übrig.
etliche	Sie wollten **etliche** Kilometer zurücklegen.	**Etliches** fiel mir dazu ein.
etwas, irgendetwas	**Etwas** Schöneres gibt es nicht.	**Etwas** war geschehen.
genug	Er hat **genug** Urlaub.	Er hat **genug**.
irgendein, irgendeiner	**Irgendein** Spieler muss beginnen.	**Irgendeiner** muss beginnen.
irgendwer	-	Ist **irgendwer** beteiligt?
jeder	**Jeder** Spieler erhält fünf Spielsteine.	**Jeder** kann mitmachen.
jedermann	-	Das ist **jedermann** zugänglich.

jemand, irgendjemand	–	Hat **jemand** das Buch gesehen? Kann mir **irgendjemand** die Regeln erklären?
kein, keiner	Das ist **keine** Lösung.	**Keiner** ist da.
man	–	**Man** wird sehen.
manche	**Manche** Fragen blieben offen.	**Manches** war unklar.
mehrere	**Mehrere** Möglichkeiten standen zur Auswahl.	Wir sahen **mehrere**.
nichts	Sie erzählte **nichts** Neues.	**Nichts** war gut genug.
niemand	–	**Niemand** ist gekommen.

Unterscheidung von Indefinitpronomen und unbestimmten Zahlwörtern

Unbestimmte Zahladjektive (→ S. 228) und Indefinitpronomen können leicht miteinander verwechselt werden. Die **Artikelprobe** hilft aber, beide Wortarten zu unterscheiden: **Nur vor unbestimmten Zahladjektiven kann der bestimmte Artikel stehen.** In allen anderen Fällen handelt es sich um ein Indefinitpronomen.

Zahladjektiv: viele Menschen → **die** vielen Menschen
Indefinitpronomen: einige Menschen → ~~die einigen~~ Menschen

Zur Deklination der Indefinitpronomen

Indefinitpronomen werden in aller Regel in Übereinstimmung mit dem Nomen dekliniert, das sie begleiten oder ersetzen, das heißt, sie richten sich in Genus, Numerus und Kasus nach ihm:

jed**er** Mann, jed**e** Frau, jed**es** Kind …

Die Indefinitpronomen ***alle, beide, jeder, mancher, welche*** erhalten dieselben Flexionsendungen wie *dieser, diese, dieses* (→ S. 156).

Die Indefinitpronomen ***irgendein, kein*** erhalten dieselben Flexionsendungen wie die Possessivpronomen (→ S. 152).

Die Deklination der Indefinitpronomen ***einige, etliche, mehrere*** ist dieselbe wie die starke Deklination der Adjektive (→ S. 196).

Die Pronomen ***man, nichts, etwas, irgendetwas, genug*** sind unveränderlich:

etwas Honig, etwas Marmelade, etwas Brot ...

→ siehe auch folgender Abschnitt

Besonderheiten der Indefinitpronomen

Zur Deklination nach *alle, alles*

Ein auf *alle* folgendes Adjektiv oder Partizip wird im Singular und Plural **schwach dekliniert**:

all**er** groß**e** Aufwand, all**e** groß**e** Mühe, all**e** eng**en** Freunde ...

Nominalisierte Adjektive oder Partizipien, die auf *alle* im Plural folgen, werden ebenfalls **schwach dekliniert** und enden in allen Formen auf *-n*:

all**e** Fremd**en**, all**e** Deutsch**en**, all**e** Eingeladen**en** ...

Zur Deklination nach *beide*

Ein auf *beide* folgendes Adjektiv wird immer **schwach dekliniert**:

beid**e** neu**en** Kollegen, aufgrund beid**er** gegensätzlich**en** Aussagen, mit beid**en** neu**en** Kollegen ...

Zur Bedeutung von *einer*

Als Indefinitpronomen wird *einer* in der Bedeutung von *jemand* verwendet:

Kann mir **einer** um 10 Uhr Bescheid geben?
Würde **eine** von euch beiden morgen mitkommen?

Zur Deklination nach *einige, etliche*

Ein auf diese Indefinitpronomen folgendes Adjektiv wird immer parallel **stark dekliniert**:

einig**er** unnötig**er** Ballast, etlich**es** unnötig**es** Zeug, einig**e** schräg**e** Typen, trotz einig**er** unsachlich**er** Fragen ...

Keine Deklination von *etwas, irgendetwas*

Diese Indefinitpronomen sind unveränderlich:

Hast du etwas gehört?
Irgendetwas (Kurzform: Irgendwas) muss an dieser Sache sein.

Keine Deklination von *genug*

Dieses Indefinitpronomen ist unveränderlich und bezeichnet wie *etwas* und *irgendetwas* eine nicht näher bestimmte Menge oder Angabe:

Genug geredet!
Ist noch **genug** Brot im Haus?

Das Adjektiv ***genügend*** kann undekliniert ebenfalls in der Bedeutung von *genug* verwendet werden:

Das sind jetzt **genügend** Beispiele.

Zur Bedeutung von *irgendein, irgendeiner*

Die Zusammensetzungen mit *irgend-* drücken aus, dass der Sprecher über eine Person oder eine Sache tatsächlich keine Kenntnisse hat, jedoch gerne mehr wüsste:

Irgendeiner hat in diesen Schubladen herumgestöbert.
(Ich wüsste zu gerne, wer das war.)

Zur Deklination von *irgendwer*

Irgendwer wird dekliniert wie *wer* (→ S. 178). Eine Genitivform gibt es jedoch nicht:

Ich habe meinen Kuli irgend**wem** geliehen.
Er hat irgend**wen** hereinkommen sehen.

Zur Deklination von *jeder*

Wird *jeder* als Begleiter benutzt, gilt vor stark deklinierten maskulinen und neutralen Nomen auch die schwache Form des Genitivs Singular als richtig:

am Ende jed**es** / (jed**en**) Jahres, die Träume jed**es** / (jed**en**) Kindes ...

Jeder wird im Genitiv immer schwach gebeugt, wenn der unbestimmte Artikel vorausgeht, weil dann der Artikel bereits die Genitivendung trägt:

am Anfang ein**es** jed**en** Monats, ein**em** jed**en** Kind ...

Zur Deklination von *jedermann*

Der Genitiv lautet *jedermanns*, alle anderen Kasus *jedermann*:

Das ist nicht **jedermanns** Sache. Das ist ein Thema für **jedermann**.

Zur Deklination von *jemand* und *niemand*

Die Indefinitpronomen *jemand* und *niemand* werden **stark dekliniert**. In Verbindung mit dem Wort ***anders*** gibt es jedoch einige Besonderheiten. In der Tabelle auf der folgenden Seite werden nur Beispiele mit *jemand* angeführt. Für das Pronomen *niemand* gilt dasselbe.

	jemand / niemand	jemand + anders
Nominativ	jemand Das weiß bestimmt **jemand**.	jemand anders / anderes Das ist **jemand anders / anderes**.
Genitiv	jemandes Das ist **jemandes** Eigentum.	eines anderen / von jemand anders Das ist die Jacke **eines anderen** / von **jemand anders**.
Dativ	jemandem Das muss ich **jemandem** erzählen.	jemand anders / anderem Das muss ich **jemand anders / anderem** schicken.
Akkusativ	jemand(en) Ich kenne hier **jemand(en)**.	jemand anders / anderen Ich kenne noch **jemand anders / anderen.**

Wenn auf *jemand* und *niemand* ein **nominalisiertes Adjektiv** (→ S. 198) folgt, steht dieses im Neutrum und wird meist stark dekliniert. *Jemand* und *niemand* bleiben dann in der Regel undekliniert:

Hier kommt **jemand** Neu**es**.
Gib es **niemand** Neu**em** weiter.
Ich wende mich an **jemand** Neu**es**. ...

Zu *jemand* gibt es auch die verstärkende Form ***irgendjemand***:

Ich möchte nur, dass mir **irgendjemand** zuhört.

Zur Deklination von *keiner*

Keiner wird dekliniert wie die Verneinung des unbestimmten Artikels (→ S. 140):

Das hat mir **keiner** gesagt. Und ich habe mit **keinem** darüber gesprochen.

Zur Deklination von *man*

Das Pronomen *man* gibt es nur in dieser einen Form. Es lässt sich nur im Nominativ Singular als Subjekt (→ S. 420) eines Satzes verwenden:

Man hat uns nichts davon gesagt.
Das kann **man** so nicht sagen.
Man kann zwar nicht alles haben.

Soll *man* im Dativ oder Akkusativ verwendet werden, muss auf das Pronomen *einer* ausgewichen werden:

Man muss **einem** schon die Wahl lassen.
Dort drüben sehe ich **einen**.

Zur Deklination von *manche* und nachfolgender Adjektive

Manche wird **dekliniert wie *diese*** (→ S. 156). Im Singular wird ein nachfolgendes **Adjektiv schwach dekliniert**.

Manch**er** lang**e** Diskurs endet ohne Ergebnis.
Wir haben schon manches neu**e** Gerücht gehört.

Im Plural kann ein nachfolgendes **Adjektiv stark oder schwach dekliniert** werden.

Manche neu**e** / neu**en** Ideen geraten schnell in Vergessenheit.
Man schob die Existenz mancher schwierig**er** / schwierig**en** Umstände einfach beiseite.

In Verbindung mit *einer* wird die unveränderliche Form ***manch*** verwendet:

Manch eine Frage blieb offen.

Zur Deklination von *mehrere* und nachfolgenden Adjektiven

Mehrere wird **dekliniert wie *diese*** (→ S. 156). Da *mehrere* eine Mehrzahl angibt, existieren nur Pluralformen. Ein auf *mehrere* **folgendes Adjektiv** wird immer **parallel stark dekliniert**:

Heute treffen sich mehrere frühe**re** Kollegen.
Man plante die Einstellung mehrerer neu**er** Mitarbeiter.
Wir haben aus mehreren gut**en** Möglichkeiten auswählen können.
Sie machten mehrere gut**e** Vorschläge.

Keine Deklination von *nichts*

Nichts ist die Verneinung (→ S. 521) von *etwas* und unveränderlich:

Habt ihr **nichts** gehört oder gesehen?
Ich möchte mit **nichts** davon zu tun haben.
Das macht **nichts**.

→ siehe auch Tabelle, S. 201 f.

DIE ADJEKTIVE

ÜBERSICHT

Adjektive (Eigenschaftswörter) **bezeichnen Merkmale und Eigenschaften** von Nomen oder Pronomen. Sie können dekliniert und gesteigert werden.

eine **weite** Hose, ein **älterer** Pulli

Funktionen der Adjektive im Satz

→ S. 193

Adjektive können im Satz **attributiv** (der **alte** Stuhl), **prädikativ** (Der Ball ist **rund**.) und **adverbial** (Sie lachten **laut**.) verwendet werden.

Die Deklination der Adjektive

→ S. 195

Attributive Adjektive werden dekliniert.

die **weiße** Wäsche (Femininum Singular, Nominativ oder Akkusativ),
der **fremden** Gäste (Maskulinum Plural, Genitiv),
den **großen** Markt (Maskulinum Singular, Akkusativ)

Prädikative und **adverbiale Adjektive** werden nicht flektiert (gebeugt):

Die Aufgabe ist **leicht**. Der Zug fährt **langsam**.

Die Steigerung der Adjektive

→ S. 204

Positiv	**Komparativ**	**Superlativ**
schnell	schnell**er**	der / die / das schnell**ste**, am schnell**sten**
jung	jüng**er**	der / die / das jüng**ste**, am jüng**sten**

Abgeleitete und zusammengesetzte Adjektive

→ S. 214

Neue Adjektive können gebildet werden, indem vorhandenen Wörtern bestimmte **Suffixe angefügt** werden (schein**bar**, rat**los**) oder indem man ihnen **ein anderes Wort voranstellt** (**stein**reich, **dunkel**blau).

Merkmale und Eigenschaften der Adjektive

Adjektive dienen der genaueren Beschreibung und geben Auskunft darüber, wie etwas beschaffen ist. Sie beziehen sich in aller Regel auf ein Nomen oder Pronomen, über das sie zusätzliche Informationen geben; sie bezeichnen deren Merkmale und Eigenschaften. Wir nennen Adjektive darum auch **Eigenschaftswörter**. Sie werden kleingeschrieben.

eine **weite** Hose, ein **enger** Pulli, das **blaue** Auto, der **grüne** Bagger ...

Mit ihnen können auch **Wertungen** vorgenommen oder **Gegensätze** ausgedrückt werden:

lieb - böse, gut - schlecht, fleißig - faul, hoch - tief, schwer - leicht ...

Auch viele **Zahlwörter** (→ S. 217) und **Farbwörter** (→ S. 203) gehören zu den Adjektiven:

viele Blumen, **hundert** Wälder, **rote** Rosen, **grüne** Bäume ...

Adjektive kommen auch **in Eigennamen** und festen Begriffen vor. Dann werden sie großgeschrieben, weil sie fester Bestandteil des Eigennamens sind.

das **Schwarze** Meer, die **Chinesische** Mauer, die **Französische** Revolution ...

→ Groß- und Kleinschreibung, S. 527

Adjektivisch gebrauchte Partizipien

Auch Partizipien (→ S. 249) werden sehr häufig wie Adjektive gebraucht:

Partizip Präsens (von *weinen*): ein **weinendes** Kind trösten
Partizip Perfekt (von *stranden*): einen **gestrandeten** Wal retten

Adjektivisch gebrauchte Partizipien folgen denselben Regeln der Deklination und Steigerung wie die Adjektive.

Nominalisierte Adjektive

Viele Adjektive können in **Nomen** umgewandelt werden. Diese nominalisierten Adjektive können meist an ihren Begleitern (→ S. 94) erkannt werden. Nominalisierte Adjektive werden großgeschrieben und nach denselben Regeln dekliniert wie attributive Adjektive:

Sie passt auf ihre **kleinen** Geschwister auf. → Sie passt auf **die Kleinen** auf.
Ohne Begleiter: Ich trenne mich schwer von **Altem**.

→ Deklination nominalisierter Adjektive S. 198, → Groß- und Kleinschreibung, S. 528

Adjektive im Satz: attributiv, prädikativ, adverbial

Adjektive können unterschiedliche Funktionen im Satz übernehmen. Sie können attributiv, prädikativ und adverbial verwendet werden

attributiv: der alte Stuhl, die verwöhnten Kinder ...
prädikativ: Der Ball ist rund. Es ist regnerisch. ...
adverbial: Sie lachten laut. Er begrüßte sie herzlich. ...

Attributive Adjektive

Adjektive werden sehr häufig als **Attribute** (Beifügungen, → S. 438 ff.) gebraucht und stehen dann in der Regel **vor dem Nomen**, dessen Eigenschaft sie angeben. Als Attribute werden sie dekliniert. Bei ihrer Endung richten sie sich in Kasus, Numerus und Genus nach dem Nomen. Man nennt diese Adjektive auch **attributive Adjektive**:

die weiße Wäsche (Femininum Singular, Nominativ oder Akkusativ)
der fremden Gäste (Maskulinum Plural, Genitiv)
den großen Wagen (Maskulinum Singular, Akkusativ oder Maskulinum Plural, Dativ) ...

Prädikative Adjektive

Adjektive können prädikativ, also **als Teil eines Prädikats** (→ S. 417), verwendet werden. Sie werden auch **Prädikatsadjektive** genannt und bleiben endungslos, werden also nicht dekliniert:

Prädikative Adjektive, die sich auf **das Subjekt des Satzes beziehen** - dies kann ein Nomen oder ein Pronomen sein -, folgen meist auf die Verben ***sein, werden, bleiben, wirken, scheinen***.

Die Aufgabe ist **leicht**. Das Essen wurde **kalt**. Es bleibt **schön**. ...

Prädikative Adjektive können sich auch **auf Nomen im Akkusativ** beziehen (→ Akkusativobjekt, S. 425). Dies geschieht bei den Verben ***betrachten als, finden*** und ***halten für***. Man spricht dann von einem prädikativen Adjektiv im Akkusativ.

Er fand den Test **schwer**. Ich betrachte ihn als **verwegen**.

Ich halte diese Aussage für **dumm**.

→ prädikatives Adjektiv, S. 417; → vgl. auch prädikatives Attribut, S. 419

Adverbiale Adjektive

Jedes Adjektiv kann im Deutschen auch **als Adverb** (→ S. 347 ff.) gebraucht werden. Man spricht in diesen Fällen von adverbialen Adjektiven oder **Adjektivadverbien**. Sie beziehen sich dann nicht auf ein Nomen, sondern oft auf das Prädikat (→ S. 412 ff.), also das konjugierte Verb, und erläutern dieses näher. Adverbiale Adjektive werden wie Adverbien **nicht flektiert**.

Sie essen **langsam**. Er schläft **lang**. Wir lachten **laut**.

Adjektivadverbien sind aber **steigerbar**. Dann erhalten sie die **Steigerungssuffixe *-er*** bzw. ***-(e)sten*** und bleiben undekliniert.

→ Gebrauch des Komparativs, S. 209; → Gebrauch des Superlativs, S. 210;
→ Gradpartikel + Adjektiv, S. 212

Sie essen **langsamer**.
Er schläft **länger**.
Wir lachten **lauter**.

Sie essen **am langsamsten**.
Er schläft **am längsten**.
Wir lachten **am lautesten**.

Oft lässt sich bei Adjektiven **nicht eindeutig** entscheiden, ob sie **prädikativ** verwendet werden und sich auf das Subjekt bzw. Objekt beziehen oder ob sie eher auf das Verb bezogen und **adverbial** gebraucht sind. Auf jeden Fall bleibt das Adjektiv unflektiert:

Sonja ging **enttäuscht** nach Hause.

(Das Adjektiv *enttäuscht* kann sich auf *Sonja* oder auf das Verb *ging* beziehen.)

Der Sturm drehte **tosend** auf.

(Das adjektivisch verwendete Partizip *tosend* kann sich auf den *Sturm* oder auf das Verb *drehte auf* beziehen.)

Die Wellen brachen sich **bedrohlich** an den Klippen.

(Das Adjektiv *bedrohlich* kann sich auf die *Wellen* oder auf das Verb *brachen sich* beziehen.)

→ siehe auch prädikatives Attribut , S. 419

Adverbial und deshalb undekliniert sind Adjektive auch, wenn sie **vor einem anderen Adjektiv** oder adjektivisch gebrauchten Partizip stehen und dieses näher erläutern:

ein **bunt** angemaltes Ei

ein **leicht** süßlicher Geschmack

→ Erweiterung von Attributen, S. 442

Deklination der Adjektive

Bei Adjektiven wird zwischen starker und schwacher Deklination unterschieden. Die Art der **Deklination des Adjektivs ist abhängig von dem jeweiligen Begleiter**, der vor dem Adjektiv steht. Er bestimmt, ob ein Adjektiv schwach oder stark dekliniert wird.

Die starke Deklination der Adjektive

Adjektive werden stark dekliniert, wenn vor ihnen **kein Begleiter steht oder der Begleiter endungslos** ist.

Singular	Maskulinum	Femininum	Neutrum
Nominativ	dick**er** Bass	kurz**e** Flöte	tief**es** Horn
Genitiv	dick**en** Basses	kurz**er** Flöte	tief**en** Horns
Dativ	dick**em** Bass	kurz**er** Flöte	tief**em** Horn
Akkusativ	dick**en** Bass	kurz**e** Flöte	tief**es** Horn
Plural	**(für alle drei Genera gleich)**		
Nominativ	dick**e** Bässe	kurz**e** Flöten	tief**e** Hörner
Genitiv	dick**er** Bässe	kurz**er** Flöten	tief**er** Hörner
Dativ	dick**en** Bässen	kurz**en** Flöten	tief**en** Hörnern
Akkusativ	dick**e** Bässe	kurz**e** Flöten	tief**e** Hörner

Bei der starken Deklination **übernimmt die Endung des Adjektivs die Funktion des Begleiters**: An seiner Endung werden Genus, Kasus und Numerus des Nomens erkennbar.

Der letzte Buchstabe der Adjektivendung stimmt bei der starken Deklination überein mit dem letzten Buchstaben des dazu passenden bestimmten Artikels:

-r = de**r**, -e = di**e**, -s = da**s** etc.

Das Kleid ist aus ganz weiche**m** Stoff gearbeitet. (→ *de**m***)
Er spricht mit laute**r** Stimme. (→ *de**r***)
Sie hatte große**s** Glück. (→ *da**s***)
Die Verhandlungen platzten wegen überhöhte**r** Ansprüche. (→ *de**r***)

Lediglich beim Genitiv Singular der maskulinen und neutralen Formen gibt es diese Übereinstimmung nicht.

Trotz schlechte**n** Wetters gingen wir joggen. (→ *~~de~~**s***)

Die schwache Deklination der Adjektive

In Verbindung mit den Begleitern ***all-, der, dieser, jener, derjenige, derselbe, jeder, mancher, solcher, welcher*** werden Adjektive **schwach dekliniert**, denn am Begleiter werden die Merkmale für Genus, Numerus und Kasus des nachfolgenden Nomens bereits deutlich.

Singular	Maskulinum	Femininum	Neutrum
Nominativ	der dick**e** Bass	die kurz**e** Flöte	das tief**e** Horn
Genitiv	des dick**en** Basses	der kurz**en** Flöte	des tief**en** Horns
Dativ	dem dick**en** Bass	der kurz**en** Flöte	dem tief**en** Horn
Akkusativ	den dick**en** Bass	die kurz**e** Flöte	das tief**e** Horn
Plural	**(für alle drei Genera gleich)**		
Nominativ	die dick**en** Bässe	die kurz**en** Flöten	die tief**en** Hörner
Genitiv	der dick**en** Bässe	der kurz**en** Flöten	der tief**en** Hörner
Dativ	den dick**en** Bässen	den kurz**en** Flöten	den tief**en** Hörnern
Akkusativ	die dick**en** Bässe	die kurz**en** Flöten	die tief**en** Hörner

Deklination der Adjektive nach *ein, kein, mein*

Eine Ausnahme bildet die Deklination der Adjektive nach den Begleitern ***ein, irgendein, kein*** sowie nach den **Possessivpronomen *mein, dein*** etc. (→ S. 151):

Im **Nominativ Singular Maskulinum** und im **Nominativ und Akkusativ Singular Neutrum** können die Begleiter den Kasus nicht markieren, da sie endungslos sind. Sie lauten *ein, mein, kein*. Deshalb übernehmen in diesen Fällen die Adjektive diese Aufgabe und erhalten eine **starke Flexionsendung**.

In allen übrigen Fällen im Singular und Plural genügt die schwache Deklination der Adjektive. Diese Art der Deklination wird auch **gemischte Deklination** genannt.

In der folgenden Übersicht sind die starken Flexionsendungen hervorgehoben. Dieselben Deklinationsregeln gelten gleichermaßen für *kein* und *mein*.

Singular	Maskulinum	Femininum	Neutrum
Nominativ	ein dick**er** Bass	ihre kurze Flöte	kein tief**es** Horn
Genitiv	eines dicken Basses	ihrer kurzen Flöte	keines tiefen Horns
Dativ	einem dicken Bass	ihrer kurzen Flöte	keinem tiefen Horn
Akkusativ	einen dicken Bass	ihre kurze Flöte	kein tief**es** Horn

Die Deklination nominalisierter Adjektive

Für nominalisierte Adjektive gelten prinzipiell **dieselben Deklinationsregeln wie für attributive Adjektive**. Das heißt: Sie werden stark oder schwach gebeugt, und zwar abhängig davon, ob sie ohne oder mit Begleitern bzw. mit welcher Art von Begleitern sie verwendet werden:

Nominalisierte Adjektive, vor denen **kein Begleiter oder ein endungsloser Begleiter** (→ voriger Abschnitt) steht, werden wie attributive Adjektive stark dekliniert:

Ein **K**urzsichtig**er** muss eine Brille tragen.
Studieren**de** brauchen eine Bescheinigung.

Nominalisierte Adjektive, vor denen ein **Begleiter mit Flexionsendung** *(der, dieser, jener, derselbe, jeder, mancher, welcher,* teilweise auch *ein, kein, mein* → voriger Abschnitt*)* steht, werden wie attributive Adjektive **schwach dekliniert**.

Der Kurzsichtig**e** muss eine Brille tragen.
Die Studieren**den** brauchen eine Bescheinigung.

Nominalisierte Adjektive werden wie Nomen **großgeschrieben** und können von attributiven Adjektiven und Partizipien (→ S. 438 ff.) begleitet werden:

Anders als Nomen können nominalisierte Adjektive in allen drei Genera auftreten:

der schöne Unbekannte **die** schöne Unbekannte **das** schöne Unbekannte

Wir Deutsche oder wir Deutschen? – Deklination der Adjektive nach einem Personalpronomen

Folgt auf ein Personalpronomen ein attributives oder nominalisiertes Adjektiv, wird dieses im Nominativ Singular **stark dekliniert**.

Du wunderbar**er** Mensch! Du Unverbesserlich**er**!

Im **Dativ Singular** und im **Nominativ Plural** werden attributive Adjektive häufiger **schwach** als stark dekliniert:

Dir wunderbar**en** (wunderbar**em**) Menschen bin ich immer dankbar.
Dir frech**en** (frech**em**) Kerl werd ich's zeigen!
Mir schön**en** (schön**er**) Frau braucht man keinen Spiegel vorhalten.

Ihr ahnungslos**en** (ahnungslos**e**) Menschen werdet euch noch wundern.
Ihr klug**en** (klug**e**) Frauen lasst euch nichts vormachen.

Im **Nominativ Plural** werden **nominalisierte Adjektive** meistens **schwach** dekliniert:

ihr Fleißig**en** (Fleißig**e**)
wir Deutsch**en** (Deutsch**e**)
wir Studierend**en** (Studierend**e**) …
wir Betagt**en** (Betagt**e**)
wir Fremd**en** (Fremd**e**)

Im **Akkusativ Plural** werden **nominalisierte Adjektive** dagegen **nur stark** gebeugt, da die schwache Akkusativform mit der Dativform übereinstimmt.

Für uns Ehrlich**e** sind Lügen inakzeptabel!
Wir haben euch Studierend**e** nicht dazugezählt.

Besonderheiten der Deklination

Starke Deklination

Adjektive werden stark dekliniert, wenn **kein Begleiter** vor ihnen steht:

von groß**er** Klangfülle, mit schön**er** Stimme, alt**e** Lieder ...

Adjektive müssen aber auch dann stark dekliniert werden, wenn sie nach einem **Begleiter** stehen, der **keine Endung** aufweist, z. B. nach unflektiertem manch, solch, welch, viel, wenig oder nach einige, mehr, etwas, zwei, drei usw. Dann zeigt das Adjektiv die Merkmale von Genus, Numerus und Kasus an:

solch **heller** Klang, welch **schöne** Stimmen, einige **alte** Lieder, viel **teurer** Kram, mit wenig **neuem** Inhalt ...

Dies gilt ebenso für **nominalisierte Adjektive**:

nur wenig Gut**es**, manch Schuldig**em**

Tilgung des -e im Wortstamm bei Adjektiven auf *-el, -en, -er*

Adjektive, die auf unbetontes ***-el, -en, -er*** enden, verlieren oft das **-e-** der letzen Silbe im Wortstamm, wenn sie dekliniert werden.

dunk**e**l → ein dun**kl**er Raum
düst**e**r → ein düs**tr**er / düsterer Wald
eit**e**l → ein ei**tl**er Kerl
finst**e**r → eine fins**tr**e / finstere Gasse
heik**e**l → eine hei**kl**e Angelegenheit
illust**e**r → eine illus**tr**e Gesellschaft
kompatib**e**l → zwei kompati**bl**e Programme
sau**e**r → sa**ur**er Regen
teu**e**r → eine te**ur**e Reise

→ siehe auch e-Ausfall im Komparativ, S. 206

Zur Deklination mehrerer Adjektive vor einem Nomen

Wenn mehrere Adjektive vor einem Nomen stehen, werden sie alle gleich dekliniert, entweder stark oder schwach. Man spricht in diesem Fall auch von **paralleler Beugung**:

starke Deklination: ein schön**er**, warm**er**, sonnig**er** Monat
schwache Deklination: der schön**e**, warm**e**, sonnig**e** Monat Mai

Anders verhält es sich, wenn einem Adjektiv mit der starken **Dativendung *-em*** (im Maskulinum und Neutrum Singular) weitere Adjektive folgen. Dann gibt es **zwei Möglichkeiten**:

- Alle Adjektive werden parallel stark dekliniert:

  ein Anzug mit passend**em** braun**em** Gürtel
  ein Haufen aus alt**em**, welk**em** und faulend**em** Laub ...

- Nur das erste Adjektiv wird stark dekliniert, alle weiteren schwach und mit der Endung ***-en***:

  ein Anzug mit passend**em** braun**en** Gürtel
  ein Haufen aus alt**em**, welk**en**, verfault**en** Laub ...

Die parallel starke Deklination ist heute die üblichere.

→ Das Komma bei mehreren Adjektiven, S. 581

Übersicht zur Deklination nach Pronomen und unbestimmten Zahladjektiven

Indefinitpronomen, unbestimmtes Zahladjektiv	**Deklination des folgenden Adjektivs**	**Beispiele**
alle, alles	schwach	Aller groß**e** Aufwand war vergeblich. Alle eng**en** Freunde waren zur Stelle.
andere	stark	Habt ihr noch andere offen**e** Fragen? Das ist ein anderes groß**es** Problem.

beide	schwach	Aufgrund beider gegensätzlich**en** Aussagen kam es zu keiner Einigung.
einige	stark	Trotz einiger unsachlich**er** Fragen kamen wir weiter.
etliche	stark	Sie verfolgten etliche falsch**e** Spuren.
folgende	Maskulinum und Neutrum im Singular meist schwach, sonst in allen drei Genera meist stark	Sie bestellte folgendes alt**e** (alt**es**) Buch mit folgender neu**er** Bestellnummer. Sie bestellte folgende neu**e** Bücher.
irgendwelche	schwach oder stark	Habt ihr irgendwelche passend**en** / passend**e** Werkzeuge gesehen?
manche	im Singular schwach, im Plural stark oder schwach	Mit mancher neu**en** Melodie konnte er nichts anfangen. Aufgrund mancher neu**er** / neu**en** Entwicklungen musste er passen.
mehrere	stark	Sie wählten mehrere aktuell**e** Beispiele aus. Mehrere potenziell**e** Käufer waren interessiert.
sämtliche	im Singular stark oder schwach, im Plural meist schwach, im Genitiv Plural aber meist stark	Da lag sämtlicher unerledigt**er** / unerledigt**e** Kram. Sämtliche wichtig**e** Unterlagen waren verschwunden. Trotz sämtlicher aufgeboten**er** Kräfte fanden sie sich nicht wieder.
solch	stark	Mit solch verrückt**er** Kleidung stieß sie auf Ablehnung.
solcher	stark oder schwach	Mit solcher neu**er** / neu**en** Meinung kam sie nicht klar.
viele	stark	Sie freuten sich an den vielen bunt**en** Luftballons.
welche	schwach	Welche beruflich**en** Talente hast du?
wenige	stark	Wenige europäisch**e** Bürger wissen das.

Nicht deklinierbare Adjektive

Manche Adjektive werden nicht dekliniert, auch wenn sie als Attribut vor einem Nomen stehen.

Farbadjektive

Farbadjektive, die von Nomen abgeleitet oder Fremdwörter sind (aubergine, creme, lila, oliv, pink, rosa, türkis ...), werden in der Schriftsprache **nicht dekliniert**:

eine **rosa** Blume, ein **lila** Ball ...

Man kann aber auf Zusammensetzungen mit ***-farben*** oder ***-farbig*** ausweichen:

eine creme**farbene** Bluse, pink**farbige** Bälle, türkis**farbenes** Wasser ...

Bei den Farbadjektiven ***beige*** und ***orange*** gilt mittlerweile jedoch auch die Deklination als korrekt:

ein beige**r** Mantel, mit der orange**n** Tasse (**aber nicht:** ~~orangenen~~)

Weitere Adjektive, die nicht dekliniert werden können

Manche Adjektive, die meist **nur umgangssprachlich** gebraucht werden und teils aus anderen Sprachen übernommen wurden, können nicht dekliniert werden. Zu diesen Wörtern gehören:

blanko, extra, groggy, klasse, prima, sexy, spitze, super, top, trendy ...

Das ist ein **klasse** Film.
Sie haben beide ein **prima** Zeugnis.
Das ist eine **super** Leistung.

Oft werden sie **prädikativ** gebraucht und müssen deshalb gar nicht dekliniert werden:

Du bist **spitze**! Das kostet **extra**. Ich war ziemlich **groggy**.

Unterlassung der Deklination in Sonderfällen

Nicht flektierte Formen der Adjektive kommen **auch in bestimmten Wendungen** vor:

auf gut Glück, ein gut Teil, gut Ding will Weile haben, sich lieb Kind machen ...

Auch **vor Eigennamen** steht manchmal ein nicht flektiertes Adjektiv:

halb Deutschland, Klein Else, Kölnisch Wasser ...

Manchmal folgt ein unflektiertes Adjektiv unmittelbar auf ein Nomen:

Hänschen klein, Forelle blau, Benzin bleifrei, Whisky pur ...

Adjektive, die **von geografischen Begriffen abgeleitet** sind und auf ***-er*** enden, werden grundsätzlich nicht flektiert:

vor der Mainzer Fastnacht, des Berliner Bären, dem Wiener Würstchen ...

In all diesen Fällen wird das Adjektiv **attributiv** gebraucht.

Die Steigerung der Adjektive

Mit Hilfe der Steigerung der Adjektive können **Dinge miteinander verglichen** oder Mengen- und Qualitätsunterschiede ausgedrückt werden. Man spricht deshalb auch von der **Komparation** (lateinisch: *das Vergleichen*) des Adjektivs.

Die Bildung der Steigerungsstufen

Wir unterscheiden bei der Steigerung drei Stufen: den **Positiv** (die Grundstufe), den **Komparativ** (die Steigerungsstufe) und den **Superlativ** (die Höchststufe).

Zur Bildung des Komparativs wird dem Adjektiv das Suffix ***-er*** angehängt.

schnell → schnell**er** bunt → bunt**er**

Zur Bildung des Superlativs wird das Suffix ***-(e)st*** angehängt.

schnell → (am) schnell**st(en)** bunt → (am) bunt**est(en)**

Positiv (Grundstufe)	**Komparativ** (-er)	**Superlativ** (-(e)st)
schnell (wie ein Pfeil)	schnell**er** (als ein Pfeil)	der schnell**st**e (Pfeil von allen), am schnell**st**en (von allen Pfeilen)
reich (wie ein Millionär)	reich**er** (als ein Millionär)	der reich**st**e (Millionär von allen), am reich**st**en (von allen Millionären)

Komparativformen und Superlativformen werden **wie Adjektive im Positiv dekliniert** (→ S. 196 ff.), erhalten also dieselben Endungen:

Positiv:

eine schnell**e** Lösung, in einem ärgerlich**en** Fall, auf glatt**en** Flächen ...

Komparativ:

eine schneller**e** Lösung, in einem ärgerlicher**en** Fall, auf glatter**en** Flächen ...

Superlativ:

die schnellst**e** Lösung, im ärgerlichst**en** Fall, auf den glattest**en** Flächen ...

Bei prädikativem und adverbialem Gebrauch wird beim **Superlativ** die **feste Verbindung mit *am*** verwendet:

Dieser Vortrag war **am langweiligsten**.
Er fuhr **am schnellsten**.

Besonderheiten bei der Bildung der Steigerungsstufen

Enden Adjektive auf eine **betonte Silbe mit *-d, -t, -s, -ss, -ß, -sch, -z, -tz*** oder ***-x***, wird vor der Superlativendung noch ein **-e-** ergänzt. Diese *e*-Einfügung bewirkt, dass sich die Wörter besser aussprechen lassen.

Positiv	Komparativ			Superlativ
rund	runder	→	ein runderer Kopf	der rund**est**e Kopf
bunt	bunter	→	ein bunteres Bild	das bunt**est**e Bild
sorglos	sorgloser	→	sorglosere Mütter	die sorglos**est**e Mutter
nass	nasser	→	nassere Wäsche	die nass**est**e Wäsche
heiß	heißer	→	heißere Tage	die heiß**est**en Tage
hübsch	hübscher	→	hübschere Kinder	die hübsch**est**en Kinder
kurz	kürzer	→	ein kürzerer Nagel	der kürz**est**e Nagel
spitz	spitzer	→	ein spitzeres Stück	das spitz**est**e Stück
fix	fixer	→	die fixere Methode	die fix**est**e Methode

Ausnahme: Das Adjektiv *groß*

Groß wird unregelmäßig gesteigert: Hier wird beim Superlativ **kein -e** eingeschoben.

groß, größer, am größten (→ S. 208)

Bei Adjektiven, die **auf *-el*** oder ***-er*** **enden**, **entfällt im Komparativ das -e-**. Beispiele:

Positiv	Komparativ	Superlativ
dunkel	dun**kl**er	am dunkelsten
heikel	hei**kl**er	am heikelsten
teuer	te**ur**er	am teuersten

→ siehe auch e-Tilgung, S. 200

Steigerung mit Umlaut

Einsilbige Adjektive mit den Vokalen ***a, o, u*** im Positiv bilden den Komparativ und Superlativ häufig mit den Umlauten ***ä, ö, ü***.

Positiv	Komparativ	Superlativ
arg	**ä**rger	am **ä**rgsten
arm	**ä**rmer	am **ä**rmsten
dumm	d**ü**mmer	am d**ü**mmsten
grob	gr**ö**ber	am gr**ö**bsten
groß	gr**ö**ßer	am gr**ö**ßten
klug	kl**ü**ger	am kl**ü**gsten
krank	kr**ä**nker	am kr**ä**nksten

Zu den Adjektiven, die nur mit Umlaut gesteigert werden, gehören:

alt, arg, arm, dumm, grob, groß, hart, hoch, jung, kalt, klug, krank, kurz, lang, nah, scharf, schwach, stark, warm ...

Daneben gibt es einige Adjektive, bei denen **Formen mit und ohne Umlaut** möglich sind:

Positiv	Komparativ	Superlativ
bange	b**a**nger / b**ä**nger	am b**a**ngsten / b**ä**ngsten
blass	bl**a**sser / bl**ä**sser	am bl**a**ssesten / bl**ä**ssesten
fromm	fr**o**mmer / fr**ö**mmer	am fr**o**mmsten / fr**ö**mmsten
gesund	ges**u**nder / ges**ü**nder	am ges**u**ndesten / ges**ü**ndesten
glatt	gl**a**tter / gl**ä**tter	am gl**a**ttesten / gl**ä**ttesten
karg	k**a**rger / k**ä**rger	am k**a**rgsten / k**ä**rgsten
krumm	kr**u**mmer / kr**ü**mmer	am kr**u**mmsten / kr**ü**mmsten
nass	n**a**sser / n**ä**sser	am n**a**ssesten / n**ä**ssesten
rot	r**o**ter / r**ö**ter	am r**o**testen / r**ö**testen
schmal	schm**a**ler / schm**ä**ler	am schm**a**lsten / schm**ä**lsten

WORTARTEN

Alle anderen einsilbigen Adjektive werden ohne Umlaut gesteigert:

froh, fr**o**her, am fr**o**hsten
klar, kl**a**rer, am kl**a**rsten
laut, l**au**ter, am l**au**testen ...

Unregelmäßige Steigerung

Einige häufig vorkommende Adjektive bilden den Komparativ und den Superlativ unregelmäßig:

Positiv	Komparativ	Superlativ
groß	größer	am größten
gut	besser	am besten
hoch	höher	am höchsten
nah	näher	am nächsten
viel	mehr	am meisten

Gebrauch des Positivs

Mit dem Positiv wird ausgedrückt, dass sich zwei Dinge oder Lebewesen oder Zustände in einer bestimmten Hinsicht gleichen oder **miteinander vergleichbar** sind. Meist wird der Vergleich mit der Formulierung ***so ... wie*** wiedergegeben, aber auch ***genauso ... wie*** oder ***ebenso ... wie*** sind möglich:

Er ist **so groß wie** mein Bruder.
Er ist **genauso / ebenso groß wie** mein Bruder.

Das neue Gerät ist **so klein wie** eine Streichholzschachtel.
Das neue Gerät ist **genauso / ebenso klein wie** eine Streichholzschachtel.

Stimmen zwei Dinge oder Lebewesen nicht ganz genau überein, ist es möglich, den Vergleich **mit einschränkenden Gradpartikeln** (→ S. 395) einzuleiten:

Er ist **fast** so groß wie mein Bruder.
Das neue Gerät ist **beinahe** so klein wie eine Streichholzschachtel.

Mitunter kann das Wort ***so*** auch ganz weggelassen werden:

Sie sind **arm wie** Kirchenmäuse.

Gebrauch des Komparativs

Soll ausgedrückt werden, dass sich zwei Dinge, Lebewesen oder Zustände in einer bestimmten Hinsicht nicht gleichen, gebraucht man den Komparativ. Dabei wird das zweite Vergleichswort mit ***als*** angeschlossen:

Der Mont Blanc ist **höher als** die Zugspitze.
Der Gepard läuft **schneller als** der Leopard.

Wenn der Grad der Ungleichheit noch genauer angegeben oder weiter differenziert werden soll, kann der Komparativ auf verschiedene Weise ergänzt werden:

Der Gepard läuft **deutlich / weitaus / wesentlich schneller als** ein Pferd.
Es ist heute **etwas / nicht viel / kaum wärmer als** gestern.

Auch bei einer sich verstärkenden Eigenschaft wird die Komparativform benutzt. Ein Vergleich mit einer anderen Sache oder einem anderen Lebewesen wird hier nicht angestellt. Es wird jedoch die **Ausprägung einer Eigenschaft zu unterschiedlichen Zeitpunkten** beschrieben.

Der Sturm wurde **immer stärker / stärker und stärker**.
Draußen wurde es allmählich **heller**.

Die Komparativform des Adjektivs kann auch zu einem **Attribut** des Nomens und dekliniert werden:

Sie hofften auf **schöneres** Wetter.
(schöneres als das gegenwärtige, bisherige Wetter)

***Als* oder *wie*?**

Die Vergleichspartikeln *als* und *wie* kann man leicht verwechseln. Aber es gibt eine Faustregel: ***Wie* verwenden Sie bei Gleichheit**; es kann durch *genauso wie* ersetzt werden. Bei Unterschieden verwenden Sie *als*:

Er ist (genau)so klein **wie** ich. Aber: Wir sind beide größer **als** sie.

***Als* und *wie* als Konjunktionen**

Manchmal werden Vergleiche auch mithilfe von Nebensätzen ausgedrückt. Dann werden *als* und *wie* zu Konjunktionen und vor ihnen muss ein Komma gesetzt werden:

Das ist ein höherer Betrag**, als** ich dachte.

Der Urlaub war genauso teuer**, wie** ich zuvor geplant hatte.

→ Komparativsätze, S. 504

Gebrauch des Superlativs

Will man zum Ausdruck bringen, dass ein Ding oder Lebewesen in einer bestimmten Hinsicht **nicht überboten** werden kann, gebraucht man die höchste Steigerungsstufe, den Superlativ.

Steht der Superlativ vor einem Nomen, folgt er meist auf den bestimmten Artikel und wird wie ein attributives Adjektiv (→ S. 193, 436 ff.) dekliniert.

Eine nominalisierte Superlativform folgt ebenfalls auf den bestimmten Artikel.

In Verbindung mit der Partikel ***am*** endet der Superlativ immer auf ***-en*** und wird adverbial (→ S. 194, 430) oder prädikativ (→ S. 194, 417) gebraucht.

Artikel + Superlativ mit Deklinationsendung	**am + Superlativ auf *-en***
attributiver Gebrauch Das **schnellste** Landtier ist der Gepard.	adverbialer Gebrauch Unter allen Landtieren läuft der Gepard **am schnellsten**.
attributiver Gebrauch Der Mount Everest ist der **höchste** Berg der Erde.	prädikativer Gebrauch Der Mount Everest ist **am höchsten**.
nominalisierter Superlativ Das **Schwierigste** ist überstanden.	

Groß- und Kleinschreibung bei Superlativen

Wenn die Präposition *am* vor dem Superlativ eines Adjektivs steht, schreibt man immer klein, denn es handelt sich dabei nicht um die Kontraktion (→ S. 131) *am* aus der Präposition ***an*** und dem Artikel ***dem***. Tipp: Nach dem Superlativ kann man immer mit *wie?* fragen.

Es wäre **am besten**, du gingest nach Hause. (*Es wäre wie?*)

Aber wie jedes Adjektiv kann auch eine Superlativform zum Nomen werden, das großgeschrieben wird:

Er nahm von allem immer nur **das Beste**.

(Der bestimmte Artikel *das* gibt den Hinweis, dass das folgende Wort ein Nomen bzw. nominalisiertes Wort ist → Großschreibung.)

Sie sparten **am Notwendigsten**.

(Hier lässt sich *am* ersetzen durch *an dem* → Verschmelzung aus Präposition und bestimmtem Artikel. Auch hier gibt der bestimmte Artikel den Hinweis darauf, dass das folgende Wort ein Nomen oder nominalisiertes Wort ist → Großschreibung.)

→ Rechtschreibung, S. 527

Der Elativ

Mitunter wird der Superlativ auch verwendet, ohne dass ein Vergleich gezogen werden kann. Er bezeichnet dann einen sehr hohen Grad. Wir sprechen in diesen Fällen von einem absoluten Superlativ oder **Elativ**:

Der **leiseste** Verdacht genügte ihr.
Paul wurde immer mit **größter** Nachsicht behandelt.
Beim **kleinsten** Zwischenfall wirst du wütend.

Der Elativ in Grußformeln

Manchmal wird der absolute Superlativ in Grußformeln am Ende von Briefen verwendet:

Es grüßt freundlichst ...
Seid herzlichst gegrüßt ...
Mit den besten Wünschen ...
Allerliebste Grüße ...

Gradpartikeln *zu, allzu, genug* + Adjektiv

Die Gradpartikel ***zu*** und ***allzu*** können vor einem unflektierten Adjektiv im Positiv stehen. Mit dieser Konstruktion wird zum Ausdruck gebracht, dass eine Eigenschaft, ein Merkmal **in einem Übermaß vorhanden** bzw. **zu stark ausgeprägt** ist.

Der Berg erschien ihm **zu** hoch.
Das ist **zu** schön, um wahr zu sein.
Den Kindern war der Weg **allzu** weit.

Mit der Gradpartikel ***genug*** wird ausgedrückt, dass eine Eigenschaft **ausreichend vorhanden / ausgeprägt** ist. Die Partikel *genug* wird dem unflektierten Adjektiv nachgestellt:

Sie sind noch nicht alt **genug**.
Der Untergrund ist trocken **genug**.

Sowohl bei *zu* und *allzu* als auch bei *genug* wird eine Bewertung der Eigenschaft vorgenommen.

→ Gradpartikeln, S. 395

Besonderheiten bei der Bildung der Steigerungsformen

Steigerung zusammengesetzter Adjektive

Bei zusammengesetzten Adjektiven, Partizipien und adjektivischen Fügungen wird **nur ein Teil gesteigert** und nur ein Teil bildet den Superlativ. Gesteigert wird meist der erste Teil der Fügung. Auf keinen Fall dürfen beide Bestandteile gesteigert werden, da die Steigerung eines Teils bereits die gesamte Fügung steigert:

bestmögliche Lösung (**nicht:** ~~bestmöglichste Leistung~~)
schnellstmögliche Zustellung (**nicht:** ~~schnellstmöglichste Zustellung~~)
höchstpersönliche Übergabe (**nicht:** ~~höchstpersönlichste Übergabe~~)
meistverkaufte Waren ... (**nicht:** ~~meistverkaufteste Waren~~)

In einigen Fällen, und zwar bei manchen **Zusammensetzungen aus Adjektiv + Partizip**, ist die **Steigerung des ersten oder zweiten Teils** der **Zusammensetzung** möglich. Wird der erste Teil, also das Adjektiv, gesteigert, wird getrennt geschrieben, wird der zweite Teil, also das Partizip, gesteigert, wird zusammengeschrieben:

schwerwiegend: schwer**er** wiegende / schwerwiegende**re** Probleme
tiefgreifend: tief**er** greifende / tiefgreifende**re** Veränderungen

→ Getrennt- und Zusammenschreibung, S. 542

Nicht steigerbare Adjektive

Adjektive, die inhaltlich **bereits die höchste Steigerung** zum Ausdruck bringen oder deren Bedeutung ein Mehr oder Weniger ausschließt, können nicht gesteigert werden. Zu diesen Adjektiven gehören:

leer, voll, tot, lebendig, täglich, stündlich, blind, taub, stumm ...
absolut, einzig, kein, minimal, maximal, optimal, total ...
eckig, rund, rechteckig, quadratisch, halb, ganz ...
spanisch, staatlich, baulich, rechtlich ...
bleiern, silbern ...
stockfinster, bettelarm, steinreich, stahlhart, rabenschwarz ...

Steigerung unsteigerbarer Adjektive

Werden Adjektive, die inhaltlich bereits die höchste Steigerung zum Ausdruck bringen oder deren Bedeutung ein Mehr oder Weniger ausschließt, **in übertragener Bedeutung** gebraucht, bilden sie manchmal Vergleichsformen:

Wörtlicher Gebrauch, nicht steigerbar	Übertragener Gebrauch, steigerbar
Das Tier ist lebendig.	Sein Musikvortrag wirkte am lebendigsten.
Der Behälter ist leer.	Das Sportstadion war gestern leerer als heute.
Das Radio bleibt heute still.	Die stilleren Schüler werden oft übersehen.

Abgeleitete und zusammengesetzte Adjektive

Mit Ableitungssuffixen gebildete Adjektive

Neue Adjektive können gebildet werden, indem vorhandenen Wörtern oder Wortstämmen bestimmte Ableitungssuffixe angefügt werden (→ S. 78).

Vor allem mit den folgenden Suffixen werden Adjektive gebildet:

Ableitungssuffix	Beispiele
-bar	brauchbar, scheinbar, unsichtbar, wunderbar
-haft	ekelhaft, ernsthaft, sagenhaft, schmackhaft
-ig	häufig, holzig, nötig, sperrig
-isch	energisch, heidnisch, kindisch, technisch
-lich	empfindlich, endlich, freundlich, natürlich
-los	harmlos, mittellos, ratlos, spurlos
-sam	aufmerksam, bedeutsam, langsam, wirksam

Die Ableitungspräfixe *ur-*, *un-*

Die Bedeutung vieler Adjektive kann durch die Ableitungspräfixe ***ur-*** und ***un-*** abgewandelt und verändert werden. Das Präfix *ur-* dient dabei der **Verstärkung** und wird im Sinne von *sehr* gebraucht, die Vorsilbe *un-* verkehrt die Bedeutung des Adjektivs ins **Gegenteil**.

alt → **ur**alt
gemütlich → **ur**gemütlich
komisch → **ur**komisch

besorgt → **un**besorgt
durchsichtig → **un**durchsichtig
möglich → **un**möglich

→ siehe auch S. 77

Zusammengesetzte Adjektive

Adjektive mit einer neuen oder abgewandelten Bedeutung können auch gebildet werden, indem man ihnen ein anderes Wort oder einen Wortstamm voranstellt. Man spricht in diesen Fällen von **Zusammensetzung**:

steinreich, halbvoll, denkfaul, dunkelblau, blutarm, spindeldürr, hilfreich, himmelblau ...

→ siehe auch Zusammensetzung, S. 71 ff.

Fugenelemente

Adjektive, die durch Komposition entstehen, können Fugenelemente (→ S. 72) enthalten:

geruch**s**arm, hilf**s**bereit, sonne**n**gebräunt, werb**e**wirksam ...

Auch bei Adjektiven, die mit Ableitungssuffixen gebildet werden, kommen Fugenelemente vor, häufig ***-t-***:

gelegen**t**lich, eigen**t**lich, hoffen**t**lich, versehen**t**lich ...

DIE ZAHLADJEKTIVE UND ZAHLWÖRTER

ÜBERSICHT

Die meisten Zahlwörter (Numeralien) sind Zahladjektive. Sie geben Auskunft darüber, in welcher **Menge**, **Anzahl** oder **Reihenfolge** etwas vorkommt:

Fünf Freunde, das **erste** Haus von rechts, der **dreifache** Sieger ...

Bestimmte Zahladjektive und Zahlwörter → S. 218

Die bestimmten Zahlwörter können auch mit Ziffern geschrieben werden, denn sie drücken **einen genauen Zahlenwert** aus. Zu den bestimmten Zahlwörtern gehören:

Kardinalzahlen (Grundzahlen): eins, zwei, zwanzig, hundert ... → S. 219

Ordinalzahlen (Ordnungszahlen): erster, zweiter, dritter ... → S. 223

Bruchzahlen: halb, drittel, viertel ... → S. 225

Vervielfältigungszahlen: einfach, zweifach, dreifach ... → S. 226

Wiederholungszahlen: einmal, zweimal, dreimal ... → S. 227

Gattungszahlwörter: einerlei, zweierlei, dreierlei ... → S. 227

Unbestimmte Zahladjektive und Zahlwörter → S. 228

Man gebraucht unbestimmte Zahlwörter, wenn **keine genaue Anzahl** oder Menge angegeben werden kann oder soll. Sie werden wie Adjektive dekliniert und gebraucht:

Wir sahen **viele** Fußgänger. Ich habe **einige** Fragen.

Zu den unbestimmten Zahladjektiven gehören:

andere, einzeln, ganz, ein paar, ungezählt, vereinzelt, viele, wenig, zahllos, zahlreich ...

Hauptmerkmale der Zahlwörter

Mit **Zahlwörtern**, auch **Numeralien** genannt, können **Maß- oder Mengenangaben** gemacht werden:

in der **ersten** Reihe, **ein viertel** Pfund Butter, **einmal**, **zweimal**, **dreimal** ...

Es gibt flektierbare und nicht flektierbare Zahlwörter. Die meisten Zahlwörter sind **Zahladjektive,** das heißt, sie geben Auskunft darüber, in welcher Menge, Anzahl, Reihenfolge etwas vorkommt:

das **erste** Haus von rechts, der **dreifache** Sieger, am **zehnten** August ...

Es gibt auch Zahlwörter, die zu den Nomen, Pronomen oder Adverbien gehören:

Nomen: eine Million, der Erste, Zweite, Dritte ...
Pronomen: einige Freunde, beide Seiten ...
Adverb: erstens, zweitens ..., einmal, zweimal ...

Zahlwörter lassen sich ihrer Bedeutung nach in zwei Gruppen einteilen: die **bestimmten** und die **unbestimmten** Zahlwörter.

Bestimmte Zahladjektive und Zahlwörter

Bestimmte Zahlwörter können auch mit Ziffern geschrieben werden, denn sie drücken einen genauen Zahlenwert aus. Zu den bestimmten Zahlwörtern gehören:

Kardinalzahlen (Grundzahlen): eins, zwei, drei, zwanzig, hundert ...
Ordinalzahlen (Ordnungszahlen): erster, zweiter, dritter ...
Bruchzahlen: halb, drittel, viertel ...
Vervielfältigungszahlen (Multiplikativzahlen): einfach, zweifach, dreifach ...
Wiederholungszahlen (Iterativzahlen): einmal, zweimal, dreimal ...
Gattungszahlwörter: einerlei, zweierlei, dreierlei ...

Wort oder Ziffer?

Die Zahlen ***eins*** bis ***zwanzig*** werden meist **als Wort geschrieben**, mehrstellige Zahlen werden in der Regel als Ziffer geschrieben:

drei Freunde, **275** Bälle ...

Innerhalb eines Textes schreibt man die Zahlen am besten einheitlich entweder nur in Ziffern oder nur in Worten:

zwanzig Küsse und **dreißig** Umarmungen (im Liebesroman)
5 Eier und **2** Prisen Salz (im Rezept)

→ Getrennt- und Zusammenschreibung bei Zahlwörtern, S. 546

Kardinalzahlen

Kardinalzahlen geben eine **genaue Menge** oder eine **genaue Anzahl** von Personen, Dingen oder Sachverhalten an:

Fünfundvierzig Zuschauer waren gekommen.
Eine Woche hat sieben Tage.
Sie ist **vierzehn** Jahre alt.

Deklination der Kardinalzahlen

Die Kardinalzahl ***eins*** wird wie der unbestimmte Artikel gebeugt.

Die Kardinalzahlen **ab *zwei*** bleiben in der Regel unverändert. Nur in den folgenden Fällen werden sie dekliniert:

Die Zahlen ***zwei*** und ***drei*** können den **Genitiv** bilden, wenn sie ohne Artikel stehen:

Sie erinnerte sich **zweier** oder **dreier** Ausnahmen.

Steht vor den Zahlen ***zwei*** und ***drei*** dagegen noch ein Artikel, werden sie nicht dekliniert:

Das ist das Haus **der drei** Brüder. Er schämte sich **der zwei** Diebstähle.

Die Zahlen ***zwei* bis *zwölf*** können den **Dativ** bilden und dann als Pronomen gebraucht werden:

Er hat **dreien** den Weg beschrieben, **fünfen** konnte er nicht helfen.

Haben diese Zahlwörter ein **Nomen als Bezugswort bei sich**, können sie nicht dekliniert werden:

Er hat **drei** Touristen den Weg beschrieben.

Groß- und Kleinschreibung der Kardinalzahlen

Kardinalzahlen werden **grundsätzlich kleingeschrieben**. Das gilt nicht nur bei attributivem Gebrauch, sondern auch dann, wenn kein Nomen folgt:

Mit **zwanzig** ist man noch jung.
Ihr **drei** seid wunderbar.
Alle **acht** dürfen teilnehmen.

Wenn aber das Zahlwort die **Ziffer** meint, wird es nominalisiert und **großgeschrieben**:

Er hat eine **Sechs** gewürfelt.
Sie will eine **Zwei** schreiben.

→ siehe auch Schreibung der Kardinalzahlen, S. 569

Die Kardinalzahlen *hundert* und *tausend*

Die Kardinalzahlen ***hundert*** und ***tausend*** können als Zahladjektive oder als Nomen gebraucht werden.

Wenn sie eine genaue **Zahl** angeben, werden sie meist als **Zahladjektiv** gebraucht und kleingeschrieben:

Er möchte **tausend** Hemden bestellen.
Die ersten **tausend** sind verschickt.
Manche werden **hundert**.

Wenn sie eine **Maßangabe** bezeichnen, werden sie als neutrale **Nomen** gebraucht und großgeschrieben:

Das **Tausend** ist erreicht.
Sie runden auf das nächste **Hundert** auf.

Million und Milliarde

Die Wörter ***Million, Milliarde, Billion, Billiarde*** usw. sind Nomen und werden immer großgeschrieben:

Sie hat eine **Million** Euro gewonnen.
Auf der Erde leben fast sieben **Milliarden** Menschen.

Dutzend / dutzend

Das Wort ***Dutzend*** steht für „eine Anzahl von zwölf Stück" und ist ein Nomen. Im Plural wird es nicht flektiert:

Das halbe **Dutzend** ist voll.
Er kaufte fünf **Dutzend** Pappbecher.

Wenn nicht die genaue Zahl, sondern eine unbestimmte Menge gemeint ist, kann ***dutzend*** auch als Zahladjektiv verwendet werden:

Es wurden **dutzende** / **Dutzende** Fragen gestellt.
Es rannten **dutzende** / **Dutzende** von Schafen über die Straße.

Die Kardinalzahlen in Jahreszahlen

Vierstellige Jahreszahlen werden in der Regel als Ziffern geschrieben:

2009, 1789, 1492 ...

Bei der **Aussprache** werden vierstellige Jahreszahlen zwischen 1100 und 1999 nicht „tausend..." gesprochen, sondern als Hunderterzahl:

elfhundert, achtzehnhundertsechs, neunzehnhundertvierundachtzig ...

Im Jahr ...

Eine Jahreszahl wird normalerweise ohne zusätzliches Wort gebraucht:

Er wurde 1985 geboren.
Der Zweite Weltkrieg endete 1945.

Wenn einer Jahreszahl **das Wort *Jahr* vorausgeht**, so ist nur die Kombination ***im Jahr*** + Jahreszahl möglich:

Er wurde **im Jahr 1985** geboren.
Der Zweite Weltkrieg endete **im Jahr 1945**.

Die Formulierung ***in*** + **Jahreszahl** (in 1988, in 2010) wird zwar häufig verwendet, ist aber ein Anglizismus und entspricht nicht der deutschen Standardsprache.

Von den Zehnerzahlen auf ***-ig*** können Adjektive gebildet werden, die auf ***-er*** enden:

die fünfz**iger** Jahre, die siebz**iger** Jahre ...

Auch die **Zusammenschreibung** ist möglich:

die **S**echzigerjahre

→ Rechtschreibung, S. 572

Diese Zahladjektive können auch **nominalisiert** werden und werden dann großgeschrieben:

die wilden **Z**wanziger, in den **S**echzigern …

Zig als ungenaue Zehnerzahl

Die Endung ***-zig*** der Zehnerzahlen wird umgangssprachlich für eine ungenaue Zehnerzahl verwendet und als unbestimmtes Zahlwort (→ S. 228) verwendet, das nicht flektiert wird:

Sie hat **zig** verschiedene Taschen.
Das hat uns **zig** Euro gekostet.

WORTARTEN

Die Kardinalzahlen in Uhrzeiten

Bei der Angabe der Uhrzeiten werden die Kardinalzahlen nicht flektiert:

Es ist fünf (Uhr). Es ist acht Uhr dreißig.

→ Rechtschreibung: Zeiten und Zahlen, S. 566 ff.

Ordinalzahlen (Ordnungszahlen)

Ordinalzahlen drücken eine bestimmte Position in Reihenfolgen und Rangfolgen aus. Ordinalzahlen sind **Zahladjektive** und werden dekliniert.

Die Ordinalzahlen von ***zweite* bis *neunzehnte*** werden mit dem Suffix ***-te*** gebildet. Von ***zwanzigste*** an aufwärts lautet die Endung ***-ste***:

der fünf**te** Teilnehmer, der elf**te** Tag, der Zwei**te** und der Vier**te** …
der zweiundzwanzig**ste** Platz, der tausend**ste** Besucher …

Ausnahmen in der Bildung der Ordinalzahlen:

- Zur Kardinalzahl ***eins*** gehört die Ordinalzahl ***erste***:
  der erste Mensch, erste Fragen …

- Zur Kardinalzahl ***drei*** gehört die Ordinalzahl ***dritte***:
  der dritte Sieger, am dritten August …
- Bei der Kardinalzahl ***sieben*** sind zwei Ordinalzahlen möglich: ***siebter*** und (seltener:) ***siebenter***.
  im siebten Himmel, der siebte Teilnehmer
- Bei der Kardinalzahl ***acht*** wird zur Bildung der Ordinalzahl **nur ein** -*e* angehängt: ***achte***.
  der achte Versuch, im achten Stock

→ Rechtschreibung: Schreibung der Ordinalzahlen, S. 570

Nächster und letzter

Die Adjektive ***nächster*** und ***letzter*** können als **unbestimmte Ordinalzahlen** aufgefasst werden und als Zahladjektive oder nominalisiert verwendet werden:

im nächsten / letzten Jahr
Der Nächste bitte! Sie sind dann der Letzte für heute.

Ordinalzahlen als Kardinalzahlen und umgekehrt

Ordinalzahlen können die **Bedeutung von Kardinalzahlen** erhalten, wenn sie adverbial in der Verbindung ***zu* + unflektierte Ordinalzahl** gebraucht werden:

Wir sind **zu dritt**. (Wir sind drei Personen.)
Zu fünft geht es leichter. (Mit fünf Personen geht es leichter.)

Umgekehrt können Kardinalzahlen die Bedeutung von Ordinalzahlen erhalten, wenn sie auf ein Nomen folgen:

Er kam nur auf Platz acht. (Er wurde Achter.)
Sie hat die Nummer zehn. (Sie kommt als Zehnte dran.)

Bruchzahlen

Bruchzahlen wie ***(ein) halb, drittel, viertel, zwanzigstel, hundertstel*** bezeichnen Teile eines Ganzen. Sie sind Zahladjektive und werden kleingeschrieben:

ein **h**albes Pfund, ein **a**chtel Kilo ...

Bruchzahlen werden aus den Kardinalzahlen mit dem Suffix ***-tel*** bei den Zahlen von ***eins*** bis ***neunzehn*** gebildet, mit dem Suffix ***-stel*** bei den Zahlen ab ***zwanzig***:

fünf**tel**, achtzehn**tel** ...
dreiundzwanzig**stel**, fünfundvierzig**stel** ...

Ausnahmen: eins → (selten:) ***eintel***; zwei → ***halb***; drei → ***drittel***; sieben → ***siebtel***, acht → ***achtel***

Bruchzahlen können auch **nominalisiert** werden und werden dann großgeschrieben:

Ein **V**iertel der Schokotorte ist noch übrig.
Ich bin erst ein **F**ünftel der Strecke abgelaufen.
Es ist (ein) **V**iertel vor zwei. (= eine Viertelstunde vor zwei Uhr).

Oft verwendete Maßeinheiten wie **Pfund** und **Liter** werden häufig weggelassen, da aus dem Zusammenhang klar wird, was gemeint ist:

Ein Achtel Salami, bitte. (ein Achtel = ein Achtelkilo = 125 Gramm)
Trinken wir noch ein Viertel Rotwein. (ein Viertel = ein Viertelliter)

Besonders das Wort ***viertel*** wird bei Uhrzeiten auch als Adverb oder als Adjektiv benutzt. Dann schreibt man *viertel* klein:

Der Film beginnt um drei **v**iertel neun.
Die Vorstellung beginnt in drei **v**iertel Stunden (oder: in einer Dreiviertelstunde).

→ Rechtschreibung: Uhrzeiten und Datum, S. 568; Bruchzahlen, S. 571

Die Schreibung der Bruchzahlen als Zahl oder Wort

Wie bei den Kardinalzahlen werden auch bei den Bruchzahlen in Texten die Wörter für **höhere Zahlen häufig als Ziffern** geschrieben, meistens **mit einem Schrägstrich**:

½, ¼ ...

Nur bei **Musiknoten** werden Bruchzahlen wie ein Sechzehntel, Zweiunddreißigstel und Vierundsechzigstel **häufig ausgeschrieben**.

→ Rechtschreibung: Schreibung der Bruchzahlen, S. 571 f.

Vervielfältigungszahlen

Mit Vervielfältigungszahlen (**Multiplikativzahlen**) wird das Mehrfache einer Anzahl oder Menge angegeben.

Es gibt Vervielfältigungszahlen, die **genau bezeichnen**, wie oft etwas vorkommt oder vorhanden ist. Sie werden aus einer Kardinalzahl gebildet, an die das Suffix ***-fach*** angefügt wird:

einfach (ohne -s), zweifach, hundertfach, tausendfach ...

Bei ***einfach*** entfällt das ***s***.

Daneben gibt es Vervielfältigungszahlen, die eine **unbestimmte Vervielfältigung** angeben. Sie werden ebenfalls mit dem Suffix ***-fach*** gebildet:

mehrfach, vielfach, mannigfach ...

Vervielfältigungszahlen sind **Zahladjektive**, sie werden kleingeschrieben und flektiert:

Bitte nimm dieses Mal die **d**reifach**e** Menge.
Wir benötigen den Vertrag bis morgen in **f**ünffach**er** Ausfertigung.

Vervielfältigungszahlen können auch nominalisiert werden und werden dann großgeschrieben:

Die neue CD war um ein **M**ehrfaches teurer.
Ich musste das **D**reifache des ursprünglichen Preises zahlen.

Wiederholungszahlen

Wiederholungszahlen (**Iterativzahlen**) geben an, wie oft etwas vorkommt. Sie setzen sich aus einer **Grundzahl +** ***mal*** zusammen und werden k einge- schrieben:

einmal, zweimal, hundertmal ...

Wiederholungszahlen werden für gewöhnlich **adverbial gebraucht**:

Wir haben fünfmal gewonnen und dreimal verloren.
Das habe ich dir schon zehnmal gesagt.

Durch Anhängen des Suffixes ***-ig*** werden sie zu **Zahladjektiven** und wie Adjektive flektiert:

der zweimal**ige** Olympiasieger, der dreimal**ige** Champion ...

→ Ableitungssuffixe, S. 78; Deklination der Adjektive, S. 195 ff.

Einmalig

Die Wiederholungszahl ***einmalig*** wird oft im übertragenen Sinne von *außergewöhnlich, einzigartig, erstklassig* verwendet:

eine einmalige Aufführung, ein einmaliges Ergebnis ...

Gattungszahlwörter

Gattungszahlwörter werden mit der Endung ***-lei*** gebildet. Sie drücken aus, dass sich zwei oder mehrere Dinge voneinander unterscheiden. Sie können nicht dekliniert werden. Dennoch kann man sie zu den Zahladjektiven zäh- len. Sie werden kleingeschrieben:

WORTARTEN

Das sind zweierlei Dinge. (= Das sind zwei verschiedene Dinge.)

Das Wort ***einerlei*** wird **im übertragenen Sinne** verwendet und hat eine besondere Bedeutung:

Das ist mir einerlei. (= Das ist mir egal.)

Einerlei kann auch **nominalisiert** werden und wird dann großgeschrieben:

Das tägliche Einerlei langweilte sie. (= die tägliche Gleichförmigkeit, Monotonie)

Neben den bestimmten gibt es auch **unbestimmte Gattungszahlwörter**. Auch sie werden nicht dekliniert:

Er machte **keinerlei** Anstrengung. (= Er gab sich nicht die geringste Mühe.)
Sie müssen **vielerlei** Dinge erledigen. (= Sie müssen viele verschiedene Dinge erledigen.)

Unbestimmte Zahladjektive und Zahlwörter

Man gebraucht unbestimmte Zahlwörter, wenn **keine genaue Anzahl oder Menge** angegeben werden kann:

Wir sahen **viele** Fußgänger.
Dafür gibt es **zahlreiche** Beispiele.
Ich habe noch **zahllose** Fragen.

Unbestimmte Zahladjektive

Die meisten unbestimmten Zahlwörter sind Zahladjektive und werden wie Adjektive dekliniert und gebraucht:

Bei den Filmfestspielen wurden **zahlreiche** neue Filme gezeigt.
Nur **wenigen** Zuschauern gefiel der Film nicht.

Zu den unbestimmten Zahladjektiven gehören:

andere, einzeln, ganz, ein paar, unzählig, vereinzelt, viele, weitere, wenig, zahllos, zahlreich ...

Zur Unterscheidung von Zahladjektiven und Indefinitpronomen

Zahladjektive und Indefinitpronomen (wie ***alle, einige, etliche, kein, manche, mehrere*** → S. 183 ff.) können leicht miteinander verwechselt werden.
Die Artikelprobe hilft aber, beide Wortarten zu unterscheiden:

Nur vor unbestimmten Zahladjektiven kann der bestimmte Artikel stehen.
In allen anderen Fällen handelt es sich um ein Indefinitpronomen.

Zahladjektiv: viele neue Filme → **die** vielen neuen Filme
Indefinitpronomen: manche alte Filme → ~~die manchen alten Filme~~

DIE VERBEN

ÜBERSICHT 1

Unterscheidung der Verben nach ihrer Funktion

Vollverben

→ S. 234

Vollverben bilden in den einfachen Zeiten **Präsens** und **Präteritum** alleine das **Prädikat** eines Satzes.
Julia **lernt** ihre Vokabeln.

Hilfsverben

→ S. 234

Die Verben ***haben, sein, werden*** unterstützen die Vollverben bei der Bildung der zusammengesetzten Zeiten und bei der Bildung des Passivs.
Er **hat** den 100-Meter-Lauf gewonnen.
Die Hauswand **wird** gestrichen.

Modalverben

→ S. 236

Die Modalverben ***können, dürfen, müssen, mögen, wollen*** und ***sollen*** geben genauere Auskunft über die **Art und Weise** einer Handlung.
Er **muss** gehen.

Reflexive Verben

→ S. 239

Diese Verben bringen zum Ausdruck, dass sich ein Geschehen oder eine Handlung auf **das Subjekt des Satzes rückbezieht**.
Ich **erinnere mich**. Ich **bilde mir** das nur **ein**.

Transitive und intransitive Verben

→ S. 243

Transitive Verben stehen zusammen mit einem **Akkusativobjekt**, auf das die durch das Verb ausgedrückte Aktion zielt.
Familie Meier kauft **einen Hund**.

Intransitive Verben werden entweder mit einem Objekt im Dativ, im Genitiv oder mit einem Präpositionalobjekt oder gar keinem Objekt verbunden:
Herr Müller hilft **dir** sicherlich gerne.

Infinite Verbformen

→ S. 247

Diese Verbformen werden nicht nach Person, Numerus und Modus verändert.

Infinitiv: z. B. laufen, machen
Partizip Präsens: z. B. laufend, machend
Partizip Perfekt: z. B. gelaufen, gemacht

Die Grundlagen der Konjugation

Konjugation

→ S. 254

Die **Beugung der Verben** wird Konjugation genannt. Bei der Konjugation werden Verben nach **vier Kriterien** verändert:

Person: *ich, du, er, sie, es, wir, ihr, sie*
Numerus: Singular, Plural
Tempus: Präsens, Präteritum, Perfekt, Plusquamperfekt, Futur I, Futur II
Modus: Indikativ, Konjunktiv, Imperativ

Regelmäßige und unregelmäßige Verben

→ S. 258

Regelmäßige Verben sind Verben, deren Stamm immer unverändert bleibt, z. B.:
machen – **mach**te – ge**mach**t   **feier**n – **feier**te – ge**feier**t

Unregelmäßige Verben verändern ihren Stammvokal und bilden ihre Stammformen anders als die regelmäßigen Verben, z. B:
gehen – **ging** – geg**a**ngen   h**e**lfen – h**a**lf – geh**o**lfen

WORTARTEN

Die Aufgaben der Verben

Die aus dem Lateinischen übernommene Bezeichnung **Verb** (*verbum* = Wort) wird im Deutschen mit unterschiedlichen Begriffen wiedergegeben.

Man spricht häufig vom Verb als **Tätigkeitswort** (Tunwort, Tuwort, Tatwort), denn Verben sagen aus, was passiert: singen, laufen, telefonieren ...

Das Verb wird oft auch als **Zeitwort** bezeichnet, denn es ist die einzige Wortart, die verschiedene Zeiten (Tempora) bildet: sie werden garantieren, ich habe nachgesehen, er läuft, wir dachten nach ...

Die beiden unterschiedlichen Bezeichnungen *Tätigkeitswort* und *Zeitwort* zeigen, dass Verben nach unterschiedlichen Kriterien eingeteilt werden können.

Tätigkeitsverben, Vorgangsverben, Zustandsverben

Wie im Begriff *Tätigkeitswort* angedeutet, drückt eine große Zahl von Verben Tätigkeiten aus. Mit Verben lassen sich aber auch Vorgänge und Zustände mitteilen.

Wir können darum Verben nach ihren inhaltlichen Merkmalen in Tätigkeitsverben, Vorgangsverben und Zustandsverben einteilen.

Tätigkeitsverben bezeichnen ein Geschehen, bei dem das Subjekt (→ S. 420) selbst eine Tätigkeit ausübt: laufen, gehen, arbeiten, beobachten, einschalten, lernen, trinken ...

Er schaltet das Radio ein. Sie fahren mit dem Bus. (= Jemand tut etwas.)

Vorgangsverben bezeichnen einen Vorgang, der dem Subjekt geschieht, ohne dass es selbst aktiv handelt: abnehmen, zunehmen, schneien, regnen, aufwachen, erstarren ...

Die Bewölkung nimmt zu, und es regnet. Sturm kommt auf.
(= Etwas ereignet / entwickelt sich.)

Zustandsverben bezeichnen etwas Bestehendes oder einen Zustand, in dem sich das Subjekt befindet: wohnen, liegen, stehen, sich befinden, leuchten, bleiben, sein ...

Das Buch liegt auf dem Tisch. Die Lampe leuchtet hell.
(= Etwas befindet sich in einem bestimmten Zustand.)

Die Zuordnung der Verben

Die Zuordnung zu den Gruppen ist nicht immer eindeutig möglich. Die Grenzen sind fließend. Einige Verben können mehrere der drei Bedeutungen annehmen, wie das Beispiel schmecken:

Tätigkeit: Ich schmecke das Meerwasser.
Zustand: Die Suppe schmeckt gut.

Tempus

Verben können verschiedene Zeitstufen angeben – darin liegt ihre charakteristische grammatische Funktion als **Zeitwort**. Mit dem Tempus (grammatische Zeit) wird ein **Geschehen zeitlich eingeordnet**. Es kann Gegenwärtiges, Vergangenes und Zukünftiges ausdrücken.

Es gibt im Deutschen sechs grammatische Zeiten oder **Tempora**:

Tempus	deutsche Bezeichnung	Beispiele
Präsens	Gegenwartsform	sie laufen, du schläfst
Perfekt	vollendete Gegenwart	sie sind gelaufen, du hast geschlafen
Präteritum	Vergangenheitsform	sie liefen, du schliefst
Plusquamperfekt	vollendete Vergangenheit	sie waren gelaufen, du hattest geschlafen

Futur I	Zukunftsform	sie werden laufen, du wirst schlafen
Futur II	vollendete Zukunft	sie werden gelaufen sein, du wirst geschlafen haben

→ weitere Informationen zu den sechs Tempora ab S. 261

Unterscheidung der Verben nach ihrer Funktion

Vollverben

Die meisten Verben sind **Vollverben**. Als Vollverben bezeichnet man alle Verben, die in den einfachen Zeiten **Präsens** und **Präteritum** alleine das **Prädikat** (→ S. 412) eines Satzes bilden können. Das heißt, das Prädikat enthält nur ein konjugiertes (finites) Verb:

Julia **lernt** ihre Vokabeln.
Jan **machte** eine Pause.
Wir **verreisen** noch heute.
Katja **schlief** tief und fest.

Hilfsverben

Die Verben ***haben, sein, werden*** unterstützen die Vollverben bei der **Bildung der zusammengesetzten Zeiten** und bei der Bildung des Passivs. In dieser Funktion werden sie **Hilfsverben** genannt.

Konjugierte Formen der Verben ***haben*** oder ***sein*** werden zur Bildung des **Perfekts** und **Plusquamperfekts** benutzt:

Er **hat** den 100-Meter-Lauf gewonnen.	(Perfekt)
Sie **sind** alle sehr weit gesprungen.	(Perfekt)
Er **hatte** den Lauf vor zwei Jahren gewonnen.	(Plusquamperfekt)
Sie **waren** zu weit gegangen.	(Plusquamperfekt)

Konjugierte Formen des Verbs ***werden*** werden gebraucht zur Bildung der Formen von **Futur I** und **Futur II**:

Wir **werden** das nächste Sportfest wieder gut vorbereiten. (Futur I)
Morgen **wird** er die Koffer gepackt haben. (Futur II)
Übermorgen um diese Zeit **werden** sie angekommen sein. (Futur II)

Konjugierte Formen von ***werden*** oder ***sein*** werden zur Bildung der Formen des **Passivs** (→ S. 280 ff.) benutzt:

Die Hauswand **wird** gestrichen. (Vorgangspassiv mit *werden*)
Das Fahrrad **ist** geputzt. (Zustandspassiv mit *sein*)

→ Konjugation der Hilfsverben, S. 326 ff.

Haben, sein, werden als Vollverben

Die Hilfsverben ***haben, sein, werden*** können auch als Vollverben gebraucht werden:

Endlich **haben** wir Ferien.
Der Computer **ist** schon älter.
Jan **wird** im Mai fünfzehn.

Mit Verbindungen von ***haben* + Infinitiv mit *zu*** wird eine **Verpflichtung** zum Ausdruck gebracht. Oft wird diese Wendung anstelle des Modalverbs ***müssen*** (→ S. 236) gebraucht. In diesen Fällen ist *haben* ein Vollverb mit modalem Charakter:

Alle **haben zu schweigen**. *(= Alle müssen schweigen.)*
Sie **haben sich** dort **einzufinden**. *(= Sie müssen sich dort einfinden.)*
Wir **haben** Ihnen **zu danken**. *(= Wir müssen Ihnen danken.)*

Verbindungen aus dem Vollverb ***sein* + Infinitiv mit *zu*** können ebenfalls eine **Verpflichtung**, aber auch eine **Möglichkeit** ausdrücken.

Der Anordnung **ist** Folge **zu leisten**.
(Verpflichtung: *Leisten Sie der Anordnung Folge!*)

Ich glaube, die Sache **ist** noch **zu retten**.
(Möglichkeit: *Ich glaube, die Sache könnte noch gerettet werden.*)

Das **Partizip Perfekt von *werden*** als Vollverb lautet – anders als beim Hilfsverb – nicht *worden*, sondern ***geworden***.

Leonie ist Sprecherin **geworden**.	(*werden* als Vollverb)
Leonie ist zur Sprecherin gewählt **worden**.	(*werden* als Hilfsverb)

Modalverben

Modalverben geben genauere Auskunft über die **Art und Weise** einer Handlung. Sie bilden zusammen mit dem Infinitiv eines Vollverbs das Prädikat (→ S. 408) eines Satzes und drücken mit ihm zusammen aus, was **möglich, erlaubt, nötig, gewollt oder verlangt** ist.

Er **muss gehen**. Sie **will bleiben**. Wir **können warten**.

Die Modalverben lauten ***können, dürfen, müssen, mögen, wollen, sollen***. Sie haben unterschiedliche Bedeutungen. Der Infinitiv eines Vollverbs wird ohne *zu* angeschlossen:

können – die Möglichkeit / Fähigkeit haben: Sie **können** schwimmen.
dürfen – die Erlaubnis haben: Morgen **dürfen** wir feiern.
müssen – es besteht die Pflicht / Notwendigkeit: Wir **müssen** aufräumen.
mögen – ein höflicher Wunsch: Ich **möchte** morgen ausschlafen.
wollen – die Absicht / einen Wunsch haben: Wir **wollen** gleich anfangen.
sollen – es besteht eine Verpflichtung: Du **sollst** sofort kommen.

Modalverben können auch verwendet werden, um eine **Vermutung** auszudrücken:

Er **muss** krank sein. Sie **dürften** schon schlafen.

Mit Modalverben kann auch eine **fremde Behauptung** wiedergegeben werden. Der Sprecher stellt die Behauptung nicht selbst auf. Er gibt nur weiter, was jemand anderes gesagt hat:

Er **will** davon nichts bemerkt haben. *(= Er behauptet, davon nichts bemerkt zu haben.)*
Sie **soll** schon länger krank sein. *(= Man sagt, sie sei schon länger krank.)*

Mögen und möchte

Zu ***möchte*** gibt es keinen Infinitiv ~~*möchten*~~. Die Verbform *möchte* entspricht dem Konjunktiv Präteritum des Verbs ***mögen***. Sie gilt als **höfliche Form eines Wunsches** und wird wie eine normale Verbform im **Indikativ Präsens** gebraucht:

Sie **möchte** noch einen Kaffee trinken.
Möchtest du lieber zu Hause bleiben?

Auch mit dem **Konjunktiv Präsens** von ***mögen*** wird ein Wunsch ausgedrückt:

Möge er die Prüfung bestehen.

→ Konjugation von *mögen*, S. 335; → siehe auch Wunschsätze, S. 468

Die **zusammengesetzten Zeiten** mit Modalverben werden im Perfekt und im Plusquamperfekt mit dem Hilfsverb *haben*, im Futur I und Futur II mit dem Hilfsverb *werden* gebildet. Auf das konjugierte Hilfsverb folgt bei diesen Tempora aber nicht das Partizip Perfekt des Vollverbs, sondern **der Infinitiv**. Auch das Modalverb steht im Infinitiv. Im Perfekt, Plusquamperfekt, Futur I und Futur II folgen also **zwei Infinitive** aufeinander:

Sie hat **aufräumen müssen**. (Perfekt)
Er hatte **freinehmen dürfen**. (Plusquamperfekt)
Er wird an der Feier **teilnehmen wollen**. (Futur I)
Sie wird sich bis dahin mit ihm abgesprochen **haben können**. (Futur II)

Da der Infinitiv des Modalverbs in den zusammengesetzten Zeiten das Partizip II ersetzt, nennt man ihn auch den **Ersatzinfinitiv**.

→ Gebrauch des Infinitivs, S. 248

Modalverben kommen besonders in der Umgangssprache auch **als Vollverben** vor, denn der Inhalt eines Satzes ist oft auch ohne den Infinitiv eines Vollverbs verständlich.

Ich **möchte** ein Eis (essen / haben).
Er **kann** Englisch (sprechen).
Wir **dürfen** ins Schwimmbad (gehen).

Als Vollverben bilden sie die zusammengesetzten Zeiten mit dem Partizip Perfekt:

Er hat es nicht **gekonnt**.
Sie hatte nicht **gedurft**.
Er wird es so **gewollt haben**.

Besonders ***mögen*** und ***wollen*** werden häufig als Vollverben verwendet:

Sie **mag** uns sehr.
Wir haben sie sehr **gemocht**.
Er **will** das nicht.
Habt ihr das wirklich so **gewollt**?

Brauchen ist nicht einfach zu gebrauchen

Brauchen kann **als Vollverb** im Sinne von *nötig haben, benötigen* benutzt werden:

Ich **brauche** keine Hilfe.
Wir **haben** vor allem einen Computer **gebraucht**.

In verneinten Sätzen kann ***brauchen* (+ *zu*) + *Infinitiv*** in der Bedeutung von *nicht müssen* benutzt werden. Es hat in solchen Sätzen die Funktion eines Modalverbs.

Du **brauchst** mir nicht **(zu) helfen**.
Ihr **braucht** keine Unterlagen **mit(zu)bringen**.

Bei den zusammengesetzten Zeiten steht *brauchen* im Infinitiv (→ vgl. S. 237).

Du **hättest** mir nicht **(zu) helfen brauchen**.

Modifizierende Verben

Einige Verben geben wie die Modalverben inhaltliche Auskunft über die **Art und Weise** einer bestimmten Handlung. Sie beschreiben die **Rolle des Subjekts** näher und werden manchmal auch *Modalitätsverben* genannt.

Im Gegensatz zu den Modalverben folgt auf die modifizierenden Verben der Infinitiv eines Vollverbs mit ***zu***.

Das Gebäude **droht einzustürzen**.
Sie **pflegen** am Wochenende **auszuschlafen**.
Ihr **scheint zu glauben**, dass ihr euch alles erlauben könnt.
Das Wetter **verspricht** heute schön **zu werden**.
Er **weiß zu gefallen**.

→ Gebrauch des Infinitivs, S. 248; → Komma bei Infinitiven und Infinitivgruppen, S. 587

WORTARTEN

Reflexive Verben

Verben, die zum Ausdruck bringen, dass sich ein Geschehen oder eine Handlung auf **das Subjekt des Satzes rückbezieht**, werden reflexive Verben oder *rückbezügliche Tätigkeitswörter* genannt.

Reflexive Verben werden stets von dem **Reflexivpronomen *sich*** (→ S. 167) begleitet, das dekliniert wird. Das Reflexivpronomen kommt vor allem im Akkusativ, seltener auch im Dativ vor.

Verb mit **Reflexivpronomen im Akkusativ**:

Ich erinnere **mich**.
Du erinnerst **dich**.
Er / sie / es erinnert **sich**.

Wir erinnern **uns**.
Ihr erinnert **euch**.
Sie erinnern **sich**.

Weitere reflexive Verben mit Reflexivpronomen im Akkusativ: sich auskennen, sich beeilen, sich befinden, sich bewerben, sich ereignen, sich erinnern, sich erholen, sich irren, sich räuspern, sich waschen, sich schämen, sich sehnen, sich verirren, sich verlieben, sich weigern, sich wundern ...

Verb mit **Reflexivpronomen im Dativ**:

Ich bilde **mir** das nur ein.	Wir bilden **uns** das nur ein.
Du bildest **dir** das nur ein.	Ihr bildet **euch** das nur ein.
Er / sie / es bildet **sich** das nur ein.	Sie bilden **sich** das nur ein.

Weitere reflexive Verben mit Reflexivpronomen im Dativ: sich etwas aneignen, sich etwas anmaßen, sich (etwas) überlegen, sich (etwas) vornehmen, sich (etwas) vorstellen ...

Reflexive Verben und reflexiv verwendete Verben

Nur Verben, die zwingend das Reflexivpronomen verlangen, werden **reflexive Verben** genannt. Das Reflexivpronomen kann nicht weggelassen oder durch ein Nomen ersetzt werden, der Satz ergäbe dann keinen Sinn:

Wir weigerten **uns**.

~~Wir weigerten.~~ ~~Wir weigerten unsere Hausaufgaben.~~ → **reflexives Verb**

Reflexive Verben können auch **kein Passiv** (→ S. 280) bilden. Da keine der folgenden Aussagen sinnvoll ist, handelt es sich um reflexive Verben:

~~Wir werden geweigert.~~ ~~Sie wurde beeilt.~~ ~~Ich bin geräuspert worden.~~

Kann das Reflexivpronomen dagegen sinnvoll durch ein Nomen oder ein anderes Pronomen ersetzt werden, handelt es sich um **reflexiv gebrauchte Verben**, die ein Passiv bilden können:

Ich wasche **mich**. Ich wasche die Kleidung. Ich wasche sie.
Die Wäsche wurde (von mir) gewaschen. → **reflexiv gebrauchtes Verb**

→ Verben mit wechselndem Gebrauch, S. 169; → reflexiv gebrauchte Verben, S. 170

Reziproke und reziprok verwendete Verben

Das Reflexivpronomen ***sich*** kann im Plural eine **wechselseitige** (reziproke) **Beziehung** ausdrücken und wird dann oft durch ***miteinander*** verstärkt. Die dazugehörigen Verben werden **reziproke Verben** genannt. Es gibt nur wenige reziproke Verben:

Die Männer verbrüderten **sich** (miteinander).
Sie freundeten **sich** (miteinander) an.
Die beiden Familien verkrachten **sich** (miteinander).

Im Singular werden reziproke Verben mit der **Ersatzkonstruktion *mit* + Dativ** (→ Präpositionalobjekt, S. 429) verwendet, um ein reziprokes Verhältnis auszudrücken:

Er überwarf **sich** mit ihr.
Sie freundete **sich** mit ihm an.

Im Singular ist auch eine **unpersönliche Konstruktion** mit dem **Pronomen *man*** möglich. Dann wird die Präposition *mit* + Dativ nicht benötigt.

Man freundete sich an.
Erst verbrüderte **man** sich, dann überwarf **man** sich.

Viele weitere Verben können **reziprok gebraucht** werden:

Wir grüßten uns freundlich.
Habt ihr euch für nächste Woche verabredet?
Sie liebten und sie hassten sich.

→ vgl. reziproke Bedeutung des Reflexivpronomens, S. 170

Persönliche und unpersönliche Verben

Verben können nach der Art ihres Subjekts (→ S. 420 ff.) unterschieden werden in persönliche und unpersönliche Verben.

Die meisten Verben sind **persönliche Verben**. Sie können in allen Personen (→ S. 254) gebraucht werden:

Ich schwimme gerne. **Du** spielst lieber Fußball. **Sie** läuft jeden Abend.
Wir singen im Chor. **Ihr** tanzt schon seit Stunden. **Sie** ermüden leicht. ...

Unpersönliche Verben dagegen haben immer das unpersönliche Personalpronomen ***es*** der 3. Person Singular (→ S. 149) als Subjekt:

Es regnet. **Es** blitzt und donnert.

Vor allem Verben, die **Wettererscheinungen** beschreiben, werden unpersönlich gebraucht:

blitzen, dämmern, donnern, dunkeln, gewittern, hageln, nieseln, regnen, schneien, wetterleuchten …

In **übertragener Bedeutung** können diese Verben auch mit einem persönlichen Subjekt gebraucht werden:

Das Wasser donnerte den Berg hinunter.
Er schneite einfach so ins Zimmer herein.

Auch Verben, die **Geräusche** oder **Gerüche** aus der Natur beschreiben wie knistern, rascheln, duften, grünen, riechen, werden oft unpersönlich gebraucht:

Es raschelte im Gebüsch. Es blüht und grünt überall.

Nur wenige unpersönliche Verben beziehen sich nicht auf Wetter- oder Naturerscheinungen:

Daran **hapert** es. Es **menschelt**.
Es **kriselt**. Es **weihnachtet** sehr.

Einige Verben werden **in festen Wendungen als unpersönliche Verben** verwendet. Sie können aber auch mit anderen Subjekten gebraucht werden.

unpersönlich in festen Wendungen	persönlich
Das **gibt es** doch gar nicht.	**Wir geben** das nicht her.
Jetzt **reicht es** aber!	**Die Vorgaben reichen** nicht.
Darum **geht es** ja gar nicht.	**Sie gehen** nach Hause.
Es handelt sich um einen speziellen Fall.	**Wir handeln** mit Lebensmitteln.

Transitive und intransitive Verben

Transitive Verben stehen zusammen mit einem **Akkusativobjekt** (→ S. 425), auf das die durch das Verb ausgedrückte Aktion zielt. Man nennt diese Verben deshalb auch **zielende** Tätigkeitswörter. Das Akkusativobjekt kann ein Nomen oder Pronomen sein:

Familie Meier kauft **einen Hund**. / Familie Meier kauft **ihn**.
Wir schreiben **die Zusammenfassung**. / Wir schreiben **sie**.
Sie singt **viele Lieder**. / Sie singt **sie**.

Die meisten transitiven Verben können das **persönliche Passiv** (→ S. 283) bilden:

Familie Meier kauft einen Hund. → Ein Hund wird von Familie Meier gekauft.
Du wirfst den Ball. → Der Ball wird von dir geworfen.
Sie singt viele Lieder. → Viele Lieder werden von ihr gesungen.

Eine Ausnahme bilden die Verben ***haben, besitzen, kennen*** und ***wissen***. Sie sind transitiv, können aber kein persönliches Passiv bilden.

Er kennt **den Weg**. → ~~Der Weg wird von ihm gekannt.~~
Sie hat **eine neue Tasche**. → ~~Die Tasche wird von ihr gehabt.~~

Transitive Verben bilden das **Perfekt**, das **Plusquamperfekt** und das **Futur II** im Aktiv mit dem Hilfsverb ***haben***:

Sie **haben** eine heiße Schokolade **getrunken**.	(Perfekt)
Sie **hatten** eine heiße Schokolade **getrunken**.	(Plusquamperfekt)
Sie **werden** eine heiße Schokolade **getrunken haben**.	(Futur II)

Intransitive Verben werden manchmal auch **nicht zielende** Tätigkeitswörter genannt, denn nach ihnen kann **kein Akkusativobjekt** stehen. Sie werden entweder mit einem Objekt im Dativ oder Genitiv (→ S. 427) oder mit einem Präpositionalobjekt (→ S. 429) verbunden:

Ein Abgeordneter enthielt sich **der Stimme**.	(Genitivobjekt)
Herr Müller hilft **dir** sicherlich gerne.	(Dativobjekt)
Tim und Tina unterhalten sich **über den Film**.	(Präpositionalobjekt)

Intransitive Verben können auch ganz **ohne Objekt** stehen:

Er wartet. Wir helfen. Ich schlafe. Sie zittern.

Intransitive Verben können meist **kein persönliches Passiv** (→ S. 283) bilden:

~~Ich werde geholfen. Du wirst geschlafen~~.

Aber: Diese Verben können ein **unpersönliches Passiv** mit ***es*** (→ S. 283) bilden:

Es wird mir viel geholfen.
Es wurde viel gearbeitet.
Es wurde zu lange gewartet.

Die meisten intransitiven Verben bilden die **zusammengesetzten Zeiten** (→ S. 269) Perfekt, Plusquamperfekt, Futur II mit dem Hilfsverb ***haben***:

Sie haben den Helfern gedankt. (Perfekt)
Sie hatten den Helfern gedankt. (Plusquamperfekt)
Sie werden ihnen gedankt haben. (Futur II)

Intransitive Verben, die eine **Bewegung** oder die **Änderung eines Zustands** ausdrücken, bilden die zusammengesetzten Zeiten mit dem Hilfsverb ***sein***. Dazu gehören zum Beispiel die Verben aufstehen, gehen, fallen, laufen, schwimmen, sinken, springen, sterben stolpern, verwelken, zerfallen:

Wir sind ins Wasser gesprungen. (Perfekt)
Die Würfel waren gefallen. (Plusquamperfekt)
Bald werden die Blumen verwelkt sein. (Futur II)

Einige Verben können **transitiv** und **intransitiv** gebraucht werden, also mit einem Akkusativobjekt und ebenso mit einem Dativ- oder Präpositionalobjekt stehen:

Sie schreiben gerade einen Test. (transitiv)
Er hat mir geschrieben. (intransitiv)

Er spricht fließend Französisch. (transitiv)
Er spricht mit dem Nachbarn. (intransitiv)

Funktionsverben

Funktionsverben bilden das Prädikat immer **zusammen mit einem Nomen**. Sie erhalten in dieser Verbindung eine neue und **spezielle Bedeutung**, die vom Nomen bestimmt wird. Die Kombination aus Funktionsverb und Nomen wird **Funktionsverbgefüge** genannt:

Sie **haben ihre Wahl getroffen**.
Paul will seine Eltern **zur Vernunft bringen**.

In Funktionsverbgefügen ist die ursprüngliche Bedeutung des Verbs verblasst, aber es erhält auch keine neue Bedeutung. Das Verb unterstützt lediglich den Inhalt des Nomens, denn ein grammatisch vollständiger Satz benötigt ein Prädikat. Häufig lässt sich das Funktionsverbgefüge durch ein anderes Vollverb oder eine Kombination aus Adjektiv + *sein* ersetzen:

Das Unternehmen **kommt** nur langsam **in Gang**. →
Das Unternehmen läuft nur langsam an.

Die Unternehmen **stehen** seit längerer Zeit **in Verbindung**. →
Die Unternehmen sind seit längerer Zeit verbunden.

Es gibt keine Verben, die reine Funktionsverben sind, eine **Unterscheidung zwischen Vollverb und Funktionsverb** ist **nicht immer eindeutig.** Die wichtigsten Verben, die zusammen mit einem Nomen ein Funktionsverbgefüge bilden, sind:

ausüben, bekommen, bereiten, besitzen, bringen, erfahren, erheben, erteilen, finden, geben, gelangen, geraten, haben, kommen, leisten, machen, nehmen, sein, stehen, stellen, treffen, vornehmen ...

Das Nomen ist in der Verbindung mit einem Funktionsverb ein Akkusativobjekt (→ S. 425) oder ein Präpositionalobjekt (→ S. 429).

Funktionsverben **mit Akkusativobjekt**:

Anwendung finden, eine Antwort geben, Einfluss ausüben, ein Ende bereiten, die Frechheit besitzen, Mitteilung machen, Rücksicht nehmen, Sorgen bereiten, Verwendung finden, einen Vorwurf erheben, die / eine Wahl haben / treffen ...

Funktionsverben **mit Präpositionalobjekt**:

zum Abschluss bringen, in Angriff nehmen, zu Ansehen gelangen, unter Beobachtung stehen, zur Diskussion stellen, im Einsatz sein, in Verlegenheit bringen, zur Vernunft bringen ...

Bei Funktionsverbgefügen kann das **Nomen nicht durch ein Pronomen ersetzt** werden:

Die Studenten stellten das Thema zur Diskussion.
(~~Die Studenten stellten das Thema zu ihr.~~)

Kopulaverben

Kopulaverben verbinden das Subjekt eines Satzes mit einem Nomen im Nominativ oder mit einem nicht flektierten Adjektiv und bilden mit ihnen zusammen das Prädikat (→ S. 412). Nomen und Adjektive in dieser Funktion werden auch **Prädikative** (→ S. 414) genannt. Vor allem ***sein***, ***werden*** und ***bleiben*** werden als Kopulaverben gebraucht.

Das Bild **ist schön**.
Sie **wird Pilotin**.
Das Wetter **bleibt sonnig**.

Auch die Verben ***aussehen, dünken, erscheinen, heißen, scheinen, wirken*** kommen als Kopulaverben vor:

Das **scheint zweifelhaft**.
Das Kind **heißt Otto**.
Die Rede **wirkte komisch**.

Ohne das Prädikativ wäre ein Satz mit einem Kopulaverb unvollständig.

→ siehe auch prädikatives Adjektiv, S. 417

Infinitiv, Partizip Präsens, Partizip Perfekt

Es gibt drei Verbformen, die nicht nach Person, Numerus und Modus verändert werden. Man nennt diese Formen **infinite Verbformen**. Zu ihnen gehören der Infinitiv, das Partizip Präsens und das Partizip Perfekt.

Infinitiv:	laufen, fahren, reisen ...
Partizip Präsens:	laufend, fahrend, reisend ...
Partizip Perfekt:	gelaufen, gefahren, gereist ...

Die Bildung des Infinitivs

Der Infinitiv, auch Nenn- oder **Grundform** des Verbs genannt, **entspricht der 1. Stammform** (→ S. 256). In dieser Form sind Verben in Wörterbüchern angeführt.

Der Infinitiv besteht bei allen Verben aus dem **Verbstamm** (→ S. 257) und der **Endung -*en*** oder **-*n***:

seh**en**, sitz**en**, schüttel**n**, bügel**n**, wander**n**, begeister**n** ...

Auch Verben, deren Stamm durch Präfixe (→ S. 47, 319) oder Verbpartikeln (→ S. 48, 320) erweitert ist, bilden den Infinitiv mit der Endung *-en* oder *-n:*

bringen	→	**er**bring**en**, **mit**bring**en**
bröckeln	→	**zer**bröckel**n**, **ab**bröckel**n**
finden	→	**be**find**en**, **auf**find**en**
lächeln	→	**be**lächel**n**, **an**lächel**n**
mäkeln	→	**be**mäkel**n**, **herum**mäkel**n**
sagen	→	**ent**sag**en**, **vor**sag**en**

→ Flexionsbausteine, S. 67; → Zusammensetzung, S. 71

Der Gebrauch des Infinitivs

Der Infinitiv wird zur **Bildung des Futurs I** (→ S. 273) benötigt:

Er wird **gehen**. Sie wird **kommen**. Wir werden **bleiben**.

Der Infinitiv steht nach den **Modalverben** (→ S. 236) ***dürfen, können, mögen, müssen, sollen, wollen***:

Wir müssen **arbeiten**. Er möchte **faulenzen**. Sie darf sich **ausruhen**.

Der Infinitiv steht nach ***lassen*** und ***bleiben***:

Ihr lasst ihn einfach **gehen**? Sie bleiben auf der Stelle **stehen**.

Der Infinitiv folgt auf **Verben der Bewegung** wie ***gehen*** und ***fahren***:

Wir gehen **schwimmen**. Sie fahren neue Schuhe **kaufen**.

Der Infinitiv folgt auf **Verben der Sinneswahrnehmung** wie ***hören, sehen, fühlen, spüren***:

Ich höre das Auto **kommen**. Man sah die Kinder **wegrennen**.
Wir fühlten es **kommen**. Sie spürt es kalt **werden**.

Auf die Verben ***lehren, lernen, helfen*** folgt ebenfalls der Infinitiv, sofern er nicht erweitert (→ folgender Absatz) ist:

Er lehrt **fechten**. Ich lerne **reiten**.
Wir helfen euch **abwaschen**.

Andere Verben schließen den **Infinitiv** grundsätzlich **mit *zu*** an:

Wir glaubten **zu träumen**. Sie versuchen **zu kommen**.
Die Gäste wünschen **zu speisen**.

Mit *zu* angeschlossene Infinitive können durch weitere Satzglieder ergänzt werden. Man spricht dann von **erweiterten Infinitiven**. Sie können als **satzwertige Infinitivgruppen** anstelle von Nebensätzen stehen:

Er hoffte, noch rechtzeitig zum Flughafen **zu kommen**.
Sie hatten sich verabredet, um gemeinsam ins Theater **zu gehen**.

Werden die bei den Verben ***lehren, lernen, helfen*** angeschlossenen Infinitive erweitert, wird ebenfalls der **Infinitiv mit *zu*** benutzt:

Er lehrt ihn, wie ein Meister **zu fechten**.
Ich lerne, auch auf Dressurpferden **zu reiten**.
Wir helfen euch, das schmutzige Geschirr **abzuwaschen**.

→ Infinitivkonstruktion, S. 511; → Zeichensetzung: Komma bei Infinitiven, S. 587

Nominalisierter Infinitiv

Der Infinitiv kann auch nominalisiert (→ S. 125) werden. Er wird dann wie ein Nomen **großgeschrieben** und dekliniert:

Das Faulenzen fällt ihm nicht schwer.
Er ist **des Lesens** und **Schreibens** kundig.
Das ist **zum Davonlaufen**.

Wenn ein **Begleiter** (→ S. 94) **fehlt**, lässt sich oft nicht eindeutig entscheiden, ob es sich um einen Infinitiv oder um eine Nominalisierung handelt. In solchen Fällen sind **Groß- und Kleinschreibung möglich**:

Er lehrt **f**echten / **F**echten.
Ich lerne **r**eiten / **R**eiten.

→ Großschreibung, S. 528

Die Partizipien

Wir unterscheiden zwei Arten von Partizipien: das **Partizip Präsens**, das verkürzt auch **Partizip I** genannt wird, und das **Partizip Perfekt**, das man auch **Partizip II** nennt und das der 3. Stammform (→ S. 257) entspricht:

Partizip Präsens / Partizip I: spielend, funkelnd, fordernd ...
Partizip Perfekt / Partizip II: gelungen, gekocht, gewaschen ...

Partizipien werden von Verben abgeleitet, können aber **wie Adjektive dekliniert** (→ S. 195) werden. Sie nehmen also eine Mittelstellung zwischen Verb und Adjektiv ein und werden darum auch **Mittelwörter** genannt:

Das Publikum brach in **schallendes** Gelächter aus.
(Partizip I im Akkusativ Singular)

Der Ladendieb floh mit dem **geraubten** Schmuck in Richtung Innenstadt.
(Partizip II im Dativ Singular):

Die Bildung der Partizipien

Das **Partizip Präsens** wird aus dem Verbstamm (→ S. 257) und den Endungen ***-end*** oder ***-nd*** gebildet.

Verbstamm	+ **Endung**	→ **Partizip**
glänz~~en~~	***-end***	glänzend
schlaf~~en~~	***-end***	schlafend
wirbel~~n~~	***-nd***	wirbelnd
zöger~~n~~	***-nd***	zögernd

Als **Faustregel** kann man sich auch merken, dass zur Bildung des Partizips Präsens an den Infinitiv ein ***-d*** angefügt wird.

Das **Partizip Perfekt** wird meistens mit dem **Flexionspräfix** (→ S. 67) ***ge-*** gebildet.

Seine Endung hängt davon ab, ob es sich um ein regelmäßiges (schwaches) oder unregelmäßiges (starkes) Verb handelt (→ S. 258).

Bei regelmäßigen Verben und bei Verben mit gemischter Konjugation wird zur Bildung des Partizips Perfekt an den Verbstamm die **Endung *-t*** gehängt.

Endet der Verbstamm jedoch auf einen der **Konsonanten *n, m, d, t,*** wird ***-et*** angehängt.

Das Partizip Perfekt der **unregelmäßigen Verben endet auf *-en*.**

regelmäßig und gemischt konjugierte Verben		**unregelmäßig konjugierte Verben**	
Infinitiv	**Partizip Perfekt**	**Infinitiv**	**Partizip Perfekt**
setzen	**ge**-setz-**t**	bleiben	**ge**-blieb-**en**
regnen	**ge**-regn-**et**	fallen	**ge**-fall-**en**
spielen	**ge**-spiel-**t**	stehen	**ge**-stand-**en**
rennen	**ge**-rann-**t**	singen	**ge**-sung-**en**
bringen	**ge**-brach-**t**	laufen	**ge**-lauf-**en**
kennen	**ge**-kann-**t**	schmelzen	**ge**-schmolz-**en**

Bei **Verben mit den Präfixen *be-, emp-, ent-, er-, ge-, miss-, ver-, zer-*** entfällt das Flexionspräfix *ge-* bei der Bildung des Partizips Perfekt. Das gilt auch für Verben, die auf ***-ieren*** enden (Ausnahme: *frieren* → ***ge****froren*):

Verben mit Präfix *be-, emp-, ent-, er-, ge-, miss-, ver-, zer-*		**Verben auf *-ieren***	
Infinitiv	**Partizip Perfekt**	**Infinitiv**	**Partizip Perfekt**
begreifen	**be**griff-**en**	addieren	addier-**t**
empfehlen	**emp**fohl-**en**	probieren	probier-**t**
entlasten	**ent**last-**et**	halbieren	halbier-**t**
erkennen	**er**kann-**t**	spendieren	spendier-**t**
gestalten	**ge**stalt-**et**		
missachten	**miss**acht-**et**		
verzetteln	**ver**zettel-**t**		
zerknüllen	**zer**knüll-**t**		

Bei **trennbaren Verben**, die **mit Verbpartikeln** (→ S. 320) gebildet werden – häufig sind dies Präpositionen und Adverbien – wird das Flexionspräfix ***ge-*** beim Partizip Perfekt nach dem Zusatz eingeschoben.

Infinitiv	Partizip Perfekt	Infinitiv	Partizip Perfekt
anfahren	an-**ge**-fahren	zurückkommen	zurück-**ge**-kommen
aufschreiben	auf-**ge**-schrieben	gegenrechnen	gegen-**ge**-rechnet
auslegen	aus-**ge**-legt	vorführen	vor-**ge**-führt

Das Partizip Perfekt bei Verben mit doppeltem Präfix

Es gibt Verben, bei denen dem Verbstamm nicht nur ein Präfix oder eine Verbpartikel vorangestellt ist, sondern zwei solcher Wortbausteine. Bei solchen Verben **entfällt** ebenfalls **das Flexionspräfix *-ge*** im Partizip Perfekt. Beispiele:

vorverlegen → vorverlegt
anerkennen → anerkannt
aufbegehren → aufbegehrt
beauftragen → beauftragt
nachempfinden → nachempfunden
vorenthalten → vorenthalten

Der Gebrauch des Partizips Präsens

Das Partizip Präsens (Partizip I) beschreibt einen Vorgang, der sich in dem Augenblick ereignet, der gerade erzählt oder berichtet wird und zu diesem Zeitpunkt noch nicht abgeschlossen ist oder der sich kurz zuvor ereignet hat.

Die **lachenden Kinder** zogen gemeinsam davon.
(Die Kinder lachten im selben Moment in der Vergangenheit, in dem sie davonzogen.)

Die **staunenden Zuschauer** klatschen begeistert Beifall.
(Die Zuschauer staunen im Moment des Beifallklatschens in der Gegenwart.)

Die **gestern noch lachenden Kinder** sind heute sehr traurig.
(Die Kinder haben am Tag zuvor noch gelacht, sind zur Zeit des Erzählens aber traurig.)

Das Partizip I kann **als attributives Adjektiv** oder **als Adverb** gebraucht werden. Bei adjektivischer Verwendung wird es wie ein Adjektiv dekliniert; es kann auch gesteigert werden. Als Adverb bleibt es unflektiert:

Sie sehen in den **funkelnden** Sternenhimmel. (dekliniert, attributiv)
Die Werbung malt das Produkt in den **leuchtendsten** Farben. (gesteigert, attributiv)
Sie kam **lachend** aus dem Haus. (adverbial)

Das Partizip Präsens kann außerdem **nominalisiert** werden und wird dann wie ein nominalisiertes Adjektiv dekliniert und großgeschrieben:

Zutreffendes bitte ankreuzen!
Die Vorsitzende eröffnete die Verhandlung.

→ attributives Adjektiv S. 193; → Adjektivadverb, S. 194; → Nominalisierung, S. 125, 193

Der Gebrauch des Partizips Perfekt

Das Partizip Perfekt (Partizip II) entspricht der 3. Stammform des Verbs (→ S. 257). Es wird zur Bildung der **zusammengesetzten Zeiten** Perfekt, Plusquamperfekt, Futur II und zur Bildung des **Passivs** gebraucht:

Perfekt:	ich habe **geträumt**, wir sind **gefahren** ...
Plusquamperfekt:	ich hatte **geträumt**, wir waren **gefahren** ...
Futur II:	ich werde **geträumt** haben, wir werden **gefahren** sein ...
Passiv	ich werde **gefragt**, wir wurden **eingeladen** ...

Das Partizip Perfekt beschreibt einen vollendeten und zum Zeitpunkt des Sprechens bereits **abgeschlossenen Vorgang**:

Sie klappt den **gepackten** Umzugskarton zu.
(Der Karton ist bereits fertig gepackt.)

Er hängt das **gewaschene** Hemd zum Trocknen auf.
(Das Hemd ist bereits gewaschen.)

Das Partizip Perfekt kann wie das Partizip Präsens als Adjektiv oder adverbial verwendet werden.

Als Adjektiv wird es attributiv gebraucht. Es steht vor dem Nomen, auf das es sich bezieht, und wird wie ein Adjektiv dekliniert und gesteigert:

Sie freuten sich über die **gelungene** Aufführung. (dekliniert, attributiv)
Zur Pasta gehört **geriebener** Parmesankäse. (dekliniert, attributiv)

Dies war die **gelungenste** Aufführung der Spielzeit. (gesteigert, attributiv)

Wird das Partizip Perfekt **adverbial** gebraucht, steht es meist nach dem Nomen und bleibt unflektiert:

Die Mappe liegt **geordnet** auf dem Schreibtisch.
Die Menschen liefen **aufgeregt** durcheinander.

Das Partizip Perfekt kann **nominalisiert** werden und wird dann wie ein Nomen großgeschrieben und dekliniert:

Der **Angeklagte** verweigert die Aussage.
Alle **Beteiligten** hielten sich an das Gesagte.

→ attributives Adjektiv S. 193; → Adjektivadverb, S. 194; Nominalisierung, S. 125, 193

Die Grundlagen der Konjugation

Die **Beugung der Verben** wird Konjugation genannt. Bei der Konjugation werden Verben nach **vier Kriterien** verändert: Person und Numerus, Tempus und Modus. Konjugierte Verbformen heißen auch **finite Verbformen**.

Person und Numerus

Die konjugierte Form eines Verbs **richtet sich nach dem Subjekt** (→ S. 420) des Satzes und wird entsprechend an die **Person** (*1., 2., 3. Person*) und den **Numerus** (Singular oder Plural) des Subjekts angepasst. Man spricht hier von **Kongruenz** zwischen Subjekt und Prädikat. Die Anpassung erfolgt über bestimmte Flexionsendungen, auch **Personalendungen** genannt:

	Singular	Plural
1. Person	**ich** frag**e**	**wir** frag**en**
2. Person	**du** frag**st**	**ihr** frag**t**
3. Person	**er / sie / es** frag**t**	**sie** frag**en**

Tempus

Verben werden dem Tempus entsprechend verändert. Das Tempus zeigt an, ob eine Handlung oder ein Geschehen bereits stattgefunden hat, gerade stattfindet oder noch stattfinden wird. Dabei unterscheidet man zwischen

- **einfachen Zeiten**: Präsens (→ S. 261) und Präteritum (→ S. 265); sie werden allein durch Veränderung eines Verbs, des Vollverbs, gebildet;

  und

- **zusammengesetzten Zeiten**: Perfekt (→ S. 269), Plusquamperfekt (→ S. 271) und die beiden Zeitstufen des Futurs (→ S. 273); sie sind mehrteilige Bildungen aus den Hilfsverben ***haben, sein*** und ***werden*** (→ S. 234) mit dem Partizip II (→ S. 250) oder dem Infinitiv (→ S. 247).

Die meisten Verben bilden die zusammengesetzten Zeiten Perfekt und Plusquamperfekt mit dem Hilfsverb ***haben***. Verben, die eine Bewegung oder Veränderung ausdrücken, stehen zusammen mit dem Hilfsverb ***sein***. Die sechs Zeitstufen im Überblick:

einfache Zeiten		
Präsens	Ich **putze** mein Bad.	Sie **geht** zum Training.
Präteritum	Ich **putzte** mein Bad.	Sie **ging** zum Training.

::

zusammengesetzte Zeiten		
	Perfekt / Plusquamperfekt mit *haben*	**Perfekt / Plusquamperfekt mit *sein***
Perfekt	Ich **habe** mein Bad **geputzt**.	Sie **ist** zum Training **gegangen**.
Plusquamperfekt	Ich **hatte** mein Bad **geputzt**.	Sie **war** zum Training **gegangen**.
Futur I	Ich **werde** mein Bad **putzen**.	Sie **wird** zum Training **gehen**.
Futur II	Ich **werde** mein Bad **geputzt haben**.	Sie **wird** zum Training **gegangen sein.**

Modus

Verben können verschiedene Modi (Singular: *Modus* = Aussageweise) angeben und werden entsprechend verändert. Im Deutschen gibt es drei Aussageweisen:

- den **Indikativ** (die Wirklichkeitsform → S. 288)
- den **Konjunktiv** (die Möglichkeitsform → S. 289) - in zwei Formen: Konjunktiv I und Konjunktiv II
- den **Imperativ** (die Befehlsform → S. 315).

Der Konjunktiv kann sich wie der Indikativ **auf drei Zeitstufen beziehen**: auf die Gegenwart, die Vergangenheit und die Zukunft. Zu jedem Tempus im Indikativ gibt es also mindestens eine Konjunktivform.

Der **Indikativ** ist der normalerweise in Aussagesätzen **übliche Modus**.

Die Stammformen, Verbstamm und Stammvokal

An drei Formen eines Verbs lässt sich sicher ablesen, ob es sich um ein regelmäßiges oder unregelmäßiges Verb handelt und wie es konjugiert wird. Diese drei Formen sind:

- der **Infinitiv** (→ S. 247)
- die **1. Person Singular Präteritum im Indikativ** (→ S. 266)
- das **Partizip Perfekt** (Partizip II) (→ S. 250).

Diese drei Formen werden die **Stammformen des Verbs** genannt.

In Wörterbüchern werden diese drei Stammformen bei unregelmäßigen Verben häufig angegeben.

	1. Stammform = Infinitiv	**2. Stammform** = 1. Person Singular Präteritum	**3. Stammform** = Partizip Perfekt
regelmäßiges Verb	sagen	(ich) sag**te**	gesag**t**
unregelmäßiges Verb	bleiben	(ich) bl**ie**b	geblieb**en**

Verbstamm und Stammvokal

Der **Wortstamm** (→ S. 65) des Verbs – das ist der Infinitiv ohne die Endung *-en* oder *-n* – wird auch **Verbstamm** genannt:

ärger~~n~~, **bleib**~~en~~, **feier**~~n~~, **marschier**~~en~~, **rat**~~en~~, **steh**~~en~~, **streichel**~~n~~, **wart**~~en~~ ...

Der Verbstamm enthält einen beim Sprechen **betonten Vokal**, Umlaut oder Diphthong, der **Stammvokal** genannt wird.

ärger, bl**ei**b, f**ei**er, marsch**ie**r, r**a**t, st**e**h, str**ei**chel, w**a**rt ...

Alle **unregelmäßigen Verben verändern ihren Stammvokal** in den Präteritumformen, viele unregelmäßige Verben verändern ihn auch im Partizip Perfekt. Bei **regelmäßigen Verben** dagegen bleibt der **Stammvokal** stets **unverändert**.

Keine Änderung des Stammvokals → regelmäßiges Verb	**Änderung des Stammvokals** → unregelmäßiges Verb
ärgern, **ä**rgerte, ge**ä**rgert	bl**ei**ben, bl**ie**b, gebl**ie**ben
f**ei**ern, f**ei**erte, gef**ei**ert	gl**ei**chen, gl**i**ch, gegl**i**chen
marsch**ie**ren, marsch**ie**rte, marsch**ie**rt	h**e**lfen, h**a**lf, geh**o**lfen
str**ei**cheln, str**ei**chelte, gestr**ei**chelt	r**a**ten, r**ie**t, ger**a**ten
w**a**rten, w**a**rtete, gew**a**rtet	w**a**schen, w**u**sch, gew**a**schen
...	...

Regelmäßige und unregelmäßige Verben

Verben können nach der Art ihrer Formenbildung in regelmäßig und unregelmäßig konjugierte Verben eingeteilt werden.

Die **Unterscheidung** in regelmäßige und unregelmäßige Verben erfolgt **anhand dreier Merkmale**:

- Veränderung des Stammvokals und des Wortstamms
- Bildung der Präteritumformen
- Bildung des Partizips Perfekt

An den drei **Stammformen eines Verbs** (= Infinitiv, 1. Person Singular Präteritum, Partizip Perfekt → voriger Abschnitt) sind diese Merkmale ablesbar und alle Konjugationsformen eines Verbs lassen sich daraus ableiten.

Konjugationsmerkmale für regelmäßige Verben

- Bei regelmäßigen Verben bleibt in allen drei Stammformen der **Stammvokal unverändert**.
- Das **Präteritum** wird bei regelmäßigen Verben gebildet, indem man die Personalendungen ***-te / -test / -te / -ten / -tet / -ten*** **an den Verbstamm** anhängt.
- Das **Partizip Perfekt** entsteht, indem dem Verbstamm das **Präfix *ge-*** vorangestellt und ein ***-t*** angehängt wird.

1. Stammform: Infinitiv	**2. Stammform: 1. Person Singular Präteritum mit Endung *-te***	**3. Stammform: Partizip Perfekt: *ge-* + *-t***
sagen	(ich) sag-**te**	(ich habe) **ge**-sag-**t**
kochen	(ich) koch-**te**	(ich habe) **ge**-koch-**t**
hören	(ich) hör-**te**	(ich habe) **ge**-hör-**t**
sammeln	(ich) sammel-**te**	(ich habe) **ge**-sammel-**t**
radeln	(ich) radel-**te**	(ich bin) **ge**-radel-**t**

Konjugationsmerkmale für unregelmäßige Verben

- Unregelmäßige Verben verändern den **Stammvokal** ihres Verbstamms im Präteritum, viele auch im Partizip Perfekt. Man nennt diesen Wechsel des Stammvokals **Ablaut**.
- Bei **unregelmäßigen Verben** bleiben im Präteritum die 1. und 3. Person Singular endungslos, in den übrigen Personen werden ***-st, -en, -t, -en*** angehängt.
- Das **Partizip Perfekt** entsteht, indem dem Verbstamm das **Präfix *ge-*** vorangestellt und ***-en*** angehängt wird.

1. Stammform: Infinitiv	**2. Stammform: 1. Person Singular Präteritum mit Stammvokalwechsel**	**3. Stammform: Partizip Perfekt: *ge-* + *-en*, teilweise mit Stammvokalwechsel**
bl**ei**ben	(ich) bl**ie**b	(ich bin) **ge**-bl**ie**b-**en**
f**i**nden	(ich) f**a**nd	(ich habe) **ge**-f**u**nd-**en**
gr**ei**fen	(ich) gr**i**ff	(ich habe) **ge**-gr**i**ff-**en**
h**e**lfen	(ich) h**a**lf	(ich habe) **ge**-h**o**lf-**en**
r**a**ten	(ich) r**ie**t	(ich habe) **ge**-r**a**t-**en**
tr**e**ffen	(ich) tr**a**f	(ich habe / bin) **ge**-tr**o**ff-**en**

→ Konjugationstabellen, S. 326 ff.

Bei einigen unregelmäßigen Verben wechselt nicht nur der Stammvokal, sondern der ganze Verbstamm:

gehen – ging – gegangen
stehen – stand – gestanden
sitzen – saß – gesessen
tun – tat – getan …

Schwache und starke Verben

Die Bezeichnungen *schwache* und *starke Verben* werden nur noch selten gebraucht: Die schwachen Verben bilden ihre Formen **regelmäßig**, die starken **unregelmäßig**.

Merkmale für die gemischte Konjugation

Neben den regelmäßigen und den unregelmäßigen Verben gibt es ein paar Verben, die **Merkmale beider Konjugationsklassen** besitzen: der regelmäßigen und der unregelmäßigen.

Diese Verben verändern wie die unregelmäßigen Verben den Stammvokal im Präteritum und im Partizip Perfekt. Das ist ein Zeichen für die unregelmäßige Konjugation.

Die Personalendungen im Präteritum und die Endung *-t* im Partizip Perfekt weisen jedoch auf eine regelmäßige Konjugation hin.

Man spricht in diesen Fällen auch von **gemischten Verben**.

1. Stammform: Infinitiv	**2. Stammform: 1. Person Singular Präteritum mit Stammvokalwechsel + Endung *-te***	**3. Stammform Partizip Perfekt: *ge-* + *-t***
bringen	(ich) brach-**te**	(ich habe) **ge**-brach-**t**
denken	(ich) dach-**te**	(ich habe) **ge**-dach-**t**
dürfen	(ich) durf-**te**	(ich habe) **ge**-durf-**t**
kennen	(ich) kann-**te**	(ich habe) **ge**-kann-**t**

können	(ich) konn-**te**	(ich habe) **ge**-konn-**t**
mögen	(ich) moch-**te**	(ich habe) **ge**-moch-**t**
müssen	(ich) muss-**te**	(ich habe) **ge**-muss-**t**
nennen	(ich) nann-**te**	(ich habe) **ge**-nann-**t**
rennen	(ich) rann-**te**	(ich bin) **ge**-rann-**t**
senden*	(ich) sand-**te**	(ich habe) **ge**-sand-**t**
wissen	(ich) wuss-**te**	(ich habe) **ge**-wuss-**t**
(sich) wenden*	(ich) wand-**te** (mich)	(ich habe mich) **ge**-wand-**t**

* Diese Verben werden mit etwas anderer Bedeutung auch schwach konjugiert.
→ S. 339 ff.

Viele Grammatiken rechnen die gemischt konjugierten Verben zu den unregelmäßigen Verben.

Die einfachen Zeiten

Die Bildung des Präsens

Das Präsens, die Gegenwartsform, wird im Indikativ mit dem **Verbstamm** (→ S. 257) und den **Personalendungen** gebildet.

	Verbstamm	+	Personalendung		
Singular					
ich	sing	+	**-e**	→	singe
du	sing	+	**-st**	→	singst
er / sie / es	sing	+	**-t**	→	singt
Plural					
wir	sing	+	**-en**	→	singen
ihr	sing	+	**-t**	→	singt
sie	sing	+	**-en**	→	singen

Die 1. und 3. Person Plural gleichen übrigens dem Infinitiv:
wir **singen**, sie **singen**

WORTARTEN

Besonderheiten bei der Formenbildung im Präsens

Bei den meisten **unregelmäßigen Verben** ändert sich der **Stammvokal** bei den Formen der 2. und 3. Person Singular:

a wird zu ***ä:***	f**a**hren	→	du f**ä**hrst, er f**ä**hrt
e wird zu ***i:***	tr**e**ffen	→	du tr**i**ffst, er tr**i**fft
au wird zu ***äu:***	l**au**fen	→	du l**äu**fst, er l**äu**ft
eh wird zu ***ieh:***	st**eh**len	→	du st**ieh**lst, er st**ieh**lt
o wird zu ***ö:***	st**o**ßen	→	du st**ö**ßt, er st**ö**ßt

e-Einschub: Endet der **Verbstamm auf *-d*** oder ***-t*** oder endet er auf ein ***-m*** oder ein ***-n***, dem ein weiterer Konsonant vorausgeht (außer *l, r, m* oder *n*), wird bei der 2. und 3. Person Singular sowie bei der 2. Person Plural vor der Personalendung noch ein **-e eingefügt**.

lei**d**en	→	du leid**e**st	er / sie / es leid**e**t	ihr leid**e**t
rei**t**en	→	du reit**e**st	er / sie / es reit**e**t	ihr reit**e**t
a**tm**en	→	du atm**e**st	er / sie / es atm**e**t	ihr atm**e**t
ö**ffn**en	→	du öffn**e**st	er / sie / es öffn**e**t	ihr öffn**e**t

Aber: Es gibt **unregelmäßige Verben**, deren **Stamm auf *-d* oder *-t*** endet und bei denen der Stammvokal in der 2. und 3. Person Singular wechselt; dann wird nur in der 2. Person Plural ein *e* eingeschoben:

hal**t**en	→	du h**ä**ltst	er / sie / es h**ä**lt	ihr halt**e**t
la**d**en	→	du l**ä**dst	er / sie / es l**ä**dt	ihr lad**e**t

s*-Ausfall**: Endet der Stamm eines Verbs auf ***-s, -ss, -ß, -x, -tz oder ***-z***, entfällt das *-s* in der 2. Person Singular:

faxen	→	du faxt	**sims**en	→	du simst
hetzen	→	du hetzt	**schließ**en	→	du schließt
lassen	→	du lässt	**reiz**en	→	du reizt

e-Ausfall: Bei Verben, die im **Infinitiv auf *-eln*** enden, **entfällt** heutzutage in der 1. Person Singular das **-e** vor dem *l*.

In der 1. Person und 3. Person Plural **entfällt** das **-e** der Personalendung:

wand**eln**: ich wan**dle**, du wandelst, er wandelt, wir wande**ln**, ihr wande**lt**, sie wande**ln**
Ebenso: denkeln, heucheln, munkeln, sammeln, schwindeln, stammeln ...

Bei Verben, die im **Infinitiv auf *-auern*** enden, entfällt häufig in der 1. Person Singular das -e der Personalendung. Es ist aber auch korrekt, die Form mit e-zu schreiben:

bed**auern**: ich bed**aure** (seltener: ich bed**auere**)
Ebenso: erschauern, kauern, lauern, mauern ...

Weitere Ausnahmen bei den Präsensformen

Bei Verben, die im **Infinitiv auf *-ern*** enden, darf bei der 1. Person Singular das **-e** vor dem ***-r*** entfallen:

ändern: ich änd(e)re; **wandern**: ich wand(e)re; **sich wundern**: ich wund(e)re mich ...

Eher **in poetischer Sprache** entfällt manchmal das **-e** der Endung in der 1. und 3. Person Plural. Dies ist bei Verben der Fall, deren **Stamm auf einen Vokal / Diphthong** endet oder auf einen **Vokal + *h***:

freuen: wir freu(e)n; **schauen**: sie schau(e)n; **verzeihen**: wir verzeih(e)n
fliehen: wir flieh(e)n; **bemühen**: sie bemüh(e)n; **ziehen**: wir zieh(e)n ...

Aber: Bei dem Verb ***knien*** muss das **-e** der Endung stets entfallen:
ich knie, wir knien, sie knien

Kein Endungs-e weglassen bei Verben auf *-eln* und *-ern*!

Bei Verben auf *-eln* und *-ern* wird in der 1. Person Singular häufig das *-e* der Personalendung weggelassen. Dies ist jedoch **umgangssprachlich**. Also:

ich samm(e)le (nicht: ~~ich sammel~~)
ich wand(e)le (nicht: ~~ich wandel~~)
ich wund(e)re mich (nicht: ~~ich wunder mich~~)

Vergessen Sie keine Buchstaben!

Vergessen Sie keine Buchstaben bei

halten: *du hä**ltst*** (ebenso: behältst, erhältst ...)
wischen: *du wisch**st*** (ebenso bei den Verben erhaschen, huschen, naschen ...)

Der Gebrauch des Präsens

Mit dem Präsens wird ein **Geschehen in der Gegenwart** angegeben. Oft kann man ein ***jetzt***, ***gerade, zurzeit*** ergänzen oder hinzudenken:

Ich warte (gerade) auf den Bus.
Wir essen (jetzt, gerade) zu Mittag.
Sie reden (gerade) alle durcheinander.

Mit dem Präsens lassen sich **zeitlose Zustände** wiedergeben und **allgemeingültige Aussagen** machen. Es verweist in dieser Bedeutung auf etwas, das immer schon so war und gegolten hat und auch künftig gelten wird. Häufig kommt es auch in Regeln und in Sprichwörtern vor:

Der Wal ist ein Meeressäugetier.
Die Sonne geht im Osten auf.
Aller Anfang ist schwer.

Das Präsens wird verwendet für **Beschreibungen und Handlungsanleitungen**, z. B. in Kochrezepten, Reiseführern, Arbeitsanleitungen ...

Dann füllt man die Eimasse vorsichtig in die gut eingefetteten Förmchen.
Zur Oberstadt gelangt man am besten zu Fuß.
Bevor man die Farbe aufträgt, rührt man sie mit einem Stab kräftig um.

Das Präsens kann **auf Zukünftiges verweisen**. Es wird dann zusammen mit Zeitangaben wie ***bald, morgen, heute Abend, später, dann*** usw. gebraucht:

Bald beginnt die Veranstaltung.
Heute Abend gehen wir ins Kino.
In zwei Wochen fahren wir nach Polen.

Vor allem in Erzählungen kann das Präsens auch ein Geschehen wiedergeben, das eigentlich in der Vergangenheit liegt. Auf diese Weise wird oft Spannung erzeugt, und die Erzählung wirkt lebendiger.

Man spricht in diesem Fall vom **historischen Präsens**. Dabei können sich in einem Text Präsens und Präteritum auch abwechseln:

Sherlock Holmes betrat das Haus und sah sich um. Er zögerte. Plötzlich **reißt** er die Tür zur Bibliothek auf: „Kommen Sie heraus“, **ruft** er laut.
„Ich bin's doch nur“, **brabbelt** Dr. Watson verdutzt und **erhebt** sich aus dem Lesesessel.

Die Bildung des Präteritums

Das Präteritum, die **Vergangenheitsform**, früher auch **Imperfekt** genannt, wird teils regelmäßig, teils unregelmäßig gebildet.

Regelmäßige Verben bilden das Präteritum mit den Endungen ***-te, -test, -te, -ten, -tet, -ten***, die an den Verbstamm angehängt werden:

	Verbstamm	+	Personalendung		
Singular					
ich	sag	+	**-te**	→	sagte
du	sag	+	**-test**	→	sagtest
er / sie / es	sag	+	**-te**	→	sagte
Plural					
wir	sag	+	**-ten**	→	sagten
ihr	sag	+	**-tet**	→	sagtet
sie	sag	+	**-ten**	→	sagten

e*-Einschub:** Endet der **Verbstamm auf *-d oder ***-t*** oder endet er auf ein ***-m*** oder ein ***-n***, dem ein weiterer Konsonant vorausgeht (außer *l, r, m* oder *n*), wird bei allen Personen vor der Endung noch ein **-e eingefügt** – vgl. mit Besonderheiten beim Präsens:

atmen	→	du atm**e**test	er / sie / es atm**e**te	ihr atm**e**tet
öffnen	→	du öffn**e**test	er / sie / es öffn**e**te	ihr öffn**e**tet
weiden	→	du weid**e**test	er / sie / es weid**e**te	ihr weid**e**tet

Unregelmäßige Verben bilden das Präteritum mit einer Änderung des Stammvokals, dem so genannten **Ablaut**. Die 1. und 3. Person Singular sind endungslos. In der 2. Person Singular enden sie auf ***-st***, die Endungen im Plural lauten ***-en, -t, -en***:

	Verbstamm mit Ablaut	+	Personalendung		
Singular					
ich	bl**ie**b	+	**-**	→	blieb
du	bl**ie**b	+	**-st**	→	bliebst
er / sie / es	bl**ie**b	+	**-**	→	blieb

Plural				
wir	bl**ie**b	+	**-en**	→ blieben
ihr	bl**ie**b	+	**-t**	→ bliebt
sie	bl**ie**b	+	**-en**	→ blieben

e-Einschub: Wenn der **Verbstamm auf *-s, -ss, -ß*** oder ***-z*** endet, **muss** bei der **2. Person Singular** ein ***-e*** vor der Personalendung eingeschoben werden. In der **2. Person Plural kann** ein ***-e*** eingeschoben werden (eher veraltete Form):

blasen	→	du blie**se**st	ihr blies**(e)**t
essen	→	du a**ße**st	ihr a**ß(e)**t
fließen	→	du flo**sse**st	ihr flo**ss(e)**t
schmelzen	→	du schmol**ze**st	ihr schmol**z(e)**t

Wenn der **Verbstamm auf *-d* oder *-t*** endet, **kann** in der **2. Person Singular** ein *e*-Einschub erfolgen; in der **2. Person Plural muss** das *-e* eingeschoben werden:

finden	→	du fan**d(e)**st	ihr fan**de**t
leiden	→	du lit**t(e)**st	ihr lit**te**t
reiten	→	du rit**t(e)**st	ihr rit**te**t

Verben, die der **gemischten Konjugation** zugeordnet werden, bilden das Präteritum wie die unregelmäßigen Verben mit einer Änderung des Stammvokals, aber mit den Präteritumendungen der regelmäßigen Verben: ***-te, -test, -te, -ten, -tet, -ten***:

	Verbstamm	+	Personalendung		
Singular					
ich	brach	+	**-te**	→	brachte
du	brach	+	**-test**	→	brachtest
er / sie / es	brach	+	**-te**	→	brachte
Plural					
wir	brach	+	**-ten**	→	brachten
ihr	brach	+	**-tet**	→	brachtet
sie	brach	+	**-ten**	→	brachten

Der Gebrauch des Präteritums

Das Präteritum, die Vergangenheitsform, drückt ein **in der Vergangenheit abgeschlossenes Geschehen** aus:

Albert Einstein, 1879 in Ulm geboren, **begründete** die physikalische Relativitätstheorie. Mit dieser und anderen Arbeiten **revolutionierte** Einstein die Physik. 1921 **erhielt** er den Nobelpreis, allerdings nicht für die Relativitätstheorie, sondern für seine Beiträge zur Quantentheorie. Einstein **starb** 1955 in Princeton, USA.

Das Präteritum wird auch das **Erzähltempus** genannt, denn es kommt meist in Märchen, Novellen, Erzählungen und Romanen vor, aber auch in Berichten, z. B. in Zeitungen:

„Vor vielen Jahren lebte einmal ein Kaiser, der so große Stücke auf hübsche neue Kleider hielt, daß er all sein Geld ausgab, um nur immer recht geputzt einherzugehen. ..."

(Hans Christian Andersen, Des Kaisers neue Kleider, aus: Das Märchenbuch, Stuttgart 2003, Reclam)

Die zusammengesetzten Zeiten

Die zusammengesetzten Zeiten sind Perfekt, Plusquamperfekt, Futur I, Futur II. Sie heißen zusammengesetzte Zeiten, da ihre Formen aus mehreren Wörtern bestehen. Sie bilden ihre Formen mit den Hilfsverben ***haben, sein*** oder **werden** und dem **Partizip Perfekt** oder dem Infinitiv.

→ Konjugation von sein und haben, S. 326 ff.

Die Bildung des Perfekts

Das Perfekt, die **vollendete Gegenwart**, wird mit den Personalformen der Hilfsverben ***haben*** oder ***sein*** im Präsens und dem **Partizip Perfekt** (→ S. 250) des Vollverbs gebildet.

	Perfekt mit *haben*		Perfekt mit *sein*	
Singular				
ich	**habe**	gegessen, geliebt ...	**bin**	gegangen, gewandert ...
du	**hast**	gegessen, geliebt ...	**bist**	gegangen, gewandert ...
er / sie / es	**hat**	gegessen, geliebt ...	**ist**	gegangen, gewandert ...
Plural				
wir	**haben**	gegessen, geliebt ...	**sind**	gegangen, gewandert ...
ihr	**habt**	gegessen, geliebt ...	**seid**	gegangen, gewandert ...
sie	**haben**	gegessen, geliebt ...	**sind**	gegangen, gewandert ...

Die meisten Verben bilden sowohl das **Perfekt** als auch das Plusquamperfekt **mit dem Hilfsverb *haben***. Das gilt insbesondere für transitive Verben, reflexive Verben, unpersönliche Verben, Modalverben und intransitive Verben, die einen Zustand ausdrücken.

Transitives Verb:	Ich **habe** dich **geliebt**.
Reflexives Verb:	Ich **habe** mich **gefreut**.
Unpersönliches Verb:	Es **hat geschneit**.
Modalverb:	Ich **habe** nach Hause gehen **müssen**.
Intransitives Verb:	Ich **habe gearbeitet**.

Das **Perfekt mit *sein*** bilden vor allem intransitive Verben, die eine Veränderung oder Bewegung ausdrücken. Zu diesen Verben gehören zum Beispiel die häufig vorkommenden Verben laufen, gehen, kommen ...

Ich **bin** heute fünf Kilometer **gelaufen**.
Er **ist** schon früh nach Hause **gegangen**.

Bei einigen dieser Verben ist der Gebrauch jedoch schwankend:

ich **bin / habe** gejoggt
ich **bin / habe** geschwommen
ich **bin / habe** gesessen

Manche dieser intransitiven Verben werden mit anderer Bedeutung auch transitiv gebraucht:

Er **ist** nach Berlin **gefahren**.
Sie **ist** nach New York **geflogen**.
Er **hat** das Auto **gefahren** ...
Er **hat** den Hubschrauber **geflogen**.

→ siehe Tabelle, S. 338

In Wörterbüchern wird in der Regel angegeben, welches Hilfsverb verwendet wird.

Der Gebrauch des Perfekts

Das Perfekt gibt ein Geschehen an, das zwar in der Vergangenheit abgeschlossen ist, dessen Folge oder Ergebnis aber in der Gegenwart häufig nachwirkt. Man nennt es darum auch die **vollendete Gegenwart**.

Ich **habe** vorhin **gegessen**. (Jetzt bin ich satt.)
Sie **sind** um die Wette **gelaufen**. (Jetzt sind sie müde.)
Er **hat** sich **geschworen**, es nicht wieder zu tun. (Sein Schwur gilt heute noch.)

Das Perfekt kann auch ein **Geschehen** ausdrücken, das **in der Zukunft** abgeschlossen sein wird. Es steht dann anstelle des Futurs II (→ S. 275).

Morgen **hast** du die Prüfungen **überstanden**. (Perfekt)
Morgen **wirst** du die Prüfungen **überstanden haben**. (Futur II)

Wird mit dem Perfekt ein Geschehen bezeichnet, das vor einer gegenwärtigen Handlung liegt, so drückt es die **Vorzeitigkeit** aus:

Nachdem die Milch **übergekocht ist**, müssen wir nun auch noch den Herd putzen.

Perfekt oder Präteritum?

In der **gesprochenen Sprache** wird meistens das **Perfekt** als Erzählsprache verwendet:

Gestern **habe** ich eine Fahrkarte für meine Reise nach Berlin **gekauft**.
Danach **habe** ich mich mit Freunden **getroffen**.

In der **geschriebenen Sprache** wird eher das **Präteritum** mit seinen kürzeren Formen gebraucht:

Gestern **kaufte** ich eine Fahrkarte für meine Reise nach Berlin.
Danach **traf** ich mich mit Freunden.

Eindeutige Regeln zum Gebrauch der beiden Zeiten gibt es jedoch nicht.

Die Bildung des Plusquamperfekts

Das Plusquamperfekt, die **vollendete Vergangenheit**, wird mit den Personalformen der Hilfsverben ***haben*** oder ***sein*** im Präteritum und dem **Partizip Perfekt** (→ S. 250) des Vollverbs gebildet.

Die meisten Verben bilden das Plusquamperfekt mit dem Hilfsverb *haben*. Verben, die eine Veränderung oder Bewegung ausdrücken, bilden das Plusquamperfekt mit dem Hilfsverb *sein*.

	Plusquamperfekt mit *haben*		Plusquamperfekt mit *sein*	
Singular				
ich	**hatte**	gegessen, geliebt ...	**war**	gegangen, gewandert ...
du	**hattest**	gegessen, geliebt ...	**warst**	gegangen, gewandert ...
er / sie / es	**hatte**	gegessen, geliebt ...	**war**	gegangen, gewandert ...
Plural				
wir	**hatten**	gegessen, geliebt ...	**waren**	gegangen, gewandert ...
ihr	**hattet**	gegessen, geliebt ...	**wart**	gegangen, gewandert ...
sie	**hatten**	gegessen, geliebt ...	**waren**	gegangen, gewandert ...

Der Gebrauch des Plusquamperfekts

Das Plusquamperfekt wird fast nur zusammen mit dem Präteritum gebraucht und drückt dann die Vorzeitigkeit (→ S. 480) aus: Es bezeichnet also ein Geschehen, das bereits vor einem anderen vergangenen Geschehen lag. Man nennt das Plusquamperfekt darum auch die **Vorvergangenheit**.

Er ging zur Tür.	(Präteritum)
Es hatte (zuvor) geklingelt.	(Plusquamperfekt)
Wir hatten (bereits) zu Abend gegessen,	(Plusquamperfekt)
als mein Bruder nach Hause kam.	(Präteritum)

Der Gebrauch der Hilfsverben ***haben*** und ***sein*** im Plusquamperfekt entspricht dem im Perfekt (→ Bildung des Perfekts, S. 269).

Umgangssprachlicher Gebrauch des Plusquamperfekts

In der gesprochenen Sprache wird manchmal das Plusquamperfekt benutzt, obwohl gar **kein Verhältnis der Vorzeitigkeit** besteht:

Gestern **war** ich in Potsdam **gewesen**. Dort habe ich eine Freundin getroffen.

Der Aufenthalt und das Treffen mit der Freundin fanden **gleichzeitig** statt. Korrekt ist deshalb nur:

Gestern **war** ich in Potsdam. Dort habe ich eine Freundin getroffen.

! **Falsche Plusquamperfektbildung in der Umgangssprache**

Manchmal wird das **Plusquamperfekt** aus dem Perfekt oder Plusquamperfekt + angehängtem *gehabt* gebildet:

Das **habe / hatte** ich vorher noch nie gesehen **gehabt**.
Ich **habe / hatte** die Tische gerade aufgestellt **gehabt**, da fing es an zu regnen.

Standardsprachlich ist nur korrekt:

Das **hatte** ich vorher noch nie **gesehen**.
Ich **hatte** die Tische gerade **aufgestellt**, da fing es an zu regnen.

Die Bildung des Futurs I

Das Futur I, die Zukunftsform, wird mit den Personalformen des Hilfsverbs ***werden*** im Präsens und dem **Infinitiv des Vollverbs** gebildet.

Singular		
ich	**werde**	arbeiten, schreiben, springen ...
du	**wirst**	arbeiten, schreiben, springen ...
er / sie / es	**wird**	arbeiten, schreiben, springen ...
Plural		
wir	**werden**	arbeiten, schreiben, springen ...
ihr	**werdet**	arbeiten, schreiben, springen ...
sie	**werden**	arbeiten, schreiben, springen ...

Der Gebrauch des Futurs I

Das Futur I bezeichnet etwas **Zukünftiges**, also ein Geschehen, das noch nicht stattgefunden hat:

Wir **werden** uns morgen um 15.00 Uhr **treffen**.
Die Sommerferien **werden** in diesem Jahr im Juli **beginnen**.

Mit dem Futur I kann man auch eine **Vermutung** über ein Geschehen zum Ausdruck bringen, das **im Moment des Sprechens** abläuft:

Herr Meier ist noch nicht da. Er **wird** wieder einmal im Stau **stecken**.
Meine Tante meldet sich nicht. Sie **wird** doch nicht krank **sein**?

Das Futur I kann auch eine **Absicht** oder eine **Aufforderung** ausdrücken:

Ich **werde** mich darauf **einstellen**.	(Absicht)
Ihr **werdet** jetzt sofort eure Zimmer **aufräumen**!	(Aufforderung)

Futur I oder Präsens?

Häufig wird statt des Futurs I das Präsens verwendet. Denn oft weist ein Wort (später, morgen, nächste Woche ...) im selben Satz bereits darauf hin, dass etwas erst in der Zukunft stattfindet, oder der Bezug zur Zukunft wird aus dem Zusammenhang deutlich:

Die Konferenz beginnt am Dienstag.
Die Konferenzteilnehmer kommen erst morgen.
Verlass dich auf mich. Ich erledige das.

Die Bildung des Futurs II

Die Formen des Futurs II, der so genannten **vollendeten Zukunft**, setzen sich aus drei Bestandteilen zusammen:

Personalform des Hilfsverbs ***werden*** im Präsens
\+ **Partizip Perfekt** des Vollverbs
\+ **Infinitiv** der Hilfsverben ***haben*** oder ***sein***

	Futur II mit *haben*		
Singular			
ich	**werde**	gearbeitet	**haben**
du	**wirst**	gearbeitet	**haben**
er / sie / es	**wird**	gearbeitet	**haben**
Plural			
wir	**werden**	gearbeitet	**haben**
ihr	**werdet**	gearbeitet	**haben**
sie	**werden**	gearbeitet	**haben**
	Futur II mit *sein*		
Singular			
ich	**werde**	gesprungen	**sein**
du	**wirst**	gesprungen	**sein**
er / sie / es	**wird**	gesprungen	**sein**
Plural			
wir	**werden**	gesprungen	**sein**
ihr	**werdet**	gesprungen	**sein**
sie	**werden**	gesprungen	**sein**

Wie beim Perfekt und Plusquamperfekt wird auch das Futur II der meisten Verben mit dem Hilfsverb *haben* gebildet; die intransitiven Verben der Veränderung und Bewegung bilden es mit *sein*.

Ob beim Futur II *haben* oder *sein* verwendet wird, hängt davon ab, mit welchem der beiden Hilfsverben das Vollverb das Perfekt bildet.

schreiben:
Perfekt: ich **habe** geschrieben → Futur II: ich werde geschrieben **haben**

bleiben:
Perfekt: ich **bin** geblieben → Futur II: ich werde geblieben **sein**

Der Gebrauch des Futurs II

Mit dem Futur II wird dargestellt, dass ein **künftiges Geschehen** noch **vor einem anderen** Geschehen in der Zukunft **abgeschlossen sein wird**. Dies bringt die deutsche Bezeichnung dieser Zeitform, *vollendete Zukunft*, zum Ausdruck:

Morgen um diese Zeit werde ich alle Vorbereitungen erledigt haben.
Nächsten Monat werden wir die Bauarbeiten abgeschlossen haben.

Perfekt als Ersatztempus für das Futur II

Das Futur II wird im Deutschen nicht sehr häufig verwendet. Meist weicht man auf das Perfekt (→ S. 270) aus, das in diesem Gebrauch **Ergebnisperfekt** genannt wird:

Morgen um diese Zeit **habe** ich alle Vorbereitungen **erledigt**.
Heute in einem Monat **haben** wir die Bauarbeiten **abgeschlossen**.

Mit dem Futur II kann aber auch eine **Vermutung** oder **Annahme über ein vergangenes Geschehen** ausgedrückt werden. In dieser Verwendung hat das Futur II also eine besondere Funktion:

Konni ist noch nicht da. Er **wird** noch zum Kiosk **gegangen sein**.

Herr Maier ist noch nicht zurück. Er **wird** den Kundenbesuch **verschoben haben**.

Häufig werden in solchen Futur-II-Sätzen auch die **Adverbien** wohl, vermutlich, wahrscheinlich ... verwendet:

Frau Schneider ist noch nicht da. Sie wird **wohl** den Zug verpasst haben.

Der Keller steht unter Wasser. Du wirst **wahrscheinlich** vergessen haben, den Hahn zuzudrehen.

ÜBERSICHT 2

Genus Verbi

Aktiv

→ S. 280

Die **Aktivformen** des Verbs stellen die handelnde Person, also den Täter oder Urheber eines Geschehens, in den Vordergrund. Die meisten Sätze werden im Deutschen im **Aktiv** formuliert.

Roland **schreibt** gerade den Bericht.

Passiv

→ S. 280

Beim **Passiv** wird dagegen ein Geschehen oder eine Handlung am Subjekt des Satzes vorgenommen. Das Subjekt hat dabei eine passive Rolle.

Der Bericht **wird** gerade von Roland **geschrieben**.

Modus

Unterschiedliche Aussageweisen – also ob ein Geschehen für **wirklich, möglich, unmöglich oder wünschbar** gehalten wird – fassen wir unter dem Begriff **Modus** (Plural: *Modi*) zusammen. Es gibt im Deutschen drei Modi:

Indikativ

→ S. 288

Mit dem **Indikativ** wird ausgedrückt, dass etwas aus Sicht des Sprechers / des Schreibenden **wirklich und gegeben** ist (Wirklichkeitsform)

Du **bist** gesund. Sie **geht** nach Hause.

Konjunktiv

→ S. 289

Mit dem **Konjunktiv** verschieben wir Vorgänge und Handlungen in den **Bereich des Möglichen**, der **Wünsche**, der **Nichtwirklichkeit**, des Hörensagens und der **indirekten Rede**. (Möglichkeitsform)

Du **mögest** gesund werden. Sie **gehe** nach Hause.

Imperativ

→ S. 315

Der **Imperativ** drückt einen Wunsch, eine Anordnung oder ein Verbot aus. Er wird auch Befehlsform genannt. (Befehlsform)

Werde gesund! **Geh** nach Hause!

Trennbare und untrennbare Verben

Präfixverben

→ S. 319

Die **Präfixverben** werden auch **nicht trennbare Verben** genannt, weil in allen Konjugationsformen das Präfix mit dem Verbstamm fest verbunden bleibt. Das Präfix ist unbetont: ver'**zau**bern.

zaubern → **ver**zaubern (ich **ver**zaubere, ihr habt **ver**zaubert)

Partikelverben

→ S. 320

Bei **Partikelverben** bleiben Verbpartikeln nur in bestimmten Formen und Satzstellungen mit dem Verb fest verbunden, und zwar im **Infinitiv** (ankommen), im **Partizip Präsens** (ankommend), im **Partizip Perfekt** (angekommen) und am Ende eines Nebensatzes. Ansonsten werden die Verbpartikeln vom Verb getrennt. Die Verbpartikel ist betont: '**a**nkommen.

Der Zug **kommt** mit Verspätung **an**.

Aktiv und Passiv

Bei der **Handlungsform** oder dem **Genus Verbi** unterscheiden wir zwischen dem Aktiv und dem Passiv. Man bezeichnet beide Formen auch als **Handlungsrichtung** oder als **Diathese**.

Unterscheidung zwischen Aktivsätzen und Passivsätzen

Die meisten Sätze werden im Deutschen im **Aktiv** formuliert.

Die **Aktivformen** des Verbs stellen die handelnde Person, also den Täter oder Urheber eines Geschehens, in den Vordergrund. Das Subjekt (→ S. 420) des Satzes hat eine aktive Rolle. Man spricht beim Aktiv darum auch von der **täterbezogenen Mitteilungsperspektive**. Das Subjekt des Satzes, also der Täter oder Urheber, kann eine Person oder eine Gruppe sein, aber auch Dinge oder Naturkräfte können als Täter aufgefasst werden.

Beim **Passiv** wird dagegen ein Geschehen oder eine Handlung am Subjekt des Satzes vorgenommen. Das Subjekt hat dabei eine passive Rolle. Die **Passivformen** des Verbs **betonen den Vorgang**, die Rolle des aktiven Täters tritt in den Hintergrund. Man spricht deshalb auch von der **täterabgewandten Mitteilungsperspektive** oder vom täterabgewandten Passiv. Das Passiv wird auch **Leideform** genannt.

Der Täter, der eigentlich Handelnde, wird in Passivsätzen mithilfe einer Konstruktion mit den Präpositionen *von* oder *durch* genannt.

Aktiv: Roland **schreibt** gerade den Bericht. Nina und Pit **luden** viele Freunde **ein**. Der Regen hat meine Jacke **durchnässt**.

Passiv: Der Bericht **wird** gerade von Roland **geschrieben**. Viele Freunde **wurden** von Nina und Pit **eingeladen**. Meine Jacke **ist** vom Regen **durchnässt worden**.

Aktivsätze können in Passivsätze umgewandelt werden. Damit ändert sich die täterbezogene Mitteilungsperspektive in die täterabgewandte Mitteilungsperspektive. Bei der Umwandlung eines Aktivsatzes in einen Passivsatz werden mehrere Veränderungen vorgenommen:

- Das **Akkusativobjekt** (→ S. 425) des Aktivsatzes (einen Bericht, viele Freunde, meine Jacke) **wird im Passivsatz zum Subjekt** (der Bericht, viele Freunde, meine Jacke).
- Das **Subjekt des Aktivsatzes** (wir, Nina und Pit, der Regen) **wird** im Passivsatz durch die Präposition ***von*** (seltener: ***durch)*** **ergänzt** (von uns, von Nina und Pit, vom Regen).
- Die **Aktivformen des Verbs** (schreibt, laden ein, hat durchnässt) **werden in Passivformen** (wird geschrieben, werden eingeladen, ist durchnässt worden) **umgewandelt**.

Alle übrigen Satzglieder (→ S. 408) erfahren keine Veränderung.

In vielen Passivsätzen wird der **Täter gar nicht erwähnt**. Man spricht in diesen Fällen vom **täterlosen Passiv**. Es wird benutzt, wenn der Täter oder Urheber nicht genannt zu werden braucht oder nicht genannt werden soll, wenn er unbekannt oder unwichtig ist. Will man solche Passivsätze in Aktivsätze umwandeln, kann man das Pronomen ***man*** (→ S. 189) als Subjekt des Aktivsatzes einsetzen:

Gestern wurde im Nachbarhaus eingebrochen.	(Passiv)
Gestern hat **man** im Nachbarhaus eingebrochen.	(Aktiv)
Ihnen wurde geraten, das Stadtzentrum zu umfahren.	(Passiv)
Man riet ihnen, das Stadtzentrum zu umfahren.	(Aktiv)

Nicht alle Verben können Passivformen bilden

Zu den Verben, die ein Passiv bilden, gehören vor allem **die transitiven Verben** (→ S. 243), also Verben, die ein Akkusativobjekt bei sich haben können. Das Akkusativobjekt wird zum Subjekt des Passivsatzes:

Der Kellner **deckt die Tische**.	(Aktiv)
Die Tische werden (vom Kellner) **gedeckt**.	(Passiv)

Intransitive Verben (→ S. 243), zu denen auch die reflexiven Verben (→ S. 239) gehören und alle Verben, die das **Perfekt mit** dem Hilfsverb ***sein*** (→ S. 234) bilden, können dagegen in der Regel **keine Passivformen** bilden:

Intransitives Verb:
Aktiv: Wir dankten ihm. Passiv nicht möglich: ~~Er wurde gedankt.~~

Reflexives Verb:
Aktiv: Sie beeilten sich. Passiv nicht möglich: ~~Sie wurden beeilt.~~

Intransitives Verb, Perfekt mit *sein*:
Aktiv: Wir joggen häufig. Passiv nicht möglich: ~~Wir werden häufig gejoggt.~~

Bei **intransitiven Verben** ist jedoch ein **unpersönliches Passiv möglich** (→ S. 284).

Vorgangs- und Zustandspassiv

Man unterscheidet im Deutschen zwischen dem Vorgangspassiv und dem Zustandspassiv.

Das Vorgangspassiv

Mit dem Vorgangspassiv wird ein **Vorgang oder eine Handlung** wiedergegeben. Man nennt es auch das ***werden*-Passiv**, denn es wird mit den Personalformen des Hilfsverbs *werden* gebildet:

Das Auto **wird repariert**.
Die Computer **wurden** heruntergefahren.

Das Vorgangspassiv kann für **alle sechs Zeitstufen** gebildet werden:

Bildung: Personalform von ***werden*** im jeweiligen Tempus + Partizip Perfekt

Präsens:	Die Hauswand	**wird**	**gestrichen**.	
Präteritum:	Die Hauswand	**wurde**	**gestrichen**.	
Perfekt:	Die Hauswand	**ist**	**gestrichen**	**worden**.
Plusquamperfekt:	Die Hauswand	**war**	**gestrichen**	**worden**.
Futur I:	Die Hauswand	**wird**	**gestrichen**	**werden**.
Futur II:	Die Hauswand	**wird**	**gestrichen**	**worden sein**.

Das Partizip Perfekt von *werden* lautet im Passiv stets ***worden*** (**nicht:** *geworden).*

→ Konjugationstabelle für das Verb *werden*, S. 329

Das Zustandspassiv

Mit dem Zustandspassiv wird keine Handlung, sondern ein **Zustand** oder das **Ergebnis** eines Vorgangs beschrieben. Es wird auch das ***sein*-Passiv** genannt, denn man bildet es mit den Personalformen des Hilfsverbs *sein*:

Das Auto **ist** repariert.
Die Computer **waren** heruntergefahren.

Das Zustandspassiv kann für **alle sechs Zeitstufen** gebildet werden, wird aber meist nur im Präsens oder Präteritum gebraucht.

Bildung: Personalform von *sein* im jeweiligen Tempus + Partizip Perfekt:

Präsens:	Das Fahrrad	**ist**	**geputzt**.	
Präteritum:	Das Fahrrad	**war**	**geputzt**.	
Perfekt (selten):	Das Fahrrad	**ist**	**geputzt**	**gewesen**.
Plusquamperfekt (selten):	Das Fahrrad	**war**	**geputzt**	**gewesen.**
Futur I (selten):	Das Fahrrad	**wird**	**geputzt**	**sein**.
Futur II (selten):	Das Fahrrad	**wird**	**geputzt**	**gewesen sein**.

→ Konjugationstabelle für das Verb *sein*, S. 326

Persönliches und unpersönliches Passiv

Wird derjenige, der von der Handlung betroffen ist, genannt und bildet er das Subjekt (→ S. 420) des Satzes, spricht man vom **persönlichen Passiv**:

Der Autofahrer wird angehalten.
Die Nachrichten werden jeden Abend von vielen Menschen gesehen.
Der Computer wurde heruntergefahren.

Wird der Betroffene nicht genannt und steht stattdessen das Pronomen **es** (→ S. 149) als Subjekt, spricht man vom **unpersönlichen Passiv**. *Es* steht immer am Satzanfang. In der Regel kann das unpersönliche Passiv nur als **Vorgangspassiv** mit dem Hilfsverb *werden* gebildet werden.

Es wird immer viel erzählt.
Es ist eingebrochen worden.

Beginnt der Satz mit einem anderen Satzglied, entfällt das Pronomen *es*. Man erhält dann einen **subjektlosen Passivsatz**, der stets im Singular steht:

unpersönliches Passiv mit *es*	**subjektloses Passiv**
Es wurde viel gelacht an diesem Abend.	Gelacht wurde viel an diesem Abend.
Es wird ständig irgendwo gebaut.	Ständig wird irgendwo gebaut.
Es wurde nicht darüber gesprochen.	Darüber wurde nicht gesprochen.
Es wurde in dieses Haus eingebrochen.	In dieses Haus wurde eingebrochen.

Ein subjektloser Passivsatz ist allerdings nur möglich, wenn der Satz neben dem Prädikat noch **mindestens ein weiteres Satzglied** (Dativ- oder Präpositionalobjekt oder Adverbial) enthält oder wenn ein Nebensatz die Funktion eines weiteren Satzglieds übernimmt:

Ihm wurde gedankt.	(subjektloses Passiv mit Dativobjekt)
An Erfolg wird nicht geglaubt.	(subjektloses Passiv mit Präpositionalobjekt)
Behauptet wurde, **dass** ...	(subjektloses Passiv mit *dass*-Satz als Subjektsatz)

Aus stilistischen Gründen werden subjektlose Passivsätze dem unpersönlichen Passiv mit *es* oft vorgezogen.

→ Dativobjekt, S. 427; → Präpositionalobjekt, S. 429; → Adverbial, S. 430;
→ Subjektsatz, S. 495

Abgrenzung der Passivformen zu anderen zusammengesetzten Zeiten

Sowohl das Vorgangspassiv im Präsens wie auch das **Futur I** Aktiv (→ S. 273) bildet man mit den Personalformen des Hilfsverbs *werden*. Die Formen unterscheiden sich aber, weil im Futur I Aktiv das Hilfsverb den Infinitiv des Vollverbs bei sich hat. Das Passiv Präsens wird dagegen mit dem Hilfsverb und dem Partizip Perfekt des Vollverbs gebildet:

Die Blumen werden **gewässert**.	(Partizip Perfekt, also Vorgangspassiv im Präsens)
Die Blumen werden **blühen**.	(Infinitiv, also Futur I Passiv)

Im **Perfekt** Aktiv gleichen die Formen der Verben, die die zusammengesetzten Zeiten mit dem Hilfsverb *sein* und dem Partizip Perfekt bilden (→ S. 244), dem Zustandspassiv im Präsens:

Der Computer ist heruntergefahren.	(Präsens Passiv)
Das Kind ist gefallen.	(Perfekt Aktiv)

Da Verben, die das Perfekt mit dem Hilfsverb *sein* bilden, keine Passivformen bilden können, kann man folgenden **Test** machen: Ergibt die Umwandlung eines Aktivsatzes in ein Vorgangspassiv eine sinnvolle Aussage, handelt es sich um eine Passivform im Präsens. Ist die Aussage nicht sinnvoll, liegt ein Perfekt Aktiv vor:

Der Computer ist heruntergefahren **worden**.
(sinnvolle Aussage → Präsens Passiv)

Das Kind ist gefallen ~~worden~~.
(keine sinnvolle Aussage → Perfekt Aktiv)

Der Gebrauch des Passivs

Da Passivsätze in ihrer Konstruktion eher schwerfällig wirken, werden sie nicht so häufig gebraucht wie Aktivsätze.

Häufig wird das Passiv jedoch **in Zeitungen** oder allgemein in neutralen, objektiv gehaltenen **Berichten** oder **Mitteilungen** verwendet, wenn der

Täter oder Verursacher der eigentlichen Handlung weniger wichtig ist und deshalb nicht erwähnt werden muss:

Die Sitzung **wurde** auf nächste Woche **verschoben**. (Wichtig ist die Terminverschiebung. Wer sie veranlasste, ist unbekannt oder unwichtig.)

Am vergangenen Samstag **wurde** die neue Sporthalle feierlich **eingeweiht**. (Das Einweihen wird betont. Der Einweihende wird nicht benannt.)

Ein Grund für die Verzögerungen im Bahnverkehr **wurde** nicht genannt. (Hier geht es um die Verzögerung. Möglicherweise wird bereits als bekannt vorausgesetzt, wer die Verzögerung mitgeteilt hat.)

Das Passiv wird mit *sein* und *werden* gebildet. (Das ist eine allgemein gültige Regel. Wer sie anwendet – ob Frau oder Mann, Jung oder Alt, einer oder viele – ist nebensächlich.)

Die Polizei gibt bekannt: Die Bundesstraße **ist** vom 10. April bis 15. Mai wegen Bauarbeiten **gesperrt**. Umleitungen **sind ausgeschildert**. Die Verkehrsteilnehmer **werden gebeten**, diesen Bereich weiträumig zu umfahren. (Die aktiv Handelnden (*die Polizei*) werden zu Beginn genannt und deshalb nicht in jedem Satz wiederholt.)

Aktiv oder Passiv?

Sätze klingen im Deutschen häufig besser, wenn sie im Aktiv abgefasst sind; sie sind kürzer und wirken lebendiger und verbindlicher:

Es wird gebeten, dass die Ware bis Ende der Woche verschickt wird.

Aktiv formuliert, wirkt der Satz freundlicher und persönlicher:

Wir bitten Sie, die Ware bis Ende der Woche zu verschicken.

Es gibt einige weitere Möglichkeiten, wie Sie Passivformen umschreiben können. Beispiel Passivsatz:

Diese Aufgabe ist leicht gelöst worden.

Diesen Satz können Sie auf verschiedene Arten umwandeln:

Die Aufgabe löste sich fast von selbst.
(Aktivsatz mit reflexiv gebrauchtem Verb: *sich lösen*)

Die Aufgabe war leicht zu lösen.
(*sein* + Infinitiv mit *zu* drückt hier eine Möglichkeit aus)

Die Aufgabe ließ sich leicht lösen.
(*lassen* + reflexiv gebrauchter Infinitiv)

Die Aufgabe war leicht lösbar. (*sein* + Adjektiv)

Die Lösung der Aufgabe war leicht.
(sein + Verbalsubstantiv (= von einem Verb abgeleitetes Nomen)

Man konnte die Aufgabe leicht lösen.
(täterloses Passiv als Aktivsatz, → S. 281)

Die drei Modi: Indikativ, Konjunktiv, Imperativ

Verben können unterschiedliche Aussageweisen aus der Sicht des Subjekts angeben. Mit diesen Aussageweisen wird ausgedrückt, ob ein Geschehen für **wirklich, möglich, unmöglich oder wünschbar** gehalten wird. Auch **Aufforderungen** können mit ihnen zum Ausdruck gebracht werden.

Diese unterschiedlichen Aussageweisen fassen wir unter dem Begriff **Modus** (Plural: *Modi*) zusammen. Es gibt im Deutschen drei Modi:

- den **Indikativ** (Wirklichkeitsform)
- den **Konjunktiv** (Möglichkeitsform)
- den **Imperativ** (Befehlsform)

Du **bist** gesund. Sie **geht** nach Hause.	(Indikativ)
Du **mögest** gesund werden. Sie **gehe** nach Hause.	(Konjunktiv)
Werde gesund! **Geh** nach Hause!	(Imperativ)

WORTARTEN

Die Bildung des Indikativs

Der Indikativ ist der reguläre Modus, der **Normalmodus**, in dem Verben konjugiert werden. Die Bildung der finiten Verbformen im Indikativ wird bei den einzelnen Tempora erläutert:

Präsens → S. 261
Präteritum → S. 265
Perfekt → S. 269
Plusquamperfekt → S. 271
Futur I → S. 273
Futur II → S. 275

→ siehe Konjugationstabellen, S. 326 ff.

Der Gebrauch des Indikativs

Der Indikativ ist die Aussageweise, der **Normalmodus**, der am häufigsten verwendet wird. Mit ihm wird ausgedrückt, dass etwas aus Sicht des Sprechers / des Schreibenden **wirklich und gegeben** ist. Daher wird dieser Modus auch **Wirklichkeitsform** genannt.

Heute scheint die Sonne.
Das Auto fuhr bei Rot über die Kreuzung.
Im Winter werden wir die Heizung anstellen.
Der Siedepunkt von Wasser liegt bei 100° C.

Auch in der fiktiven **Literatur** ist der Indikativ der Normalmodus, da hier eine Wirklichkeit erfunden wird:

„Jeden Morgen schlich die Alte zu dem Ställchen und rief: ‚Hänsel, streck deine Finger heraus, damit ich fühle, ob du bald fett bist.“

Nicht zuletzt werden auch **Lügen** im Indikativ verfasst, da sie eine nicht gegebene Wirklichkeit vorspielen sollen.

„Mit dieser neuartigen Diät nehmen Sie binnen drei Tagen vier Kilo ab.
Ich habe es selbst ausprobiert und bin sehr zufrieden.“

Der Konjunktiv

Mit dem Konjunktiv verschieben wir Vorgänge und Handlungen in den **Bereich des Möglichen**, der **Wünsche**, der **Nichtwirklichkeit**, des Hörensagens und der **indirekten Rede**. Er wird deshalb auch **Möglichkeitsform** genannt:

Es **könnte** sein, dass er Recht hat. (Aber ich weiß es nicht. Es ist nur eine Möglichkeit.)

Man sagt, er **habe** sich von ihr getrennt. (Aber wir wissen es nicht genau.)

Wenn es doch endlich regnen **würde**! (Aber es regnet nicht.)

Wäre er früher aufgestanden, **hätte** er den Zug erreicht. (Er ist aber nicht früher aufgestanden und hat den Zug verpasst.)

Der Wetterbericht kündigt an, ein Gewitter **ziehe** auf. (Ich berichte, was der Wetterbericht gesagt hat. Aber es ist nicht meine eigene Aussage.)

Der Konjunktiv teilt sich in zwei große Teilbereiche: Konjunktiv I und Konjunktiv II. Beide Bereiche können sich auf Vergangenes, Gegenwärtiges und Zukünftiges erstrecken.

Der **Konjunktiv I** wird vor allem für die **indirekte Rede** (→ S. 308) verwendet, der **Konjunktiv II** wird generell zur Darstellung der **Unwirklichkeit, Unmöglichkeit** benutzt.

Konjunktiv I und Konjunktiv II existieren in folgenden Tempora:

Konjunktiv I	
Präsens	Er meint, die Vorstellung **beginne** jetzt.
Perfekt	Er meint, die Vorstellung **habe** bereits **begonnen**.
Futur I	Er meint, die Vorstellung **werde** in Kürze **beginnen**.
Futur II	Er meint, die Vorstellung **werde** dann bereits **begonnen haben**.

Konjunktiv II	
Präteritum	Er meinte, die Vorstellung **begänne**, aber sie begann nicht.
Plusquamperfekt	Er meinte, die Vorstellung **hätte** bereits **begonnen**.
Futur I*	(Er meinte, die Vorstellung **würde** bald **beginnen**.)
Futur II*	(Er meinte, die Vorstellung **würde** dann bereits **begonnen haben**.)

* Der Konjunktiv II von Futur I und Futur II wird fast nie verwendet.

Die Bildung des Konjunktivs Präsens

Die Personalformen des Konjunktivs Präsens werden gebildet, indem man dem Verbstamm (→ S. 257) die **Endungen *-e, -est, -e, -en, -et, -en*** anfügt.

Nur beim **Verb *sein*** fehlt in der 1. und 3. Person Singular die Endung *-e*.

	Hilfsverben *sein, haben, werden*			**Vollverb**
Singular				
ich	sei	hab-**e**	werd-**e**	sag-**e**
du	sei**-(e)st**	hab-**est**	werd-**est**	sag-**est**
er / sie / es	sei	hab-**e**	werd-**e**	sag-**e**
Plural				
wir	sei-**en**	hab-**en**	werd-**en**	sag-**en**
ihr	sei-**et**	hab-**et**	werd-**et**	sag-**et**
sie	sei-**en**	hab-**en**	werd-**en**	sag-**en**

Einige Formen des Konjunktivs Präsens entsprechen den Formen des Indikativs Präsens (→ S. 261), nämlich die **1. Person Singular** sowie die **1. und 3. Person Plural.** Bei diesen Personalformen wird deshalb meistens ausgewichen auf die entsprechenden **Personalformen des Konjunktivs Präteritum** oder die **Umschreibung mit *würde*** (→ S. 304), um den konjunktivischen Gebrauch eines Verbs deutlich zu machen.

→ Gebrauch des Konjunktivs, S. 298 ff.

Die Bildung des Konjunktivs Perfekt

Die Verbformen des Konjunktivs Perfekt werden gebildet aus den **Personalformen des Konjunktivs Präsens** der Hilfsverben ***sein*** oder ***haben*** sowie dem **Partizip Perfekt** des Vollverbs:

	Konjunktiv Präsens von *haben*	Partizip Perfekt	Konjunktiv Präsens von *sein*	Partizip Perfekt
Singular				
ich	hab-**e**	gesagt	sei	gefahren
du	hab-**est**	gesagt	sei-**(e)st**	gefahren
er / sie / es	hab-**e**	gesagt	sei	gefahren
Plural				
wir	hab-**en**	gesagt	sei-**en**	gefahren
ihr	hab-**et**	gesagt	sei-**et**	gefahren
sie	hab-**en**	gesagt	sei-**en**	gefahren

Alle Verben, die die **zusammengesetzten Zeiten** im **Indikativ mit *haben*** bzw. mit ***sein*** bilden (→ S. 269), bilden entsprechend auch die Formen des **Konjunktivs Perfekt mit *haben*** bzw. ***sein***.

Indikativ Perfekt:		Konjunktiv Perfekt:
Silvia **hat** heute **gearbeitet**.	→	Anton sagt, Silvia **habe** heute **gearbeitet**.
Danach **ist** sie **verreist**.	→	Er sagt, danach **sei** sie **verreist**.

Auch die **Hilfsverben *sein*** und ***haben*** folgen, wenn sie selbst **als Vollverb** benutzt werden, denselben Regeln:

Personalform von ***haben*** + ***gehabt***:
Du **hast** viel Glück **gehabt**. → Man sagt, du **habest** viel Glück **gehabt**.

Personalform von ***sein*** + ***gewesen***:
Du **bist** bewusstlos **gewesen**. → Man sagt, du **sei(e)st** bewusstlos **gewesen**.

Die Bildung des Futurs I im Konjunktiv I

Das Futur I im Konjunktiv I wird gebildet mit den Personalformen des **Konjunktivs Präsens von *werden*** und dem **Infinitiv** des Vollverbs.

Singular		
ich	werd-**e**	sagen / hoffen / gehen / bleiben ...
du	werd-**est**	sagen / hoffen / gehen / bleiben ...
er / sie / es	werd-**e**	sagen / hoffen / gehen / bleiben ...
Plural		
wir	werd-**en**	sagen / hoffen / gehen / bleiben ...
ihr	werd-**et**	sagen / hoffen / gehen / bleiben ...
sie	werd-**en**	sagen / hoffen / gehen / bleiben ...

Die Bildung des Futurs II im Konjunktiv I

Die Verbformen des Konjunktiv I Futur II werden gebildet mit den Personalformen des **Konjunktivs Präsens von *werden***, dem **Partizip Perfekt** des Vollverbs **und** dem **Infinitiv der Hilfsverben *haben* oder *sein***.

Singular						
ich	werd-**e**	gesagt	haben	werd-**e**	gefahren	sein
du	werd-**est**	gesagt	haben	werd-**est**	gefahren	sein
er / sie / es	werd-**e**	gesagt	haben	werd-**e**	gefahren	sein
Plural						
wir	werd-**en**	gesagt	haben	werd-**en**	gefahren	sein
ihr	werd-**et**	gesagt	haben	werd-**et**	gefahren	sein
sie	werd-**en**	gesagt	haben	werd-**en**	gefahren	sein

Alle Verben, die die **zusammengesetzten Zeiten** im **Indikativ mit *sein*** bilden (→ S. 269), bilden auch die Formen des **Futur II im Konjunktiv I mit *sein***.

Schade, der Blumenstrauß **ist** schon **verwelkt**. (Indikativ Perfekt)

Sie sagte, der Strauß **werde** bereits **verwelkt sein**, bis wir vom Urlaub zurückkehren. (Futur II im Konjunktiv I)

Die Bildung des Konjunktivs Präteritum

Regelmäßige Verben

Bei den **regelmäßigen Verben** stimmen alle Formen des Konjunktivs Präteritum mit den Formen des Indikativs Präteritum (→ S. 266) überein.

Singular		Plural	
ich	sag-**te**, sammel-**te** ...	wir	sag-**ten**, sammel-**ten** ...
du	sag-**test**, sammel-**test** ...	ihr	sag-**tet**, sammel-**tet** ...
er / sie / es	sag-**te**, sammel-**te** ...	sie	sag-**ten**, sammel-**ten** ...

Da die Verbformen im Konjunktiv und Indikativ Präteritum identisch sind, wird hier der Konjunktiv Präteritum meist durch die **Umschreibung mit *würde* + Infinitiv** ersetzt (→ S. 304).

Wenn es doch endlich **regnete** → **regnen würde**!

Unregelmäßige Verben

Bei den **unregelmäßigen Verben** lauten die Endungen des Konjunktivs Präteritum **-e**, **-est**, **-e**, **-en**, **-et**, **-en**. Sie werden wie beim Indikativ Präteritum an den Verbstamm der 2. Stammform angehängt.

Lautet der **Stammvokal in der 2. Stammform** (→ S. 257) ***a***, ***o*** oder ***u***, wird er meistens in einen **Umlaut** umgewandelt.

WORTARTEN

Singular	a → ä	o → ö	u → ü		
ich	gäb-**e**	verlör-**e**	führ-**e**	kennt-**e** [1]	hielt-**e** [2]
du	gäb-**(e)st**	verlör-**(e)st**	führ-**(e)st**	kennt-**est**	hielt-**est**
er / sie / es	gäb-**e**	verlör-**e**	führ-**e**	kennt-e	hielt-**e**
Plural	**a → ä**	**o → ö**	**u → ü**		
wir	gäb-**en**	verlör-**en**	führ-**en**	kennt-**en**	hielt-**en**
ihr	gäb-**(e)t**	verlör-**(e)t**	führ-**(e)t**	kennt-**et**	hielt-**et**
sie	gäb-**en**	verlör-**en**	führ-**en**	kennt-**en**	hielt-**en**

[1] Bei wenigen **unregelmäßigen** und **gemischt konjugierten** Verben (→ S. 260) mit ***a***, ***o*** oder ***u*** ändert sich der Stammvokal in anderer Weise. z. B.:
kennen → Indikativ: ich k**a**nnte, aber Konjunktiv: ich k**e**nnte
werben → Indikativ: ich w**a**rb, aber Konjunktiv: ich w**ü**rbe

[2] Bei **unregelmäßigen Verben** mit ***i*** oder ***ie*** als Stammvokal in der 2. Stammform unterscheiden sich die Formen des Konjunktivs Präteritum nur in der 1. und 3. Person Singular von den Formen des Indikativs Präteritum. Daher wird besonders in diesen Fällen ebenfalls häufig die **Umschreibung mit *würde* + Infinitiv** benutzt (→ S. 306f.).
Wie wäre es, wenn wir ihr eine Karte **schrieben** → **schreiben würden**?

→ Siehe auch Konjugationstabellen ab S. 339.

Konjunktiv Präteritum der Hilfsverben *sein, haben* und *werden*:

Die Hilfsverben *sein, haben* und *werden* benötigt man zur Bildung des Konjunktivs Plusquamperfekt bzw. zur Bildung der Konjunktive von Futur I und Futur II. Deshalb werden in der folgenden Tabelle ihre Formen komplett dargestellt.

Singular	sein	haben	werden
ich	wär-**e**	hätt-**e**	würd-**e**
du	du wär-**(e)st**	hätt-**est**	würd-**est**
er/sie/es	wär-**e**	hätt-**e**	würd-**e**
Plural			
wir	wär-**en**	hätt-**en**	würd-**en**
ihr	wär-**(e)t**	hätt-**et**	würd-**et**
sie	wär-**en**	hätt-**en**	würd-**en**

e-Ausfall in der Endung bei manchen Verben

Bei **unregelmäßigen Verben**, bei denen der Stammvokal im Konjunktiv Präteritum in einen **Umlaut** wechselt, darf man das -e in der Endung in der **2. Person Singular** und in der **2. Person Plural** weglassen, weil der umgelautete Vokal im Verbstamm bereits den Konjunktiv anzeigt. Beispiele:

trinken: du tr**a**nkst → tr**ä**nk-**(e)**st, ihr tränk-**(e)**t
geben: du g**a**bst → du g**ä**b-**(e)**st, ihr gäb-**(e)**t
fahren: du f**u**hrst → du f**ü**hr-**(e)**st, ihr führ-**(e)**t
verlieren: du verl**o**rst → du verl**ö**r-**(e)**st, ihr verlör-**(e)**t

Nicht erlaubt ist die Auslassung des -e in der Endung aber bei den regelmäßigen Verben und bei unregelmäßigen **Verben**, deren **Stamm auf *-s, -ss, -ß, -sch, -d*** oder ***-t*** endet, auch wenn sie den Stammvokal verändern.

Beispiele:

regelmäßiges Verb:
spielen: du spielt**e**st, ihr spielt**e**t

unregelmäßige Verben:
waschen: du wü**sch**-**e**st, ihr wü**sch**-**e**t
bitten: du bä**t**-**e**st, ihr bä**t**-**e**t
blasen: du blie**s**-**e**st, ihr blie**s**-**e**t
lesen: du lä**s**-**e**st, ihr lä**s**-**e**t
finden: du fän**d**-**e**st, ihr fän**d**-**e**t
lassen: du lie**ß**-**e**st, ihr lie**ß**-**e**t

Die Bildung des Konjunktivs Plusquamperfekt

Die Verbformen des Konjunktivs Plusquamperfekt werden gebildet aus den **Personalformen des Konjunktivs Präteritum** der Hilfsverben ***haben*** bzw. ***sein*** sowie dem **Partizip Perfekt** des Vollverbs:

	Konjunktiv Präteritum von *haben*	**Partizip Perfekt**	**Konjunktiv Präteritum von *sein***	**Partizip Perfekt**
Singular				
ich	hätt-**e**	gesagt	wär-**e**	gefahren
du	hätt -**est**	gesagt	wär-**(e)st**	gefahren
er / sie / es	hätt-**e**	gesagt	wär-**e**	gefahren
Plural				
wir	hätt -**en**	gesagt	wär-**en**	gefahren
ihr	hätt -**et**	gesagt	wär-**(e)t**	gefahren
sie	hätt -**en**	gesagt	wär-**en**	gefahren

Alle Verben, die die **zusammengesetzten Zeiten** im **Indikativ mit *haben*** bzw. mit ***sein*** bilden, bilden entsprechend auch die Formen des **Konjunktivs Plusquamperfekt mit *haben*** bzw. ***sein***.

Indikativ Plusquamperfekt		Konjunktiv Plusquamperfekt
Silvia **hatte** viel **gearbeitet**.	→	Silvia **hätte** sonst zu viel **gearbeitet**.
Davor **war** sie **verreist**.	→	Sie **wäre** davor **verreist**, wenn ...

Auch die **Hilfsverben *sein*** und ***haben*** folgen, wenn sie **als Vollverb** benutzt werden, denselben Regeln:

Personalform von ***haben*** + ***gehabt***:
Du **hättest** mehr Glück **gehabt**, wenn ...

Personalform von ***sein*** + ***gewesen***:
Du **wär(e)st** die Beste **gewesen**, wenn ...

Die Bildung des Futurs I im Konjunktiv II

Die Verbformen des Futurs I im Konjunktiv II werden gebildet mit den Personalformen des **Konjunktivs Präteritum von *werden*** und dem **Infinitiv des Vollverbs**.

Singular		
ich	würd-**e**	sagen / hoffen / gehen / bleiben ...
du	würd-**est**	sagen / hoffen / gehen / bleiben ...
er / sie / es	würd-**e**	sagen / hoffen / gehen / bleiben ...
Plural		
wir	würd-**en**	sagen / hoffen / gehen / bleiben ...
ihr	würd-**et**	sagen / hoffen / gehen / bleiben ...
sie	würd-**en**	sagen / hoffen / gehen / bleiben ...

Diese Konjunktivformen werden nur **selten benutzt** oder fallen gar nicht als solche auf, da ihre **Formen identisch** sind mit den Formen der **Umschreibung mit *würde*** (→ S. 304 ff.). Sie werden hier nur der Vollständigkeit halber angeführt.

Wenn du mich morgen **anrufen würdest**, **würde** ich mich sehr **freuen**.
(Aber du wirst nicht anrufen, und ich werde mich nicht freuen.)

Das Futur I im Konjunktiv II wird häufig **ersetzt durch** den **Konjunktiv Präteritum**.

Futur I im Konjunktiv II:
Ich **würde** sicherlich gerne zu dir **kommen**, wenn du mich morgen anrufen würdest.

→ Konjunktiv Präteritum:

Ich **käme** sicherlich gerne zu dir, wenn du mich morgen anriefest.
(Aber ich werde nicht kommen, weil du nicht anrufen wirst.)

→ Gebrauch des Konjunktivs, S. 298 ff.

Die Bildung des Futurs II im Konjunktiv II

Die Formen des Futurs II im Konjunktiv II werden gebildet mit den Personalformen des **Konjunktivs Präteritum von *werden*** (→ S. 329), dem **Partizip Perfekt** des Vollverbs **und** dem **Infinitiv der Hilfsverben *haben* oder *sein***.

Singular						
ich	würd-**e**	gesagt	haben	würd-**e**	gefahren	sein
du	würd-**est**	gesagt	haben	würd-**est**	gefahren	sein
er / sie / es	würd-**e**	gesagt	haben	würd-**e**	gefahren	sein
Plural						
wir	würd-**en**	gesagt	haben	würd-**en**	gefahren	sein
ihr	würd-**et**	gesagt	haben	würd-**et**	gefahren	sein
sie	würd-**en**	gesagt	haben	würd-**en**	gefahren	sein

Diese Konjunktivformen werden nur **äußerst selten benutzt**! Sie werden hier nur der Vollständigkeit halber angeführt.

Das Futur II im Konjunktiv II wird in der Regel **ersetzt durch** den **Konjunktiv Plusquamperfekt**.

Futur II im Konjunktiv II:
Ich **würde** für dich bereits **gekocht haben**, wenn du mich besuchen würdest.

→ Konjunktiv Plusquamperfekt:

Ich **hätte** bereits für dich **gekocht**, wenn du mich besuchen würdest.
(Aber du wirst nicht kommen und ich werde nicht für dich gekocht haben.)

Der Gebrauch des Konjunktivs Präsens für Wünsche, Ausrufe, Anleitungen

Mit dem Konjunktiv Präsens können **Wünsche** oder **Ausrufe** formuliert werden. Er kommt auch in einigen festen Redewendungen vor:

Sei gegrüßt! Sie **lebe** hoch! (Ausruf)
Er **ruhe** in Frieden. (Wunsch)

Komme, was da **wolle**. Es **sei** denn, dass ... (Redewendung)

Anleitungen, zum Beispiel in **Kochrezepten**, können ebenfalls im Konjunktiv Präsens stehen:

Man **nehme** 3 Eigelb, 75 g Zucker und 250 g Mascarpone und **verrühre** alle Zutaten zu einer Creme.

Der Gebrauch des Konjunktivs Präteritum als Höflichkeitsform und für Vermutungen

Der Konjunktiv Präteritum wird gebraucht, wenn man einen **höflichen Wunsch** äußert:

Ich **hätte** gern noch ein Glas Saft.
Würden Sie mir bitte die Rechnung **bringen**?
Könntest du morgen **zurückrufen**?

Darüber hinaus wird der Konjunktiv Präteritum gebraucht, wenn man eine **Vermutung** äußert, die vielleicht zutrifft:

Das **wäre** machbar.
Das **könnte** klappen.
Das **wäre** ein Malheur.

Der Gebrauch von Konjunktiv Präteritum und Plusquamperfekt in Wunschsätzen

Mit dem Konjunktiv Präteritum und dem Konjunktiv Plusquamperfekt können Wünsche geäußert werden. Die **Wunschsätze** (→ S. 468) können entweder mit der Konjunktion ***wenn*** oder aber uneingeleitet formuliert werden.

Mit dem **Konjunktiv Präteritum** werden Wünsche geäußert, die sich auf die **Gegenwart oder** die **Zukunft** beziehen und einen **hypothetischen Charakter** haben, das heißt, es ist fraglich, zweifelhaft, dass der Wunsch sich erfüllt:

Wenn ich doch schon mit allem fertig **wäre**!
Wäre ich doch schon mit allem fertig!

Wenn du jetzt bloß hier **wärst**!
Wärst du jetzt bloß hier!

Mit dem **Konjunktiv Plusquamperfekt** werden Wünsche geäußert, die sich **auf die Vergangenheit beziehen** und somit nicht mehr erfüllt werden können. Solche Wünsche haben einen **irrealen Charakter**. Sie sind rein gedanklich:

Wenn ich doch bloß früher **aufgestanden wäre**!
Wäre ich doch bloß früher **aufgestanden**!

Wenn ich mich doch nur besser **vorbereitet hätte**!
Hätte ich mich doch nur besser **vorbereitet**!

Der Gebrauch des Konjunktivs in zusammengesetzten Sätzen

Konditionalsätze

Bei Satzgefügen aus Hauptsatz und Konditionalsatz in eher irrealen Sachverhalten steht der **Konjunktiv** sowohl **im Haupt- wie im Nebensatz**.

Der **Konjunktiv Präteritum** wird in **hypothetischen Konditionalsätzen** (→ S. 502) verwendet. Sie geben eine **für die Gegenwart unerfüllbare Bedingung** an. Die Bedingung könnte allerdings irgendwann in der **Zukunft** noch erfüllbar werden:

Wenn ich Zeit **hätte**, **würde** ich dir beim Umzug **helfen**.
Wenn er schneller **wäre**, **könnte** er **gewinnen**.
Ich **würde** jetzt ein Eis **essen**, wenn eine Eisdiele in der Nähe **wäre**.

Der Konjunktiv **Plusquamperfekt** wird in **irrealen Konditionalsätzen** verwendet, mit denen man eine nicht erfüllte und **nicht mehr erfüllbare Bedingung** angibt. Diese Sätze beziehen sich also gedanklich auf die Vergangenheit:

Wenn ich Zeit **gehabt hätte**, **hätte** ich dir beim Umzug **geholfen**.
Wenn er schneller **gewesen wäre**, **hätte** er gewinnen **können**.
Ich **hätte** den Rasen längst **gemäht**, wenn es nicht ständig **geregnet hätte**.
Wir **wären** früher **angekommen**, wenn wir nicht in einen Stau **geraten wären**.

Zum Modus in Konditionalsätzen

Bei Konditionalsätzen gilt: Entweder steht **in Haupt- und Konditionalsatz** der **Indikativ oder** in beiden Sätzen der **Konjunktiv**.

Der **Indikativ** steht in Haupt- und Konditionalsatz, wenn eine Bedingung grundsätzlich als **erfüllbar** gilt:

Falls das Wetter morgen schön **ist**, **gehen** wir bergsteigen.
Wenn mein Terminkalender es **zulässt**, **komme** ich dich besuchen
Wenn du fleißig **weitertrainierst**, **wirst** du das Turnier gewinnen.

→ Konditionalsätze, S. 501

Komparativsätze

Der Konjunktiv wird in Komparativsätzen (Vergleichssätzen → S. 504) gebraucht. Diese Sätze werden mit ***als, als ob, als wenn, wie wenn*** eingeleitet. **Im Hauptsatz steht der Indikativ**.

Bezieht sich der Vergleich inhaltlich auf die **Gegenwart**, wird im Komparativsatz **Konjunktiv Präteritum** verwendet:

Sie macht den Eindruck, als ob sie nicht **zuhörte**.	(Gegenwart)
Er tut so, als hätte er noch viel Zeit.	(Gegenwart)

Wenn sich der Vergleich inhaltlich auf die **Vergangenheit** bezieht, benutzt man im Komparativsatz den **Konjunktiv Plusquamperfekt**. Im Hauptsatz kann der Indikativ Präsens oder Präteritum stehen.

Er benimmt sich, als ob er nie davon **gehört hätte**.	(Vergangenheit)
Er machte den Eindruck, als **hätte** er nichts **verstanden**.	(Vergangenheit)

Konzessivsätze

Konzessivsätze (Einräumungssätze → S. 502) werden mit ***(auch) wenn***, ***selbst wenn*** eingeleitet. Die Verwendung der Konjunktivformen erfolgt wie bei den Konditionalsätzen (→ S. 501), das heißt, der Konjunktiv wird im Haupt- und Nebensatz benutzt.

Beziehen sich Konzessivsätze auf die **Gegenwart oder** die **Zukunft**, verwendet man den **Konjunktiv Präteritum**:

Auch / Selbst wenn ich jetzt (heute / morgen / nächste Woche ...) Zeit **hätte**, (so) **würde** ich dir beim Umzug (doch) nicht **helfen**.

Auch / Selbst wenn er schneller **wäre**, (so) **könnte** er (doch) nicht **gewinnen**.

Beziehen sich Konzessivsätze auf die **Vergangenheit**, verwendet man den **Konjunktiv Plusquamperfekt**:

Auch / Selbst wenn ich gestern (vorgestern / damals ...) Zeit **gehabt hätte**, (so) **hätte** ich dir beim Umzug (doch) nicht **geholfen**.

Auch / Selbst wenn er schneller **gewesen wäre**, (so) **hätte** er (doch) nicht **gewinnen können**.

Konsekutivsätze

Ähnlich wie bei Konditional- und Konzessivsätzen können Konjunktiv Präteritum und Plusquamperfekt auch in Konsekutivsätzen (Folgesätzen) mit ***als dass*** bzw. ***so ..., dass*** verwendet werden (→ S. 503). Dabei werden die **Konjunktivformen nur im Nebensatz** benutzt – der Hauptsatz steht im Indikativ. Statt Konjunktiv Präteritum kann hier auch die ***würde***-Form + Infinitiv verwendet werden:

Die Einkaufsliste **ist** zu lang, **als dass** ich alle Besorgungen gleich **erledigen könnte**. (**Konjunktiv Präteritum** für Sachverhalte in der Gegenwart)

Die Ausstellungsräume **sind so** weitläufig, **dass** man sich beinahe darin **verirren könnte**. (**Konjunktiv Präteritum** für Sachverhalte in der Gegenwart)

Die Nacht **war** zu kurz, **als dass** wir alle Kneipen **hätten besuchen können**. (**Konjunktiv Plusquamperfekt** für Sachverhalte in der Vergangenheit)

Die Umleitung **war so** schlecht ausgeschildert, **dass** wir uns fast **verfahren hätten**. (**Konjunktiv Plusquamperfekt** für Sachverhalte in der Vergangenheit)

Diese Konsekutivsätze haben **irrealen Charakter**, denn in ihnen wird eine **Folge** dargestellt, **die nicht eintritt** bzw. eintrat aufgrund eines Sachverhalts, der im Hauptsatz angegeben wird. Dieser Sachverhalt im Hauptsatz beschreibt ein Übermaß (zu lang, zu weitläufig, so schlecht ...), dass die Folge im Nebensatz verhindert wird.

Relativsätze

Der Konjunktiv kann auch in Relativsätzen auftauchen, wenn der Relativsatz einen irrealen, unerfüllbaren Sachverhalt darstellt. Im Hauptsatz steht der Indikativ, im Relativsatz Konjunktiv Präteritum oder Konjunktiv Plusquamperfekt:

Ich kenne keine Methode, mit der man diese Arbeit noch mehr beschleunigen **könnte**.

Es gab noch keinen Menschen, der den Atlantik von Frankreich bis zur Ostküste der USA **durchschwommen hätte**.

→ Relativsätze, S. 488

Konjunktiv bei Nebensätzen mit den Konjunktionen *(an)statt dass* und *ohne dass*

Der Konjunktiv Präteritum bzw. der Konjunktiv Plusquamperfekt muss nicht, aber kann auch in Nebensätzen stehen, die durch die Konjunktionen ***(an)statt dass*** und ***ohne dass*** eingeleitet werden:

Du surfst wohl lieber im Internet, anstatt dass du den Müll **hinausbringst / hinausbrächtest / hinausbringen würdest.**

Er verließ die Party, ohne dass es jemand **bemerkt hat / hätte**.

→ Substitutivsätze, S. 509; → Modalsätze des fehlenden Umstandes, S. 507

Die Umschreibung des Konjunktivs mit *würde*

Die Grundregel

Grundsätzlich gilt: Stimmt die Verbform des Konjunktivs Präsens mit dem Indikativ Präsens überein, wird der Konjunktiv Präteritum benutzt. Stimmt die Verbform des Konjunktivs Präteritum mit dem Indikativ Präteritum überein, wird die Ersatzform mit *würde* + Infinitiv benutzt. Beispiele:

Konjunktiv Präsens ≠ Indikativ Präsens: er gehe, er bleibe, er komme ...

Er sagte mir, dass er bald in Rente **gehe**.

Konjunktiv Präsens = Indikativ Präsens: ich gehe, ich bleibe, ich komme ...
→ Konjunktiv Präteritum: ich **ginge**, ich **bliebe**, ich **käme** ...

Ich sagte ihm, dass ich auch bald in Rente **ginge**.

Konjunktiv Präsens = Indikativ Präsens: ich rechne, ich glaube, ich führe ...
→ Konjunktiv Präteritum = Indikativ Präteritum: ich **rechnete**, ich **glaubte**, ich **führte**
→ Umschreibung mit *würde*: ich **würde rechnen**, ich **würde glauben**, ich **würde führen** ...

Ich sagte ihm, ich **würde** an nichts mehr **glauben**.

Konjunktiv Präsens → Konjunktiv Präteritum

Der Konjunktiv Präsens wird hauptsächlich für die **indirekte Rede** (→ S. 308) gebraucht.

Im Konjunktiv Präsens stimmen folgende Formen mit denen des Indikativs Präsens überein, und zwar bei den regelmäßigen wie bei den unregelmäßigen Verben:

1. Person Singular, 1. Person Plural, 3. Person Plural

Um dennoch deutlich zu machen, dass das Verb im Konjunktiv gebraucht wird, weicht man bei den **unregelmäßigen Verben** häufig auf den **Konjunktiv Präteritum** aus:

Formen stimmen überein				Ersatzform
Indikativ Präsens		**Konjunktiv Präsens**		**Konjunktiv Präteritum**
ich bleibe	=	ich bleibe	→	ich **bliebe**
ich lasse	=	ich lasse	→	ich **ließe**
ich komme	=	ich komme	→	ich **käme**
wir bleiben	=	wir bleiben	→	wir **blieben**
wir lassen	=	wir lassen	→	wir **ließen**
wir kommen	=	wir kommen	→	wir **kämen**
sie bleiben	=	sie bleiben	→	sie **blieben**
sie lassen	=	sie lassen	→	sie **ließen**
sie kommen	=	sie kommen	→	sie **kämen**

Sie teilten mit, dass sie noch ein wenig länger in Dortmund **blieben** und voraussichtlich am kommenden Sonntag **zurückkämen**.

Bei den **regelmäßigen Verben** eignet sich der Konjunktiv Präteritum nicht gut als Ersatz für den Konjunktiv Präsens, weil alle seine Formen mit dem Indikativ Präteritum übereinstimmen. Deshalb benutzt man hier meistens die **Umschreibung mit *würde***:

Herr Müller hat Frau Maier verraten, dass die anderen Kollegen Karten **spielen**. → ..., dass die anderen Kollegen Karten **spielen würden**.

Bei der **2. Person Singular** und bei der **2. Person Plural** unterscheiden sich die Formen des Konjunktivs Präsens zwar fast immer von den entsprechenden Indikativformen (du spielest, ihr spielet, du gehest, ihr gehet ...). Dennoch werden sie nur noch sehr selten benutzt.

Bei **regelmäßigen Verben** verwendet man hier die Umschreibung mit *würde* + Infinitiv, bei den **unregelmäßigen Verben** weicht man auf den Konjunktiv Präteritum oder oftmals ebenfalls auf die Umschreibung mit *würde* + Infinitiv aus.

War es nicht Herr Müller, der erzählte, dass du auch Skat **spielest**?
→ **spielen würdest**?
Er sagte Frau Maier, dass ihr ihn immer **ausgrenzet**. → **ausgrenzen würdet**.

Kathrin erzählte mir, du **gehest** zurzeit wieder zum Sport. →..., du **gingest** zurzeit wieder zum Sport / du **würdest** zurzeit wieder zum Sport **gehen**.

Man sagte uns, ihr **stehet** auch im Urlaub schon früh **auf**. → ..., ihr **stündet** auch im Urlaub früh auf / ihr **würdet** auch im Urlaub früh **aufstehen**.

Konjunktiv I Futur I → *würde*

Im Konjunktiv I Futur I unterscheiden sich die Konjunktivformen von den Indikativformen in der 2. und 3. Person Singular (du werdest kündigen, er / sie / es werde kündigen). Der Konjunktiv I Futur I wird aber meistens nur noch in der 3. Person Singular benutzt:

Herr Maier sagte mir neulich, er **werde** bald **kündigen**.

Für alle anderen Personen verwendet man stattdessen die Umschreibung mit ***würde*** + Infinitiv.

Ich sagte ihm, ich **werde** bald für ein paar Tage **verreisen**. → Ich sagte ihm, ich **würde** bald für ein paar Tage **verreisen**.

Wir versicherten, wir **werden** es bald **erledigen**. → Wir versicherten, wir **würden** es bald **erledigen**.

Konjunktiv Präteritum → *würde*

Wenn der Konjunktiv Präteritum mit dem Indikativ Präteritum übereinstimmt, wird stattdessen die Umschreibung mit ***würde*** verwendet.

Das gilt vor allem für die regelmäßigen Verben, aber auch für viele unregelmäßige Verben.

Wir **machten** eine Pause, wenn wir mehr Zeit hätten. → Wir **würden** eine Pause **machen**, wenn wir mehr Zeit hätten.

Wenn doch endlich das Wasser **kochte**! → Wenn doch endlich das Wasser **kochen würde**!

Bei schönem Wetter **gingen** wir ins Freibad. → Bei schönem Wetter **würden** wir ins Freibad **gehen**.

Bei vielen unregelmäßigen Verben **wechseln** die **Stammvokale *a, o, u*** im Konjunktiv Präteritum zu ***ä, ö, ü*** (→ vgl. Konjugationstabellen, S. 340 ff.):

bitten → ich b**a**t → ich b**ä**te, du b**ä**test, er b**ä**te, wir b**ä**ten, ihr b**ä**tet, sie b**ä**ten

Bei diesen Verben ist also der Konjunktiv Präteritum eindeutig von der Indikativform unterscheidbar. Dennoch wird auch bei diesen Verben inzwischen häufig mit *würde* umschrieben. Denn viele Konjunktivformen (z. B. begänne / begönne, flösse, griffe, hülfe, schmölze, stürbe, wüsche) sind heute kaum noch gebräuchlich.

Bei einigen unregelmäßigen Verben wird der Konjunktiv Präteritum jedoch vor allem in der Schriftsprache noch häufig benutzt:

bleiben	ich bliebe	**haben**	ich hätte	**müssen**	ich müsste
bringen	ich brächte	**können**	ich könnte	**nehmen**	ich nähme
dürfen	ich dürfte	**kommen**	ich käme	**sein**	ich wäre
finden	ich fände	**lassen**	ich ließe	**werden**	ich würde
geben	ich gäbe	**liegen**	ich läge		

Keine Umschreibung mit *würde* bei *sollen* und *wollen*

Obwohl bei den Modalverben *sollen* und *wollen* die Formen des Konjunktivs Präteritum mit dem Indikativ Präteritum übereinstimmen, wird hier grundsätzlich **keine Umschreibung mit *würde* + Infinitiv** benutzt.

Wenn wir sie ärgern **wollten**, kämen wir nicht zu ihrer Feier.
Falls das Wetter doch noch schön werden **sollte**, gehen wir radeln.

Alternativen zur Benutzung der *würde*-Umschreibung

Die Häufung von *würde*-Umschreibungen klingt nicht besonders elegant. Manchmal lassen sich ***würde*-Umschreibungen vermeiden**:

1. Bei Satzgefügen mit Konditionalsätzen im Konjunktiv Präteritum genügt es häufig, wenn nur im Haupt- oder im Konditionalsatz eine eindeutige Konjunktivform oder Ersatzform mit *würde* steht; er zeigt

bereits deutlich an, dass auch die Verbform im anderen Satz als Konjunktiv zu verstehen ist. Beispiele:

Ich **erteilte** ihm gerne die Erlaubnis, wenn er nur endlich **fragen würde**.
Oder:
Ich **würde** ihm gerne die Erlaubnis **erteilen**, wenn er nur endlich **fragte**.

Das klingt besser als:
Wenn er nur endlich fragen **würde, würde** ich ihm gerne die Erlaubnis erteilen.

Wenn du die Gläser **spültest** (statt: spülen würdest), **müssten** wir nicht aus der Flasche trinken.

2. Auch mithilfe einer **geschickten Wortwahl** lassen sich Umschreibungen mit *würde* umgehen:

   Wenn er den Fernseher anschalten **würde**, **würde** er die Siegerehrung live miterleben.

   Besser: Wenn er den Fernseher **anschalten würde / anschaltete**, **könnte** er die Siegerehrung live miterleben.

Die indirekte Rede

Die **direkte Rede** gibt eine Aussage wörtlich (→ S. 593) wieder. Sie wird auch die **wörtliche Rede** genannt:

Der Sprecher berichtete: „Das Ergebnis der Wahlen ist noch nicht bekannt."

Mit der **indirekten Rede** wird die Äußerung eines anderen Sprechers sinngemäß und oft nur annähernd wortgetreu wiedergegeben. Die indirekte Rede wird in aller Regel im Konjunktiv I formuliert und beginnt häufig mit der Konjunktion ***dass***:

Der Sprecher berichtete, **dass das Wahlergebnis noch nicht bekannt sei**.

Oft kann die Konjunktion ***dass*** auch **weggelassen** werden. In solchen **nicht eingeleiteten *dass*-Sätzen** (→ S. 484) muss in der indirekten Rede der Konjunktiv I stehen:

Der Sprecher berichtete, das Ergebnis der Wahlen **sei** noch nicht bekannt. (Und nicht: ..., das Ergebnis der Wahlen ~~ist~~ noch nicht bekannt.)

Indirekte Rede im Indikativ

Vor allem **in der Umgangssprache** wird bei der indirekten Rede häufig der **Indikativ** verwendet, weil der Satz in der Regel auch ohne Konjunktivform als indirekte Rede verstanden wird:

Klaus hat erzählt, dass er ein Auto gekauft hat.
Maria hat gesagt, dass sie zum Klassentreffen kommen will.

Der Konjunktiv für die indirekte Rede wird heute fast nur noch in der Schriftsprache sowie bei der Berichterstattung in Radio und Fernsehen verwendet.

Wenn lediglich eine **Vermutung** ausgedrückt werden soll, kann eine Konstruktion aus **Modalverb + Infinitiv** verwendet werden (→ S. 236):

Laut einem Sprecher **soll** das endgültige Wahlergebnis am frühen Abend vorliegen.

Der **Konjunktiv** wird vor allem dann gebraucht, wenn eine Äußerung mit **Vorbehalt** und **Distanz** ausgedrückt wird und man für ihren Wahrheitsgehalt nicht garantieren kann:

Der Wetterbericht kündigt an: „Morgen wird es erst schneien und dann tauen." (direkte Rede im Indikativ Futur I)

Der Wetterbericht kündigt an, dass es morgen erst schneien und dann tauen werde. (indirekte Rede im Konjunktiv I Futur I)

Bei der **Umwandlung der direkten Rede in die indirekte Rede** müssen die **Personalpronomen** und häufig auch **Angaben zur Zeit und zum Ort angepasst** werden; außerdem entfallen die **Anführungszeichen** (→ S. 593):

direkte Rede	indirekte Rede
Lara sagte gestern zu Robert:	Lara sagte zu Robert, ...
„Ich habe **morgen** keine Zeit."	sie habe **am nächsten Tag** keine Zeit.
„Aber **du** hast ja auch keine Zeit."	aber **er** habe ja auch keine Zeit.
„**Wir beide** haben nie Zeit füreinander."	**sie beide** hätten nie Zeit füreinander.
„**Wir haben uns** ja immerhin **gestern** gesehen."	**sie hätten sich** ja immerhin **am Tag zuvor** gesehen.
„Aber **ich finde** es schön mit **dir hier** in Berlin."	aber **sie finde** es schön mit **ihm dort** in Berlin.

Die **Umformung von der direkten in die indirekte Rede** erfolgt nach folgendem Schema:

Der Politiker sagt / sagte (direkte Rede):	In der Zeitung steht (indirekte Rede):
Präsens	**→ Konjunktiv Präsens**
„Ich habe zu viele politische Gegner. Ich höre auf."	Er erklärte, dass er zu viele politische Gegner habe / er habe zu viele politische Gegner und dass er aufhöre / und er höre auf.
Perfekt oder Präteritum	**→ Konjunktiv Perfekt**
„Ich habe mein Amt niedergelegt." / „Ich legte mein Amt nieder."	Er erklärte, dass er sein Amt niedergelegt habe / er habe sein Amt niedergelegt.
Futur I	**→ Konjunktiv Futur I**
„Ich werde mich aus der Politik verabschieden."	Er erklärte, dass er sich aus der Politik verabschieden werde / er werde sich aus der Politik verabschieden.

Wenn die Form des Konjunktivs Präsens mit der Indikativform übereinstimmt, muss eine **Form des Konjunktivs II bzw. die Ersatzform mit *würde*** (→ S. 304 ff.) benutzt werden. Das ist z. B. bei der 1. Person Singular der Fall:

Der Politiker sagt / sagte vor X Jahren bei der Pressekonferenz (direkte Rede):	Der Politiker erzählt später in seinen Memoiren (indirekte Rede):
Präsens	**Konjunktiv Präteritum bzw. Ersatzform mit *würde* bei regelmäßigen Verben**
„Ich habe zu viele politische Gegner. Ich höre auf."	Ich erklärte damals, dass ich zu viele politische Gegner hätte / ich hätte zu viele politische Gegner. Ich würde aufhören.
Perfekt oder Präteritum	**Konjunktiv Plusquamperfekt**
„Ich habe mein Amt niedergelegt." / „Ich legte mein Amt nieder."	Ich sagte damals bei der Pressekonferenz, dass ich mein Amt niedergelegt hätte / ich hätte mein Amt niedergelegt.
Futur I	**Ersatzform mit würde**
„Ich werde mich aus der Politik verabschieden."	Ich erklärte, dass ich mich aus der Politik verabschieden würde / ich würde mich aus der Politik verabschieden.

Steht bereits **in der direkten Rede** der **Konjunktiv II**, so muss er auch in der indirekten Rede verwendet werden:

direkte Rede	indirekte Rede
„Ich **bliebe** gerne weiterhin Vorsitzender, wenn man mich **ließe**."	Er sagte, er **bliebe** gerne weiterhin Vorsitzender, wenn man ihn **ließe**.
„Ich **würde** mich gerne zur Wiederwahl stellen , wenn ich genügend Unterstützer **hätte**."	Er sagte, er **würde** sich gerne zur Wiederwahl stellen, wenn er genügend Unterstützer **hätte**.
„Ich **hätte** den Vorsitz übernommen, wenn man ihn mir angeboten **hätte**."	Er **hätte** den Vorsitz übernommen, wenn man ihn ihm angeboten **hätte**.

Auch wenn man **Zweifel** zum Ausdruck bringen möchte **an der Aussage einer anderen Person**, benutzt man den **Konjunktiv II**:

Herr Huber sagt, er **hätte** noch keine grauen Haare.
(Er hat bestimmt seine Haare gefärbt.)

Unser Chef behauptet, er **hätte** uns schon neulich darüber **informiert**.
(Ich bezweifle die Behauptung unseres Chefs stark.)

Bei der indirekten Rede muss auch die **Zeitenfolge** beachtet werden, also die zeitliche Einordnung des Nebensatzes im Verhältnis zum Hauptsatz.

Gleichzeitigkeit	
Die Handlung der indirekten Rede findet gleichzeitig statt → **Konjunktiv Präsens**,	Er sagte, er **arbeite** an einem neuen Projekt.
ersatzweise Konjunktiv Präteritum oder *würde* + Infinitiv	Ich sagte, ich **würde** an einem neuen Projekt **arbeiten**.
Vorzeitigkeit	
Die Handlung der indirekten Rede fand schon vorher statt → **Konjunktiv Perfekt**,	Er sagte, er **habe** damals an einem schwierigen Projekt **gearbeitet**.
ersatzweise Konjunktiv Plusquamperfekt	Ich sagte, ich **hätte** damals an einem schwierigen Projekt **gearbeitet**.

Nachzeitigkeit	
Die Handlung der indirekten Rede findet erst später statt → **Konjunktiv I Futur I**, ersatzweise *würde* + Infinitiv	Er sagte, er **werde** bald ein neues Projekt **beginnen**. Ich sagte, ich **würde** bald ein neues Projekt **beginnen**.

Im Konjunktiv gibt es **kein Tempus**, das analog zum Indikativ Plusquamperpekt ausdrücklich eine **Vorzeitigkeit** gegenüber einer anderen Handlung in der Vergangenheit ausdrücken könnte. Die Vorzeitigkeit wird nur durch den inhaltlichen Zusammenhang der Sätze deutlich - auch in der indirekten Rede:

Seine Parteigenossen **hätten** ihm vom Rücktritt **abgeraten**, aber sie **hätten** seinen Entschluss **respektiert**.

Der Konjunktiv in indirekten Fragesätzen

Auch **direkte Fragesätze** (→ S. 463) können in **indirekte Fragesätze** umgewandelt werden. Man unterscheidet Ergänzungsfragen und Entscheidungsfragen.

Ergänzungsfragen werden durch Fragewörter (→ S. 465) eingeleitet, die mit *w* beginnen: *wann?, was?, wer?, wo?, wie?, wohin?, womit? ...*

Mit Ergänzungsfragen erkundigt man sich nach genaueren und ausführlicheren Informationen:

Felix fragt: „Wann kommst du heute nach Hause, Klara?"
Klara antwortet: „Ich bin sicher zum Abendessen zurück."

Wird eine Ergänzungsfrage der direkten Rede in einen indirekten Fragesatz (→ S. 492) umgewandelt, bleibt das Fragewort erhalten. Die indirekte Frage kann im Konjunktiv, häufig aber auch im Indikativ stehen.

Felix fragt: „**Wann** kommst du heute nach Hause, Klara?"
Felix fragt, **wann** Klara heute nach Hause komme.
(Auch möglich: Felix fragt, **wann** Klara heute nach Hause kommt.)

Entscheidungsfragen werden mit *Ja* oder *Nein* oder auch mit *Vielleicht* beantwortet.

Felix fragt: Kommst du heute früher nach Hause, Klara?"
Klara antwortet: „Ja."/„Nein."

Wird eine Entscheidungsfrage in einen indirekten Fragesatz umgewandelt, wird die indirekte Frage mit der Konjunktion ***ob*** eingeleitet. Sie steht im Konjunktiv, häufig aber auch im Indikativ:

Felix fragt: Kommst du heute früher nach Hause, Klara?"
Felix fragt, **ob** Klara heute früher nach Hause komme.
(Auch möglich: Felix fragt, **ob** Klara heute früher nach Hause kommt.)

→ Zeichensetzung: Anführungszeichen, S. 593; → Entscheidungsfragen, S. 463

Aufforderungen in der indirekten Rede

Aufforderungen umschreibt man bei indirekter Rede mit ***sollen*** oder ***mögen***. Im Begleitsatz benutzt man dabei oft ein Verb, das eine Aufforderung ausdrückt, z. B. auffordern, befehlen, bitten, verlangen. Möglich ist statt eines Konjunktivsatzes mit *mögen* oder *sollen* häufig auch eine Infinitivkonstruktion.

Ronald sagte zu seiner Mannschaft: „Strengt euch doch an!"
Ronald befahl seiner Mannschaft, dass sie sich jetzt anstrengen **sollten**.
Ronald forderte seine Mannschaft auf, sich anzustrengen.

Der Gastgeber bittet die Gäste: „Bitte nehmen Sie doch Platz."
Der Gastgeber bat die Gäste, dass sie Platz nehmen mögen.
Der Gastgeber bat die Gäste darum, Platz zu nehmen.

→ Aufforderungssätze, S. 466; → Modalverben, S. 236

Der Imperativ

Der **Imperativ** drückt einen Wunsch, eine Anordnung oder ein Verbot aus. Er wird auch Befehlsform genannt. Er wird von der 1. Stammform (→ S. 257) abgeleitet:

Geh!	Geht!	Gehen Sie bitte!
Bleib stehen!	Bleibt stehen!	Bleiben Sie stehen!

Die Bildung des Imperativs

Imperativformen kommen nur im Präsens vor. Sie werden in der 2. Person Singular und Plural, in der Höflichkeitsform und manchmal in der 1. Person Plural gebildet:

Lass mal sehen.	(2. Person Singular)
Lauft schnell weg!	(2. Person Plural)
Schließen Sie bitte die Tür.	(Höflichkeitsform für Singular und Plural)
Kommen wir zum Schluss.	(1. Person Plural)

Der **Imperativ der 2. Person Singular** entspricht dem Verbstamm (→ S. 257). Das Personalpronomen *du* wird nicht benutzt:

gehen → geh! **lauf**en → lauf! **spiel**en → spiel! **fahr**en → fahr!

Eine Imperativform auf **-e** ist möglich, diese Form ist heute aber nur noch wenig gebräuchlich:

Fasse / Fass mal zusammen.
Schreibe / Schreib bitte mit.
Lege / Leg bitte eine Tabelle an.

Kein Apostroph bei Imperativen!

An Imperative der 2. Person Singular wird **nie ein Apostroph** angehängt:

Gewähr mir die eine Bitte. **Freu** dich doch. **Lach** doch mal.

In bestimmten Fällen **muss** der Imperativ der **2. Person Singular mit einem *-e* gebildet werden**, das an den Verbstamm gehängt wird:

Bei Verben, die auf ***-eln*** und ***-ern*** enden oder deren Stamm auf ***-d, -t, -ig*** oder **Konsonant + *-m*** oder ***-n*** endet, wird der Imperativ im Singular mit einem *-e* gebildet. Bei Verben auf ***-eln*** und ***-auern*** kann das *-e* in der Endsilbe des Verbstamms entfallen.

Bumm(e)l**e** nicht!	(bumm**eln**)
Ärger**e** dich nicht!	(sich ärg**ern**)
Trau(e)r**e** nicht um mich!	(tr**auern**)
Ordn**e** deine Gedanken!	(or**dnen**)
Wert**e** die Ergebnisse aus.	(wer**ten**)
Erledig**e** das bitte noch.	(erled**igen**)
Atm**e** doch ruhiger!	(a**tmen**)
Rechn**e** das mal aus.	(rech**nen**)
Widm**e** mir ein Gedicht!	(wi**dmen**)

Aber **kein *-e* ist erforderlich**, wenn vor einem ***-m*** oder ***-n*** am Verbstammende noch ein ***-m***, ein ***-n***, ein ***-r*** oder ein ***l*** steht:

ko**mm**en → komm! re**nn**en → renn! wa**rn**en → warn! fi**lm**en → film!

Eine **Ausnahme** bei der Bildung des Imperativs im Singular stellen diejenigen unregelmäßigen Verben dar, die in der **2. und 3. Person Singular des Präsens** einen **Vokalwechsel von e** zu ***i*** erfahren (Ablaut). Sie bilden auch den Singular des Imperativs mit ***i / ie***. Diese Form entspricht der endungslosen Form der 2. Person Singular Präsens dieser Verben:

essen	→ du isst	→ **iss**!	(aber im Plural: ihr esst → esst!)
geben	→ du gibst	→ **gib**!	(aber im Plural: ihr gebt → gebt!)
lesen	→ du liest	→ **lies**!	(aber im Plural: ihr lest → lest!)
befehlen	→ du befiehlst	→ **befiehl!**	(aber im Plural: ihr befehlt → befehlt!)

→ Imperativformen von Verben mit *e / i*-Wechsel, S. 345

Den **Imperativ in der 2. Person Plural** kennzeichnet ein ***-t***, das an den Verbstamm angefügt wird. Der **Imperativ Plural entspricht** damit **der**

2. Person Plural im Indikativ Präsens. Das Personalpronomen *ihr* wird nicht benutzt:

Bummelt nicht! **Ärgert** euch nicht! **Ordnet** eure Notizen.
Erledigt das bitte. **Fahrt** jetzt los. **Wertet** die Ergebnisse aus.

Der **Imperativ der Höflichkeitsform entspricht der 3. Person Plural im Indikativ Präsens**. Das Personalpronomen ***Sie* wird mitgenannt**:

Halten Sie Abstand. **Gehen Sie** vorsichtig! **Beruhigen Sie** sich!

Wenn man an eine Gruppe, der man selbst angehört, eine Aufforderung richtet, wird anstelle des Personalpronomens *Sie* das Pronomen ***wir*** gebraucht. Die Verbform steht in der 1. Person Plural des Indikativ Präsens. Das Personalpronomen *wir* wird mitgenannt:

Machen wir uns nichts vor. **Beeilen** wir uns. **Seien** wir vorsichtig.

Der Imperativ des Verbs *sein*

Das Verb ***sein*** bildet den Imperativ unregelmäßig: ***sei!, seid!, seien Sie!.*** Diese Imperativformen sind aus dem Konjunktiv Präsens von *sein* abgeleitet.

Sei doch still! **Seid** doch still! **Seien** Sie still! **Seien** wir endlich still!

Der Gebrauch des Imperativs

Mit dem Imperativ wendet man sich direkt an eine oder mehrere Personen. Er drückt **Aufforderungen, Befehle, Verbote, Wünsche, Bitten oder Ratschläge** aus. Da er allerdings oft recht unhöflich klingt, kann er durch andere, freundlicher wirkende Formen wie Modalverben (→ S. 236) oder den Konjunktiv Präteritum (→ S. 298 f.) ersetzt werden.

Steh früher auf.
Besser: Du **solltest** früher aufstehen.

Schließen Sie die Tür.
Besser: **Würden** Sie die Tür schließen?

Auch ein eingefügtes ***bitte*** oder ***mal*** nimmt dem Imperativ die Schärfe:

Reich mir die Butter.
Besser: Reich mir **bitte** die Butter. / Reich mir **doch bitte mal** die Butter.

Der Imperativ kann auch in der **indirekten Rede** (→ S. 314) wiedergegeben werden. Er wird dann mit den Modalverben ***mögen*** oder ***sollen*** umschrieben:

Sie bittet: „Halt mir bitte einen Platz frei, Moritz." (direkte Rede)
Sie bittet Moritz, er **möge** ihr einen Platz freihalten. (indirekte Rede)

Er schimpft: „Kinder, spielt nicht auf dem Rasen." (direkte Rede)
Er schimpft, die Kinder **sollen** nicht auf dem Rasen spielen. (indirekte Rede)

Trennbare und untrennbare Verben

Unterscheidung zwischen Präfixverben und Partikelverben

Durch Wortbildung (→ S. 76) können Verben mit einer anderen oder neuen Bedeutung entstehen.

Bei der **Ableitung** (→ S. 75) werden Verben mit Präfixen versehen. Die so entstehenden **Präfixverben** (auch: präfigierte Verben) werden auch **nicht trennbare Verben** genannt, weil in allen Konjugationsformen das Präfix mit dem Verbstamm fest verbunden bleibt.

Ableitung mit Präfix: zaubern → **ver**zaubern (ich **ver**zaubere, ihr habt **ver**zaubert)

Bei der **Zusammensetzung** (→ S. 71) werden Verben mit Verbpartikeln versehen. Die so entstehenden **Partikelverben** werden auch **trennbare Verben** genannt, weil die Partikel mit dem Verbstamm nicht in allen Konjugationsformen fest verbunden bleibt.

Zusammensetzung mit Verbpartikel: führen → **auf**führen (ich führe **auf**, ihr habt **auf**geführt)

Präfixverben – nicht trennbare Verben

Präfixe, die zur Bildung der Präfixverben verwendet werden, existieren nicht als selbstständige Wörter. Sie dienen allein der Bedeutungsveränderung von Wörtern. Beim Sprechen bleiben Präfixe in der Regel unbetont. Die häufigsten **Präfixe**, die den Verbstamm ergänzen und zusammen mit ihm eine neue Bedeutung des Präfixverbs bewirken, sind:

be- → begegnen, bestehen, bezahlen ...
emp- → empfangen, empfehlen, empfinden ...
ent- → entdecken, entscheiden, entschließen ...
er- → erblinden, erkennen, errichten ...
ge- → gebrauchen, gedenken, gestalten ...
ver- → verbrauchen, versuchen, verteilen ...
zer- → zerfallen, zerlassen, zerreißen ...

Seltener sind Wortbildungen mit dem Präfix *miss-*, das manchmal betont wird:

miss- → missachten, missbrauchen, missverstehen ...

→ siehe auch Betonung, S. 47 ff.

Verben, die ursprünglich aus der **lateinischen** oder **griechischen Sprache** stammen, können durch Präfixe lateinischer oder griechischer Abstammung ergänzt werden. Beispiele:

auto- → autorisieren ...
de- → destabilisieren ...
des- → desinfizieren ...
dis- → disqualifizieren ...
in- → infiltrieren ...
inter- → intervenieren ...
per- → pervertieren ...
pro- → projektieren ...
trans- → transportieren ...

Präfixe bleiben mit dem Verb, das sie einleiten, in allen konjugierten Formen immer fest verbunden. Präfixverben gehören zu den so genannten **untrennbaren Verben**:

Sie **er**zählen von ihrer Wanderung in den Bergen. (Präsens)
Gestern **be**kam ich endlich mein neues Fahrrad. (Präteritum)
In diesem Sommer haben wir viel Sonnencreme **ver**braucht. (Perfekt)
Ihr werdet die Wunde **des**infizieren müssen. (Futur I)
Er wird den Fehler morgen um diese Zeit **ent**deckt haben. (Futur II)

Das **Partizip Perfekt** (→ S. 250) bilden Präfixverben **ohne den Flexionsbaustein *ge-***:

destabilisieren	→	destabilisiert	disqualifizieren	→	disqualifiziert
entschließen	→	entschlossen	errichten	→	errichtet
gestehen	→	gestanden	missverstehen	→	missverstanden
überwinden	→	überwunden	zerreißen	→	zerrissen

Bei untrennbaren Verben trägt normalerweise der Verbstamm die Hauptbetonung:

ge'**brauch**en, er'**richt**en, ent'**schließ**en ...

Das Präfix ***miss-*** ist nur dann betont, wenn es mit einem Verb verbunden wird, das bereits ein Präfix enthält:

→ 'miss**ver**stehen, → 'miss**be**hagen, → 'miss**ge**stalten ...

→ siehe auch Betonung, S. 47 ff.

Partikelverben – trennbare Verben

Zu den Partikeln, die Verben vorangestellt werden können, gehören viele **Präpositionen** (→ S. 363) und **Adverbien** (→ S. 347). Eine kleine Auswahl:

ab-	abreisen	**mit-**	mitmachen
an-	anhören	**neben-**	nebenordnen
auf-	aufschlagen	**über-**	überschwappen
durch-	durchstellen	**um-**	umleiten
empor-	emporheben	**unter-**	unterbringen
her-	herbringen	**vor-**	vorlesen
heraus-	herausreißen	**weg-**	weggehen
hervor-	hervorholen	**zu-**	zuschließen
hin-	hinkommen	**zwischen-**	zwischenschalten

Auch **Adjektive** (→ S. 191) und **Nomen** (→ S. 91) können als Verbpartikeln trennbare Verbindungen mit Verben bilden:

fest-	festnehmen	**Preis-**	preisgeben
frei-	freistellen	**Stand-**	standhalten
hoch-	hochheben	**Teil-**	teilnehmen

Anders als Präfixverben bleiben Partikelverben **nur in bestimmten Formen und Satzstellungen mit dem Verb fest verbunden**, und zwar im Infinitiv, im Partizip Präsens, im Partizip Perfekt und am Ende eines Nebensatzes (→ S. 485):

ankommen	(Infinitiv)
ankommend (Der ankommende Zug ist überfüllt.)	(Partizip Präsens)
angekommen	(Partizip Perfekt)
Ich gehe davon aus, dass der Zug pünktlich ankommt.	(Nebensatzende)

Im Präsens und im Präteritum werden Verbpartikeln vom Verb getrennt:

Der Zug **kommt** mit Verspätung **an**.	(Präsens)
Der Zug **kam** mit Verspätung **an**.	(Präteritum)

Satzklammer / Verbalklammer

Werden Verb und Verbpartikel getrennt, können sie wie alle mehrteiligen Prädikate eine **Satzklammer** bilden (→ S. 456):

Ich **mache** bei dieser Aktion nicht länger **mit**.

Er **schloss** die Tür jeden Morgen pünktlich um acht Uhr **auf**.

Das **Partizip Perfekt** bilden Partikelverben **mit der Flexionssilbe *ge-* nach dem Verbzusatz**:

anhören	→	an**ge**hört	mitmachen	→	mit**ge**macht
nebenordnen	→	neben**ge**ordnet	umleiten	→	um**ge**leitet
unterbringen	→	unter**ge**bracht	vorlesen	→	vor**ge**lesen
überschwappen	→	über**ge**schwappt	zustellen	→	zu**ge**stellt

Bei trennbaren Verben liegt die Hauptbetonung auf dem Verbzusatz:

→ ˈ**a**nhören, → ˈ**mi**tmachen, → ˈ**zwi**schenschalten ...

→ betonte und unbetonte Silben, S. 47 ff.

Verben, mal trennbar, mal untrennbar

Die Präpositionen ***durch, über, um*** und ***unter*** kommen **sowohl in trennbaren als auch in nicht trennbaren** Verbindungen mit Verben vor. Als trennbare Verbpartikeln sind die Präpositionen betont, als nicht trennbare Präfixe unbetont:

	Partikelverb	Präfixverb
durch-	ˈd**u**rchstellen	durchˈdr**i**ngen
über-	ˈ**ü**berschwappen	überˈw**i**nden
um-	ˈ**u**mrechnen	umˈg**e**ben
unter-	ˈ**u**nterbringen	unterˈf**ü**hren

Manche Verben mit diesen Präpositionen haben zwei **unterschiedliche Bedeutungen** und werden entsprechend auch unterschiedlich betont. Oft ist ihre Bedeutung als trennbares Partikelverb eine **konkretere**, als nicht trennbares Präfixverb eine **abstraktere**:

Partikelverb	Bedeutung	Präfixverb	Bedeutung
'd**u**rchbrechen	(zer)brechen	durch'br**e**chen	mit Kraft aufbrechen
'**ü**bersetzen	hinüberfahren	über's**e**tzen	in eine andere Sprache übertragen
'**ü**berziehen	anziehen	über'z**ie**hen	ein Limit überschreiten
'**u**mfahren	überfahren	um'f**a**hren	vorbeifahren
'**u**mgehen	behandeln, bewerkstelligen	um'g**e**hen	ausweichen, vermeiden
'**u**mstellen	umräumen, (ein Gerät) anders einstellen	um'st**e**llen	umzingeln, einkesseln
'**u**nterstellen	unterbringen	unter'st**e**llen	vorwerfen, mutmaßen

Das Verb übersiedeln kann unterschiedlich betont werden und entsprechend als trennbares oder untrennbares Verb behandelt werden, während seine Bedeutung sich nicht ändert:

'**ü**bersiedeln → ich siedele '**ü**ber, über'**sie**deln → ich über'**sie**dle

Die selten vorkommenden Verben obliegen, obsiegen und obwalten können ebenfalls ohne Bedeutungsänderung als trennbare oder nicht trennbare Verben verwendet werden. Häufiger kommen sie aber als untrennbare Verben vor: es obliegt, er obsiegt, sie obwalten.

Seltener kommen die Präpositionen ***hinter*** und ***wider*** in trennbaren und untrennbaren Verben vor. Die trennbaren Formen mit *hinter-* werden nur umgangssprachlich gebraucht.

	Partikelverb	Präfixverb
hinter-	(ˈh**i**nterbringen)	hinterˈfr**a**gen, hinterˈg**e**hen, hinterˈl**e**gen, hinterˈz**ie**hen ...
wider-	ˈw**i**derhallen, ˈw**i**derklingen, ˈw**i**derspiegeln ...	widerˈf**a**hren, widerˈspr**e**chen, widerˈst**e**hen ...

Auch das **Adjektiv *voll*** kommt in trennbaren und nicht trennbaren Verbindungen mit Verben vor:

	Partikelverb	Präfixverb
voll-	ˈv**o**llpacken, ˈv**o**llpumpen, sich ˈv**o**llstopfen, ˈv**o**llstellen ...	vollˈbr**i**ngen , vollˈ**e**nden, vollˈf**ü**hren, vollˈstr**e**cken , vollˈz**ie**hen ...

Transitive Verben (→ S. 243), die bereits **mit dem Präfix *be-, er- ent-*** oder ***ver-*** verbunden sind und **zusätzlich eine Verbpartikel** erhalten, werden manchmal zu trennbaren Verben, manchmal aber bleiben sie untrennbar. Beispiele:

abberufen	ich berufe ab	**ü**berbewerten	ich überbewerte
anerkennen	ich erkenne an / ich anerkenne	**ü**bererfüllen	ich übererfülle
anvertrauen	ich vertraue an / ich anvertraue	**u**ntervermieten	ich unter-vermiete
sich **au**sbedingen	ich bedinge mir aus	**u**nterversorgen	ich unter-versorge
m**i**ssverstehen	ich missverstehe	sich v**o**rbehalten	ich behalte mir vor
n**a**chversteuern	ich versteuere nach	v**o**renthalten	ich enthalte vor
überbeanspruchen	ich überbean-spruche	vorh**e**rbestimmen	ich bestimme vorher
überbelasten	ich überbelaste	v**o**rverurteilen	ich vorverurteile

abberufen → Sie **berufen** ihn heute **ab**.
(**nicht:** ~~Sie abberufen ihn heute.~~)

anerkennen → Wir **erkennen** die große Leistung **an**.
Oder: Wir **anerkennen** diese große Leistung.

überbetonen → Sie **überbetonen** diesen Aspekt häufig.
(**nicht:** ~~Sie betonen diesen Aspekt häufig über.~~)

untervermieten → Er **untervermietet** sein Zimmer ab nächsten Monat.
(**nicht:** ~~Er vermietet sein Zimmer ab nächsten Monat unter.~~)

Konjugationstabellen

Die Konjugation der Verben *haben, sein, werden*

Die drei Hilfsverben ***haben, sein, werden*** werden unregelmäßig konjugiert. Für die Bildung der zusammengesetzten Zeiten und des Passivs sind vor allem die Formen im Präsens und Präteritum sowie das Partizip Perfekt wichtig.

Das Verb *sein*

Indikativ		Konjunktiv	
Präsens		**Präsens**	
ich bin	wir sind	ich sei	wir seien
du bist	ihr seid	du sei(e)st	ihr seiet
er ist	sie sind	er sei	sie seien
Präteritum		**Präteritum**	
ich war	wir waren	ich wäre	wir wären
du warst	ihr wart	du wär(e)st	ihr wär(e)t
er war	sie waren	er wäre	sie wären
Perfekt		**Perfekt**	
ich bin gewesen	wir sind gewesen	ich sei gewesen	wir seien gewesen
du bist gewesen	ihr seid gewesen	du sei(e)st gewesen	ihr seiet gewesen
er ist gewesen	sie sind gewesen	er sei gewesen	sie seien gewesen
Plusquamperfekt		**Plusquamperfekt**	
ich war gewesen	wir waren gewesen	ich wäre gewesen	wir wären gewesen
du warst gewesen	ihr wart gewesen	du wär(e)st gewesen	ihr wär(e)t gewesen
er war gewesen	sie waren gewesen	er wäre gewesen	sie wären gewesen

Indikativ		Konjunktiv	
Futur I		**Futur I im Konjunktiv I**	
ich werde sein	wir werden sein	ich werde sein	wir werden sein
du wirst sein	ihr werdet sein	du werdest sein	ihr werdet sein
er wird sein	sie werden sein	er werde sein	sie werden sein
Futur II		**Futur II im Konjunktiv I**	
ich werde gewesen sein	wir werden gewesen sein	ich werde gewe- sen sein	wir werden gewesen sein
du wirst gewesen sein	ihr werdet gewesen sein	du werdest gewesen sein	ihr werdet gewesen sein
er wird gewesen sein	sie werden gewesen sein	er werde gewesen sein	sie werden gewesen sein
Infinitiv	sein	**Imperativ Singular**	sei
Partizip Präsens	seiend	**Imperativ Plural**	seid
Partizip Perfekt	gewesen	**Höflicher Imperativ**	seien Sie

Das Verb *haben*

Indikativ		Konjunktiv	
Präsens		**Präsens**	
ich habe	wir haben	ich habe	wir haben
du hast	ihr habt	du habest	ihr habet
er hat	sie haben	er habe	sie haben
Präteritum		**Präteritum**	
ich hatte	wir hatten	ich hätte	wir hätten
du hattest	ihr hattet	du hättest	ihr hättet
er hatte	sie hatten	er hätte	sie hätten

Indikativ		Konjunktiv	
Perfekt		**Perfekt**	
ich habe gehabt	wir haben gehabt	ich habe gehabt	wir haben gehabt
du hast gehabt	ihr habt gehabt	du habest gehabt	ihr habet gehabt
er hat gehabt	sie haben gehabt	er habe gehabt	sie haben gehabt
Plusquamperfekt		**Plusquamperfekt**	
ich hatte gehabt	wir hatten gehabt	ich hätte gehabt	wir hätten gehabt
du hattest gehabt	ihr hattet gehabt	du hättest gehabt	ihr hättet gehabt
er hatte gehabt	sie hatten gehabt	er hätte gehabt	sie hätten gehabt
Futur I		**Futur I im Konjunktiv I**	
ich werde haben	wir werden haben	ich werde haben	wir werden haben
du wirst haben	ihr werdet haben	du werdest haben	ihr werdet haben
er wird haben	sie werden haben	er werde haben	sie werden haben
Futur II		**Futur II im Konjunktiv I**	
ich werde gehabt haben	wir werden gehabt haben	ich werde gehabt haben	wir werden gehabt haben
du wirst gehabt haben	ihr werdet gehabt haben	du werdest gehabt haben	ihr werdet gehabt haben
er wird gehabt haben	sie werden gehabt haben	er werde gehabt haben	sie werden gehabt haben
Infinitiv	haben	**Imperativ Singular**	hab
Partizip Präsens	habend	**Imperativ Plural**	habt
Partizip Perfekt	gehabt	**Höflicher Imperativ**	haben Sie

Das Verb *werden* (als Vollverb)

Indikativ		Konjunktiv	
Präsens		**Präsens**	
ich werde	wir werden	ich werde	wir werden
du wirst	ihr werdet	du werdest	ihr werdet
er wird	sie werden	er werde	sie werden
Präteritum		**Präteritum**	
ich wurde	wir wurden	ich würde	wir würden
du wurdest	ihr wurdet	du würdest	ihr würdet
er wurde	sie wurden	er würde	sie würden
Perfekt		**Perfekt**	
ich bin geworden	wir sind geworden	ich sei geworden	wir seien geworden
du bist geworden	ihr seid geworden	du sei(e)st geworden	ihr seiet geworden
er ist geworden	sie sind geworden	er sei geworden	sie seien geworden
Plusquamperfekt		**Plusquamperfekt**	
ich war geworden	wir waren geworden	ich wäre geworden	wir wären geworden
du warst geworden	ihr wart geworden	du wär(e)st geworden	ihr wär(e)t geworden
er war geworden	sie waren geworden	er wäre geworden	sie wären geworden
Futur I		**Futur I im Konjunktiv I**	
ich werde werden	wir werden werden	ich werde werden	wir werden werden
du wirst werden	ihr werdet werden	du werdest werden	ihr werdet werden
er wird werden	sie werden werden	er werde werden	sie werden werden

Indikativ		Konjunktiv	
Futur II		**Futur II im Konjunktiv I**	
ich werde geworden sein	wir werden geworden sein	ich werde geworden sein	wir werden geworden sein
du wirst geworden sein	ihr werdet geworden sein	du werdest geworden sein	ihr werdet geworden sein
er wird geworden sein	sie werden geworden sein	er werde geworden sein	sie werden geworden sein
Infinitiv	werden	**Imperativ Singular**	werde
Partizip Präsens	werdend	**Imperativ Plural**	werdet
Partizip Perfekt	geworden	**Höflicher Imperativ**	werden Sie

Das Verb mit zwei Partizipien im Perfekt

Das **Partizip Perfekt** des Verbs **werden** als Vollverb lautet ***geworden***:

Du bist schlanker **geworden**.

Bei der Bildung der **Passivformen** lautet das Partizip Perfekt von *werden* ***worden***:

Du bist auf Diät gesetzt **worden**. Du bist gelobt **worden**.

Die Konjugation der Vollverben

Die Konjugation des transitiven unregelmäßigen Verbs *halten*

Aktiv			
Indikativ		**Konjunktiv**	
Präsens		**Präsens**	
ich halte	wir halten	ich halte	wir halten
du hältst	ihr haltet	du haltest	ihr haltet
er hält	sie halten	er halte	sie halten

Indikativ		Konjunktiv	
Präteritum		**Präteritum**	
ich hielt	wir hielten	ich hielte	wir hielten
du hielt(e)st	ihr hieltet	du hieltest	ihr hieltet
er hielt	sie hielten	er hielte	sie hielten
Perfekt		**Perfekt**	
ich habe gehalten	wir haben gehalten	ich habe gehalten	wir haben gehalten
du hast gehalten	ihr habt gehalten	du habest gehalten	ihr habet gehalten
er hat gehalten	sie haben gehalten	er habe gehalten	sie haben gehalten
Plusquamperfekt		**Plusquamperfekt**	
ich hatte gehalten	wir hatten gehalten	ich hätte gehalten	wir hätten gehalten
du hattest gehalten	ihr hattet gehalten	du hättest gehalten	ihr hättet gehalten
er hatte gehalten	sie hatten gehalten	er hätte gehalten	sie hätten gehalten
Futur I		**Futur I im Konjunktiv I**	
ich werde halten	wir werden halten	ich werde halten	wir werden halten
du wirst halten	ihr werdet halten	du werdest halten	ihr werdet halten
er wird halten	sie werden halten	er werde halten	sie werden halten
Futur II		**Futur II im Konjunktiv I**	
ich werde gehalten haben	wir werden gehalten haben	ich werde gehalten haben	wir werden gehalten haben
du wirst gehalten haben	ihr werdet gehalten haben	du werdest gehalten haben	ihr werdet gehalten haben
er wird gehalten haben	sie werden gehalten haben	er werde gehalten haben	sie werden gehalten haben

WORTARTEN

Passiv			
Indikativ		**Konjunktiv**	
Präsens		**Präsens**	
ich werde gehalten	wir werden gehalten	ich werde gehalten	wir werden gehalten
du wirst gehalten	ihr werdet gehalten	du werdest gehalten	ihr werdet gehalten
er wird gehalten	sie werden gehalten	er werde gehalten	sie werden gehalten
Präteritum		**Präteritum**	
ich wurde gehalten	wir wurden gehalten	ich würde gehalten	wir würden gehalten
du wurdest gehalten	ihr wurdet gehalten	du würdest gehalten	ihr würdet gehalten
er wurde gehalten	sie wurden gehalten	er würde gehalten	sie würden gehalten
Perfekt		**Perfekt**	
ich bin gehalten worden	wir sind gehalten worden	ich sei gehalten worden	wir seien gehalten worden
du bist gehalten worden	ihr seid gehalten worden	du sei(e)st gehalten worden	ihr seiet gehalten worden
er ist gehalten worden	sie sind gehalten worden	er sei gehalten worden	sie seien gehalten worden
Plusquamperfekt		**Plusquamperfekt**	
ich war gehalten worden	wir waren gehalten worden	ich wäre gehalten worden	wir wären gehalten worden
du warst gehalten worden	ihr wart gehalten worden	du wär(e)st gehalten worden	ihr wär(e)t gehalten worden
er war gehalten worden	sie waren gehalten worden	er wäre gehalten worden	sie wären gehalten worden

Indikativ		Konjunktiv	
Futur I		**Futur I im Konjunktiv I**	
ich werde gehalten werden	wir werden gehalten werden	ich werde gehalten werden	wir werden gehalten werden
du wirst gehalten werden	ihr werdet gehalten werden	du werdest gehalten werden	ihr werdet gehalten werden
er wird gehalten werden	sie werden gehalten werden	er werde gehalten werden	sie werden gehalten werden
Futur II		**Futur II im Konjunktiv I**	
ich werde gehalten worden sein	wir werden gehalten worden sein	ich werde gehalten worden sein	wir werden gehalten worden sein
du wirst gehalten worden sein	ihr werdet gehalten worden sein	du werdest gehalten worden sein	ihr werdet gehalten worden sein
er wird gehalten worden sein	sie werden gehalten worden sein	er werde gehalten worden sein	sie werden gehalten worden sein
Infinitiv	halten	**Imperativ Singular**	halt
Partizip Präsens	haltend	**Imperativ Plural**	haltet
Partizip Perfekt	gehalten	**Höflicher Imperativ**	halten Sie

Die Konjugation des intransitiven regelmäßigen Verbs *reisen*

Die **zusammengesetzten Zeiten** werden bei diesem Verb mit ***sein*** gebildet.

Aktiv			
Indikativ		**Konjunktiv**	
Präsens		**Präsens**	
ich reise	wir reisen	ich reise	wir reisen
du reist	ihr reist	du reisest	ihr reiset
er reist	sie reisen	er reise	sie reisen

Indikativ		Konjunktiv	
Präteritum		**Präteritum**	
ich reiste	wir reisten	ich reiste	wir reisten
du reistest	ihr reistet	du reistest	ihr reistet
er reiste	sie reisten	er reiste	sie reisten
Perfekt		**Perfekt**	
ich bin gereist	wir sind gereist	ich sei gereist	wir seien gereist
du bist gereist	ihr seid gereist	du sei(e)st gereist	ihr seiet gereist
er ist gereist	sie sind gereist	er sei gereist	sie seien gereist
Plusquamperfekt		**Plusquamperfekt**	
ich war gereist	wir waren gereist	ich wäre gereist	wir wären gereist
du warst gereist	ihr wart gereist	du wär(e)st gereist	ihr wär(e)t gereist
er war gereist	sie waren gereist	er wäre gereist	sie wären gereist
Futur I		**Futur I im Konjunktiv I**	
ich werde reisen	wir werden reisen	ich werde reisen	wir werden reisen
du wirst reisen	ihr werdet reisen	du werdest reisen	ihr werdet reisen
er wird reisen	sie werden reisen	er werde reisen	sie werden reisen
Futur II		**Futur II im Konjunktiv I**	
ich werde gereist sein	wir werden gereist sein	ich werde gereist sein	wir werden gereist sein
du wirst gereist sein	ihr werdet gereist sein	du werdest gereist sein	ihr werdet gereist sein
er wird gereist sein	sie werden gereist sein	er werde gereist sein	sie werden gereist sein
Infinitiv	reisen	**Imperativ Singular**	reise
Partizip Präsens	reisend	**Imperativ Plural**	reist
Partizip Perfekt	gereist	**Höflicher Imperativ**	reisen Sie

Kein Passiv bei intransitiven Verben

Intransitive Verben bilden keine Passivformen. Einige können ein unpersönliches Passiv mit *es* bilden → S. 284.

Die Konjugation der Modalverben *dürfen, können, mögen*

	Indikativ			Konjunktiv		
	dürfen	**können**	**mögen**	**dürfen**	**können**	**mögen**
Präsens						
ich	darf	kann	mag	dürfe	könne	möge
du	darfst	kannst	magst	dürfest	könnest	mögest
er	darf	kann	mag	dürfe	könne	möge
wir	dürfen	können	mögen	dürfen	können	mögen
ihr	dürft	könnt	mögt	dürft	könnet	möget
sie	dürfen	können	mögen	dürfen	können	mögen
Präteritum						
ich	durfte	konnte	mochte	dürfte	könnte	möchte
du	durftest	konntest	mochtest	dürftest	könntest	möchtest
er	durfte	konnte	mochte	dürfte	könnte	möchte
wir	durften	konnten	mochten	dürften	könnten	möchten
ihr	durftet	konntet	mochtet	dürftet	könntet	möchtet
sie	durften	konnten	mochten	dürften	könnten	möchten
Perfekt						
ich habe, du hast ... gedurft	ich habe, du hast ... gekonnt	ich habe, du hast ... gemocht		ich habe, du habest ... gedurft	ich habe, du habest ... gekonnt	ich habe, du habest ... gemocht

Indikativ			Konjunktiv		
Plusquamperfekt					
ich hatte, du hattest … gedurft	ich hatte, du hattest … gekonnt	ich hatte, du hattest … gemocht	ich hätte, du hättest … gedurft	ich hätte, du hättest … gekonnt	ich hätte, du hättest … gemocht
Futur I					
ich werde, du wirst … dürfen	ich werde, du wirst … können	ich werde, du wirst … mögen	ich werde, du werdest … dürfen	ich werde, du werdest … können	ich werde, du werdest … mögen
Futur I					
ich werde, du wirst … gedurft haben	ich werde, du wirst … gekonnt haben	ich werde, du wirst … gemocht haben	ich werde, du werdest … gedurft haben	ich werde, du werdest … gekonnt haben	ich werde, du werdest … gemocht haben

Infinitiv	dürfen, können, mögen	**Imperativ**
Partizip Präsens	dürfend, könnend, mögend	keine Imperativformen vorhanden
Partizip Perfekt	gedurft, gekonnt, gemocht	

Die Konjugation der Modalverben *müssen, sollen, wollen*

	Indikativ			Konjunktiv		
	müssen	**sollen**	**wollen**	**müssen**	**sollen**	**wollen**
Präsens						
ich	muss	soll	will	müsse	solle	wolle
du	musst	sollst	willst	müssest	sollest	wollest
er	muss	soll	will	müsse	solle	wolle
wir	müssen	sollen	wollen	müssen	sollen	wollen
ihr	müsst	sollt	wollt	müsset	sollet	wollet
sie	müssen	sollen	wollen	müssen	sollen	wollen

	Indikativ			Konjunktiv		
Präteritum						
ich	musste	sollte	wollte	müsste	sollte	wollte
du	musstest	solltest	wolltest	müsstest	solltest	wolltest
er	musste	sollte	wollte	müsste	sollte	wollte
wir	mussten	sollten	wollten	müssten	sollten	wollten
ihr	musstet	solltet	wolltet	müsstet	solltet	wolltet
sie	mussten	sollten	wollten	müssten	sollten	wollten
Perfekt						
ich habe, du hast ... gemusst	ich habe, du hast ... gesollt	ich habe, du hast ... gewollt		ich habe, du habest ... gemusst	ich habe, du habest ... gesollt	ich habe, du habest ... gewollt
Plusquamperfekt						
ich hatte, du hattest ... gemusst	ich hatte, du hattest ... gesollt	ich hatte, du hattest ... gewollt		ich hätte, du hättest ... gemusst	ich hätte, du hättest ... gesollt	ich hätte, du hättest ... gewollt
Futur I						
ich werde, du wirst ... müssen	ich werde, du wirst ... sollen	ich werde, du wirst ... wollen		ich werde, du werdest ... müssen	ich werde, du werdest ... sollen	ich werde, du werdest ... wollen
Futur II						
ich werde, du wirst ... gemusst haben	ich werde, du wirst ... gesollt haben	ich werde, du wirst ... gewollt haben		ich werde, du werdest ... gemusst haben	ich werde, du werdest ... gesollt haben	ich werde, du werdest ... gewollt haben

Infinitiv	müssen, sollen, wollen	**Imperativ**
Partizip Präsens	müssend, sollend, wollend	keine Imperativformen vorhanden
Partizip Perfekt	gemusst, gesollt, gewollt	

Verben im Perfekt und Plusquamperfekt mit *haben* oder *sein*?

Bei manchen Verben ist unklar, ob sie das Perfekt mit dem Hilfsverb *sein* oder mit dem Hi fsverb *haben* bilden. In manchen Fällen sind beide Konjugationsweisen korrekt.

Infinitiv	Perfekt mit *sein*	Perfekt mit *haben*
altern	er ist gealtert	(er hat gealtert)
anfangen		ich habe angefangen
bummeln	Ich bin im Ort gebummelt. (spazieren gegangen)	ich habe gebummelt (Zeit verschenkt)
durchgehen (etw. ~)	Wir **sind** die Unterlagen durchgegangen.	–
eingehen (etw. ~)	Wir **sind** eine Liaison eingegangen.	–
fahren	intransitiv: Ich bin (selbst) gefahren.	transitiv: Ich habe das Auto gefahren.
flattern	mit Ortsveränderung: Ein Falter ist ins Zimmer geflattert.	ohne Ortsveränderung: Die Fahne hat im Wind geflattert.
fliegen	intransitiv: Ich bin schon oft geflogen.	transitiv: Ich habe das Flugzeug geflogen.
hinken	ich bin gehinkt	ich habe gehinkt
hocken	ich bin gehockt (süddeutsch)	ich habe gehockt (norddeutsch)
joggen	ich bin gejoggt	ich habe gejoggt
kauern		ich habe gekauert
liegen	ich bin gelegen (süddeutsch)	ich habe gelegen (norddeutsch)
schlendern	ich bin geschlendert	–
schlingern	(das Schiff ist geschlingert)	das Schiff hat geschlingert

schmelzen	intransitiv: ich bin geschmolzen	transitiv: Ich habe das Gold geschmolzen.
schwimmen	ich bin geschwommen	(ich habe geschwommen)
sitzen*	ich bin gesessen (süddeutsch)	ich habe gesessen (norddeutsch)
stehen*	ich bin gestanden (süddeutsch)	ich habe gestanden (norddeutsch)
tanzen	Ich bin um den Tisch getanzt.	*mit* + Dativ: Ich habe mit ihm getanzt.
wandern	ich bin gewandert	-
welken,	sie ist gewelkt	hat gewelkt
verwelken	sie ist verwelkt	-

* Nur mit *haben* konjugiert wird immer dann, wenn *sitzen* und *stehen* in übertragener Bedeutung gebraucht werden: Er hat gesessen. (Er war im Gefängnis.) Er hat gestanden. (Er hat ein Geständnis abgelegt).

Ähnlich oder gleich klingende Verben mit unterschiedlicher Bedeutung und Konjugation

Infinitiv	Präteritum	Konjunktiv Präteritum	Partizip II	Bedeutung
bewegen	bewegte	bewegte	bewegt	(eine Veränderung vornehmen)
bewegen	bewog	bewöge	bewogen	(veranlassen)
bieten	bot	böte	geboten	(ein Angebot machen)
bitten	bat	bäte	gebeten	(einen Wunsch äußern)
beten	betete	betete	gebetet	(zu Gott sprechen)
betten	bettete	bettete	gebettet	(zu Bett bringen)
erschrecken*	erschreckte	erschreckte	erschreckt	(jemanden erschrecken)
erschrecken*	erschrak	erschräke	erschrocken	(selbst erschrecken)

genesen	genas	genäse	genesen	(gesund werden)
genießen	genoss	genösse	genossen	(etwas schön finden)
niesen	nieste	nieste	geniest	(beim Schnupfen)
hängen*	hing	hinge	gehangen	(z. B. an der Wand)
hängen*	hängte	hängte	gehängt	(z. B. an die Wand)
legen	legte	legte	gelegt	(etwas irgendwohin legen)
liegen	lag	läge	gelegen	(in horizontaler Lage sein)
schaffen*	schaffte	schaffte	geschafft	(erledigen, erreichen)
schaffen*	schuf	schüfe	geschaffen	(bilden, gestalten)
senden*	sandte	sandte / sendete	gesandt	(z. B. ein Paket verschicken)
senden*	sendete	sendete	gesendet	(Radio, TV)
sitzen	saß	säße	gesessen	(z. B. auf einen Stuhl)
setzen	setzte	setzte	gesetzt	(z. B. ein Zeichen setzen)
wenden*	wandte	wandte / wendete	gewandt	(sich an jemanden wenden)
wenden*	wendete	wendete	gewendet	(drehen, umkehren)
wiegen*	wiegte	wiegte	gewiegt	(schaukeln)
wiegen*	wog	wöge	gewogen	(an Gewicht haben)

* Einige Verben mit gleich lautendem Infinitiv bilden ihre Formen in der einen Bedeutung oft regelmäßig, in der anderen unregelmäßig.

Wichtige unregelmäßige Verben

Infinitiv	**2. Person Sing. Präsens:** du ...	**Präteritum**	**Konjunktiv Präteritum**	**Partizip Perfekt**
backen	bäckst / backst	backte / buk	backte / büke	gebacken
befehlen	befiehlst	befahl	befähle / beföhle	befohlen
beginnen	beginnst	begann	begänne	begonnen
beißen	beißt	biss	bisse	gebissen

Infinitiv	2. Person Sing. Präsens: du ...	Präteritum	Konjunktiv Präteritum	Partizip Perfekt
bergen	birgst	barg	bärge	geborgen
bersten	birst / berstest	barst	bärste	geborsten
binden	bindest	band	bände	gebunden
blasen	bläst	blies	bliese	geblasen
bleiben	bleibst	blieb	bliebe	geblieben
braten	brätst	briet	briete	gebraten
brechen	brichst	brach	bräche	gebrochen
brennen	brennst	brannte	brennte	gebrannt
bringen	bringst	brachte	brächte	gebracht
denken	denkst	dachtest	dächte	gedacht
dreschen	drischst	drosch / drasch	drösche / dräsche	gedroschen
empfangen	empfängst	empfing	empfinge	empfangen
empfehlen	empfiehlst	empfahl	empfähle / empföhle	empfohlen
empfinden	empfindest	empfand	empfände	empfunden
erklimmen	erklimmst	erklomm	erklömme	erklommen
erwägen	erwägst	erwog	erwöge	erwogen
essen	isst	aß	äße	gegessen
fahren	fährst	fuhr	führe	gefahren
fallen	fällst	fiel	fiele	gefallen
finden	findest	fand	fände	gefunden
flechten	flichtst	flocht	flöchte	geflochten
fliegen	fliegst	flog	flöge	geflogen
fliehen	fliehst	floh	flöhe	geflohen
fließen	fließt	floss	flösse	geflossen
frieren	frierst	fror	fröre	gefroren
gären	gärst	gor/gärte	göre / gärte	gegoren / gegärt
gebären	gebierst	gebar	gebäre	geboren
geben	gibst	gab	gäbe	gegeben

WORTARTEN

Infinitiv	2. Person Sing. Präsens: du ...	Präteritum	Konjunktiv Präteritum	Partizip Perfekt
gehen	gehst	ging	ginge	gegangen
gelten	giltst	galt	gälte / gölte	gegolten
gerinnen	gerinnst	gerann	geränne / gerönne	geronnen
gewinnen	gewinnst	gewann	gewänne / gewönne	gewonnen
gießen	gießt	goss	gösse	gegossen
gleichen	gleichst	glich	gliche	geglichen
gleiten	gleitest	glitt	glitte	geglitten
glimmen	glimmst	glomm / glimmte	glömme / glimmte	geglommen / geglimmt
graben	gräbst	grub	grübe	gegraben
greifen	greifst	griff	griffe	gegriffen
hauen	haust	hieb / haute	hiebe / haute	gehauen
heben	hebst	hob	höbe	gehoben
heißen	heißt	hieß	hieße	geheißen
helfen	hilfst	half	hälfe / hülfe	geholfen
kennen	kennst	kannte	kennte	gekannt
kneifen	kneifst	kniff	kniffe	gekniffen
kommen	kommst	kam	käme	gekommen
lassen	lässt	ließ	ließe	gelassen
(ein)laden	lädst (ein)	lud (ein)	lüde	(ein)geladen
laufen	läufst	lief	liefe	gelaufen
leiden	leidest	litt	litte	gelitten
leihen	leihst	lieh	liehe	geliehen
lesen	liest	las	läse	gelesen
lügen	lügst	log	löge	gelogen
melken	melkst	molk / melkte	mölke / melkte	gemolken
messen	misst	maß	mäße	gemessen
misslingen	misslingst	misslang	misslänge	misslungen
nehmen	nimmst	nahm	nähme	genommen

Infinitiv	2. Person Sing. Präsens: du ...	Präteritum	Konjunktiv Präteritum	Partizip Perfekt
nennen	nennst	nannte	nennte	genannt
preisen	preist	pries	priese	gepriesen
quellen	quillst	quoll	quölle	gequollen
rennen	rennst	rannte	rennte	gerannt
riechen	riechst	roch	röche	gerochen
ringen	ringst	rang	ränge	gerungen
rufen	rufst	rief	riefe	gerufen
saufen	säufst	soff	söffe	gesoffen
saugen	saugst	sog / saugte	söge / saugte	gesogen / gesaugt
scheiden	scheidest	schied	schiede	geschieden
scheinen	scheinst	schien	schiene	geschienen
schelten	schiltst	schalt	schölte / schälte	gescholten
schieben	schiebst	schob	schöbe	geschoben
schlafen	schläfst	schlief	schliefe	geschlafen
schlagen	schlägst	schlug	schlüge	geschlagen
schließen	schließt	schloss	schlösse	geschlossen
schmelzen	schmilzt	schmolz	schmölze	geschmolzen
schneiden	schneidest	schnitt	schnitte	geschnitten
schreiben	schreibst	schrieb	schriebe	geschrieben
schwellen	schwillst	schwoll	schwölle	geschwollen
schwimmen	schwimmst	schwamm	schwämme / schwömme	geschwommen
schwingen	schwingst	schwang	schwänge	geschwungen
schwören	schwörst	schwor / schwur	schwöre / schwüre	geschworen
sehen	siehst	sah	sähe	gesehen
sieden	siedest	siedete / sott	siedete / sötte	gesiedet / gesotten
singen	singst	sang	sänge	gesungen
sinnen	sinnst	sann	sänne / sönne	gesonnen

WORTARTEN

Infinitiv	2. Person Sing. Präsens: du …	Präteritum	Konjunktiv Präteritum	Partizip Perfekt
spalten	spaltest	spaltete	spaltete	gespalten / gespaltet
spinnen	spinnst	spann	spänne / spönne	gesponnen
sprechen	sprichst	sprach	spräche	gesprochen
stechen	stichst	stach	stäche	gestochen
stehen	stehst	stand	stünde	gestanden
stehlen	stiehlst	stahl	stähle / stöhle	gestohlen
sterben	stirbst	starb	stürbe	gestorben
stinken	stinkst	stank	stänke	gestunken
stoßen	stößt	stieß	stieße	gestoßen
tragen	trägst	trug	trüge	getragen
treten	trittst	trat	träte	getreten
trinken	trinkst	trank	tränke	getrunken
verderben	verdirbst	verdarb	verdürbe	verdorben
vergessen	vergisst	vergaß	vergäße	vergessen
waschen	wäschst	wusch	wüsche	gewaschen
weben	webst	wob / webte	wöbe / webte	gewoben / gewebt
(hin)weisen	weist (hin)	wies (hin)	wiese (hin)	(hin)gewiesen
werben	wirbst	warb	würbe	geworben
wiegen	wiegst	wog	wöge	gewogen
wissen	weißt	wusste	wüsste	gewusst
wringen	wringst	wrang	wränge	gewrungen
ziehen	ziehst	zog	zöge	gezogen

Die Verben ***winken, schimpfen*** und ***wünschen*** werden regelmäßig konjugiert!

winken	winkst	winkte	winkte	gewinkt
wünschen	wünschst	wünschte	wünschte	gewünscht
schimpfen	schimpfst	schimpfte	schimpfte	geschimpft

Imperativformen von Verben mit *e/i*-Wechsel im Präsens

Infinitiv	2. Person Singular Präsens	Imperativ Singular	Imperativ Plural
befehlen	du befiehlst	befiehl!	befehlt!
(ver-)bergen	du (ver)birgst	(ver-)birg!	verbergt!
empfehlen	du empfiehlst	empfiehl!	empfehlt!
essen	du isst	iss!	esst!
erschrecken*	du erschrickst	erschrick nicht!	erschreckt nicht!
geben	du gibst	gib!	gebt!
helfen	du hilfst	hilf!	helft!
lesen	du liest	lies!	lest!
messen	du misst	miss!	messt!
nehmen	du nimmst	nimm!	nehmt!
quellen	du quillst	quill!	quellt!
schelten	du schiltst	schilt!	scheltet!
sehen	du siehst	sieh! (bei Verweisen in Büchern: siehe)	seht!
sprechen	du sprichst	sprich!	sprecht!
stehlen	du stiehlst	stiehl!	stehlt!
sterben	du stirbst	stirb!	sterbt!
treffen	du triffst	triff!	trefft!
treten	du trittst	tritt!	tretet!
verderben	du verdirbst	verdirb!	verderbt!
vergessen	du vergisst	vergiss!	vergesst!
werfen	du wirfst	wirf!	werft!

* Der *e/i*-Wechsel beim Verb ***erschrecken*** findet statt, wenn das Verb intransitiv benutzt wird. Bei transitivem Gebrauch lauten die Formen: Du **erschreckst** gerne andere. **Erschreck** die Kinder nicht! **Erschreckt** das Wild nicht! → siehe auch Tabelle, S. 339

Die Konjugation englischer Verben

Verben, die aus dem Englischen übernommen wurden, werden **wie regelmäßige deutsche Verben** konjugiert. Beispiele für Verben, die fachsprachlich oder unter Jugendlichen häufig gebraucht werden:

Infinitiv	Präteritum	Partizip Perfekt	Bedeutung
bloggen	bloggte	gebloggt	an einem Weblog schreiben
briefen	briefte	gebrieft	einweisen, informieren
canceln	cancelte	gecancelt	absagen, abblasen
chatten	chattete	gechattet	sich im Internet unterhalten
chillen	chillte	gechillt	entspannen, sich ausruhen
downloaden	downloadete	downgeloadet	Dateien herunterladen; das Präfix *down-* ist untrennbar.
googeln	googelte	gegoogelt	die Internet-Suchmaschine Google® benutzen
jobben	jobbte	gejobbt	eine Gelegenheitsarbeit ausüben, z. B. einen Ferienjob
mailen	mailte	gemailt	elektronische Post (E-Mail) versenden
pushen / puschen	pushte / puschte	gepusht / gepuscht	vorwärts-/voranbringen, antreiben, propagieren
recyclen / recyceln	recyclete / recycelte	recyclet / recycelt	wiederverwerten; bei prädikativem Gebrauch am Ende eines Satzes auch in englischer Schreibweise: Das Papier ist recycled / recyclet / recycelt. Aber: recycletes / recyceltes Papier
relaxen	relaxte	relaxt	entspannen, sich ausruhen; bei prädikativem Gebrauch am Ende eines Satzes auch in englischer Schreibweise: Ich bin total relaxed / relaxt. Aber: ein relaxter Mensch
simsen	simste	gesimst	Kurzmitteilungen übers Mobiltelefon verschicken
surfen	surfte	gesurft	(wellenreiten) im Internet nach Informationen suchen
twittern	twitterte	getwittert	(unter Pseudonym) Kurzmitteilungen übers Internet versenden

DIE ADVERBIEN

ÜBERSICHT

Mit Adverbien (Umstandswörtern) lassen sich die **Umstände eines Geschehens genauer angeben**. Sie werden nicht flektiert (gebeugt).

Funktion der Adverbien

→ S. 351

Adverbien werden als **Satzglied** (adverbiale Bestimmung) gebraucht:

Er ging **gern** zur Schule.

Adverbien können als **Attribut** hinter einem Nomen stehen:

Die Treppe **links** führt zum Speisesaal.

Pronominaladverbien ersetzen Präpositionalgruppen:

Er freute sich **auf die Feier**.→ Er freute sich **darauf**.

Konjunktionaladverbien verbinden nebengeordnete Sätze:

Komm bitte mit. **Sonst** langweile ich mich.

Mit **Interrogativadverbien** werden Ergänzungsfragen eingeleitet:

Wie groß ist die Wohnung?

Adverbien nach ihrer inhaltlichen Bedeutung

→ S. 358

Lokale Adverbien geben einen Ort, ein Ziel oder die Herkunft an. Man fragt danach mit *wo?, wohin?, woher?*: da, dort, dorthin ...

Temporale Adverbien geben einen Zeitpunkt oder eine Dauer an. Man fragt danach vor allem mit *wann?, wie oft?*: abends, bald, bisher, damals ...

Modale Adverbien geben die Art und Weise eines Geschehens an. Man fragt danach mit *wie?, auf welche Weise?, womit?*: auch, doch, durchaus ...

Kausale Adverbien geben den Grund oder die Ursache eines Geschehens an. Man fragt danach mit *warum?, wieso?*: daher, darum, demnach ...

Hauptmerkmale der Adverbien

Adverbien sind Wörter, mit denen sich die **Umstände eines Geschehens genauer angeben** lassen. Sie werden darum auch **Umstandswörter** genannt: also, dort, drinnen, ...

Adverbien werden **nicht dekliniert**; sie gehören zur Gruppe der unveränderlichen (nicht flektierbaren) Wörter und werden **kleingeschrieben**.

Der Begriff *Adverb* ist ein wenig missverständlich, da sich Adverbien nicht nur auf Verben beziehen können. Sie können sich auch auf Adjektive oder sogar einen ganzen Satz beziehen (→ Funktion der Adverbien, S. 351).

Da Adverbien nur die Umstände näher erläutern, können sie in der Regel auch weggelassen werden und der Satz klingt immer noch sinnvoll (→ Satzglieder: Adverbiale).

Bildung der Adverbien durch Ableitung

Viele Adverbien sind ursprüngliche Adverbien, z. B. gern, oft, dort ...
Sie haben eine eigene lexikalische Bedeutung (→ Lexem, S. 65).

Eine große Zahl von Adverbien aber wird durch Ableitung (→ S. 78) gebildet. Dabei sind viele dieser Adverbien **von Nomen abgeleitet**. Sie haben die Endungen (Suffixe) ***-s*** oder ***-weise***:

der Abend	→	abends	der Teil	→	teilweise
der Dienstag	→	dienstags	das Beispiel	→	beispielsweise
der Notfall	→	notfalls	die Wahl	→	wahlweise ...

Einige Adverbien, die **von Adjektiven abgeleitet** sind, erhalten im Gegensatz zu Adjektivadverbien (→ S. 194, 350) die Endung ***-erweise*** und lassen sich damit klar zu den Adverbien rechnen:

freundlich	→	freundlicherweise	klug	→	klugerweise
normal	→	normalerweise ...			

Adverbien auf -*weise* nicht verwechseln mit dem Nomen *Weise*!

Von den Adverbien auf -*weise* müssen **Wortgruppen, bestehend aus einem Adjektiv und dem Nomen *Weise*,** unterschieden werden. Adverbien auf -*weise* werden in einem Wort geschrieben, Wortgruppen mit dem Nomen *Weise* werden dagegen getrennt geschrieben.

Er lieh mir **freundlicherweise** seinen Wagen.
Aber: Man begegnete sich stes **in freundlicher Weise**.

Adverbien können auch mit den Suffixen ***-halber*** und ***-(er)maßen*** gebildet sein:

die Probe	→	probehalber	der	→	dermaßen
die Sicherheit	→	sicherheitshalber	einige	→	einigermaßen
die Umstände	→	umständehalber	gewiss	→	gewissermaßen …

Adverbien, die auf ***-wärts*** enden, drücken immer eine Richtung aus:

rückwärts, seitwärts, vorwärts …

Auch mit den Suffixen ***-dings, -lings, -mals*** und ***-weg*** können Adverbien gebildet sein:

neuerdings, rücklings, niemals, schlichtweg …

Manchmal ist ein -*s* zu viel

An Wörter, die bereits Adverbien sind, wird kein zusätzliches **-s** angefügt: öfter, durchweg, ferner, weiter …

Die Formen öfters, durchwegs, ferners, weiters sind umgangssprachlich.

Adjektivadverbien

Grundsätzlich können alle **Adjektive auch als Adverbien** gebraucht werden. Dies ist recht häufig der Fall. Sie erhalten dann kein besonderes Suffix, werden bei adverbialem Gebrauch aber nicht dekliniert. Man nennt sie in dieser Verwendung auch **Adjektivadverbien**:

Oh, Herr Maier kommt **pünktlich**!

(Das Adjektiv *pünktlich* hat hier nicht die Funktion eines Attributs (→ S. 436), sondern bezieht sich auf das Verb *kommt* und erläutert es näher.)

Das haben wir **prima** gemacht.

(Hier bezieht sich das Adjektiv *prima* auf die mehrteilige Verbform *haben gemacht*.)

Der Eischnee muss **gut** fest sein, damit er nicht gleich zerfällt.

(Hier bezieht sich das Adjektiv *gut* auf das Adjektiv *fest* und erläutert dieses näher.)

Auch Adjektive **in der Komparativ- und Superlativform** (→ S. 204) können als Adjektivadverbien verwendet werden:

Sie essen **langsamer**.
Er läuft **am schnellsten**.

Ob ein Adjektiv als Adverb benutzt wird, lässt sich recht leicht feststellen: Ist ein Adjektiv ohne Deklinationsendung und bleibt der Satz sinnvoll, auch wenn man es weglässt, handelt es sich um ein Adjektivadverb (→ siehe auch Das Adverb als Satzglied, S. 351).

Adverbien mit Steigerungsformen

Da Adverbien unveränderlich sind, werden sie normalerweise auch nicht gesteigert. Dennoch gibt es einige wenige Ausnahmen von dieser Grundregel. Diese Adverbien bilden ihre Steigerungsformen wie die Adjektive (→ S. 204), allerdings gehört die Grundform meist zu einem anderen Stamm (→ S. 66) als der Komparativ und der Superlativ:

Grundstufe	Komparativ	Superlativ
bald	eher, früher	am ehesten, am frühesten
gerne	lieber	am liebsten
oft	öfter, häufiger	am häufigsten
sehr	mehr	am meisten
wohl	besser	am besten

Funktion der Adverbien

Das Adverb kann verschiedene Aufgaben übernehmen. Es wird in erster Linie als Satzglied (→ S. 430) gebraucht.

Das Adverb als Satzglied

Bezieht sich das Adverb auf ein Verb oder auf einen ganzen Satz, so bildet es ein selbstständiges Satzglied. In dieser Funktion wird es **Adverbial** genannt. Adverbiale sind Satzglieder, die die Umstände eines Geschehens inhaltlich näher bestimmen, aus grammatischer Sicht aber nicht zur Bildung eines Satzes notwendig sind. Sie werden auch **Umstandsbestimmungen** genannt:

Wir laufen **schnurstracks** nach Hause. (modales Adverbial)
Ich wohne **hier**. (lokales Adverbial)
Gestern warst du müde. (temporales Adverbial)

→ Adverbiale Bestimmung, S. 430

Der Unterschied zwischen Adverb und Adverbial

Auch wenn die Bezeichnungen *Adverb* und *Adverbial* sehr ähnlich klingen, bedeuten sie doch etwas Unterschiedliches.

Der Begriff **Adverb** bezeichnet eine **Wortart**.

Das **Adverbial** dagegen ist ein Begriff im Zusammenhang mit dem Satzbau und bezeichnet ein **Satzglied**. Während ein Adverb immer ein einzelnes Wort ist, besteht das Satzglied Adverbial oftmals nicht nur aus einem Wort. Auch ganze **Wortgruppen** können **als Adverbiale** verwendet werden (→ Adverbiale). Sie enthalten sehr häufig gar kein Adverb:

Otto telefonierte **während der Pressekonferenz**.
Vor zehn Uhr kann ich mich nicht konzentrieren.

Dennoch kann auch ein Adverb, also ein einzelnes Wort, durchaus Adverbial in einem Satz sein:

Er fantasierte **oft**. Er antwortete ihr **niemals**.

Das Adverb als Partikel

Wenn sich das Adverb auf ein Adjektiv, ein adjektivisch gebrauchtes Partizip oder ein nicht flektiertes Wort bezieht, übernimmt es die Funktion einer **Partikel** (→ S. 395):

Das ist ein **besonders** witziger Roman. (Bezug auf ein Adjektiv)

Es war eine **sehr** gelungene Aufführung. (Bezug auf ein adjektivisch verwendetes Partizip)

Das Training findet **immer** mittwochs statt. (Bezug auf ein nicht flektiertes Wort, hier ein anderes Adverb)

Das Adverb als Attribut nach einem Nomen

Das Adverb kann sich auf ein Nomen beziehen und dieses genauer erläutern. Es steht dann als **Attribut** (→ S. 436) hinter dem Nomen:

Die Treppe **links** führt zur Aula.

Der Rucksack **dort drüben** gehört mir.

Adverbien auf *-weise* in adjektivischer Verwendung

Einige Adverbien, die von Nomen abgeleitet sind, können wie Adjektive verwendet werden. Sie stehen dann attributiv (→ S. 436) vor einem Nomen und werden dekliniert.

Das ist jedoch nur möglich, **wenn das Nomen**, auf das diese Adverbien sich beziehen, von einem Verb abgeleitet ist (Verbalsubstantiv), also **einen Vorgang oder eine Handlung ausdrückt** (also von einem Verb abgeleitet ist):

ein **schrittweiser** Abbau (*Abbau* abgeleitet von *abbauen*)
ein **teilweiser** Rückgang (*Rückgang* abgeleitet von *zurückgehen*)
ein **stückweiser** Verkauf (*Verkauf* abgeleitet von *verkaufen*)

(**aber nicht:** ~~eine teilweise Intelligenz, ein stückweiser Preis,~~ da weder *Intelligenz* noch *Preis* einen Vorgang oder eine Handlung darstellen. Die Nomen *Intelligenz* und *Preis* sind keine Ableitungen von einem Verb.)

Adjektive auf *-weise* lieber umschreiben

Auch wenn einige der Adverbien auf ***-weise*** wie Adjektive dekliniert werden dürfen, sollten Sie solche Konstruktionen vermeiden. Deshalb:

Stückverkauf (statt stückweiser Verkauf)
Teilrückgang (statt teilweiser Rückgang)
allmählicher Abbau / Abbau in Stufen (statt stufenweiser Abbau)
zeitweiliger Aufschwung (statt zeitweiser Aufschwung)

Kommentaradverbien

Adverbien, die sich nicht nur auf ein Wort, sondern auf einen ganzen Satz beziehen, werden als Kommentaradverbien bezeichnet. Sie werden auch **Modalwörter** genannt, weil sie den Inhalt eines ganzen Satzes „modulieren". Das heißt, sie wandeln ihn ab oder verändern ihn, indem sie eine **persönliche Bewertung oder Beurteilung** einfließen lassen und ihn damit kommentieren:

Ich habe Feierabend. → Ich habe **glücklicherweise** Feierabend. / Ich habe **leider** Feierabend.

Wir fahren morgen weg. → **Vielleicht** fahren wir morgen weg. / **Sicherlich** fahren wir morgen weg.

Kommentaradverbien unterscheiden sich durch folgende Merkmale von anderen Adverbien:

- Kommentadverbien lassen sich als **verkürzte Sätze** auffassen:
  Es ist ein Glück, dass ich Feierabend habe. → Ich habe **glücklicherweise** Feierabend.
- Kommentaradverbien können allein als **Antwort auf eine Entscheidungsfrage** stehen:
  Habe ich Feierabend? **Glücklicherweise**.
- Das Negationswort ***nicht*** (→ S. 519) steht **hinter dem Kommentaradverb**:
  Du kannst **natürlich** nicht kommen. (~~Du kannst nicht natürlich kommen.~~)

Zu den Kommentaradverbien gehören:

allerdings, glücklicherweise, immerhin, jedenfalls, kaum, leider, möglicherweise, natürlich, schließlich, vielleicht, zweifellos ...

Konjunktionaladverbien

Einige Adverbien können **Hauptsätze** (→ S. 471) **verbinden**, sie werden in dieser Funktion Konjunktionaladverbien genannt. Zu ihnen gehören:

auch, also, deshalb, daher, deswegen, sonst, trotzdem ...

Ich kannte mich nicht aus, **deshalb** fragte ich nach dem Weg.
Es war noch hell, **trotzdem** beeilte ich mich.

Anders als nebenordnende Konjunktionen (→ S. 382), die immer am Satzanfang stehen, können Konjunktionaladverbien auch **an einer anderen Stelle im Satz** stehen. Außerdem stehen sie grundsätzlich **im zweiten von zwei Hauptsätzen**.

Ich kannte mich nicht aus, ich fragte **deshalb** nach dem Weg.
Es war noch hell, ich beeilte mich **trotzdem**.

Konjunktionaladverbien als Stilelement

Konjunktionaladverbien erfüllen vor allem **stilistische Aufgaben**. Durch sie können Satzreihen (→ S. 472) abwechslungsreich gestaltet werden.

Interrogativadverbien

Mit Interrogativ- oder Frageadverbien werden **Ergänzungsfragen** (→ S. 465) **eingeleitet**, mit denen man sich nach genaueren und ausführlicheren Informationen erkundigt:

Wann zieht ihr um?
Wie groß ist die Wohnung?
Wo liegt eure neue Wohnung?
Woran denkst du?

Frageadverbien beginnen immer mit ***w-*** und werden deshalb auch **w-Wörter** genannt:

wann?, warum?, weshalb?, wie?, wo?, wodurch?, wohin?, woran?, worum?, wovon? ...

Pronominaladverbien

Die Adverbien ***da, hier*** und ***wo*** kommen häufig **in Verbindungen mit Präpositionen** vor. Man nennt diese zusammengesetzten Adverbien deshalb auch **Präpositionaladverbien**. Noch häufiger werden sie **Pronominaladverbien** genannt:

Darüber sprechen wir noch.
Hiermit kündige ich.
Womit lässt sich das vergleichen?

Pronominaladverbien **ersetzen Präpositionalgruppen** (Wortgruppen aus Präposition und Nomen → S. 429) und werden wie Demonstrativpronomen, Interrogativpronomen und Relativpronomen gebraucht. Pronominaladverbien **beziehen sich nur auf Dinge oder Sachverhalte, nicht auf Personen**.

Er war **mit dem Ergebnis** zufrieden. → Er war **damit** zufrieden. (demonstrativ gebraucht für: *Er war mit dem zufrieden.)*

Sie wundert sich **über den seltsamen Text**. → **Worüber** wundert sie sich? (interrogativ gebraucht für: *Über was ...*)

Der Fahrer erinnerte sich nur **an einen lauten Aufprall**. → Es war das Einzige, **woran** er sich erinnerte. (relativisch gebraucht für: *an was ...*)

Präpositionalgruppen mit Personen können nicht durch Pronominaladverbien, sondern nur mit Hilfe von Personalpronomen verkürzt werden. Die Präposition bleibt unverändert.

Er war mit den Sportlern zufrieden. → Er war **mit ihnen** zufrieden.
Ich wundere mich über Sabine. → Ich wundere **mich über** sie.
Sie erinnerte sich an ihren ersten Freund. → Sie erinnerte sich **an ihn**.

Die folgende Tabelle führt die gebräuchlichsten Pronominaladverbien an. Nur noch selten verwendete Formen sind in Klammern gesetzt. Die Pronominaladverbien mit ***hier-*** werden seltener benutzt als die der anderen beiden Gruppen.

Zwischen dem Adverb ***da*** oder ***wo*** und der Präposition wird ein ***-r-*** eingefügt, wenn die Präposition mit einem Vokal beginnt.

da **+ Präposition**	***hier*** **+ Präposition**	***wo*** **+ Präposition**
dabei	hieran	wobei
dadurch	hierauf	wodurch
dafür	hieraus	wofür
dagegen	hierbei	wogegen
dahinter	hierdurch	wohinter
damit	hierfür	womit
danach	(hiergegen)	wonach
daneben	(hierhinter)	(woneben)
daran	hierin	woran
darauf	hiermit	worauf
daraus	hiernach	woraus
darin	(hierneben)	worin
darüber	hierüber	worüber
darum	(hierum)	worum
darunter	hierunter	worunter
davon	hiervon	wovon
davor	(hiervor)	wovor
dazu	hierzu	wozu
dazwischen	(hierzwischen)	(wozwischen)

Pronominaladverbien in der Umgangssprache

Statt ***dar-*** wird umgangssprachlich häufig die verkürzte Form ***dr-*** gebraucht: drüber, drum, dran ...

In der **Umgangssprache** werden statt der Pronominaladverbien häufig Verbindungen aus Präposition + ***was*** oder ***das*** benutzt:

Das ist alles, **um was** ich euch bitte. / An das erinnere ich mich nicht mehr.

In der **Schriftsprache** sollten dagegen nur die Pronominaladverbien verwendet werden:

Das ist alles, **worum** ich euch bitte. / **Daran** erinnere ich mich nicht mehr.

In der **gesprochenen Sprache** werden Pronominaladverbien häufig auseinandergerissen. Dann steht der erste Teil am Anfang, der zweite am Schluss des Satzes:

Da habe ich keine Lust **zu**. / **Da** weiß ich nichts **von**.

Standardsprachlich korrekt ist aber: **Dazu** habe ich keine Lust. / **Davon** weiß ich nichts.

Auch ein doppeltes ***da*** ist umgangssprachlich verbreitet:

Da habe ich keine Lust **d(a)rauf**.

Standardsprachlich **korrekt**: **Darauf** habe ich keine Lust.

Inhaltliche Bedeutung der Adverbien

Adverbien lassen sich nach der Art der Angaben, die mit ihnen gemacht werden können, in verschiedene Gruppen einteilen.

Lokale Adverbien (Adverbien des Ortes)

Mit lokalen Adverbien (auch: **Lokaladverbien**) wird ein **Ort**, ein **Ziel** oder die **Herkunft** angegeben. Nach lokalen Adverbien fragt man *wo?, wohin?, woher?*:

Wir konnten **nirgends** einen Parkplatz finden. (Wo?)
Er geht **hinein**, denn es fängt an zu nieseln. (Wohin?)
Von **dort** reisten viele Fans an. (Woher?)

Häufig gebrauchte lokale Adverbien sind:

abwärts	dorthin	geradeaus	links	umher
da	draußen	herum	nirgends	vorn
daheim	drinnen	hierher	rechts	woanders
dort	fort	hinten	überall	weg

***hin* oder *her*?**

Mit ***hin*** und ***her*** zusammengesetzte Wörter kann man leicht verwechseln. Es gibt aber einen klaren **Bedeutungsunterschied**:

Das Adverb ***her*** bezeichnet **eine Bewegung, die zum Sprecher hinführt**:

Er kam die Treppe **her**unter. (Der Sprecher steht unten an der Treppe.)
Sie kam die Treppe **her**auf. (Der Sprecher steht oben an der Treppe.)

Das Adverb ***hin*** gibt eine **Bewegung an, die vom Sprecher wegführt**:

Er ging die Treppe **hin**auf. (Der Sprecher steht unten an der Treppe.)
Sie ging die Treppe **hin**unter. (Der Sprecher steht oben an der Treppe.)

WORTARTEN

Herum oder _umher_?

Das Adverb ***herum***, meist in der Verbindung mit ***um,*** meint eigentlich etwas Kreisförmiges, z. B. eine Bewegung oder einen entsprechenden Zustand:

Wir liefen **um** den See **herum**.
Die Gaffer standen **um** das Autowrack **herum**.

Dagegen bedeutet ***umher*** eine ziel- und planlose Bewegung oder einen ebensolchen Zustand:

Sie liefen aufgeregt **umher**.
Susannes Sachen lagen auf dem Boden **umher**.

Das Wörtchen *umher* ist etwas aus der Mode gekommen und hat in der Umgangssprache seine Bedeutung an *herum* abgegeben:

Sie verstreut ihre Sachen immer auf dem Boden **herum**.

Wenn man sich schriftsprachlich ausdrückt, sollte man die beiden Wörter aber klar auseinanderhalten.

Temporale Adverbien (Adverbien der Zeit)

Temporale Adverbien (auch: **Temporaladverbien**) nennen einen **Zeitpunkt**, geben eine **Dauer** oder eine **Wiederholung** an. Nach temporalen Adverbien fragt man vor allem mit *wann?, wie lange, wie oft?*:

Im Winter wird es **abends** früher dunkel.	(Wann?)
Es hat **tagelang** geregnet.	(Wie lange?)
Er hat **mehrmals** angefragt.	(Wie oft?)

Häufig gebrauchte temporale Adverbien sind:

abends	ehemals	inzwischen	mittags	oftmals
bald	endlich	jetzt	montags	schließlich
bisher	erst	kürzlich	morgen	sofort
damals	erstmals	längst	nachmittags	später
dann	heute	lange	nie	werktags
demnächst	immer	mehrmals	niemals	zuerst
eben	indessen	mittlerweile	oft	zuletzt

Modale Adverbien (Adverbien der Art und Weise)

Modale Adverbien geben die **Art und Weise** eines Geschehens genauer an. Nach modalen Adverbien fragt man mit *wie?, auf welche Weise?, womit?*:

Sie hat **vergebens** versucht, ihn zu erreichen. (Wie / Auf welche Weise?)
Sie haben **sicher** Recht. (Wie / Auf welche Weise?)

Häufig gebrauchte modale Adverbien sind:

auch	doch	genug	keineswegs	sozusagen
beispielsweise	durchaus	hoffentlich	schleunigst	vergebens
besonders	ebenfalls	insbesondere	sicherlich	vielleicht
bestimmt	genauso	jedoch	so	wenigstens

Kausale Adverbien (Adverbien des Grundes)

Kausale Adverbien informieren genauer über den **Grund** oder die **Ursache** eines Geschehens. Nach modalen Adverbien fragt man *warum?, wieso?, weshalb?*:

Die Chemiestunde fiel aus; **darum** konnten sie früher gehen. (Warum?)
Sie hatten im Stadtplan nachgesehen, **also** fanden sie sich bald zurecht. (Warum?)

Häufig gebrauchte kausale Adverbien sind:

also	demnach	deswegen	gleichwohl	somit
daher	dennoch	ehrenhalber	nämlich	sonst
darum	deshalb	folglich	so	trotzdem

Zu den Kausaladverbien gehören auch **Adverbien, die auf *-halber*** oder ***-wegen* enden**:

altershalber, anstandshalber, umständehalber ...
meinet-/deinet-/seinetwegen ...

Die Schreibung von Adverb + Verb

Ob ein Adverb mit dem nachfolgenden Verb zusammengeschrieben werden muss, kann man an der Betonung feststellen. Die Grundregel lautet:

Liegt die **Betonung** beim Sprechen **auf dem Adverb**, wird **zusammengeschrieben**. Liegt sie dagegen **auf dem Verb** oder ist gleichmäßig verteilt, wird **getrennt geschrieben**.

Zusammenschreibung, Betonung auf dem Adverb:

hinter'herlaufen: Sie sind ihnen hinter'hergelaufen.
'wiedersehen: Er möchte sie 'wiedersehen.
zu'vorkommen: Sie wollte euch zu'vorkommen.

Getrenntschreibung, Betonung auf dem Verb:

hinterher 'denken: Daran wollten sie erst hinterher 'denken.
wieder 'sehen: Nach der Operation kannst du wieder 'sehen.
zuvor 'kommen: Er ist zuvor ge'kommen, um mit mir zu sprechen.

→ ausführlichere Erläuterungen vgl. Getrennt- und Zusammenschreibung, S. 543; → trennbare und untrennbare Verben, S. 47 ff., 318 ff.

DIE PRÄPOSITIONEN

ÜBERSICHT

Präpositionen **stellen ein Verhältnis zwischen Wörtern oder Wortgruppen her**. Sie gehören zur Gruppe der nicht flektierbaren Wörter, ihre Form bleibt also immer unverändert. Sie werden kleingeschrieben.

Präpositionen nach ihrer inhaltlichen Bedeutung → S. 364

Lokale Präpositionen geben Verhältnisse von Ort, Raum oder Richtung an. Sie antworten auf die Fragen *wo?*, *wohin?* und *woher?*:

an, auf, aus, entlang, in, neben, über, vor, zwischen ...

Temporale Präpositionen können zeitliche Verhältnisse angeben. Sie antworten auf die Fragen *wann?* und *wie lange?*:

an, binnen, gegen, in, nach, seit, um, vor, während ...

Modale Präpositionen können Verhältnisse der Art und Weise angeben. Sie antworten auf die Frage *wie?*:

anhand, gegen, gemäß, mangels, mit ...

Kausale Präpositionen können Verhältnisse von Grund, Folge oder Zweck angeben. Sie antworten auf die Fragen *warum?* und *wozu?*:

anlässlich, aufgrund, dank, durch, trotz, vor, wegen ...

Präpositionen und Kasus → S. 366

Präpositionen **bestimmen den Kasus** (Genitiv, Dativ oder Akkusativ) des nachfolgenden Wortes (Nomen, Nominalgruppe, Pronomen):

Präposition + **Genitiv**: abseits, angesichts, anhand, anstelle, aufgrund ...
Präposition + **Dativ**: ab, aus, außer, bei, entgegen, gegenüber, gemäß ...
Präposition + **Akkusativ**: bis, gleich, durch, für, gegen, ohne, um, wider ...
Präposition + **Dativ** oder **Akkusativ**: an, auf, in, neben, über, unter, vor ...

Präpositionen setzen Wörter oder Wortgruppen zueinander in Beziehung und stellen ein Verhältnis zwischen ihnen her; sie werden daher auch **Verhältniswörter** genannt. Präpositionen gehören zur Gruppe der **nicht flektierbaren Wörter**, ihre Form bleibt also immer unverändert. Sie werden kleingeschrieben: an, bei, in, mit, über, vor ...

Inhaltliche Bedeutung der Präpositionen

Präpositionen lassen sich ihrer inhaltlichen Bedeutung nach in vier Gruppen einteilen: **lokale, temporale, modale** und **kausale** Präpositionen.

Die Zuordnung ist allerdings nicht eindeutig. Einige Präpositionen können unterschiedliche Verhältnisse ausdrücken und deshalb mehreren Gruppen zugeordnet werden. Ihre Bedeutung lässt sich aus dem jeweiligen Zusammenhang erschließen, zum Beispiel:

Präposition	Bedeutung	Beispiel
an	lokal (örtlich)	Er lehnt sich **an** die Wand.
	temporal (zeitlich)	Wir treffen uns **am** nächsten Sonntag.
durch	lokal (örtlich)	Sie wandern **durch** den Wald.
	kausal (ursächlich)	**Durch** sein lautes Bellen vertrieb der Hund die Rehe.

Lokale Präpositionen

Lokale Präpositionen können Verhältnisse von **Ort, Raum** oder **Richtung** angeben. Sie antworten auf die Fragen *wo?*, *wohin?* und *woher?*:

Neben dem Kaufhaus befindet sich ein Parkplatz.
Sie setzten ihn **auf** die Straße.
Wir kommen **aus** Hamburg.

Zu den am häufigsten gebrauchten lokalen Präpositionen gehören:

an, auf, aus, entlang, in, neben, über, vor, zwischen ...

Temporale Präpositionen

Temporale Präpositionen können **zeitliche Verhältnisse** angeben. Sie antworten auf die Fragen *wann?* und *wie lange?*:

Sie kommen **gegen** acht Uhr.
Die Vorbereitungen waren **binnen** weniger Stunden abgeschlossen.
Wir warten schon **seit** Stunden.

Zu den am häufigsten gebrauchten temporalen Präpositionen gehören:

an, binnen, gegen, in, nach, seit, um, vor, während ...

Modale Präpositionen

Modale Präpositionen können Verhältnisse der **Art und Weise** angeben. Sie antworten auf die Frage *wie?*:

Er hat sich **gegen** meinen Vorschlag entschieden.
Die Popgruppe wurde **mit** großer Begeisterung begrüßt.

Zu den am häufigsten gebrauchten modalen Präpositionen gehören:

anhand, gegen, gemäß, mangels, mit, ohne, zuzüglich ...

Kausale Präpositionen

Kausale Präpositionen können Verhältnisse von **Grund, Folge** oder **Zweck** angeben. Sie antworten auf die Fragen *warum?* und *wozu?*:

Die Feier fand **anlässlich** seines Geburtstags statt.
Vor lauter Freude sprang er in die Luft.

Zu den am häufigsten gebrauchten kausalen Präpositionen gehören:

anlässlich, aufgrund, dank, durch, trotz, vor, wegen ...

Präpositionen und Kasus

Präpositionalgruppe

Auf Präpositionen folgt immer ein anderes Wort oder eine Wortgruppe. Eine solche Wortfolge aus Präposition und einem oder mehreren von ihr abhängigen Wörtern wird auch **Präpositionalgruppe** genannt.

Dabei bestimmen die Präpositionen den Kasus des nachfolgenden Wortes, meist ist das ein Nomen (→ S. 91) oder eine Nominalgruppe (→ S. 441). Man sagt auch, **Präpositionen regieren einen Kasus**.

Präpositionen können nur den **Genitiv**, den **Dativ** und den **Akkusativ** verlangen, nicht den Nominativ:

Das liegt **jenseits meiner Vorstellungskraft**.	(Genitiv)
Kommst du **mit dem Bus**?	(Dativ)
Am Samstag gehen wir **in das neue Schwimmbad**.	(Akkusativ)

Auf eine Präposition kann auch ein **Pronomen** folgen. Dann regiert die Präposition ebenso den Kasus wie bei einem Nomen:

Präposition + Pronomen im Genitiv:	**dank** deiner
Präposition + Pronomen im Dativ:	**mit** euch
Präposition + Pronomen im Akkusativ:	**für** sie

Aber: meinetwegen, um meinetwillen (→ S. 379)

Auf eine Präposition kann auch ein **Adjektiv** oder ein **Adverb** folgen. Dann regiert die Präposition nicht den Kasus:

Präposition + Adjektiv:	**für** gut (befinden) ...
Präposition + Adverb:	**bis** morgen, **von** vorne ...

Präposition + Präposition ergibt Adverb

In einigen Fällen entsteht aus der **Zusammensetzung zweier Präpositionen** ein Adverb (→ S. 347); zum Beispiel wird aus den Präpositionen an + bei das Adverb anbei. Auch die folgenden Adverbien sind aus zwei Präpositionen zusammengesetzt:

anbei, durchaus, inzwischen, mitunter, nebenbei, voran, voraus, vorbei ...

Einige Präpositionen regieren nur einen einzigen Kasus, bei anderen Präpositionen sind mehrere Fälle möglich.

Präposition + Genitiv

Viele Präpositionen verlangen den Genitiv des nachfolgenden Wortes oder der Wortgruppe:

abseits	außerhalb	halber	mangels	unterhalb
angesichts	binnen	hinsichtlich	mittels	während
anhand	bezüglich	infolge	oberhalb	wegen
anlässlich	dank	inmitten	seitens	um ... willen
anstatt	diesseits	innerhalb	statt	zeit
anstelle	einschließlich	jenseits	trotz	zufolge
aufgrund	fernab	laut	ungeachtet	zugunsten

Das Wort oder die Wortgruppe antwortet auf die Frage *wessen?*:

aufgrund Ihres Schreibens
dank deiner Hilfe
trotz aller Ermahnungen

außerhalb der angegebenen Sprechzeiten
wegen des schlechten Wetters

Präposition + Dativ

Andere Präpositionen verlangen den Dativ des nachfolgenden Wortes oder der Wortgruppe:

ab	entgegen	gemäß	samt	vor
aus	entsprechend	mit	seit	zu
außer	fern	nach	von	zufolge
bei	gegenüber	nahe	von … an	zuliebe

Das Wort oder die Wortgruppe antwortet auf die Fragen *wem?* und *welchem?*:

aus diesem Grunde
nach dem Essen
mit freundlichem Gruß
nahe dem Wald gelegen

Präposition + Akkusativ

Manche Präpositionen verlangen den Akkusativ des nachfolgenden Wortes oder der Wortgruppe:

bis, durch, für, gegen, ohne, um, wider …

Das Wort oder die Wortgruppe antwortet auf die Frage *wen?, was?*:

durch den Wald
für dich
gegen die Vorschrift
ohne die Erlaubnis

Präposition + Dativ oder Akkusativ

Einige lokale Präpositionen verlangen den **Dativ** oder den **Akkusativ**, je nachdem ob sie einen Ort oder eine Richtung angeben:

an, auf, hinter, in, neben, über, unter, vor, zwischen

Geben diese Präpositionen eine **Lage** oder einen **Standort** an, so regieren sie den **Dativ**. Die Präpositionalgruppe antwortet auf die Frage *wo?*:

Das Eis liegt **im Gefrierfach**.
(*Wo liegt das Eis?* → Lage / Standort, also Dativ)

Geben sie eine **Richtung** an, so regieren sie den **Akkusativ**. Die Präpositionalgruppe antwortet auf die Frage *wohin?*:

Er stellt die Lebensmittel **in den Kühlschrank**.
(*Wohin stellt er die Lebensmittel?* → Richtung, also Akkusativ)

Stellung der Präpositionen

Die meisten Präpositionen stehen vor dem Wort, auf das sie sich beziehen. Es gibt aber auch Präpositionen, die nach dem Bezugswort stehen; manche umklammern es auch:

vor dem Bezugswort:	**gegen** den Uhrzeigersinn, **seit** 24 Stunden
nach dem Bezugswort:	der Ehrlichkeit **halber**, dem Gesetz **zufolge**
Umklammerung:	**um** der Sache **willen**, **von** dem Zeitpunkt **an**

Manche Präpositionen können entweder vor **oder** nach dem Beugswort stehen:

wegen der Steuern **oder** der Steuern **wegen**

Die Präposition *entlang*

Bei der Frage ***wo?*** steht die Präposition ***entlang*** immer **vor dem Wort**, auf das sie sich bezieht. Das Bezugswort können Sie wahlweise in den Genitiv oder in den Dativ setzen.

Wo muss der Weg erneuert werden?

→ Er muss **entlang des Ufers** (Genitiv) erneuert werden.
→ Oder: Er muss **entlang dem Ufer** (Dativ) erneuert werden.

Aber bei der Frage ***wohin?*** steht ***entlang*** immer **hinter dem Bezugswort**. Das Bezugswort wird in den Akkusativ gesetzt:

Wohin ging er?

→ Er ging **das Ufer entlang** (Akkusativ).

Vorangestellte Präpositionen können mit dem bestimmten Artikel verschmelzen. Gebräuchlich sind vor allem folgende **Verschmelzungen (Kontraktionen)**:

Präposition + Artikel	Verschmelzung	Beispiel
an + dem	→ **am**	am Abend
an + das	→ **ans**	ans Grundstück
auf + das	→ **aufs**	aufs Geratewohl
bei + dem	→ **beim**	beim Händler
durch + das	→ **durchs**	durchs Gebüsch
für + das	→ **fürs**	fürs Gemüt
in + dem	→ **im**	im Garten
in + das	→ **ins**	ins Haus
um + das	→ **ums**	ums Ganze gehen
von + dem	→ **vom**	vom Feinsten
zu + dem	→ **zum**	zum Beispiel
zu + der	→ **zur**	zur Stelle sein

→ Siehe auch Artikel, S. 131

Verschmelzungen aus Artikel und Präposition ohne Apostroph!

Bei den Wörtern, die eine Verschmelzung einer Präposition mit einem Artikel sind, wird **nie ein Apostroph** gesetzt (also z. B. nie ~~hinter's~~ schreiben, sondern hinters!).

Verb oder Adjektiv mit Präposition

Auf einige Verben und Adjektive muss eine ganz bestimmte Präposition folgen, die wiederum den Kasus des folgenden Wortes regiert.

Diese Präpositionen geben kein bestimmtes Verhältnis (lokal, temporal, modal, kausal) an. Sie haben nur die grammatische Aufgabe, das Verb oder

Adjektiv mit einem Objekt zu verbinden, das auch **Präpositionalobjekt** (→ S. 429) bzw. **Objekt zum Prädikativ** (→ S. 430) genannt wird:

Ich **warte auf** den Bus.
Er ist **froh über** die gute Nachricht.

Wenn Verben oder Adjektive bestimmte Präpositionen verlangen, mit denen sie Objekte an sich binden, spricht man von **Rektion**. Hier einige Beispiele:

Verb + Präposition	**Beispiel**
denken an	Ich denke an dich!
sich freuen über, sich freuen auf	Sie freuen sich über das Geschenk. Wir freuen uns auf euren Besuch.
lachen über	Wir lachten über die Späße des Clowns.
handeln von	Der Film handelt von Eheproblemen.
reden über	Sie wollten nicht über das Ereignis reden.
stehen zu	Er steht zu seiner Meinung.
warten auf	Sie wartet auf ihre Freunde.
Adjektiv + Präposition	**Beispiel**
besorgt über	Die Politikerin äußerte sich besorgt über die Lage.
dankbar für	Wir sind dankbar für die Aufmerksamkeit.
froh über	Ihr seid froh über diese Entwicklung.
stolz auf	Tom ist stolz auf Tim.
zufrieden mit	Sie ist immer zufrieden mit dem, was sie hat.

Schwierige Präpositionen

Einige Präpositionen regieren mehr als einen Kasus. Bei anderen Präpositionen treten Unsicherheiten bei der Kasuswahl auf. Die folgende Zusammenstellung führt die wichtigsten dieser Präpositionen mit Beispielen für die jeweilige Verwendung auf.

- **abzüglich** → Genitiv

  abzüglich aller Kosten, abzüglich eines Rabatts

  Ein stark dekliniertes Nomen im Singular ohne Begleiter bleibt jedoch undekliniert:
  abzüglich Rabatt (**nicht:** ~~Rabatts~~)

  Ein Nomen ohne Begleiter im Plural steht im Dativ, wenn der Genitiv nicht erkennbar ist:
  abzüglich Geldern aus Spenden (statt: ~~abzüglich Gelder aus Spenden~~)

- **anhand** → Genitiv

  anhand meiner Unterlagen

  Steht das nachfolgende Nomen im Plural ohne vorangehenden Artikel, weicht man oft auf die Konstruktion ***anhand von*** + Dativ aus:
  anhand von neueren Studien, anhand von Beweisen

- **anstatt, anstelle / an Stelle** → Genitiv

  Anstatt / anstelle / an Stelle der Feier gab es nur einen Stehempfang.
  → wie ***statt***

- **aufgrund / auf Grund** → Genitiv

  aufgrund / auf Grund des Streiks, aufgrund / auf Grund der widrigen Umstände

- **ausschließlich** → Genitiv

  ausschließlich der Reisekosten
  → wie ***abzüglich***

- **außer** → Dativ

  alle außer mir, alles außer den Stühlen, außer Frage stehen

  Inzwischen wird häufig das Nomen oder Pronomen hinter *außer* in denselben Fall gesetzt wie das Bezugswort, das vor *außer* steht:

Niemand (Nominativ) kam außer ich (Nominativ) selbst.
Ich trage keine Schuhe (Akkusativ) außer diese (Akkusativ).

Außer ist dann allerdings keine Präposition mehr, sondern zur Konjunktion geworden.

Außer mit **Genitiv** in der Wendung: außer Landes

- **außerhalb** → Genitiv

  außerhalb dieses Gebiets, außerhalb unserer Öffnungszeiten

- **bis** → Akkusativ

  bis nächsten Monat, bis letztes Jahr

  Oft ist der Fall nicht erkennbar:
  bis München, bis morgen, bis 17 Uhr

  Bis steht meist zusammen mit einer anderen Präposition, die dann den Fall des folgenden Nomens bzw. Pronomens bestimmt:
  bis zum bitteren Ende, bis vor kurzer Zeit, bis nach Budapest

- **dank** → Dativ / Genitiv

  dank seinem beherzten Eingreifen / dank seines beherzten Eingreifens

  Bezugswörter im Plural stehen jedoch fast immer im Genitiv:
  dank Ihrer Bemühungen, dank seiner Erfahrungen

- **einschließlich** → Genitiv

  einschließlich der gesamten Kosten

  Aber: einschließlich Getränk, einschließlich Getränken
  → wie ***abzüglich***

- **entlang** → Genitiv / Dativ

  Zur **Ortsangabe** (*wo?*) mit Genitiv oder Dativ:
  ein entlang des Hauptkanals / entlang dem Hauptkanal gelegenes Werksgelände

Zur **Richtungsangabe** (*wohin?*) mit Akkusativ; *entlang* steht dann hinter seinem Bezugswort (→ siehe auch Tipp, S. 369):
Sie gingen den Fluss entlang.

- **entsprechend** → Dativ

  entsprechend unserem Vorschlag

  Die Verwendung mit Genitiv ist falsch!

- **gemäß** → Dativ

  gemäß unserem Vorbild, gemäß unseren Vereinbarungen, gemäß dieser Regel

  Gemäß kann im Singular auch ohne Begleiter benutzt werden:
  gemäß Vorschrift, gemäß Vertrag

- **infolge** → Genitiv

  infolge des Unwetters, infolge des Kriegsausbruchs

- **inklusive** → Genitiv

  inklusive der Speisen und Getränke

  Aber: inklusive Meerblick, inklusive Handtüchern
  → wie ***abzüglich***

- **inmitten** → Genitiv

  inmitten der Nacht, inmitten des Getöses

- **innerhalb** → Genitiv

  Innerhalb kann lokale oder zeitliche Bedeutung haben:
  innerhalb eines Tages, innerhalb dieser Räume

  Der Dativ steht nur, wenn der Genitiv nicht erkennbar ist:
  innerhalb Tagen, **aber:** innerhalb weniger Tage

Innerhalb wird inzwischen häufig mit ***von*** benutzt. Bei Länder- und Ortsnamen muss man häufig sogar *von* benutzen, wenn sich kein eindeutiger Genitiv bilden lässt. Dann folgt das Bezugswort im Dativ:
innerhalb von zwei Stunden, innerhalb von Paris

- **laut** → Genitiv / Dativ

  laut diesem Gutachten / laut dieses Gutachtens

  Ein stark dekliniertes Nomen im Singular ohne Begleiter bleibt jedoch undekliniert:
  laut Gutachten, laut Schreiben vom …

- **mangels** → Genitiv

  mangels eines Beweises, mangels einer Erlaubnis

  Aber: mangels Beispiel, mangels Beweisen
  → wie ***abzüglich***

- **mithilfe / mit Hilfe** → Genitiv

  mithilfe / mit Hilfe dieses Geräts, mithilfe / mit Hilfe der Kollegen

  Mithilfe wird mit ***von*** verbunden, wenn das nachfolgende Bezugswort im Plural steht und keinen Artikel bei sich hat.
  Mithilfe / mit Hilfe von Spendengeldern

- **mittels** → Genitiv

  mittels eines Krans, mittels der gesammelten Spenden, mittels erneuerbarer Energien

  Ein stark dekliniertes Nomen im Singular ohne Begleiter und ohne Attribut bleibt meist undekliniert:
  mittels Kran

  Im Plural steht der Dativ, wenn der Genitiv nicht erkennbar ist:
  mittels Kränen

  Nicht korrekt ist die Verwendung von *mittels von*, also nicht: ~~mittels von Kränen~~, sondern nur: mittels Kränen

WORTARTEN

Der Gebrauch von *mittels* gilt als stilistisch unschön. Besser sind die Präpositionen ***mit***, ***mithilfe / mit Hilfe (von)*** oder ***durch***.

- **samt** → Dativ

  das Unkraut samt Wurzeln / samt den Wurzeln ausreißen,
  ein Akkuschrauber samt allem Zubehör

- **statt** → Genitiv

  statt eines Briefs, statt einer Entschuldigung

  Im Plural steht der Dativ, wenn der Genitiv nicht erkennbar ist:
  statt Vorschlägen

  Statt kann auch als Konjunktion benutzt werden in der Bedeutung *und nicht*: Dann wird das folgende Nomen bzw. Pronomen in denselben Fall gesetzt wie das Bezugswort vor dem Wort *statt*:
  Er sprach mit ihr statt (mit) dir. Du musst Oma besuchen statt deinen Freund.

- **trotz** → Genitiv

  trotz seines schlechten Rufs, trotz seiner guten Vorsätze

  Der Dativ ist noch erhalten in trotz allem, trotz alledem, trotzdem.
  Ein stark dekliniertes Nomen ohne Begleiter bleibt jedoch undekliniert:
  trotz Lärm, trotz Verbot

  Im Plural steht der Dativ, wenn der Genitiv nicht erkennbar ist:
  trotz Beweisen, trotz Vorschlägen

- **unter** → Dativ, Akkusativ

  Bei **allgemeinem** Gebrauch mit Dativ:
  unter anderem, unter 18 Jahren

  Zur **Ortsangabe** mit Dativ (*wo?*):
  Unter meinem Bett liegt Staub.

Zur **Richtungsangabe** mit Akkusativ (*wohin?*):
Der Ball ist unter mein Bett gerollt.

In der Bedeutung von *weniger als* ist *unter* Adverb. Dann richtet sich der Fall des Bezugswortes nach dem Verb. Man könnte *unter* auch weglassen und der Satz ergäbe immer noch einen Sinn:
Unter 100 Stundenkilometer fahre ich nie.
Nicht für Jugendliche, die unter 16 Jahre alt sind!

- **während →** Genitiv

  während unseres letzten Urlaubs

  Im Plural steht der Dativ, wenn der Genitiv nicht erkennbar ist:
  während Jahren

- **wegen →** Genitiv

  wegen des guten Programms, wegen ihres Einspruchs

  Ein stark dekliniertes Nomen im Singular ohne Begleiter bleibt meist undekliniert:
  wegen Todesfall geschlossen

  Im Plural steht der Dativ, wenn der Genitiv nicht erkennbar ist:
  wegen Problemen, wegen Fällen wie dem letzten

  Steht *wegen* hinter dem Nomen, steht dieses immer im Genitiv:
  des schönen Wetters wegen

  → siehe auch Tipp übernächste Seite

- **willen: um ... willen →** Genitiv

  um des lieben Friedens willen, um der Kinder willen

  → siehe auch Tipp, S. 380

- **zufolge →** Dativ

  Die Präposition *zufolge* steht fast immer hinter ihrem Bezugswort.
  ihrem Bericht zufolge, deinem Wunsch zufolge

- **zugunsten / zu Gunsten** → Genitiv

  ein neues Gesetz zugunsten / zu Gunsten der Steuerzahler, zugunsten / zu Gunsten deiner

  Zugunsten kann auch mit ***von*** verbunden werden, wenn das Bezugswort ein Eigenname ist oder ohne Artikel im Plural steht. Dann wird es in den Dativ gesetzt:
  eine Spendensammlung zugunsten / zugunsten von Toby, dem kranken Delphin; eine Aktion zugunsten / zugunsten von Kindern

- **zulasten / zu Lasten** → Genitiv

  zulasten / zu Lasten der Gesundheit
  → wie ***zugunsten***

- **zuungunsten / zu Ungunsten** → Genitiv

  zuungunsten / zu Ungunsten der Leistungsempfänger
  → wie ***zugunsten***

- **zwecks** → Genitiv

  zwecks genauer Überprüfung, zwecks eines Bescheids

  Zwecks ist ein Wort der Behördensprache (Amtssprache). In normaler Standardsprache sollte diese Präposition nicht verwendet werden. Man umschreibt besser oder verwendet ***zu***:
  zur genauen Überprüfung; um eine Aussage zu machen

Wissenswertes zu verschiedenen Präpositionen

- ***ab* bei Datums- und Mengenangaben**
  Die Präposition ***ab*** verwenden wir normalerweise mit dem **Dativ**:

  ab dies**em** Punkt, ab unser**em** Werk

  Bei Datumsangaben und bei Mengenangaben dürfen Sie aber sowohl den **Dativ** als auch den **Akkusativ** verwenden:

  Ab erst**em** / erst**en** April gilt die Sommerzeit.
  Ab 100 Exemplar**en** / Exemplar**e** reduziert sich der Preis.

- ***wegen* + Personalpronomen**
  Wird die Präposition ***wegen*** in Verbindung mit einem Personalpronomen verwendet, verbindet sie sich mit ihm zu einem Adverb (→ Kausaladverbien, S. 361):

  meinetwegen, deinetwegen, ihretwegen, seinetwegen, unseretwegen, euretwegen, ihretwegen

  Ihretwegen hat er den Urlaub verschoben.
  Unseretwegen müsst ihr nicht bleiben.

- ***wegen* + Demonstrativ- oder Relativpronomen**
  dere(n)twegen (3. Person Singular Femininum und 3. Person Plural), dessentwegen (3. Person Singular Maskulinum und Neutrum):

  Mein Chef, dessentwegen (nicht: ~~wegen dem~~) ich meinen Urlaub verschob, ist heute selbst in Urlaub gegangen.

- ***während, trotz* und *wegen***
  Häufig wird bei den Präpositionen ***während, trotz*** und ***wegen*** der Dativ benutzt. Das ist aber falsch. Achten Sie darauf, dass Sie immer den Genitiv (*wessen?*) verwenden:

  Während des Essens klingelte plötzlich das Telefon.
  (**nicht:** während ~~dem~~ **Essen**)
  Trotz des Telefonanrufs haben wir weitergegessen.
  (**nicht:** trotz ~~dem~~ **Telefonanruf**)

Wegen eines Telefonanrufs lassen wir uns doch nicht vom Essen abhalten! (**nicht:** wegen ~~einem~~ **Telefonanruf**)

Nur in den Wendungen ***trotz allem*** und ***wegen vielem*** benutzt man den Dativ.

- ***um … willen*** **+ Pronomen**
  Die Präposition ***um … willen*** wird in Verbindung mit Pronomen ebenso wie *wegen* verwendet:

  um … willen **+ Personalpronomen:** um meinetwillen, deinetwillen, ihretwillen, seinetwillen, unseretwillen, euretwillen, ihretwillen

  um … willen **+ Demonstrativ- oder Relativpronomen:**
  um dere(n)twillen (3. Person Singular Femininum und 3. Person Plural), dessentwillen (3. Person Singular Maskulinum und Neutrum)
  Die geteilte Präposition *um … willen* wird nicht mehr sehr häufig benutzt. Stattdessen verwendet man häufig die nachgestellte Präposition ***zuliebe***.

  Bitte bleib noch um meinetwillen. = Bitte bleib noch mir zuliebe.

DIE KONJUNKTIONEN

ÜBERSICHT

Konjunktionen (Bindewörter) **verbinden Wörter, Wortgruppen und Sätze** miteinander. Sie werden nicht flektiert und werden kleingeschrieben.

Nebenordnende Konjunktionen

→ S. 382

Nebenordnende Konjunktionen verbinden **gleichrangige** Wörter, Wortgruppen und Sätze miteinander. Je nach ihrer inhaltlichen Bedeutung unterscheidet man folgende Gruppen:

Additive Konjunktionen: und, sowie, sowohl - als auch ...
Disjunktive Konjunktionen: oder, entweder - oder ...
Kausale Konjunktion: denn
Restriktive und **adversative** Konjunktionen: aber, außer, jedoch ...
Vergleichende Konjunktionen: wie, als

Unterordnende Konjunktionen (Subjunktionen)

→ S. 386

Unterordnende Konjunktionen **leiten Nebensätze ein**. Es gibt:

Temporale Konjunktionen (Zeit): als, bevor, bis, ehe, nachdem, seit(dem) ...
Kausale Konjunktionen (Grund): da, weil, zumal ...
Konditionale Konjunktionen (Bedingung): wenn, falls, sofern, soweit ...
Konzessive Konjunktionen (Einräumung): obgleich, obschon, obwohl ...
Konsekutive Konjunktionen (Folge): sodass / so dass, als dass, dass
Finale Konjunktionen (Zweck): dass, damit
Modale und **instrumentale** Konjunktionen (Mittel): indem, dadurch dass
Restriktive Konjunktionen (Einschränkung): soviel, soweit, außer dass ...
Komparative Konjunktionen (Vergleich): als, als ob, je ... desto ...
Adversative Konjunktionen (Gegensatz): während, wohingegen
Substitutive Konjunktionen (Ersatz): anstatt dass, statt dass

Die Konjunktionen ***dass*** und ***ob*** leiten Subjekt- und Objektsätze oder indirekte Fragesätze ein. → S. 391

Merkmale der Konjunktionen

Konjunktionen werden auch **Bindewörter** oder **Junktionen** genannt, denn sie können Wörter und Sätze miteinander verbinden. Sie gehören zu den unveränderlichen (nicht flektierbaren) Wörtern und werden kleingeschrieben.

Wir unterscheiden zwei Arten von Konjunktionen: die **nebenordnenden Konjunktionen** (lateinisch: *con = mit; jungere = verbinden*) und die **unterordnenden Konjunktionen**, auch **Subjunktionen** (lateinisch: *sub = unter*) genannt.

Konjunktionen stellen die Elemente, die sie verbinden, in ein bestimmtes **inhaltliches Verhältnis** zueinander. Dabei können gleichrangige Elemente miteinander verbunden werden (nebenordnend) oder es kann ein Element vom anderen abhängig gemacht werden (unterordnend).

nebenordnend: Kai arbeitet im Baumarkt **und** Max bedient im Café.
unterordnend: Kai arbeitet im Baumarkt, **während** Max im Café bedient.

Nebenordnende Konjunktionen

Nebenordnende Konjunktionen verbinden **gleichrangige** Wörter, Wortgruppen und Sätze miteinander.

Wörter: Messer **und** Gabeln, groß **oder** klein ...
Wortgruppen: Sie liebt alte Schlager **sowie** moderne Hits.
Sätze: Wir wollten ein Eis essen, **aber** das Eiscafé war schon geschlossen.

Gleichrangigkeit

Gleichrangig sind zwei Wörter, Wortgruppen oder Sätze immer dann, wenn sie durch ***und*** verbunden werden können. Ist der Satz dann immer noch sinnvoll, handelt es sich um gleichwertige Einheiten:

groß **und** klein
Sie liebt alte Schlager **und** moderne Hits.
Wir wollten ein Eis essen **und** das Eiscafé war schon geschlossen.

→ Kommasetzung bei Gleichrangigkeit, S. 579, 581 f.

Nebenordnende Konjunktionen lassen sich nach ihrer inhaltlichen Bedeutung in fünf verschiedene Gruppen einteilen, wobei Überschneidungen möglich sind.

Additive Konjunktionen

Die Konjunktionen dieser Gruppe ermöglichen **Aufzählungen** und **Reihungen**. *Additiv* bedeutet *hinzufügend*.

Einige dieser Konjunktionen bestehen aus zwei Teilen. Die am häufigsten verwendeten Konjunktionen dieser Gruppe sind:

und	Früher spielten die Kinder Räuber **und** Gendarm.
sowie	Sie finden die Begriffe im Inhaltsverzeichnis **sowie** im Glossar.
wie	Teilnehmer **wie** Zuschauer waren begeistert.
sowohl … als auch	Er ist **sowohl** schüchtern **als auch** wagemutig.
sowohl … wie	**Sowohl** Kinder **wie** Eltern waren erschöpft.
weder … noch	Lea mag **weder** Eis **noch** Kekse.

Disjunktive Konjunktionen

Disjunktive Konjunktionen drücken **Alternativen** aus. *Disjunktiv* bedeutet *einander ausschließend.*

Die am häufigsten verwendeten Konjunktionen dieser Gruppe sind:

entweder … oder	**Entweder** nehme ich den Bus **oder** das Fahrrad.
oder	Ich nehme den Bus **oder** das Fahrrad.
beziehungsweise (bzw.)	Ich komme um drei **bzw.** nach der letzten Besprechung.

Kausale Konjunktion

Es gibt nur eine nebenordnende Konjunktion mit kausaler Bedeutung: ***denn***. Sie leitet Sätze ein, die einen Grund / eine Begründung für das zuvor Genannte angeben.

Egon ging weg, **denn** er hatte genug von dem Trubel.

Restriktive und adversative Konjunktionen

Die Konjunktionen dieser Gruppe können eine **Einschränkung** oder einen **Gegensatz** ausdrücken. *Restriktiv* bedeutet *einschränkend*, *adversativ* bedeutet *entgegensetzend*.

Die am häufigsten verwendeten Konjunktionen dieser Gruppe sind:

aber	Es ist trübe, **aber** nicht regnerisch.
außer	Ich fahre mit dem Zug, **außer** ich verpasse ihn.
doch, jedoch	Wir wollten zusammen verreisen, **doch** Pit weigerte sich.
sondern	Sie reisten nicht mit der Bahn, **sondern** mit dem Auto.

Das Komma bei *und, oder* und *aber* zwischen Sätzen

Wenn ***und*** oder ***oder*** einen **Hauptsatz** einleiten, können Sie ganz nach Ihrem Geschmack entscheiden, ob Sie dort ein Komma setzen oder nicht:

Die Sonne schien**(,) und** der Himmel war wolkenlos.

Werden jedoch zwei **Nebensätze** durch *und* oder *oder* verbunden, dürfen Sie **kein Komma** setzen!

Wenn die Sonne scheint **oder** wenn es wenigstens nicht regnet, machen wir einen Spaziergang.

Bei den Konjunktionen ***aber, allein, jedoch*** und ***sondern*** müssen Sie **immer ein Komma** davorsetzen:

Zuerst gehen wir laufen**, aber** dann machen wir Gymnastik.
Wir laufen nicht nur**, sondern** wir machen auch Gymnastik.

→ Kommasetzung bei Gegensätzen, S. 580

Anstatt, statt als Konjunktionen

Die Präpositionen ***anstatt*** und ***statt*** können auch als Konjunktionen benutzt werden. Sie haben dann die Bedeutung *und nicht*.

Sie besuchte ihre Eltern **(an)statt** ihre Schwiegereltern.
Er hat sie eingeladen **(an)statt** mich.

→ Präpositionen, S. 376; → Infinitivgruppen, S. 511

Vergleichende Konjunktionen

Mit Hilfe von ***wie*** und ***als*** können **Vergleiche** angestellt werden.

wie	Der Kasten ist so hoch **wie** lang.
als	Heute war schöneres Wetter **als** gestern.

Das Komma bei *wie* und *als*

Verbinden ***wie*** und ***als*** vergleichend nur **Wörter und Wortgruppen**, wird **kein Komma** gesetzt:

Der alte Wagen war schöner als der neue.
Das Wetter ist so schlecht wie selten.

Leiten *wie* und *als* dagegen **vollständige Nebensätze mit Prädikat** (→ S. 504) ein, werden sie als unterordnende Konjunktionen verwendet, ein **Komma** muss gesetzt werden:

Der alte Wagen war schöner**,** als der neue je sein würde.
Das Wetter ist so schlecht**,** wie es nur selten vorkommt.

→ Komparation. S. 208; → komparative Konjunktionen, S. 390

Unterordnende Konjunktionen (Subjunktionen)

Unterordnende Konjunktionen leiten Nebensätze ein, die **Konjunktionalsätze** (→ S. 487) genannt werden. Unterordnende Konjunktionen können in mehrere Bedeutungsgruppen eingeteilt werden.

Temporale Konjunktionen

Temporale Konjunktionen stellen Nebensätze in ein zeitliches Verhältnis zum Hauptsatz.

Es war schon spät, **als** wir endlich nach Hause kamen.
Im Winter stehen wir immer auf, **bevor** es hell wird.

Zu den temporalen Konjunktionen gehören als, bevor, bis, ehe, nachdem, seit(dem), sobald, solange, während, wenn

→ Temporalsatz, S. 499

Während, seit, bis als Präposition

Die Konjunktionen ***während***, ***seit*** und ***bis*** werden auch als **Präpositionen** gebraucht.

Konjunktion	**Präposition**
Während sie im Sommer gern verreisen, bleiben sie im Winter meist zu Hause.	**Während** der Sommerferien verreisen sie.
Ich warte, **bis** du fertig bist.	Ich werde das Referat **bis** Freitag bestimmt schaffen.
Seit wir am Stadtrand wohnen, sind wir viel draußen.	**Seit** Mai wohnen wir am Stadtrand.

Zusammenschreibung bei *sobald, solange* und *soweit*

Die Konjunktionen ***sobald, solange*** und ***soweit*** werden in einem Wort geschrieben. Davon zu unterscheiden sind Fügungen, die sich aus der Partikel *so* und den Adverbien bzw. Adjektivadverbien *bald / lange / weit* zusammensetzen:

Ich muss **so bald** (umgangssprachlich für *so früh*) gehen, damit ich noch den Zug erwische.
Er blieb **so lange**, dass es uns allen langweilig wurde.
Ich wanderte an diesem Tag zehn Stunden, bis ich **so weit** gekommen war, dass ich am nächsten Tag eine Pause einlegen konnte.
Bleib nicht **so lange** fort!

Kausale Konjunktionen

Kausale Konjunktionen leiten Nebensätze ein, die **einen Grund, eine Ursache** für die Handlung des Hauptsatzes angeben.

Sie schließt das Fenster, **weil** es kühl wird.
Da es schon spät war, gingen sie nach Hause.

Zu den kausalen Konjunktionen gehören da, weil, zumal.

→ Kausalsatz, S. 501

Konditionale Konjunktionen

Konditionale Konjunktionen leiten Nebensätze ein, die eine **Bedingung** stellen für das im Hauptsatz Genannte:

Falls ich mich verspäten sollte, fangt bitte schon ohne mich an!

Zu den konditionalen Konjunktionen gehören wenn, falls, sofern, soweit.

→ Konditionalsatz, S. 501

Die Konjunktion **solange** vereint eine temporale und eine konditionale Bedeutung, insbesondere wenn sie einen verneinten Nebensatz einleitet:

Solange du dein Zimmer nicht aufräumst, bekommst du kein Taschengeld.

Konzessive Konjunktionen

Konzessive Konjunktionen haben **einräumenden Charakter**. Mit ihnen eingeleitete Nebensätze liefern einen Grund, der der Handlung des Hauptsatzes entgegensteht, aber diese nicht verhindert:

Wir waren pünktlich, **obwohl** wir uns verlaufen hatten.
Wenn er **auch** traurig war, zeigte er es nicht.

Zu den konzessiven Konjunktionen gehören obgleich, obschon, obwohl, wenn auch, wenngleich.

→ Konzessivsatz, S. 502

Konsekutive Konjunktionen

Mit konsekutiven Konjunktionen eingeleitete Nebensätze betreffen eine **Folge** oder eine **Wirkung**:

Sie sprangen alle ins Wasser, **sodass** es hoch aufspritzte.

Zu den konsekutiven Konjunktionen gehören sodass / so dass, als dass, dass.

→ Konsekutivsatz, S. 503

Finale Konjunktionen

Nebensätze, die mit finalen Konjunktionen eingeleitet sind, drücken einen **Zweck** für die Handlung des Hauptsatzes aus.

Er hebt die Bananenschale auf, **damit** niemand ausrutscht.

Zu den finalen Konjunktionen gehören dass, damit.

→ Finalsatz, S. 504

sodass* und *so, dass

Ein Komma steht wie bei der Konjunktion *dass* auch vor der Konjunktion ***sodass***:

Er schlug die Tür lautstark zu**, sodass** alle aufschreckten.

Aber: Das Komma muss zwischen ***so*** und ***dass*** gesetzt werden, wenn *so* als hinweisendes Wort gebraucht wird:

Er freute sich **so, dass** er in die Luft sprang.

Modale und instrumentale Konjunktionen

Mit modalen und instrumentalen Konjunktionen eingeleitete Nebensätze erläutern ein **Mittel**, mit dem das Ziel der Handlung des Hauptsatzes erreicht wird. Oder sie geben einen **fehlenden Umstand** zur Handlung im Hauptsatz an:

Er stimmt dem Vorschlag zu, **indem** er mit dem Kopf nickt.
Er lief am schnellsten von allen, **ohne dass** es ihn angestrengt hat / hätte.

Zu den modalen und instrumentalen Konjunktionen gehören indem, dadurch dass, ohne dass.

→ Modalsatz, S. 498; → Konjunktiv in Nebensätzen mit *ohne dass*, S. 303

Restriktive Konjunktionen

Nebensätze, die durch restriktive Konjunktionen eingeleitet werden, **schränken die Aussage des Hauptsatzes ein**.

Soweit ich weiß, war er letzte Woche krank.

Zu den restriktiven Konjunktionen gehören soviel, soweit, außer dass, nur dass.

→ Restriktivsatz, S. 506

Komparative Konjunktionen

Komparative Konjunktionen geben Nebensätzen einen **vergleichenden Charakter** zum Inhalt des Hauptsatzes.

Sie macht den Eindruck, **als ob** sie nicht zuhöre / zuhörte (zuhören würde).

Zu den komparativen Konjunktionen gehören als (s. Tipp oben), als ob, je ... desto, je ... umso, wie, wie wenn.

→ Komparativsatz, S. 504

Adversative Konjunktionen

Mit adversativen Konjunktionen eingeleitete Nebensätze drücken einen **Gegensatz** zur Handlung des Hauptsatzes aus:

Tina möchte Lehrerin werden, **während** Silke Informatik studieren will.

Zu den adversativen Konjunktionen gehören während, wohingegen.

→ Adversativsatz, S. 508

Substitutive Konjunktionen

Mit substitutiven Konjunktionen eingeleitete Nebensätze drücken eine **nicht wahrgenommene Möglichkeit** aus. *Substitutiv* bedeutet *ersetzend, einen Ersatz liefernd*.

Stark erkältet ging er zur Arbeit, **anstatt dass** er im Bett blieb.

Zu den substitutiven Konjunktionen gehören anstatt dass, statt dass.

→ Substitutivsatz, S. 509

Die Konjunktionen *dass* und *ob*

Die unterordnenden Konjunktionen ***dass*** und ***ob*** haben in einigen Nebensätzen keine eigene Bedeutung, sondern erfüllen lediglich eine **Funktion im Satzgefüge** (→ S. 474).

Dass leitet Subjektsätze (→ S. 495) und Objektsätze ein (→ S. 496):

Dass er nicht kommt, beunruhigt sie.	(Subjektsatz)
Ich erwarte, **dass** du mich nicht belügst.	(Objektsatz)

Ob leitet Subjektsätze, Objektsätze und indirekte Fragesätze (→ S. 492) ein:

Ob er kommt, ist ungewiss.	(Subjektsatz)
Ich bin nicht sicher, **ob** das stimmt.	(Objektsatz)
Ich frage mich, **ob** das stimmt.	(indirekter Fragesatz)

Wann schreibt man *dass*, wann *das*?

Die Unterscheidung zwischen ***das*** und der Konjunktion ***dass*** ist nicht schwer. Es gibt einen einfachen Test, mit dem Sie herausfinden können, wie geschrieben werden muss:

Das Wort ***das*** können Sie immer durch ***dieses, jenes*** oder ***welches*** ersetzen:

Das (dieses/jenes) ist ein Auto.
Man kann **das** (jenes/dieses) kaum verstehen.
Der Umschlag des Buches, **das** (welches) ich gerade lese, ist modern gestaltet.

Aber: Ich erwarte, **dass** du mich vorher fragst.

Dieses *dass* ist nicht ersetzbar (*Ich erwarte, welches /dieses /jenes ...* wäre nicht möglich).

→ siehe auch Rechtschreibung, S. 559

DIE PARTIKELN

ÜBERSICHT

Partikeln heben einen **Teil des Satzes** hervor oder signalisieren die **subjektive Einstellung** des Sprechers sowie seine Intention. Sie werden nicht flektiert und werden kleingeschrieben.

Abtönungspartikeln → S. 395

Die Abtönungspartikeln (Modalpartikeln) geben Auskunft über die **Haltung des Sprechers** (seine Ansichten, Einstellungen, Emotionen, Bewertungen und Erwartungen) zum Satzinhalt, z. B. aber, doch, halt, nur, wohl ...

Mach **doch** das Licht an.

Gradpartikeln → S. 395

Die Gradpartikeln (Steigerungspartikeln) beziehen sich in der Regel auf Adjektive und Adverbien und geben an, **wie intensiv eine Eigenschaft ist**, z. B. besonders, ziemlich, sehr, ausgesprochen, etwas ...

Der Kaffee ist heute **besonders** dünn.

Fokuspartikeln → S. 396

Fokuspartikeln beziehen sich auf einen bestimmten Teil des Satzes, der dadurch **eine besondere inhaltliche Betonung** erhält., z. B. allein, ausgerechnet, besonders, insbesondere, selbst, sogar ...

Sogar er hat die Erklärung verstanden.

Negationspartikel → S. 397

Die Negationspartikel verneint den ganzen Satz (**Satznegation**) oder nur ein Satzglied (**Sondernegation**):

Das weiß ich **nicht**.
Die Mannschaft spielte heute **nicht** gut.

Merkmale der Partikeln

Die Partikeln sind eine Gruppe von Wörtern, die **nicht flektierbar** sind und dabei keiner der anderen nicht flektierbaren Wortarten (Adverbien, Präpositionen oder Konjunktionen) angehören. Beispiele:

äußerst, besonders, einzig, fast, halt, ja, nur, so, sehr, sogar, wohl ...

Viele Partikeln sind **gleichlautend mit Adjektiven, Adverbien oder Konjunktionen**. (→ siehe auch Homonymie, S. 397)

Die Partikeln werden meistens in der gesprochenen Alltagssprache verwendet. Ihre Aufgabe ist es vor allem, einen **Teil des Satzes näher zu bestimmen** bzw. hervorzuheben oder die **subjektive Einstellung** des Sprechers sowie seine Intention zu signalisieren.

Partikeln sind keine selbstständigen Satzglieder (→ Satzglieder), sondern nur Beifügungen, die sich auf ein Satzglied oder auf den ganzen Satz beziehen. Aus diesem Grund können sie im Aussagesatz **nicht alleine vor der konjugierten Verbform** (→ Prädikat) stehen.

Der Sommer wird **sehr** heiß.
(~~Sehr wird der Sommer heiß~~.)

Sie sind **nicht als selbstständige Antworten** auf Fragen möglich:

Wie wird der Sommer?
(~~Sehr~~.)

Partikeln können aus dem Satz herausgenommen werden, ohne dass der Satz dabei ungrammatisch, also grammatikalisch falsch, oder unvollständig wird:

Er kann **ziemlich** gut Poker spielen. → Er kann gut Poker spielen.

Einteilung der Partikeln nach ihrer Aufgabe

Abtönungspartikeln

Die Abtönungspartikeln, auch **Modalpartikeln** genannt, geben Auskunft über die **Haltung des Sprechers** (seine Ansichten, Einstellungen, Emotionen, Bewertungen und Erwartungen) zum Satzinhalt. Der Sprecher bringt durch die Benutzung der Abtönungspartikeln eine bestimmte Intention (z. B. Warnung, Drohung, Wunsch, Aufforderung, Vorschlag) zum Ausdruck.

Die Abtönungspartikeln beziehen sich nicht auf ein konkretes Satzglied, sondern auf den gesamten Satz:

Komm **ja** nicht zu spät! (Drohung)
Mach **doch** das Licht an. (Vorschlag)
Wenn er **bloß** gesund wäre! (Wunsch)
Kannst du **denn** singen? (Zweifel)

Die häufigsten Abtönungspartikeln sind:

aber	doch	halt	nur	wohl
auch	eben	ja	ruhig	
bloß	eigentlich	mal	schon	
denn	etwa	nicht	vielleicht	

Gradpartikeln

Die Gradpartikeln, auch **Steigerungspartikeln** genannt, beziehen sich in der Regel auf Adjektive und Adverbien, häufig auch auf Verben:

Der Kaffee ist heute **besonders** lecker.
Das Kleid ist **zu** klein.
Das bedauere ich **sehr**.

Sie geben an, **wie intensiv** bzw. **wie ausgeprägt** eine Eigenschaft ist. Dabei reicht der Grad der Intensität von schwach bis übermäßig stark.

Das hört sich **wenig** / **ziemlich** / **sehr** / **äußerst** interessant an.

Die häufigsten Gradpartikeln sind:

ausgesprochen	etwas	recht	überaus	wenig
äußerst	fast	sehr	viel	ziemlich
besonders	ganz	so	weit	zu
einigermaßen	höchst	ungemein	weitaus	

Gradpartikeln sind nicht überall einsetzbar

Manche Gradpartikeln stehen nur vor bestimmten Steigerungsformen (→ Steigerung des Adjektivs, S. 209).

Während die meisten Gradpartikeln nur vor dem Positiv eines Adjektivs stehen können, verbinden sich z. B. ***viel*** und ***weit*** nur mit Komparativformen:

Die Prüfung war **viel / weit schwieriger**, als ich dachte.

Weitaus kann nicht nur vor einer Komparativform, sondern auch vor einer Superlativform stehen:

Er ist zwar **weitaus jünger** als die anderen, aber er ist der **weitaus schnellste** Fahrer.

Fokuspartikeln

Fokuspartikeln beziehen sich auf einen bestimmten Teil des Satzes, der dadurch **eine besondere inhaltliche Betonung erhält**. Dies kann ein Nomen, Pronomen, eine Präpositionalgruppe oder ein Nebensatz sein.

Sogar <u>er</u> hat die Erklärung verstanden.
Auch <u>der Arzt</u> konnte ihm nicht mehr helfen.
Nur <u>er</u> konnte sich die Reise leisten.
Sogar <u>bei schlechtem Wetter</u> geht sie joggen.
Selbst <u>wenn</u> es regnet, ...

Die häufigsten Fokuspartikeln sind:

allein	besonders	einzig	lediglich	selbst
auch	bloß	erst	nicht einmal	sogar
ausgerechnet	ebenfalls	gerade	nur	
ausschließlich	ebenso	insbesondere	schon	

Zur Position der Fokuspartikeln

Die Fokuspartikeln stehen oft nicht vor, sondern hinter dem Satzglied, auf das sie sich beziehen:

Allein ich / Ich **allein** trage hier die Verantwortung.

Die Negationspartikel *nicht*

Die Negationspartikel verneint in der Regel den ganzen Satz (**Satznegation**):

Das weiß ich **nicht**.
Er wird morgen **nicht** spielen können.

Sie kann aber auch nur ein Satzglied negieren (**Sondernegation**). Dann steht *nicht* direkt vor dem Satzglied, das verneint wird:

Er fährt **nicht** mit der U-Bahn, sondern mit dem Taxi.
Die Mannschaft spielte heute **nicht** gut.

→ Verneinung / Negation, S. 517 ff.

Homonymie bei Partikeln

Dieselbe Wortform kann oft sowohl als Partikel als auch als Element einer **anderen Wortart** erscheinen (z. B. als Adjektiv, Adverb oder Konjunktion). Man spricht in solchen Fällen von **Homonymie**.

Sein Auftritt war **ganz** gut. (Partikel)
Danach hat sich sein **ganzes** Leben geändert. (Adjektiv)

WORTARTEN

Eben diesen Film habe ich gemeint.	(Partikel)
Eben ist das Flugzeug gelandet.	(Adverb)
Wie heißt du **denn**?	(Partikel)
Wir gehen spazieren, **denn** das Wetter ist schön.	(Konjunktion)

Homonymie kann auch die Partikeln selbst betreffen: Dasselbe Wort kann als Partikel mit **unterschiedlichen Funktionen** erscheinen.

Mach **schon**!	(Abtönungspartikel)
Die Premiere war **schon** gestern.	(Fokuspartikel)
Wie konnte er das **nur** tun?	(Abtönungspartikel)
Nur ich weiß, wie das geht.	(Fokuspartikel)
Lass **bloß** die Finger davon!	(Abtönungspartikel, Warnung)
Wenn ich das **bloß** wüsste!	(Abtönungspartikel, Wunsch)

Kombination mehrerer Partikeln

Vor allem Abtönungspartikeln lassen sich manchmal miteinander kombinieren. Dabei gilt immer eine feste Reihenfolge:

Ist das **aber auch** eine Sauerei!
Er ist **eben auch bloß** ein Mensch.
Kommen Sie **doch ruhig auch mal** vorbei!

DIE INTERJEKTIONEN UND SATZÄQUIVALENTE

ÜBERSICHT

Interjektionen und Satzäquivalente sind nicht flektierbar und bilden **eigenständige Satzglieder** oder **verkürzte Sätze.**

Interjektionen → S. 400

Interjektionen sind typisch für die Umgangssprache und drücken **Gefühle** und **Empfindungen** aus, z. B. ätsch für Schadenfreude, aua für Schmerz oder juhu für Freude.

Interjektionen können auch **Geräusche** oder **Tierlaute** nachahmen, z. B. peng für einen Knall oder miau für den Laut einer Katze. Sie haben dann eine lautmalerische Funktion und werden **Onomatopoetika** bezeichnet.

Satzäquivalente → S. 401

Satzäquivalente sind wie die Interjektionen nicht flektierbare Wörter, stehen aber für vollständige Sätze. Sie **erfüllen die Aufgabe von Sätzen**, ohne dass sie dem normalen Satzbau entsprechen.

Satzäquivalente drücken häufig **Zustimmung** oder **Ablehnung** aus.

Ja. (für: *Das ist so.*)

Sie können auch als **Höflichkeitsformeln** verwendet werden:
Danke. (für: *Ich danke dir / Ihnen.*)

Manche Interjektionen, die als Satzäquivalente verwendet werden, drücken **Aufforderungen** aus:

Stop! / Stopp! (für: *Halten Sie an! Bleiben Sie stehen!*)

WORTARTEN

Anders als Partikeln bilden die ebenfalls nicht flektierbaren Interjektionen und Satzäquivalente **eigenständige Satzglieder** oder **verkürzte Sätze** (→ Satzellipse, S. 471).

Sie werden oft durch ein Komma von einem begleitenden Satz getrennt oder sie stehen allein und werden dann oft mit einem Ausrufezeichen abgeschlossen:

Ach! **Ja!** **Hm.** **Juhu!**
Er sagte **danke** und verabschiedete sich.
Danke, das wollte ich wissen.

Interjektionen

Interjektionen kommen vor allem in der gesprochenen **Umgangssprache** vor, aber auch in Comics werden sie häufig verwendet. Sie drücken – knapp und häufig nur mit einem Wort – Empfindungen aus und werden darum auch **Empfindungs-, Ausdrucks-** oder **Ausrufewörter** genannt.

Ihrer Bedeutung nach können sie in zwei Gruppen unterteilt werden:

Gefühle und Empfindungen

Interjektionen können Gefühle und Empfindungen ausdrücken. Einige Beispiele:

ätsch	(Spott, Schadenfreude)	igitt	(Ekel)
aua / autsch	(Schmerz)	juhu	(Freude)
auweia	(Schreck)	nanu	(Überraschung, Erstaunen)
huch	(Überraschung, Erstaunen)	oh	(Erstaunen)
hm / hmm	(Zweifel)	pfui	(Abscheu, Ekel)

Weitere häufig gebrauchte Interjektionen dieser Gruppe sind:

aha, hey, pst, tja, ups ...

Lautmalerische Ausdrücke

Häufig ahmen Interjektionen **Geräusche** oder **Tierlaute** nach. Sie haben dann eine lautmalerische Funktion und werden als **Onomatopoetika** (Singular: *Onomatopoetikum*) bezeichnet.

hui (für das Sausen einer schnellen Bewegung)
iah (für den Schrei eines Esels)
klirr (für ein klirrendes Geräusch)
miau (für den Laut einer Katze)
muh (für das Brüllen eines Rindes)
peng (für einen Knall)
puff (für eine kleine Explosion)
rums (für das Geräusch bei einem Aufprall)
wuff (für das Bellen eines Hundes)
...

In Comics werden häufig Verkürzungen von Verben benutzt, die Geräusche und Laute wiedergeben, die nicht gezeichnet werden können: stöhn (stöhnen), kreisch (kreischen), ächz (ächzen) ...

WORTARTEN

Satzäquivalente

Satzäquivalente sind nicht flektierbare Wörter, die vollständige Sätze (→ S. 471) vertreten können. Sie erfüllen die Aufgabe von Sätzen, ohne dass sie dem normalen Satzbau mit Subjekt, Prädikat, Objekt (→ S. 407) entsprechen:

Danke. (für: *Ich danke dir / Ihnen.*)
Doch. (für: *Das ist so.*) ...

Zustimmung und Ablehnung

Satzäquivalente drücken häufig Zustimmung oder Ablehnung bzw. Erwartungen und Einstellungen aus.

Ja, nein und ***doch*** antworten auf Entscheidungsfragen (→ S. 463):

Bist du fertig? – **Ja.**
Liebst du mich? – **Nein.**
Hast du deine Arbeit nicht gründlich gemacht? – **Doch.**

***Nein* und *doch* bei Entscheidungsfragen mit Negation**

Enthält eine Entscheidungsfrage (→ S. 463) eine Negation, so drückt ***nein*** als Antwort eine Bestätigung der Frage aus. ***Doch*** verneint die Frage.

Du willst wohl nichts essen? – **Nein.** (= *Ich will nichts essen.*)
Du willst wohl nichts essen? – **Doch.** (= *Ich will etwas essen.*)

Bitte und ***danke*** sind Höflichkeitsformeln. *Danke* steht als Reaktion auf eine Frage oder Aussage (kurz für: *Ich danke dir / euch*), *bitte* kann als Reaktion und als Aufforderung stehen (kurz für: *Ich bitte dich / euch*).

Hier ist Ihr Tee. – **Danke.**
Danke, dass du mir das Hemd gebügelt hast. – **Bitte.** (Reaktion)
Bitte, setzen Sie sich doch. (Aufforderung)

Aufforderungen

Mit einigen Interjektionen lassen sich Aufforderungen zum Ausdruck bringen. Diese Interjektionen haben meist Satzcharakter und werden als Satzäquivalente gebraucht:

Hallo! (für: *Sieh her! Wer ist denn da? Ist jemand hier?*)
Halt! (für: *Wer ist da? Halten Sie an! Bleiben Sie stehen!*)
He! / Heda! (für: *Was fällt dir ein!*)
Pst! (für: *Sei / Seid leise!*)
Stop! / Stopp! (für: *Halten Sie an! Bleiben Sie stehen!*)

DER SATZ

DIE SATZGLIEDER UND DER EINFACHE SATZ

ÜBERSICHT

Grundbegriffe und Satzglieder → S. 406

Jedes Wort bzw. jede Wortgruppe hat innerhalb eines Satzes eine **bestimmte Aufgabe**. Man spricht dann nicht mehr von Wörtern, sondern von **Satzgliedern**.

Im Deutschen unterscheidet man **vier verschiedene Satzglieder**:

Das **Prädikat** (Was tut das Subjekt? / Was geschieht?) enthält immer die konjugierte Verbform. → S. 412
Sie **kauft** nur Röcke.

Das **Subjekt** (Wer? Was?) steht immer im Nominativ. → S. 420
Herr Martin trägt heute Zeitungen aus.

Das **Objekt** ergänzt das Prädikat und gibt an, auf wen oder was sich die Handlung des Satzes bezieht.

Akkusativobjekt (Wen? Was?): Patrick deckt **den Tisch**. → S. 425

Dativobjekt (Wem?): Patrick hilft **seinem Vater**. → S. 427

Genitivobjekt (Wessen?): Er war sich **seiner Schuld** bewusst. → S. 427

Präpositionalobjekt (Objekt mit Präposition): Sie legt den Zettel **auf den Tisch**. → S. 429

Die **adverbiale Bestimmung** gibt die Umstände einer Handlung oder eines Geschehens an.

Temporaladverbial (Wann? Wie lange?): Ich mache es **jetzt**. → S. 431

Modaladverbial (Wie? Auf welche Weise?): Ich mache es **so**. → S. 432

Lokaladverbial (Wo? Wohin?): Ich mache es **dort**. → S. 432

Kausaladverbial (Warum? Wozu?): Ich mache es **deshalb**. → S. 432

Attribute als Satzgliedteile → S. 436

Satzglieder können nicht nur durch Begleiter und Präpositionen ergänzt werden, sondern auch durch **Attribute** (Beifügungen),

Adjektivattribut: Das **hübsche** Mädchen liest ein **spannendes** Buch.

Genitivattribut: Die Ufer **des Sees** waren dicht bewachsen.

Hauptsatzarten → S. 462

Ihrer inhaltlichen Funktion entsprechend lassen sich verschiedene Hauptsatzarten unterscheiden,

Aussagesatz: Paula **springt** vom 10-Meter-Brett. → S. 463

Fragesatz: **Triffst** du dich heute mit Paula**?** → S. 463

Aufforderungssatz: Nimm dich in Acht! → S. 466

Wunschsatz: **Wärst** du doch schon hier**!** → S. 468

Ausrufesatz: **War** das ein schöner Tag**!** → S. 469

Satzreihe und Satzgefüge → S. 471

Die Verbindung aus **zwei** oder **mehreren Hauptsätzen** nennt man **Satzreihe**.

Es war schon spät. Wir entschieden uns für den Abbruch der Arbeiten.

Die Verbindung aus **Hauptsatz** und **Nebensatz** heißt **Satzgefüge**.

Weil es schon spät war, entschieden wir uns für den Abbruch der Arbeiten.

Grundbegriffe

Sätze sind selbstständige sprachliche Einheiten, die zu Texten zusammengesetzt werden können.

Damit Sätze einen Sinn ergeben, genügt es jedoch nicht, einzelne Wörter beliebig aneinanderzureihen.

Stadt unter die geht schöne schnell weil.

Dieses Beispiel ergibt keinen Sinn. Verschiedene Wortarten wurden völlig willkürlich aneinandergereiht. Eine Aneinanderreihung von Wörtern ergibt nicht automatisch einen Satz. Es muss also bestimmte Regeln geben, die dafür sorgen, dass ein richtiger Satz entsteht.

Jedes Wort hat innerhalb eines Satzes eine bestimmte Aufgabe. Manchmal gehören in einem Satz mehrere Wörter zusammen und erfüllen gemeinsam eine Aufgabe. Deshalb spricht man, wenn man den Aufbau eines Satzes untersuchen möchte, nicht mehr von Wörtern, sondern von **Satzgliedern**. Die einzelnen Satzglieder fügen sich im **Satzbau** (→ S. 450 ff.) zu sinnvollen Sätzen zusammen.

Wir unterscheiden vier verschiedene Satzglieder: **Prädikat**, **Subjekt, Objekt** und **Adverbial** (→ Satzglieder, S. 408 ff.). Jedes Wort eines Satzgliedes kann seiner Wortart nach bestimmt werden.

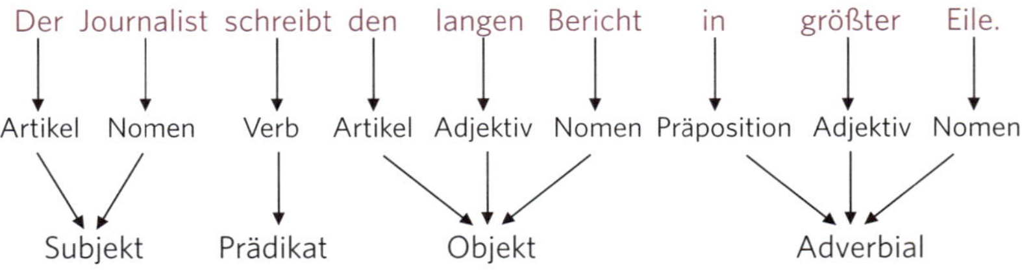

Es gibt **einfache**, **erweiterte** und **komplexe Sätze**.

Einfache Sätze

Einfache Sätze bestehen nur aus Satzgliedern, die in einem grammatisch korrekten Satz nicht weggelassen werden können. In aller Regel gehören zu einem Satz ein **Subjekt** und ein **Prädikat**, einige Verben verlangen auch ein **Objekt** (→ S. 451 ff.).

Der Journalist schreibt. (Subjekt, Prädikat)
Er holt einen Kaffee. (Subjekt, Prädikat, Objekt)

Erweiterte Sätze

Erweiterte Sätze enthalten **Adverbiale**, d. h. Satzglieder, die grammatisch nicht notwendig sind, aber wichtige und genauere Auskünfte über die Umstände eines Sachverhalts oder eines Geschehens geben. Man nennt sie darum auch **Umstandsbestimmungen** (→ S. 430 ff.).

Darüber hinaus können Sätze durch so genannte **Attribute** (→ S. 436 ff.) erweitert werden. Attribute sind keine Satzglieder, sondern **Beifügungen**, die sich in aller Regel auf Nomen beziehen und Personen oder Sachen näher kennzeichnen.

Der **fleißige** Journalist schreibt (Attribut)
den **langen** Bericht (Attribut)
in größter Eile. (Adverbial)

Zusammengesetzte (komplexe) Sätze

Werden mehrere Sätze zu einem Satz verbunden, spricht man von **Teilsätzen**, die zu einem komplexen Satz zusammengesetzt werden. Komplexe Sätze können aus mehreren gleichrangigen Hauptsätzen bestehen und eine so genannte **Satzreihe** (→ S. 472) bilden. Sie können auch aus einem Hauptsatz und weiteren untergeordneten, mitunter eingeschobenen Nebensätzen zusammengesetzt sein und ein **Satzgefüge** (→ S. 474) bilden.

Klaus sieht auf die Uhr, | und er beeilt sich, | da stürzt der Computer ab.

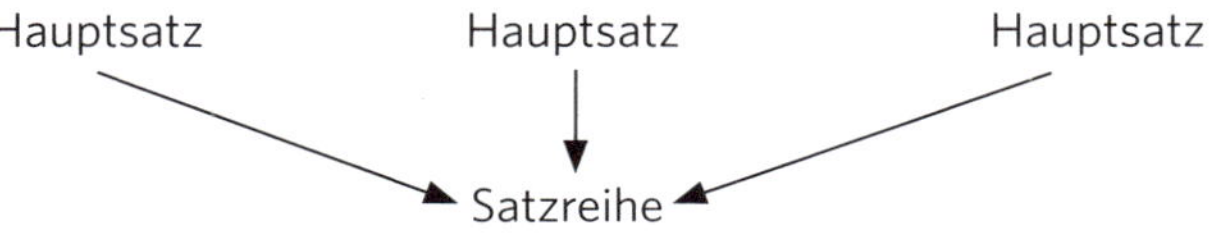

Der Text, | der brisante Informationen enthält, | soll morgen erscheinen.

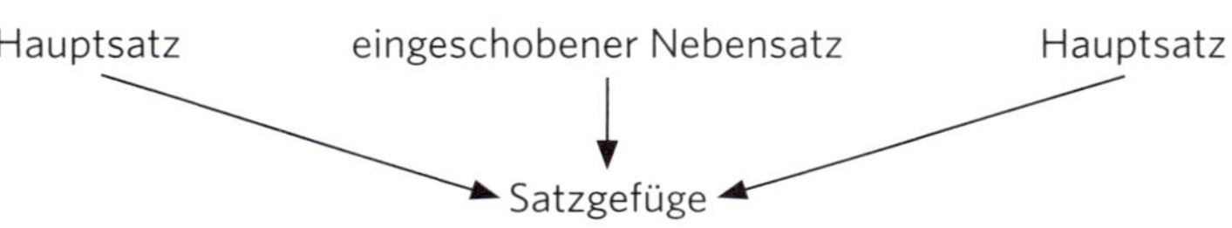

Die Satzglieder

Satzglieder sind Bestandteile eines Satzes. Ein Satzglied kann **aus nur einem Wort oder aus mehreren Wörtern** bestehen, die zusammengehören. Dann spricht man von einer **Wortgruppe**. Wörter, die als Wortgruppe ein Satzglied bilden, können innerhalb des Satzes nur zusammen den Platz ändern (> Umstellprobe).

Im Deutschen unterscheiden wir **vier verschiedene Satzglieder**: Prädikat, Subjekt, Objekt und adverbiale Bestimmung (kurz: Adverbiale).

Das **Prädikat** besteht mindestens aus einem finiten (konjugierten) Verb, es kann aber auch mehrteilig sein (→ Prädikat, S. 412 ff.).

Einteiliges Prädikat: Sie **kauft** nur Röcke.

Mehrteiliges Prädikat: Er **trägt** heute viele Zeitungen **aus**.
Manfred **hat** schon wieder **verschlafen**.
Sabine **will** heute spät **aufstehen**.
Dieser Schalter **ist geschlossen worden**.

Subjekte, Objekte und adverbiale Bestimmungen können durch so genannte **Satzgliedfragen** bestimmt werden.

Nach dem **Subjekt** fragt man mit *Wer?* oder *Was?* (→Subjekt, S. 420 ff.).

Er trägt heute viele Zeitungen aus.
→ *Wer trägt heute Zeitungen aus?* → ***er*** ist Subjekt des Satzes.

Objekte erfragt man mit

Wen? oder *Was?* (Akkusativobjekt),
Wem? (Dativobjekt) und
Wessen? (Genitivobjekt) (→ Objekt, S. 424 ff.).

Er trägt heute **viele Zeitungen** aus.
→ *Was trägt er heute aus?* → ***viele Zeitungen*** ist Akkusativobjekt des Satzes.

Adverbiale Bestimmungen – oder kurz: **Adverbiale** – sind **Umstandsbestimmungen** (→ S. 430 ff.). Man erfragt sie mit

Wo? (adverbiale Bestimmung des Ortes),
Wann? (adverbiale Bestimmung der Zeit),
Wie? (adverbiale Bestimmung der Art und Weise) und
Warum? (adverbiale Bestimmung des Grundes) .

Er trägt **heute** sehr viele Zeitungen aus.
→ *Wann trägt er viele Zeitungen aus?* → ***heute*** ist ein Adverbial der Zeit.

Ersatzprobe und Umstellprobe

Satzglieder können ein Wort oder eine zusammengesetzte Wortgruppe sein. Bei kurzen Sätzen ist es leicht, die Satzglieder voneinander abzugrenzen.

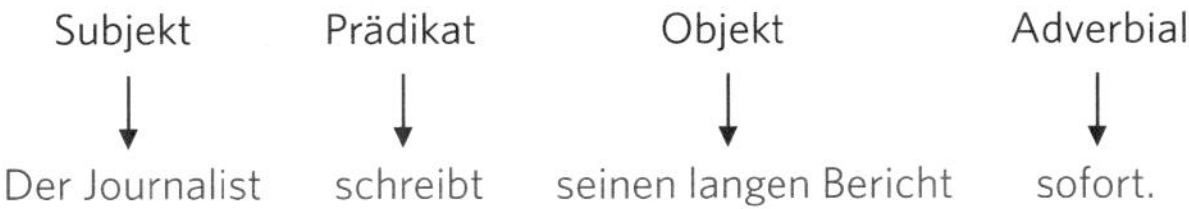

Wörter, die als Wortgruppe ein Satzglied bilden, können innerhalb des Satzes **nur zusammen den Platz ändern**. Versucht man, einzelne Teile einer Satzgliedwortgruppe auseinanderzureißen und an verschiedene Stellen im Satz zu stellen, ergibt der Satz keinen Sinn mehr.

~~Seinen langen schreibt der Journalist Bericht sofort.~~

Die Wörter seinen langen Bericht lassen sich nicht voneinander trennen. Sie bilden also zusammen eine Wortgruppe und als Wortgruppe ein Satzglied, in diesem Fall ein Objekt.

Satzglieder können aus **umfassenderen Wortgruppen** bestehen und dann sogar mehrere Begleiter haben. Dann ist nicht immer gleich zu erkennen, welche Wörter zusammengehören und ein selbstständiges Satzglied bilden. Zwei Methoden helfen, die Satzglieder bei diesen oft längeren Sätzen voneinander abzugrenzen: die **Ersatzprobe** und die **Umstell-** oder **Verschiebeprobe**.

Ersatzprobe

Vor allem bei längeren Sätzen kann man versuchen, die Wortgruppen jeweils durch ein einzelnes Wort zu ersetzen. Alle zusammenhängenden Wörter, die sich auf diese Weise ersetzen lassen, bilden ein Satzglied. Dabei kann jedes Satzglied nur durch ein Satzglied der gleichen Art ersetzt werden. Das Prädikat lässt man unverändert.

Bei der Ersatzprobe besteht der verkürzte Satz aus genauso vielen Satzgliedern wie der ursprüngliche Satz. Er ist aber übersichtlicher. Alle Wörter, die bei der Ersatzprobe jeweils durch ein Wort ersetzt werden können, gehören also zusammen und bilden gemeinsam ein Satzglied.

Umstell- oder Verschiebeprobe

Hier verändert man die Satzstellung, indem man andere Wörter oder Wortgruppen vor das konjugierte Verb zu setzen versucht. Alle Wörter, die bei der Umstellung zusammenbleiben müssen, bilden ein Satzglied. Bei der Umstellung darf die Form der Wörter nicht verändert werden, und der Satz muss auch nach der Umstellprobe vollständig und sinnvoll bleiben.

Das **Prädikat** – bei mehrteiligen Prädikaten die konjugierte Verbform des Prädikats – steht in einfachen Aussagesätzen (→ S. 463) **immer an zweiter Stelle** und verändert seine Position auch bei einer Umstellung der übrigen Satzglieder nicht.

Wörter, die sich nicht selbstständig bewegen lassen – z. B. Präpositionen (während), Artikel (dem, der) und Adjektive in Attributfunktion (langen) (→ Attribute, S. 436 ff.) – sind keine eigenständigen Satzglieder, sondern Teile von Satzgliedern.

Der ~~schreibt Journalist den langen Bericht während der Konferenz.~~
Während ~~schreibt der Journalist den langen Bericht der Konferenz.~~

Das Prädikat

Mit dem **Prädikat** wird eine Aussage über das Subjekt, also den Satzgegenstand, gemacht. Es heißt im Deutschen darum auch **Satzaussage**. Das Prädikat wird meist mit *Was tut das Subjekt?* oder *Was geschieht?* erfragt.

Die Theater-AG **probt** ein neues Stück. (Was tut die Theater-AG?)
Die Kulisse **wackelt**. (Was geschieht?)

Bildung des Prädikats

Das Prädikat ist das zentrale Satzglied und enthält immer eine **konjugierte Verbform**. Diese konjugierte Verbform (**Personalform** des Verbs) stimmt in Person und Numerus mit dem Subjekt überein. Man nennt diese Übereinstimmung auch **Kongruenz**.

Sven **lernt** seinen Text. (3. Person Singular)
Die Kostüme **hängen** auf dem Garderobenständer. (3. Person Plural)

Wir unterscheiden einteilige Prädikate, die aus einem Wort bestehen, und mehrteilige Prädikate, die aus mehreren Wörtern bestehen. **Einteilige Prädikate** bestehen nur aus der Personalform, man sagt auch: aus der konjugierten (finiten) Form des Verbs.

Die Tasche **liegt** auf dem Tisch.

Bei **mehrteiligen** (zusammengesetzten) **Prädikaten** wird die Personalform des Verbs durch weitere nicht konjugierte (infinite) Prädikatsteile ergänzt. Dabei müssen die einzelnen Prädikatsteile nicht immer unmittelbar nebeneinanderstehen (→ Satzklammer, S. 456 ff.).

1. Die **Personalform** des Verbs kann durch ein **Partizip Perfekt** ergänzt sein; das ist bei der Bildung bestimmter zusammengesetzter Zeiten der Fall.

   Sven **hat** sich gut **vorbereitet**. (Perfekt)
   Sven **hatte** seinen Text **gelernt**. (Plusquamperfekt)
   Die Kulisse **wird aufgebaut**. (Präsens Passiv)
   Die Kulisse **wurde umgearbeitet**. (Präteritum Passiv)

2. Die **Personalform** des Verbs kann mit einem **Infinitiv** (→ S. 247) zusammengesetzt werden, das gilt für das Futur I und II (hier zusammen mit einem Partizip Perfekt) und ebenso für Bildungen mit Modalverben.

Das Ensemble **wird** viel Beifall **ernten**.	(Futur I)
Das Ensemble **wird** viel Beifall **geerntet haben**.	(Futur II)
Ich **möchte** beim nächsten Stück **mitspielen**.	(Modalverb + Infinitiv)

3. Die **Personalform** des Verbs kann durch einen **Verbzusatz** ergänzt sein, das ist bei den so genannten trennbaren Verben (→ S. 320) der Fall.

Alle Schauspieler **räumen** die Aula **auf**.
(auf-räumen)
Die Mitschüler aus der Kunst-AG **bauen** das Bühnenbild **ab**.
(ab-bauen)

Stellung des Prädikats im Satz

Die Personalform des Prädikats, also die konjugierte Verbform, steht in Aussagesätzen **immer an zweiter Stelle** des Satzes und in einfachen Aussagesätzen (→ einfache Sätze, S. 407; → Aussagesätze, S. 463) meist nach dem einleitenden Subjekt.

Subjekt	Prädikat	
Der Stadtanzeiger	**berichtete**	begeistert von der gelungenen Aufführung.

Subjekt	Prädikat	
Der Rezensent	**lobte**	auch das Bühnenbild.

Subjekt	Prädikat	
Er	**begrüßt**	sehr, dass man neue Stücke einstudiert.

Auch wenn ein Satz nicht durch das Subjekt, sondern durch ein anderes Satzglied eingeleitet wird, bleibt die Personalform des Prädikats an zweiter Stelle. Das Subjekt rückt dann direkt hinter die Personalform des Prädikats. Wir sprechen bei einer solchen Umstellung der beiden Satzglieder von **Inversion**.

Adverbial
Begeistert **berichtete** der Stadtanzeiger von der Aufführung.

Akkusativobjekt
Auch das Bühnenbild **lobte** der Rezensent.

Auch ein **vorangestellter Nebensatz** kann einen Aussagesatz einleiten. In solchen Fällen sieht es – auch wegen des Kommas, das den Nebensatz vom Aussagesatz trennt – so aus, als wäre im Aussagesatz das Prädikat an die erste Stelle gerückt. Tatsächlich verhält es sich jedoch anders: In Satzgefügen mit einem vorangehenden Nebensatz bildet der Nebensatz das erste Satzglied. Er übernimmt die Funktion eines Objekts oder eines Adverbials. Er ließe sich auch durch ein einziges Wort ersetzen.

Nebensatz als Akkusativobjekt
Dass weitere Stücke einstudiert werden sollen, **begrüßt** er.

Ersatzprobe: Der Nebensatz lässt sich durch ein einziges Wort ersetzen:

Das begrüßt er.
→ Das Prädikat begrüßt steht an zweiter Stelle des Aussagesatzes.

(→ Stellung der Nebensätze, S. 474; → Objektsatz, S. 496; → Ersatzprobe, S. 410)

Das Prädikativ

Prädikative stehen nur nach bestimmten Verben, die nicht zahlreich sind, aber häufig vorkommen. Zu den Verben, die ein Prädikativ verlangen, gehören vor allem ***sein, werden, bleiben, scheinen, heißen*** und ***nennen*** (→ Kopulaverben S. 246).

Das **Prädikativ gehört zum Prädikat,** es ergänzt das Prädikat und es ist obligatorisch, d. h. es kann nicht darauf verzichtet werden, weil der Satz sonst ungrammatisch (grammatisch falsch oder unvollständig) wird.

Subjekt	Prädikat	Prädikativ
Dieser Käfer	ist	winzig.

Ungrammatisch: ~~Es ist.~~

Obwohl das Prädikativ zum Prädikat gehört, ist es gleichzeitig - wie sich bei der Umstellprobe zeigt - ein **selbstständiges Satzglied**, d. h. es kann alleine vor das Prädikat gestellt werden.

Winzig ist dieser Käfer.

Während das Prädikativ in Bezug auf seine Funktion im Satz eine Ergänzung zum Prädikat ist, bezieht es sich zugleich inhaltlich auf das Subjekt oder ein Akkusativobjekt:

Mein Freund heißt Bertram.

Das Prädikat heißt verlangt nach einer Ergänzung, in diesem Beispielsatz ist es der Eigenname Bertram. Bertram allerdings bezieht sich inhaltlich auf das Subjekt des Satzes, mein Freund.

Prädikative können durch verschiedene Wortarten realisiert werden, z. B. durch Nomen, Adjektive oder Adverbien bzw. Adverbgruppen.

Peter wird **Anwalt**.	(Nomen → prädikativer Nominativ)
Das Mädchen ist **groß**.	(Adjektiv → prädikatives Adjektiv)
All seine Mühen waren **vergebens**.	(Adverb → Adverbien als Prädikativ)

Prädikativer Nominativ

In manchen Sätzen gibt es neben dem Subjekt ein weiteres Satzglied, das im Nominativ steht, aber nicht Subjekt ist. Es wird im Blick auf seinen Kasus *prädikativer Nominativ* genannt. Er ist wie alle Prädikative eine **Ergänzung zum Prädikat**, inhaltlich aber bezieht er sich auf das Subjekt und enthält Informationen, die das Subjekt näher beschreiben.

Der prädikative Nominativ kommt bei den Verben ***sein, scheinen, bleiben, werden*** und ***heißen*** vor.

Mein Bruder heißt **Felix**.   Überstunden bleiben **die Ausnahme**.

Prädikativer Akkusativ

Manchmal stehen auch Satzglieder im Akkusativ und sind dennoch kein Akkusativobjekt. Dann spricht man von einem **Prädikatsnomen im Akkusativ** oder von einem **prädikativen Akkusativ**.

Der prädikative Akkusativ steht vor allem zusammen mit den Verben ***finden, heißen, nennen, schelten, schimpfen***. Prädikative Akkusative ergänzen in ihrer Funktion das Prädikat und stehen zugleich in besonders enger Beziehung zum Akkusativobjekt.

Wir nennen dieses Tier **einen Elefanten**.

Das nenne ich **eine Überraschung**.

Sie schimpfte ihn **ein Zwergferkel**.

Bei allen drei Beispielen erkennt man: Würde man den prädikativen Akkusativ weglassen, wäre der Satz unvollständig und somit ungrammatisch. Ein Satz wie Wir nennen dieses Tier ist unvollständig.

Besondere Verben, die Prädikative nach sich ziehen

Es gibt weitere Verben, die ebenfalls ein **Prädikativ im Akkusativ** nach sich ziehen, aber eine kleine Besonderheit aufweisen: Sie werden mit ***für*** oder ***als*** verwendet. Dadurch ändert sich aber ihre Funktion im Satz nicht.

So werden Prädikatsnomen im Akkusativ beispielsweise mit dem Verb ***halten*** + ***für*** verwendet:

Die Kollegen halten sie **für eine gute Mitarbeiterin**.
Ich halte dich **für einen Hochstapler**.

Auch bei den Verben ***anerkennen, betrachten*** und ***sehen*** kommen Prädikatsnomen im Akkusativ vor. Dann ist der Zusatz ***als*** nötig.

Sie betrachten ihn **als Gegner**.
Er sieht sie **als Freundin**.

Prädikative Präpositionalgruppe

Prädikative können auch aus **Präposition + Nomen** bestehen. Dann spricht man von einer *prädikativen Präpositionalgruppe*.

Diese Maßnahme ist **von Bedeutung**. Das findet jeder **in Ordnung**.

Die beiden Beispielsätze wären ohne die prädikative Präpositionalgruppe unvollständig.

Prädikativ in passivischen Sätzen

Aus einem prädikativen Akkusativ in aktivischen Sätzen mit den Verben ***nennen*** und ***finden*** wird bei der Umwandlung ins Passiv ein prädikativer Nominativ, da das Akkusativobjekt des Aktivsatzes im Passivsatz zum Subjekt wird (→ Passiv, S. 280).

Sie nannten ihn einen **Schwachkopf**. (prädikativer Akkusativ)
→ Er wurde **Schwachkopf** genannt. (prädikativer Nominativ)

Prädikatives Adjektiv

Prädikative Adjektive können Nominativ oder Akkusativ sein, je nachdem von welchem Prädikat sie abhängen und ob sie sich auf das Subjekt oder das Akkusativobjekt beziehen.

Prädikative Adjektive, die sich auf das Subjekt beziehen, stehen bei den Verben ***sein, werden, bleiben*** und ***scheinen*** (→ Kopulaverben S. 246).

Der Kellner war **freundlich**. Das Essen wurde **kalt**. Der Platz blieb **frei**.

Die Adjektive freundlich, kalt und frei beziehen sich inhaltlich auf die Nomen Kellner, Essen und Platz.

Verben, die ein prädikatives Adjektiv im Akkusativ nach sich ziehen, sind ***nennen*** und ***finden***.

Er fand die Aufgabe **schwierig**.

Sie findet das Baby **entzückend**.

Adverbien und Adverbgruppen als Prädikativ

Ein Prädikativ kann nicht nur durch Adjektive und Nomen realisiert werden, sondern auch durch Adverbien oder Adverbgruppen. Teilweise wird hier eine Präposition benötigt.

Alle Mühen waren **vergebens**.

Die Möbel sind **von damals**.

Wann sind Adjektive prädikativ, wann adverbial?

Prädikative Adjektive werden in der Regel **nicht dekliniert**. Sie können deshalb auf den ersten Blick leicht als Adjektivadverbien (→ S. 194) angesehen werden. Im Unterschied zu Adverbien beziehen sie sich aber inhaltlich nicht auf das Prädikat, sondern auf das Subjekt oder Objekt, dem sie eine Eigenschaft zuschreiben.

Diese Handwerker sind fleißig.
(Das Adjektiv fleißig beschreibt eine Eigenschaft der Handwerker → Prädikatsadjektiv.)

Sie erledigen die Arbeit vortrefflich.
(Das Adjektiv vortrefflich bezieht sich auf das Prädikat erledigen → Adverbial).

Mitunter lässt sich bei Adjektiven aber nicht eindeutig erkennen, ob sie prädikativ verwendet werden und sich auf das Subjekt bzw. Objekt beziehen oder ob sie eher auf das Verb bezogen und damit adverbial gebraucht sind. In diesen Fällen sind **beide Bestimmungen** - also sowohl prädikativ als auch adverbial - **zulässig**.

Sonja ging **enttäuscht** nach Hause.
Der Sturm drehte **tosend** auf.
Die Wellen brachen sich **bedrohlich** an den Klippen.

Das prädikative Attribut

Prädikative Attribute beziehen sich - wie Prädikative - auf das Subjekt oder Objekt im Satz. Im Unterschied zu diesen sind sie aber nicht an bestimmte Verben gebunden und führen auch nicht dazu, dass der Satz - wenn man sie weglässt - unvollständig wird.

Das Gemüse ist **roh**. (prädikatives Adjektiv)
→ ~~Das Gemüse ist.~~

Er isst das Gemüse roh. (prädikatives Attribut)
→ Er isst das Gemüse.

Das prädikative Attribut wird leicht mit der Adverbialbestimmung verwechselt, da beide eine ähnliche Form haben können und im Satz die gleiche Position einnehmen. Allerdings ist der Bezug innerhalb des Satzes verschieden. Das prädikative Attribut bezieht sich auf das Akkusativobjekt oder das Subjekt, während sich die adverbiale Bestimmung auf das Verb bezieht.

Er begegnete seiner Traumfrau **im Supermarkt**. (Adverbialbestimmung)

Er begegnete seiner Traumfrau **im Jogginganzug**. (prädikatives Attribut)

Man brachte sie **schnell** nach Hause. (Adverbialbestimmung)

Man brachte sie **krank** nach Hause. (prädikatives Attribut)

Das Subjekt

Vereinfacht lässt sich sagen, dass das Subjekt das Satzglied ist, das etwas tut bzw. mit dem etwas getan wird. Mit dem Subjekt wird benannt, worum es in dem Satz geht.

Das Subjekt steht **immer im Nominativ** (1. Fall). Man erfragt es mit ***wer?*** oder ***was?***.

Der Dirigent hebt den Taktstock. (Wer hebt den Taktstock?)
Das Orchester verschläft den Einsatz. (Wer / Was verschläft den Einsatz?)
Nur eine Triangel ist zu hören. (Was ist zu hören?)

Das Prädikat passt sich im Numerus (Singular oder Plural) und in der Person immer dem Subjekt an. Das nennt man **Kongruenz**.

Mein Hund schläft. (und nicht z. B.: Mein Hund ~~schlaft~~.)

Der zweite Satz ist falsch, denn *mein Hund* steht in der 3. Person Singular, das Wort *schlaft* ist aber die konjugierte Verbform für die 2. Person im Plural: *ihr schlaft*.

Bildung des Subjekts

Das Subjekt wird meist durch ein **Nomen** mit oder ohne Begleiter oder durch ein Pronomen repräsentiert.

Holz brennt.	(Nomen)
Es brennt.	(Pronomen)
Er ist zu klein für die schwere Partitur.	(Pronomen)
Das Pult wackelt.	(Artikel + Nomen)

Häufig ist das Subjekt durch **Attribute** erweitert.

Der große, schön geschmückte Saal füllt sich. (attributive Wortgruppe)

Das Subjekt kann auch **aus mehreren Nomen** bestehen:

Die Oma, der Opa und ihr Hund verreisen.	(Aufzählung)
Nele und Jan blättern im Programmheft.	(Aufzählung)

Das Subjekt kann aber auch mit anderen Wortarten und ebenso mit **Wortgruppen oder Sätzen** gebildet werden.

Simon Rattle ist ein berühmter Dirigent. (Nomen / Eigenname)
Alle freuen sich auf das Konzert. (Zahladjektiv)
Einzutreten ist noch nicht erlaubt. (einfacher Infinitiv mit *zu*)
Schlange zu stehen ist anstrengend. (Infinitivgruppe)
Gut gestimmt ist halb gewonnen. (Partizipialgruppe)
Wer zu spät kommt, muss warten. (Nebensatz / Subjektsatz)

Infinitivgruppe → S. 511, Partizipialgruppe → S. 514, Subjektsatz → S. 495

Stellung des Subjekts im Satz

Das Subjekt steht im Aussagesatz meist am Anfang, es kann aber auch in der Mitte oder am Satzende stehen. In jedem Fall aber steht das Subjekt entweder **direkt vor oder direkt hinter der konjugierten (finiten) Verbform**.

Alle freuen sich auf das Konzert.
Es freuen sich **alle** auf das Konzert.
Auf das Konzert freuen sich **alle**.
Auf das Konzert haben sich **alle** gefreut.

Sätze ohne Subjekt

In der Regel kann auf das Subjekt nicht verzichtet werden:
Alle freuen sich. (und nicht: ~~Freuen sich.~~)

Bei Aufforderungen (Imperativ, → S. 315) in der zweiten Person sowie anderen Befehlsformen (wie z. B. Infinitiven, die als Befehl verwendet werden können) fehlt das Subjekt allerdings.

Lauf! (Imperativ 2. Person Singular)
Lauft! (Imperativ 2. Person Plural)
Laufen! (Infinitiv als Befehl)

Bei der **höflichen Anrede in Aufforderungssätzen** wird das Subjekt aber genannt.

Laufen **Sie**! Nehmen **Sie** Platz!

Auch **im Passiv** (→ S. 284) können Sätze ohne Subjekt gebildet werden:

Jetzt wird gearbeitet! Dort wurde nicht getanzt.

Subjekt und Prädikatsnomen

Manchmal gibt es **mehrere Satzglieder im Nominativ**. Nur eines davon kann dann Subjekt sein. Das andere ist ein prädikativer Nominativ (→ S. 415).

Sein Buch (Subjekt) ist **ein großer Beitrag** (Prädikativer Nominativ).

Ist man nicht sicher, was Subjekt ist, hilft die **Kongruenzprobe** weiter. Dabei wird die Singularform des konjugierten Verbs zu einem Plural umgeformt (bzw. die Pluralform zur Singularform). Das Glied, das nun in dem neu entstandenen Satz ebenfalls seinen Numerus (Singular oder Plural) ändern muss, ist das Subjekt.

Sein Buch ist ein großer Beitrag.
→ **Seine Bücher** sind ein großer Beitrag.
(Nicht: ~~Seine großen Beiträge sind ein Buch.~~)

Auch die **Infinitivprobe** kann helfen, das Subjekt zu identifizieren. Dabei wird das Prädikat aus dem Satz herausgelöst und zu einem Infinitiv (Grundform) umgeformt (im Beispielsatz: ist → sein). Alle Satzglieder, die weiterhin zum Verb gehören, werden einem Wortverband (Wortkette) zugeordnet. Das Satzglied, das nicht dazupasst und übrig bleibt, ist das Subjekt.

Sein Buch ist ein großer Beitrag.
→ ein großer Beitrag sein → Subjekt: Sein Buch

Das Pronomen *es* als Subjekt

Auch das Pronomen **es** kann Subjekt sein und wird dabei in unterschiedlicher Weise gebraucht.

Es hustet stark.
Es regnet.

Es kann als Pronomen im Nominativ stehen und ein Nomen ersetzen.

Das Hündchen / das Kind bekam einen Schreck.
Es bekam einen Schreck.

In diesem Beispiel verweist *es* auf eine Person und ist damit eindeutig Subjekt.

Manche Verben verlangen ein **es**, das weitgehend **funktionsleer** ist. Diese Verben werden **unpersönliche Verben** (→ S. 242) genannt. Unpersönliche Verben haben eigentlich kein Subjekt, weil sie ein Geschehen, einen Vorgang ausdrücken, der keinen Verursacher hat. Zum Subjekt wird dann das *es*. Zu den unpersönlichen Verben gehören Verben, die Wetterphänomene beschreiben, z. B. hageln, regnen, schneien, blitzen, donnern, nieseln usw., sowie Verben, die ein Geräusch ausdrücken, z. B. klopfen, zischen, knarren, klingeln. Das funktionsleere *es* wird außerdem oft in Konstruktionen wie ***es gibt*** und ***es handelt sich*** gebraucht.

Es handelt sich um eine einmalige Chance.
Es gibt keinen besseren Freund.
Es regnet immer.
Es hat geklingelt.

Hier kann das *es* nicht ersetzt werden, ohne dass der Sinn des Satzes grundlegend verändert wird. Dennoch wird dieses *es* als Subjekt betrachtet, auch wenn es sich um ein rein formales und nahezu inhaltsleeres Subjekt handelt.

Anders verhält es sich mit dem *es* in folgendem Satz:

Es rannten fünf Frauen in den Wald.

Die Kongruenzprobe (→ S. 422) zeigt, dass *es* hier **kein Subjekt** sein kann:

Es rannten **fünf Frauen** in den Wald.

DER SATZ

Subjekt ist also *fünf Frauen*, da *es* nicht mit dem finiten Verb kongruiert (d. h. im Numerus übereinstimmt). *Es* ist hier also nur ein **Platzhalter** am Satzbeginn, das die Stelle vor dem konjugierten Verb besetzt.
So wird es dem Subjekt oder einer Adverbialbestimmung, die normalerweise diese Position besetzen, ermöglicht, an eine andere Stelle im Satz zu rutschen. Das *es* fällt weg, sobald ein anderes Satzglied an diese Stelle rückt.

Fünf Frauen rannten in den Wald. In den Wald rannten fünf Frauen.

Das *es* kann auch **auf einen Nebensatz verweisen** und kann, wenn es im Nominativ steht, Subjekt des Hauptsatzes (→ S. 463, 471) sein. Man spricht hier auch vom **Korrelat-*es***.

Mich freut **es**, dass ihr da seid.

→ siehe auch *unpersönliches es*, S. 149

Das Objekt

Viele Sätze geben nicht nur an, wer handelt und was geschieht, sondern informieren auch darüber, auf wen oder was sich eine Handlung bezieht. Solch einen zusätzlichen Hinweis auf das Ziel einer Handlung nennt man **Objekt** (**Satzergänzung**).

Objekte bestehen – ähnlich wie das Subjekt – meist aus einem Nomen, eventuell mit Begleiter, oder aus Pronomen.

Herr Fleißig besucht **seinen Chef**.
Lisa besucht **euch**.

Objekte kommen in unterschiedlichen Kasus vor: Sie können im **Akkusativ**, im **Dativ**, seltener auch im **Genitiv** stehen. Daneben gibt es so genannte **Präpositionalobjekte**; sie werden im Akkusativ oder Dativ und stets zusammen mit einer Präposition gebraucht.

In aller Regel bestimmt das Verb die Art und den Kasus des Objekts und ebenso die Anzahl der Objekte, die in einem Satz erforderlich ist (→ Valenz des Verbs, S. 451). Es gibt **obligatorische** (zwingend erforderliche) **Objekte**, ohne die ein Satz nicht vollständig und damit grammatisch falsch wäre, und **fakultative** (nicht erforderliche) **Objekte**, die weggelassen werden können, wobei der Satz dennoch grammatisch richtig bleibt.

Diese Bücher gehören **mir**. (Das Objekt *mir* ist obligatorisch.)
→ ~~Diese Bücher gehören.~~

Lisa singt eine Arie. (Das Objekt *eine Arie* ist fakultativ.)
→ Lisa singt.

Akkusativobjekt

Am häufigsten wird das Akkusativobjekt (4. Fall) verwendet. Es antwortet auf **die Frage *wen?*** oder ***was?*.**

Er will **seine Schwester** überraschen. (**Wen** will er überraschen?)
Patrick deckt **den Frühstückstisch**. (**Was** deckt er?)

Das Akkusativobjekt kann aus verschiedenen Wortarten und ebenso mit Wortgruppen gebildet werden.

Patrick ruft **Klara**.	(Nomen / Eigenname)
Er sucht **die Erdbeermarmelade**.	(Nomen mit Artikel)
Im Kühlschrank kann er **sie** nicht finden.	(Pronomen)
Er bringt **alles** durcheinander.	(Numerale)
Klara rät ihm **zu hungern**.	(einfacher Infinitiv mit *zu*)
Sie holt **Milch und Honig**.	(Aufzählung von Nomen)
Patrick beschließt, **die Suche aufzugeben**.	(Infinitivgruppe)
Sie bereitet **ein leckeres Müsli** zu.	(attributiertes Nomen mit Artikel)
Auch den **am Vortag gebackenen Kuchen** isst sie.	(Nomen mit durch Partizipialgruppe erweitertem Adjektiv als Attribut und Artikel)

Die sicherste Möglichkeit, ein Akkusativobjekt zu erkennen, ist mit der Frage *Wen?* / *Was?*.

Ich überlege mir eine Lösung. (**Was** überlege ich mir? → eine Lösung)
Klara rät ihm zu hungern. (**Was** rät Klara ihm? → zu hungern)

Auch ein **ganzer Nebensatz** kann Akkusativobjekt sein:

Sie überlegt, ob sie einen Kakao kochen soll.
(**Was** überlegt sie? → ob sie einen Kakao kochen soll)

Ersatzprobe: Der Nebensatz lässt sich durch ein einziges Wort ersetzen:

Sie überlegt **das**. (→ Objektsatz, S. 496)

Verben, die zusammen mit einem Akkusativobjekt stehen können, werden **transitive Verben** (zielende Tätigkeitswörter) genannt (→ S. 243).

Manchmal finden sich in einem Satz zwei Satzglieder im Akkusativ. Es kann sein, dass es sich tatsächlich um zwei Akkusativobjekte handelt. Das ist aber nur selten der Fall. Häufiger taucht bei bestimmten Verben das **Prädikatsnomen im Akkusativ** auf (→ prädikativer Akkusativ, S. 416).

Sie bauen **ein Haus**. (Akkusativobjekt)
Er lehrt **ihn die schwierigen Vokabeln**. (zwei Akkusativobjekte)
Er nennt ihn **ein Weichei**. (Prädikatsnomen im Akkusativ)

Wie beim Subjekt kann es auch beim Akkusativobjekt Probleme bei der **Bestimmung des es** geben. Auch hier müssen mehrere Möglichkeiten unterschieden werden:

- *Es* als **Pronomen** steht stellvertretend für ein Nomen und verweist auf dieses.

  Dort bellt **ein Hündchen**. Wir hören **es**.

- *Es* als **funktionsloses (inhaltsleeres) Akkusativobjekt** ist rein formal notwendig, es hat aber keine inhaltliche Bedeutung und wird deshalb auch funktionslos oder inhaltsleer genannt. Dieses *es* kommt in bestimmten festen Wendungen vor (es zu etwas bringen, es auf etwas anlegen, es gut meinen, es halten mit, es sich leicht machen ...).

Wie halten Sie **es** mit dem Aufstehen?
Er meint **es** doch nur gut mit seinen Kindern.

- *Es* als **Korrelat** weist auf einen Satz hin, der noch folgen wird. Dieses *es* hat an sich keine Bedeutung. In manchen festen Wendungen muss *es* stehen, in anderen Fällen kann *es* stehen.

Er hält **es** für sinnvoll, das Fest abzubrechen.
Ich bereue **(es)**, dass ich mich nicht entschuldigt habe.

Dativobjekt

Das Dativobjekt (3. Fall) wird **mit der Frage *wem?*** bestimmt. Meist bezeichnet es Personen bzw. Lebewesen.

Patrick reicht **seinem Vater** den Krug.	**Wem** reicht er den Krug? → **seinem Vater**
Diese Bücher gehören **mir**.	**Wem** gehören die Bücher? → **mir**

Das Dativobjekt kann aus einem Pronomen, aus einem Nomen mit oder ohne Begleiter oder einer Wortgruppe bestehen.

Klara dankt **ihrem Bruder**.	(Nomen mit Begleiter)
Sie geben **ihrem verwöhnten Hund** Pralinen.	(attributiertes Nomen)
Das gefällt **ihm**.	(Pronomen)

Verben, die ein Dativobjekt nach sich ziehen, gehören zu den **intransitiven Verben**, die auch **nicht zielende Tätigkeitswörter** genannt werden (→ S. 243).

Genitivobjekt

Nur wenige Verben verlangen ein Genitivobjekt (2. Fall), und es wird entsprechend selten gebraucht. Man bestimmt es mit Hilfe der **Frage *wessen?***.

Einige Abgeordnete enthielten sich **der Stimme**.
Wessen enthielten sie sich? → **der Stimme**

Die Eltern nahmen sich **ihres Sohnes** an.
Wessen nahmen sie sich an? → **ihres Sohnes**

Auch das Genitivobjekt kann auf unterschiedliche Weise gebildet werden. Es kann aus einem Pronomen, aus einem Nomen und einem Begleiter oder einer Wortgruppe bestehen.

Er war sich **seiner Sache** sicher. (Nomen + Begleiter)
Er war sich **dessen** sicher. (Pronomen)

Auch ein **ganzer Nebensatz** kann Genitivobjekt sein:

Er war sich sicher, **die Prüfung zu bestehen**.
Wessen war er sich sicher? → **dass er die Prüfung besteht**

Ersatzprobe: Der Nebensatz lässt sich durch ein einziges Wort ersetzen:

Er war sich **dessen** sicher. (→ Objektsatz, S. 496)

Zu den Verben, die ein Genitivobjekt nach sich ziehen, gehören zum Beispiel: bedürfen, sich bemächtigen, sich brüsten, sich erinnern (nur noch selten mit Genitiv), gedenken.

Oft wird anstelle des Genitivobjekts aber auch ein **präpositionales Objekt** (→ S. 429) gebraucht.

Sie erinnerte sich **des Ereignisses**. (Genitivobjekt)
Sie erinnerte sich **an das Ereignis**. (Präpositionalobjekt)

Verben, die ein Genitivobjekt verlangen, gehören ebenfalls zur Gruppe der intransitiven Verben.

Mehrere Objekte und ihre Stellung im Satz

In einem Satz können mehrere Objekte vorkommen.

Sie reicht **ihm Milch und Honig**. (Dativobjekt, Akkusativobjekt)

Das Dativobjekt kann wegfallen, das Akkusativobjekt nicht.

Sie reicht **Milch und Honig**. (Akkusativobjekt)
Nicht möglich: ~~Sie reicht **ihm**.~~

Enthält ein Satz ein Dativ- und ein Akkusativobjekt, entscheiden Zusammensetzung und Bildung der Objekte darüber, in welcher Reihenfolge sie stehen müssen.

1. Setzen sich **beide Objekte** aus einem **Nomen**, einem Nomen mit Begleiter oder einer Wortgruppe zusammen, steht das **Dativobjekt** für gewöhnlich **vor dem Akkusativobjekt**.

   Er reicht **seiner Schwester das Brot**. (Dativobjekt, Akkusativobjekt)

2. Wird eines der Objekte durch ein Pronomen ersetzt, steht das **Pronomen vor dem Nomen** oder der Wortgruppe.

   Er reicht **es seiner Schwester**. (Akkusativobjekt, Dativobjekt)
   Er reicht **ihr das Brot**. (Dativobjekt, Akkusativobjekt)

3. Werden **beide Objekte** durch ein **Pronomen** ersetzt, steht das **Akkusativobjekt vor dem Dativobjekt.**

   Er reicht **es ihr**. (Akkusativobjekt, Dativobjekt)

Präpositionalobjekt

Das Präpositionalobjekt wird **durch eine Präposition eingeleitet**. Es steht im Dativ oder im Akkusativ. Die Präposition, die immer vom Verb abhängt, bestimmt den Kasus des Objekts. Ein Präpositionalobjekt erfragt man mit der Präposition und einem Fragewort:

Präposition + *wem?* (Präpositionalobjekt im Dativ)
Präposition + *wen? oder was?* (Präpositionalobjekt im Akkusativ)

Sie unterhalten sich **mit Freunden über den Film**.
→ **Mit wem** unterhalten sie sich?
→ **Über was / Worüber** unterhalten sie sich?

Der Beispielsatz enthält also zwei Präpositionalobjekte.

Präpositionalobjekte können auf verschiedene Weise gebildet werden. Sie können aus einem **präpositionalen Ausdruck** (Präposition + Nomen oder Pronomen) oder einem Pronominaladverb (→ Pronominaladverb, S. 356) bestehen.

Einige lachen **über den Witz**. (präpositionaler Ausdruck)
Andere ärgern sich **darüber**. (Pronominaladverb)

Objekt zum Prädikativ

Das Objekt zum Prädikativ hängt – im Gegensatz zu allen anderen Objekten – nicht vom Prädikat ab, sondern **von einem Adjektiv als Prädikativ** (→ S. 417).

Sie ist **seiner Oma** ähnlich. Er ist froh **über die gute Nachricht**.

Das Objekt zum Prädikativ kann ein Nomen (im Genitiv, Dativ oder mit Präposition), ein Pronomen (→ S. 143) oder ein Pronominaladverb sein.

Er war wütend **über die Zustände**. (Nomen + Präposition)
Er ist **ihm** böse. (Pronomen)

Die adverbiale Bestimmung

Die **adverbiale Bestimmung**, kurz **das Adverbial** oder **das Adverbiale** (Plural: *die Adverbiale / Adverbialien*) genannt, ist ein Satzglied, mit dem die Umstände eines Sachverhalts oder Geschehens näher angegeben werden. Man spricht im Deutschen auch von der **Umstandsbestimmung**.

Adverbiale sind **nicht notwendig zur Bildung eines vollständigen Satzes**. Das heißt: Auch wenn man das Adverbial streicht, bleibt der Satz grammatisch korrekt.

Adverbiale können mit verschiedenen Wortarten gebildet werden.

abends, dort, erst, gern, jetzt, kürzlich, schon ... (Adverbien)
langsam, gewaltig, gut, schnell, vergeblich ... (Adjektivadverbien)
aus Neugier, bei Sturm, im Ernst, mit Erlaubnis ... (Präposition + Nomen)

Ebenso können **Nebensätze als adverbiale Bestimmungen** dienen (→ Adverbialsätze, S. 498).

Wir gingen nach Hause, **als es anfing zu regnen**. (Adverbialsatz)

Ersatzprobe: Der Nebensatz lässt sich durch ein einziges Adverb ersetzen:
Wir gingen **dann** nach Hause. (Das Wort dann ist ein Adverb.)

Adverbiale können sich auf den gesamten Satz oder auch nur auf das Verb beziehen.

Heute wurde die neue Schulbücherei eröffnet.
(Das Adverb *heute* bezieht sich auf den ganzen Satz.)

Alle stöbern **neugierig** in den Regalen.
(Das Adjektiv *neugierig* bezieht sich auf das Verb *stöbern* und wird in diesem Satz als Adverb benutzt → Adjektivadverb, S. 194)

Bedeutungsvarianten des Adverbials

Mit Adverbialen lassen sich unterschiedliche Angaben machen. Wir unterscheiden vor allem:

1. Das **Temporaladverbial** (adverbiale Bestimmung der Zeit)

   Es bezeichnet den Zeitpunkt oder auch die Dauer eines Sachverhalts oder Geschehens. Ebenso können mit ihm Angaben über die Häufigkeit oder Wiederholung eines Geschehens oder Sachverhalts gemacht werden. Adverbiale Bestimmungen der Zeit stehen häufig zusammen mit den Präpositionen seit, bis, nach, vor, während.

   Man fragt nach ihnen mit ***wann?, seit wann?, bis wann?, wie lange?, wie oft?***.

   Gestern hat es gestürmt.
   Wir werden uns noch **bis morgen** gedulden müssen.
   Die Besprechung zog sich **den ganzen Nachmittag** hin.
   Er geht **jeden Mittwoch** zum Training.

2. Das **Modaladverbial** (adverbiale Bestimmung der Art und Weise)

   Es gibt nähere Auskunft über die Art und Weise eines Sachverhalts oder eines Geschehens und steht oft zusammen mit den Präpositionen aus, durch, mit, unter, um.

   Nach adverbialen Bestimmungen der Art und Weise kann mit ***wie?, auf welche Weise?, woraus?, wie viel? wie sehr?*** gefragt werden.

   Er freute sich **riesig** über die Geburtstagsüberraschung.
   Sie arbeiten **im Team**.
   Alle Versuche endeten **erfolglos**, der Motor sprang nicht an.
   Er fuhr **mit der Straßenbahn** ins Stadtzentrum.
   Durch einige Tipps seiner Freunde fand er sich gleich zurecht.

3. Das **Lokaladverbial** (adverbiale Bestimmung des Ortes)

   Es kennzeichnet den Ort, die Herkunft oder Richtung oder auch die räumliche Ausdehnung eines Sachverhalts oder Geschehens. Häufig wird es zusammen mit den Präpositionen auf, bis, in, unter, über, vor, zwischen gebraucht.

   Man fragt nach adverbialen Bestimmungen des Ortes etwa mit ***wo?, wohin?, woher?, wie weit?***.

   Binz ist eine Stadt **auf Rügen**.
   Morgen fahren wir **dorthin**.
   Sie kommt **aus Nordrhein-Westfalen**.

4. Das **Kausaladverbial** (adverbiale Bestimmung des Grundes)

   Es gibt den Grund oder die Ursache eines Geschehens oder Sachverhalts an oder beschreibt den Zweck eines Geschehens oder eines Sachverhalts. Oft steht es zusammen mit den Präpositionen aus, infolge, wegen, zum, zur.

   Adverbiale Bestimmungen des Grundes können mit ***warum?, weshalb?, wieso? in/mit welcher Absicht? wozu?*** erfragt werden.

Wegen einer Erkältung konnte er nicht teilnehmen.
Das hat er nur **aus Jux** gesagt.
Infolge des heftigen Sturms mussten viele Dächer ausgebessert werden.

Kausaladverbiale lassen sich in weitere Untergruppen aufteilen

Adverbiale Bestimmung des Zwecks (final)

Sie beschreibt die Absicht einer Handlung oder den Zweck eines Geschehens oder eines Sachverhalts genauer. Meist wird es zusammen **mit der Präposition *zu*** (*zur, zum*) gebraucht. Man erfragt es mit ***wozu?, zu welchem Zweck? in / mit welcher Absicht?.***

Zur besseren Orientierung hatte er einen Stadtplan mitgenommen.
Er war nur **zum Vergnügen** hier.

Adverbiale Bestimmung der Bedingung (konditional)

Sie gibt die Bedingungen eines Geschehens oder eines Sachverhalts an und steht oft **mit der Präposition *unter*** oder ***bei***. Nach adverbialen Bestimmungen der Bedingung kann mit ***in welchem Fall?, unter welcher Bedingung?*** gefragt werden.

Unter besseren Voraussetzungen hätte sie den Marathon gewonnen.
Bei kühleren Temperaturen läuft sich ein Marathon leichter.

Adverbiale Bestimmung der Einräumung (konzessiv)

Sie gibt den Gegengrund eines Sachverhalts oder eines Geschehens an und steht oft zusammen **mit der Präposition *trotz***. Die adverbiale Bestimmung der Einräumung gibt Antwort auf die Fragen ***trotz welchen Umstands? trotz welcher Voraussetzungen?, trotz wessen?***.

Trotz ihres großen Einsatzes unterlag die Mannschaft mit 2:3 Toren.

Adverbiale Bestimmung der Folge (konsekutiv)

Sie nennt die Folge eines Geschehens oder Sachverhalts. Sie wird häufig zusammen **mit der Präposition *zu*** (*zur, zum*) gebraucht und gibt Antwort auf die Frage ***mit welcher Wirkung / Folge?***.

Zu unserem großen Entsetzen wird die Hochzeit verschoben.
Zur Freude der Kinder gibt es Schokoladeneis mit Vanillesoße.
Zum Erstaunen aller traf der Stürmer nur den Pfosten.

Präpositionalobjekt oder adverbiale Bestimmung?

Sowohl Adverbiale als auch Objekte können mit einer Präposition eingeleitet werden. Auf den ersten Blick sind deshalb Adverbiale von Objekten mit Präposition kaum zu unterscheiden.

Die Obstschale steht **auf dem Tisch**. (lokales Adverbial)
Er besteht **auf seiner Forderung**. (präpositionales Objekt)

Sie unterscheiden sich aber sehr deutlich durch ihre Aufgabe im Satz. **Präpositionalobjekte** sind Satzglieder, die durch das Prädikat für den Satzbau erforderlich werden. Sie hängen vom Verb ab (→ Valenz des Verbs, S. 451). **Adverbiale** liefern dagegen vor allem zusätzliche Informationen. Wir können sie auch weglassen, ohne dass der Satz dadurch unvollständig wird.

Herr Schiefel trifft Frau Borsig **am Abend im Hotel**.

Bei diesem Satz können am Abend und im Hotel auch weggelassen werden. Der Satz wird dennoch als vollständig und sinnvoll empfunden:

Herr Schiefel trifft Frau Borsig.

Am Abend und im Hotel sind also Adverbiale.

Anders beim folgenden Satz:

Stefanie legt das Buch **auf den Tisch**.

Lässt man *auf den Tisch* weg, lautet der Satz: ~~Stefanie legt das Buch.~~

Solch einen Satz empfinden wir aber als unvollständig. Das Prädikat legt fordert nämlich zwei Objekte: eines, das angibt, was gelegt wird, und ein zweites, das sagt, wohin etwas gelegt wird (hier also: das Buch und auf den Tisch). Es handelt sich bei auf den Tisch also um ein Präpositionalobjekt.

Es gibt noch eine zweite Möglichkeit, Präpositionalobjekte und adverbiale Bestimmungen zu unterscheiden:

Die **Frage nach einem Adverbial** kann allein mit einem Frageadverb und **ohne Präposition** gebildet werden.

Die Obstschale steht **auf dem Tisch**.
→ **Wo?** = lokales Adverbial

Bei der **Frage nach einem Präpositionalobjekt** ist dagegen neben dem Fragepronomen die **Präposition unerlässlich**. Dabei können das Fragepronomen und die Präposition miteinander verschmelzen und ein so genanntes Pronominaladverb bilden (wofür?, wonach?, woran?, worauf?, woraus?, worüber?, worum?, wovon?, wovor?...).

Er besteht **auf seiner Forderung**.
→ **Auf was? / Worauf?** = präpositionales Objekt

Notwendige adverbiale Bestimmungen

Es gibt adverbiale Bestimmungen, die - ähnlich wie Präpositionalobjekte - nicht weggelassen werden können, sondern unbedingt gebraucht werden.

In solchen Fällen können die Adverbiale nicht mit der Weglassprobe (→ vgl. S. 434) ermittelt und von Präpositionalobjekten unterschieden werden.

Ich wohne **in Stuttgart**.
~~Ich wohne.~~

In diesem Fall muss die „Fragemethode" angewendet werden.

Ich wohne **in Stuttgart**. (**Wo?** = lokales Adverbial)

Außerdem kann man häufig durch eine Ersatzprobe (→ S. 410) feststellen, ob eine adverbiale Bestimmung vorliegt. Wenn sich die Wortgruppe durch ein Adverb ersetzen lässt, liegt eine adverbiale Bestimmung vor.

Ich wohne **in Stuttgart**. → Ich wohne **dort**. (Adverbial)

Attribute als Satzgliedteile

Satzglieder können durch **Attribute** (**Beifügungen**) ergänzt werden. Attribute beziehen sich in aller Regel auf Nomen und geben genauere Auskunft über Personen oder Sachen, auf die sie sich beziehen. Häufig beantworten sie die **Frage *was für ein ...?*.**

Das **hübsche** Mädchen liest ein **spannendes** Buch.

Folgender einfache Satz besteht aus vier Satzgliedern:

Subjekt	Prädikat	Akkusativobjekt	Modaladverbial
Der Journalist	schreibt	seine Berichte	mit einem Kuli.

Der Satz kann erweitert werden, ohne dass sich dabei die Zahl der Satzglieder, d. h. der Teile, die sich nur gemeinsam verschieben lassen, erhöht. Dies geschieht mit Attributen. **Das Attribut ist kein Satzglied, sondern ein Satzgliedteil**. Es lässt sich darum bei der Umstell- oder **Verschiebeprobe** (→ S. 411) nur zusammen mit dem Satzglied verschieben, dem es angehört:

Subjekt	Prädikat	Akkusativobjekt	Modaladverbial
Der **fleißige** Journalist	schreibt	seine **äußerst brisanten** Berichte	mit einem **roten** Kuli.

Modaladverbial	Prädikat	Subjekt	Akkusativobjekt
Mit einem **roten** Kuli	schreibt	der **fleißige** Journalist	seine **äußerst brisanten** Berichte.

Akkusativobjekt	Prädikat	Subjekt	Modaladverbial
Seine **äußerst brisanten** Berichte	schreibt	der **fleißige** Journalist	mit einem **roten** Kuli.

Nicht möglich wäre zum Beispiel folgende Umstellung:

~~Der Journalist äußerst brisanten schreibt fleißige mit einem Kuli seine Berichte roten.~~

Durch die Attribute ist der Beispielsatz viel länger geworden, aber die Zahl der Satzglieder hat sich nicht geändert. Es sind immer noch vier Satzglieder. Es ist vielleicht nur ein bisschen schwieriger geworden, sie zu erkennen.

Wenn Unsicherheiten bestehen, kann bei längeren Sätzen auch die **Ersatzprobe** (→ S. 410) weiterhelfen.

Der wütend gewordene Stier durchstieß mit seinen spitzen Hörnern bereits nach fünf Minuten den verrosteten Maschendrahtzaun.

Der Satz besteht aus fünf Satzgliedern.

Subjekt	Prädikat	Modaladverbial	Temporaladverbial	Objekt
Der wütend gewordene Stier	durchstieß	mit seinen spitzen Hörnern	bereits nach fünf Minuten	den verrosteten Maschendrahtzaun.

Die Ersatzprobe zeigt, dass es sich tatsächlich um fünf Satzglieder handelt:

Subjekt	Prädikat	Modaladverbial	Temporaladverbial	Objekt
Er	durchstieß	damit	dann	ihn.

Attribute können auf verschiedene Weise gebildet werden und **vor oder hinter dem Bezugswort** stehen. Sie können nach Form und Aufgabe unterschieden werden.

Das ist ein **großer** Teich. (Adjektiv)

Das ist ein **gepflegtes** Auto. (adjektivisch gebrauchtes Partizip)

Die Seerose **dort** wird bald blühen. (Adverb)

Ein Haus **mit Garten** ist etwas ganz Besonderes. (Präposition + Nomen)

Alle bewundern den Garten **der Nachbarn**. (Nomen im Genitiv)

Auch ein **ganzer Nebensatz** kann Attribut sein:

Der Teich, **den die Frösche lieben**, ist eine Attraktion.

→ Attributsatz, S. 509

Das Adjektiv als Attribut

Adjektive werden sehr häufig als Attribute verwendet. Sie sind dem Satzglied, auf das sie sich beziehen, vorangestellt und werden dekliniert. Dabei richten sie sich in Kasus, Numerus und Genus nach ihrem Bezugswort. Man spricht hier von **Kongruenz** (Übereinstimmung).

Mein **kleiner** Bruder hat sich den **öden** Film im **großen** Kino angeschaut.

Es können auch mehrere als Attribute gebrauchte Adjektive vor dem Nomen stehen:

Mein **kleiner, frecher** Bruder hat sich den **langweiligen, dümmlichen** Film im **großen, modernen** Kino angesehen.

Die Adjektive sind in diesem Beispiel **gleichrangig**, d. h. dass sich jeweils beide Adjektive in gleichem Maß auf das nachfolgende Nomen beziehen (→ Verbindungen von Attributen, S. 440).

Erweiterung von Attributen

Adjektivattribute können auch **durch Partikeln erweitert** werden. Hier liegt dann keine Gleichrangigkeit vor. Das Attribut selbst wird genauer bestimmt (→ Erweiterung von Attributen, S. 442).

Mein **total frecher** Bruder hat sich den **sehr langweiligen** Film im **durchaus modernen** Kino angeschaut.

Das Partizip als Attribut

Auch Partizipien werden häufig als Attribute verwendet. Wie Adjektive sind sie dem Satzglied, auf das sie sich beziehen, vorangestellt und werden wie Adjektive dekliniert.

Die **geflohenen** Menschen lebten unter **alarmierenden** Zuständen.

Sowohl das Partizip Präsens als auch das Partizip Perfekt können zu einem Attribut werden:

die **wartende** Frau (Partizip Präsens → S. 250)
die **geöffnete** Tür (Partizip Perfekt → S. 250)

Nachstellung von Adjektiv- und Partizipialattributen

Wenn man Adjektivattribute und Partizipialattribute besonders betonen möchte, besteht die Möglichkeit, eine **abgesonderte Nachstellung** zu verwenden. Solche Nachstellungen finden sich vor allem in der Literatur.

Dabei müssen Kommas um das Attribut gesetzt werden, außerdem wird nicht flektiert (gebeugt).

Ein **alter und reicher** Mann nahm sich eine junge Geliebte.
→ Ein Mann, **alt und reich**, nahm sich eine junge Geliebte.

Allerdings müssen **mindestens zwei Adjektive oder Partizipien** vorliegen oder nähere Bestimmungen vorhanden sein, sonst ist eine Nachstellung nicht möglich.

~~Die Geliebte, jung, war genau nach seinem Geschmack.~~
Die Geliebte, **21 Jahre alt**, war genau nach seinem Geschmack.
Die Geliebte, **von Kind an verwöhnt**, spekulierte auf seinen frühen Tod.

Verbindungen von Attributen

Das Nomen kann mehrere Attribute (meist Adjektive und Partizipien) annehmen, die sich alle gleichermaßen auf das Nomen beziehen. In diesem Fall spricht man von einer **Verbindung von Attributen**.

eine **ungemütliche, enge** Kammer

Hier ist die Kammer eng und ungemütlich. Beide Adjektive beziehen sich auf das Nomen und erläutern es näher.

Bei Verbindungen von Attributen muss man **gleichrangige Verbindungen** von **nicht gleichrangigen Verbindungen** unterscheiden.

Gleichrangig bedeutet, dass sich beide Adjektive in gleichem Maß auf das nachfolgende Nomen beziehen. Dafür gibt es einen einfachen **Test**: Setzen Sie das Wörtchen ***und*** zwischen die Adjektive. Wenn es dann immer noch sinnvoll klingt, sind die Adjektive gleichrangig.

eine **ungemütliche, enge** Kammer → eine **ungemütliche** und **enge** Kammer
warmes, sonniges Wetter → **warmes** und **sonniges** Wetter

Bei **nicht gleichrangigen Verbindungen** tritt dagegen zunächst ein Adjektiv oder Partizip zum Substantiv und beschreibt dieses näher. Zu dieser Nominalgruppe tritt nun ein weiteres Adjektiv / Partizip hinzu und beschreibt die gesamte Nominalgruppe näher.

ein **bekannter** deutscher Dichter → ~~ein bekannter und deutscher Dichter~~

Der *Dichter* ist nicht *deutsch* und *bekannt*, sondern es handelt sich um einen deutschen Dichter, der bekannt ist. Die Adjektive *bekannt* und *deutsch* sind hier also nicht gleichrangig. Das Adjektiv bekannter bezieht sich auf die Nominalgruppe deutscher Dichter.

Achtung, Kommasetzung!

Die Unterscheidung zwischen gleichrangigen und nicht gleichrangigen Verbindungen ist vor allem bei der Kommasetzung wichtig: Sind die Adjektive gleichrangig, werden sie durch Komma getrennt. Sind die Adjektive dagegen nicht gleichrangig, darf kein Komma stehen.

die **allgemeine politische** Lage (nicht gleichrangig → kein Komma)
die **einfache, logische** Grammatik (gleichrangig → Komma)

→ Komma, S. 581

Erweiterungen von Attributen

Ein Attribut kann **erweitert** werden. Dabei nimmt das Attribut (meistens ein Adjektiv bzw. Partizip) selbst ein oder mehrere Wörter auf. Diese Erweiterung bezieht sich zunächst auf das Attribut, zu dem es gehört. Es kann auch nicht ohne das Attribut stehen.

eine **schöne** Geschichte

eine **sehr** schöne Geschichte
~~eine sehr Geschichte~~

ein **geplanter** Ausflug

ein **schlecht** geplanter Ausflug
~~ein schlecht Ausflug~~

Dieser **von allen immer wieder** erwähnte Aspekt bleibt wichtig.
~~Dieser von allen immer wieder Aspekt bleibt wichtig.~~

Manchmal sind diese Erweiterungen zwingend für den Sinn des Satzes notwendig und werden vom Adjektiv bzw. vom Partizip gefordert. Dann spricht man von **notwendigen Erweiterungen**.

der **des Lesens** mächtige Schüler
~~der mächtige Schüler~~

die **auf den Tisch** gestellte Vase
~~die gestellte Vase~~

Genitivattribut

Das Genitivattribut drückt eine **Zugehörigkeit** aus. Anders als beim Adjektiv steht dieses Attribut **meist hinter dem Satzglied**, auf das es sich bezieht.

der Herr **der Ringe**

Das Genitivattribut kommt nur als Nomen vor, wobei dieses wiederum Begleiter und Attribute haben kann.

das Auto **meines großen Bruders**

der Schlafplatz **der scheuen Katze**

die Bewältigung **unserer vielfältigen Probleme**

Das Genitivattribut kann auch **vor dem Bezugswort** stehen. Das ist heute aber nur noch üblich, wenn das Attribut ein Personenname ist:

Schillers Werke **Annes** Eltern

In anderen Fällen klingt es veraltet:

des Kaisers neue Kleider

Genitiv – nicht Dativ!

In der süddeutschen Umgangssprache hört man auch häufig Formulierungen wie *dem Toni seine Frau*. In der Schriftsprache müssen Sie sich aber anders ausdrücken. Hier verwenden Sie das Genitivattribut: Tonis Frau. Sie können auch ein nachgestelltes Attribut mit ***von*** **+ Dativ** benutzen: die Frau von Toni.

Nicht verwechseln: Genitivattribut und Genitivobjekt

Das Genitivattribut ist kein eigenständiges Satzglied, sondern beschreibt ein Subjekt oder Objekt näher. Es kann nicht von seinem Bezugswort getrennt verschoben werden.

Die Scheibe **des Autos** war beschmiert.
Aber nicht: ~~**Des Autos** war die Scheibe beschmiert.~~

Im Gegensatz dazu ist das Genitivobjekt ein eigenes Satzglied, das alleine vor dem Prädikat stehen kann.

Er gedachte mit Reue **seiner vielen Straftaten**.
Seiner vielen Straftaten gedachte er mit Reue.

Präpositionales Attribut

Präpositionale Attribute bestehen aus einer Präposition und einem Nomen. Natürlich können auch weitere Adjektive und Begleiter Teil dieses Attributs sein. In der Regel stehen präpositionale Attribute **hinter dem Bezugswort**.

Die Lampe **über unserem Bett** funktioniert nicht.

Du musst den Knopf **neben dem großen Bett** drücken.

Ich wähle den Beruf **mit dem höchsten Einkommen**.

Es können **mehrere Präpositionalattribute** gemeinsam auftreten. Dabei können wir zwischen **gleichrangigen** präpositionalen Attributen und **untergeordneten** präpositionalen Attributen unterscheiden. Deutlich wird der Unterschied, wenn man versucht, beide präpositionalen Attribute auf das beschriebene Nomen zu beziehen:

die Wanderung **im Gebirge zum Gipfel** (gleichrangig)

Hier wandert man im Gebirge, man wandert aber auch zum Gipfel.

Wir haben Lust **auf ein Essen im Restaurant** (untergeordnet)

Hier hat man Lust auf ein Essen, nicht aber Lust auf das Restaurant. Das Restaurant bestimmt das Essen näher, es ist also Attribut zum Attribut.

Auch Genitivattribut und Präpositionalattribut können gemeinsam auftauchen:

die Falschaussage **des Zeugen vor Gericht** (gleichrangig)

Hier handelt es sich um gleichrangige Attribute, da sich beide Attribute auf die *Falschaussage* beziehen. Es ist eine *Falschaussage vor Gericht* und eine *Falschaussage des Zeugen*. Das Präpositionalattribut steht im Fall der Gleichrangigkeit meist hinter dem Genitivattribut.

Das Adverb als Attribut

Das **Adverbialattribut** (Umstandsbeifügung) besteht aus Adverbien. Es steht meistens hinter dem Wort, auf das es sich bezieht. Meist handelt es sich bei den Bezugswörtern um Nomen, seltener um Adverbien oder Pronomen.

Sie gehen die erste Straße **links**.

Der Baum **hier** ist alt.

Es gibt aber auch Fälle, in denen das Adverb vorangestellt wird.

Er spielt **rechts** außen.

Das Dorf liegt **weit** unten.

Der Infinitiv als Attribut

Beim Infinitivattribut handelt es sich um ein **Verb im Infinitiv**, das mit ***zu*** an das zugehörige Substantiv angeschlossen wird.

die Kunst **zu schweigen**

die Fähigkeit **zu lieben**

Pronomen oder Zahlwörter als Attribut

Pronomen als Begleiter sowie Zahladjektive als Attribute stehen meist vor ihrem Bezugswort (Nomen, seltener Adverbien oder Pronomen), können aber auch in Einzelfällen hinter dem Bezugswort stehen.

Mein Vater schimpft immer.

Dieser Mensch hat kein Herz.

Er hat den **zweiten** Platz errungen.

Dreißig Schüler in einer Klasse sind einfach zu viel.

Die Startnummer **zwei** liegt vorn.

Relativsatz als Attribut

Auch Nebensätze können Attribute sein. Sie beziehen sich mit Hilfe des Relativpronomens auf ein Substantiv. Bei Attributsätzen handelt sich um **nicht notwendige Relativsätze** (→ S. 490).

Er betrachtet den Affen, **der im Käfig herumturnt**.

Er beschließt, ihr das Buch, **das er mitgebracht hat**, nicht zu zeigen.

Die Apposition

Eine besondere Art des Attributs ist die Apposition, eine **nähere Erläuterung**, die häufig nach dem Nomen oder Pronomen steht, auf das sie sich bezieht. Man nennt die Apposition auch einen **nachgestellten Beisatz**. Man kann sie streichen, ohne dass der Satz grammatisch falsch oder unvollständig wird.

Herr Hammer, **der Leiter der Fabrik**, geht in Rente.
→ Herr Hammer geht in Rente.

Die Apposition besteht aus einem Nomen mit oder ohne Begleiter / Adjektiven. Häufig wird sie im Zusammenhang mit Eigennamen und Ortsbezeichnungen gebraucht.

Otto, **ein lieber Junge**, erledigt die Einkäufe für mich.
→ Otto erledigt die Einkäufe für mich.

Als Besonderheit und im Unterschied zum normalen Attribut, kann die Apposition meist an die Stelle des Bezugswortes treten und dieses ersetzen.

Herr Hammer, **der Leiter der Fabrik**, geht in Rente.
→ **Der Leiter der Fabrik** geht in Rente.

→ zur Kommasetzung bei Apposition siehe Tipp rechts sowie S. 591

Verwechslungsgefahr zwischen Attributsatz und Apposition

Attributsätze und Appositionen sind ihrem Bezugswort meist nachgestellt und mit Kommas abgetrennt. Allerdings gibt es klare Merkmale, anhand derer sich die beiden unterscheiden lassen:

Attributsätze sind Sätze, d. h. sie **haben ein Prädikat**. Außerdem werden sie häufig **mit Relativpronomen** (der, die, das, welcher, welche, welches) oder anderen Wörtern (wo, wohin, wann wer, …) eingeleitet.

Der Herrscher**, der** ein fürchterlicher Tyrann **ist,** unterdrückt sein Volk.

Appositionen haben **kein Prädikat** und werden nicht eingeleitet.

Der Herrscher**, ein fürchterlicher Tyrann,** unterdrückt sein Volk.

Apposition und Aufzählung

Das Komma nach einer eingeschobenen Apposition darf man nicht vergessen, weil es die Apposition gegebenenfalls von einer Aufzählung unterscheidet und daher die Bedeutung eines Satzes beeinflussen kann.

Lisa**, meine Schwester,** und ich gehen heute Abend ins Kino.
(Apposition. Es sind 2 Personen: Lisa und ich.)

Lisa, meine Schwester und ich gehen heute Abend ins Kino.
(Aufzählung. Es sind 3 Personen: Lisa, ich und meine Schwester.)

Verbindungen mehrerer Appositionen

Bei einem Bezugswort können mehrere Appositionen stehen. In diesem Fall werden alle Appositionen durch Kommas getrennt.

Alexander von Humboldt**, ein weit gereister Naturforscher, Mitbegründer der Geografie als empirischer Wissenschaft,** wurde auch „der zweite Kolumbus“ genannt.

DER SATZ

Die Apposition und ihr Bezugswort

Die Apposition ist kein selbstständiges Satzglied, sondern bezieht sich auf ein Bezugswort. Sie steht fast immer im selben Kasus wie ihr Bezugswort.

Je nach Bezugswort werden verschiedene Arten von Appositionen unterschieden:

Die **Apposition zum Subjekt** bezieht sich auf das Subjekt des Satzes und erläutert es näher. Genauso wie das Subjekt steht die Apposition im Nominativ.

Meine Wohnung, **ein Neubau**, gefällt mir sehr.

Die **Apposition zum Akkusativobjekt** bezieht sich auf das Akkusativobjekt des Satzes und erläutert es näher. Genau wie das Akkusativobjekt steht die Apposition im Akkusativ.

Ich liebe die Natur, **die größte Kostbarkeit der Welt**.
(Die Apposition die größte Kostbarkeit der Welt steht auch im Akkusativ.)

Die **Apposition zu einem Präpositionalobjekt im Akkusativ** bezieht sich auf das Präpositionalobjekt und erläutert es näher. Genau wie das Präpositionalobjekt steht die Apposition im Akkusativ.

Ich freue mich auf den Mai, **den allerschönsten Monat**.

Appositionen ohne Artikel

Bei Appositionen **ohne Artikel** muss die Apposition ausnahmsweise **im Nominativ** stehen:

Die Stellungnahme Herrn Fleißigs, **Direktor der Tüchtig-Werke**, wird heute erwartet.

Fügt man bei der Apposition jedoch den Artikel hinzu, muss der Satz heißen:

Die Stellungnahme Herrn Fleißigs, **des Direktors der Tüchtig-Werke**, wird heute erwartet.

Datumsangaben als Apposition

Auch Datumsangaben, die auf einen Wochentag folgen, sind Appositionen. Sie dürfen wahlweise **im Dativ oder im Akkusativ** stehen:

Ich feiere meinen Geburtstag am Sonntag, **dem 29. Februar**.
Oder: Mein Geburtstag ist am Sonntag, **den 29. Februar**.

Vorangestellte Apposition

Die meisten Appositionen sind nachgestellt, es gibt aber auch Appositionen, die vor dem Wort stehen, auf das sie sich beziehen. Dies ist bei Vornamen, Verwandtschaftsbezeichnungen, Titeln, Berufsbezeichnungen und Anredeformen der Fall.

Gottfried Benn (Vorname als Apposition)

Oma Anna (Verwandtschaftsbezeichnung als Apposition)

Lehrer Lämpel (Berufsbezeichnung)

Doktor Weber (Titel)

Frau Höfler (Anredeform)

Satzbaupläne

Satzbaupläne für den einfachen Aussagesatz

Es gibt verschiedene Möglichkeiten, wie durch die Verbindung verschiedener Satzglieder ein einfacher Satz gebildet werden kann. Die Übersicht über diese Möglichkeiten wird **Satzbauplan** genannt.

Der Satzbauplan zeigt die übliche **Reihenfolge der Satzglieder** im einfachen Satz. In der deutschen Sprache ist die Reihenfolge der Satzglieder nicht so streng geregelt wie in anderen Sprachen. Die Stellung des Subjektes am Satzanfang gilt als „normal“. Aber eine ständige Wiederholung der gleichen Reihenfolge wird schnell als eintönig empfunden. Deshalb stellt man häufig das, was betont werden soll, an den Satzanfang. Oder man beginnt mit dem Satzglied, das als Anschluss an den vorausgehenden Satz am besten passt.

Der Satzbau wird vor allem durch das Verb bestimmt (→ siehe folgender Abschnitt).

Subjekt	+	Prädikat		
Der Hund		bellt.		
Subjekt	+	Prädikat	+	Akkusativobjekt
Der Hund	+	frisst	+	Fleisch.
Subjekt	+	Prädikat	+	Dativobjekt
Der Hund	+	vertraut	+	seinem Herrchen.
Subjekt	+	Prädikat	+	Präpositionalobjekt
Der Hund	+	sucht	+	nach seinem Knochen.
Subjekt	+	Prädikat	+	Prädikatsnomen im Nominativ
Der Hund	+	ist	+	ein Säugetier.

Etwas ungewöhnlicher, aber dennoch grammatisch korrekt wäre:

Akkusativobjekt	+	Prädikat	+	Subjekt
Fleisch	+	frisst	+	der Hund.

Dativobjekt	+	Prädikat	+	Subjekt
Seinem Herrchen	+	vertraut	+	der Hund.

Wenn das **Subjekt** nicht unmittelbar **am Satzanfang** steht, steht es immer **direkt hinter dem Prädikat**.

Dativobjekt	+	Prädikat	+	Subjekt	+	Akkusativobjekt
Seinem Herrchen	+	bringt	+	**der Hund**	+	einen Ball.

Akkusativobjekt	+	Prädikat	+	Subjekt	+	Präpositionalobjekt
Den Knochen	+	legt	+	**der Hund**	+	auf den Sessel.

Anzahl und Art der **Objekte** sind durch das Prädikat genau festgelegt. (→ Valenz des Verbs, folgender Abschnitt). Völlig unabhängig davon können beinahe beliebig **Adverbiale** hinzugefügt werden.

Subjekt	+	Prädikat	+	Temporaladverbial	+	Akkusativobjekt
Der Hund		bewacht		während der Nacht		das Haus.

Jedes Satzglied kann durch **Attribute** erweitert werden, die unmittelbar beim jeweiligen Satzglied stehen.

Subjekt mit Adjektivattribut	+	Prädikat	+	Temporaladverbial mit Adjektivattribut	+	Akkusativobjekt mit Adjektivattribut
Der brave Hund		bewacht		während der ganzen Nacht		das einsame Haus.

Das Prädikat bestimmt den Satzbau

Das Prädikat ist die **konjugierte Form** des Verbs. Es ist der wichtigste Baustein eines jeden Satzes. Es bildet die Achse des Satzes, um die sich die anderen Satzglieder drehen. Ein Satz ohne Prädikat ist unvollständig (Ausnahmen sind Satzäquivalente → S. 401, 471).

Das Prädikat bestimmt, ob ein Satz neben einem Subjekt auch Objekte braucht und wie viele davon erforderlich sind, damit der Satz als vollständig und sinnvoll empfunden wird. Dabei ist die inhaltliche Bedeutung des Verbs entscheidend. Man spricht hier von der **Valenz** (Wertigkeit) eines Verbs.

Unter Valenz eines Verbs versteht man die **Fähigkeit, die Zahl der Satzglieder in einem Satz zu bestimmen**.

Intransitive Verben (→ S. 243) erfordern **nur ein Subjekt** (→ S. 420), damit der Satz vollständig wird. Sie lassen kein Objekt (→ S. 424) zu. Solche Verben sind **einwertig**.

Ich gähne. (~~Ich gähne dir eine Müdigkeit.~~)

Ein Objekt, z. B. im Akkusativ (eine Müdigkeit) oder Dativ (dir), wäre hier unmöglich. Ergänzende Adverbiale (→ S. 430) und Attribute (→ S. 436) zum Subjekt können dagegen hinzugefügt werden. Sie ändern jedoch nichts an der Valenz des Verbs. Es bleibt einwertig.

Subjekt	Prädikat	Adverbial	Adverbial
Ich	gähne	zum dritten Mal	bei diesem langweiligen Film.

Viele Verben, die eine Bewegung oder einen Zustand ausdrücken, sind intransitiv und daher einwertig, z. B. gehen, schlafen, schwimmen, sitzen, steigen. Sie erfordern nur ein Subjekt und lassen keine Objekte zu.

Wenn ein Verb **außer dem Subjekt noch ein Objekt** (→ S. 424) fordert, damit der Satz vollständig wird, ist das Verb **zweiwertig**. Dabei spielt es keine Rolle, ob es sich dabei um ein Genitiv-, Dativ- oder Akkusativobjekt handelt. Es gibt zahlreiche zweiwertige Verben.

Subjekt	Prädikat	Genitivobjekt
Diese Sache	bedarf	einer Prüfung.
Subjekt	**Prädikat**	**Dativobjekt**
Dieses Buch	gehört	meinem Freund.
Subjekt	**Prädikat**	**Akkusativobjekt**
Sie	benutzt	einen Computer.

Transitive Verben sind nie einwertig

Alle **transitiven Verben** sind **mindestens zweiwertig**, denn sie lassen ein Akkusativobjekt zu.

Er hat **sein ganzes Geld** verspielt.
Die Bergretter müssen **den Vermissten** finden.

→ transitive Verben, S. 243

Manche Verben lassen neben dem Subjekt sogar **zwei Objekte** in verschiedenen Kasus zu. Solche Verben sind **dreiwertig**.

Subjekt	Prädikat	Dativobjekt	Akkusativobjekt
Lisa	gibt	ihrem Freund	einen Rat.
Anne	glaubt	mir	kein Wort.
Subjekt	**Prädikat**	**Akkusativobjekt**	**Genitivobjekt**
Frau Beier	bezichtigt	Herrn Hesse	der Lüge.

Einwertig oder zweiwertig?

Manche Verben können **ein- oder zweiwertig** sein. Dabei verändern sie aber auch häufig ihre Bedeutung. Vergleichen Sie die beiden folgenden Sätze:

Du **spinnst** wohl!
Die Spinne **spinnt** ihr Netz aus Fäden.

Im Satz Du spinnst wohl! hat das Verb *spinnen* die Bedeutung von *verrückt sein* und es ist einwertig. Man könnte diesen Satz nicht durch Objekte erweitern. Im Satz Die Spinne spinnt ihr Netz aus Fäden ist das Verb *spinnen* zweiwertig. Aber es hat hier auch eine andere Bedeutung: Hier geht es um eine *Tätigkeit*.

Weitere Verben mit unterschiedlichen Bedeutungen und deshalb unterschiedlicher Wertigkeit sind z. B.:

einwertig		zweiwertig
angehen: Das Licht ging an.	⟷	Wir müssen die Sache jetzt angehen.
kochen: Das Wasser kocht.	⟷	Maria kochte Spaghetti.
rollen: Die Kugel rollte.	⟷	Ich rollte die Kugel.
liegen: Ich lag im Bett.	⟷	Die Sache liegt ihm nicht.

Die Stellung des Prädikats

Das Prädikat kann an drei Stellen im Satz stehen: in **Zweitstellung**, **Erststellung** oder **Letztstellung**. Dabei werden immer Satzglieder gezählt, nicht einzelne Wörter:

Der kleine Junge || **geht** || in die Schule.	(Zweitstellung)
Geht || der kleine Junge || in die Schule?	(Erststellung)
[Ich denke], dass der kleine Junge || in die Schule || **geht**.	(Letztstellung)

Zweitstellung

Das Prädikat steht an zweiter Stelle im Satz. Nach diesem Prinzip werden Aussagesätze, Ergänzungsfragen und uneingeleitete Objekt- und Subjektsätze gebildet.

Er **kommt** heute zu dir.	(Aussagesatz → S. 463)
Wer **kommt** heute zu dir?	(Ergänzungsfrage → S. 465)
[Ich denke,] er **kommt** heute zu dir.	(uneingeleiteter Objektsatz → S. 484)

Erststellung

Das Prädikat steht an erster Stelle im Satz. So werden Entscheidungsfragen, Aufforderungssätze und uneingeleitete Bedingungssätze gebildet (→ S.484, 502).

Kommt er heute zu dir? (Entscheidungsfrage → S. 463)
Komm doch endlich! (Aufforderungssatz → S. 466)
Habe ich Zeit, komme ich heute. (uneingeleiteter Bedingungssatz → S. 484)

Letztstellung

Das Prädikat steht an letzter Stelle im Satz. In eingeleiteten Nebensätzen steht das konjugierte Verb immer am Ende.

Ich denke, dass er heute **kommt**. (eingeleiteter Nebensatz → S. 487)

Reihenfolge der Prädikatsteile bei mehrgliedrigen Prädikaten

Von der Stellung des konjugierten Verbs hängt ab, wo bei einem mehrgliedrigen Prädikat (→ S. 412) die übrigen Prädikatsteile stehen.

Bei **Letztstellung** rücken die übrigen Prädikatsteile an die vorletzte Stelle.

..., weil der Zug nicht rechtzeitig **losgefahren ist**.
..., dass er darüber **nachdenken muss**.

Das gilt auch für Prädikate im Passiv:

..., weil der Tisch noch nicht **gedeckt worden ist**.

Bei **Zweit- und Erststellung** stehen andere Prädikatsteile am Satzende.

Er **ist** gestern tatsächlich zu dir **gekommen**.
Er **kam** gestern mit dem Zug **an**.
Ist er gestern tatsächlich zu dir **gekommen**?
Kam er gestern mit dem Zug **an**?

Das konjugierte Verb und die anderen Prädikatsteile umschließen also andere Satzglieder. Ein solcher Rahmen wird auch **Satzklammer** genannt.

Prädikate als Satzklammer

Prädikate können aus mehreren Wörtern bestehen, die im Satz nicht immer unmittelbar nebeneinanderstehen. Das mehrteilige Prädikat **umschließt andere Satzglieder** und wird deshalb Satzklammer genannt.

Satzklammern können entstehen bei

- **Verben mit trennbarer Verbpartikel** (→ S. 320)

  Satzklammer

  Ich **weise** dich höflich auf deinen Fehler **hin**.

- **Modalverben** (→ S. 236)

  Satzklammer

  Der Chef **kann** ihre Probleme gut **verstehen**.

- **zusammengesetzten Zeitformen** (→ S. 268): Perfekt, Plusquamperfekt, Futur I, Futur II

  Satzklammer

  Er **wird** wie immer zu viel Bier **getrunken haben**.

- **allen Passivformen**

  Satzklammer

  Das Kind **wurde** sofort ins nächstgelegene Krankenhaus **eingeliefert**.

Alle Teile einer Satzklammer zusammen zählen als Prädikat. Für den Satzbau entscheidend ist die Stellung des ersten Teils des Prädikats, also die konjugierte Form.

Bei **zusammengesetzten Zeiten** können **Prädikate aus bis zu vier Wörtern** bestehen, beispielsweise im Passiv im Konjunktiv Plusquamperfekt mit einem Modalverb:

Subjekt	1. Teil des Prädikats:		2. Teil des Prädikats:	3. Teil des Prädikats:	4. Teil des Prädikats:
	Hilfsverb		Partizip Perfekt	Hilfsverb	Modalverb
Er	**hätte**	längst	**bestraft**	**werden**	**sollen**.

Mehrteilige Prädikate mit Modalverben im Nebensatz

Besteht das Prädikat in einem Nebensatz aus mehreren Teilen, so steht der konjugierte Teil des Prädikats in der Regel am Satzende:

Wir sind froh, dass der Einbrecher nichts Wertvolles entwenden **konnte**.

Wenn Nebensätze aber

- durch eine Konjunktion eingeleitet sind,
- in einer zusammengesetzten Zeit stehen (Perfekt, Plusquamperfekt oder Futur, Indikativ oder Konjunktiv)
- und ihr Prädikat aus Vollverb + Modalverb besteht,

ändert sich die Reihenfolge der Prädikatsteile: **Der konjugierte Teil des Prädikats** steht nicht mehr am Satzende, sondern **vor den Infinitiven** des Vollverbs und des Modalverbs:

Elisabeth freut sich, dass sie die Termine **hat** halten können.
Er hat sich wohl geschämt, weil er nicht **hat** mithelfen wollen.
Ich bin nach Hause gegangen, obwohl ich noch **hätte** arbeiten müssen.
Robert hat festgestellt, dass er so nicht mehr **wird** weiterarbeiten können.

Das gilt auch für Nebensätze im **Passiv**:

Der Chef sagt, dass die Vorhänge schon längst **hätten** gereinigt werden müssen.

Nicht konjugierte Modalverben

Modalverben, die nicht konjugiert sind, stehen in Nebensätzen grundsätzlich **am Satzende**.

Es macht nachdenklich, dass das Land in Zukunft keinen signifikanten Beitrag mehr wird leisten **können**.

Das gilt auch für Passivsätze.

Es ist deutlich, dass die Beziehungen hätten intensiviert werden **müssen**.

Die Ausklammerung

Satzklammern können sehr weit werden, wenn **Nebensätze in den Hauptsatz eingeschoben** werden. Dadurch wird manchmal die Lesbarkeit erschwert.

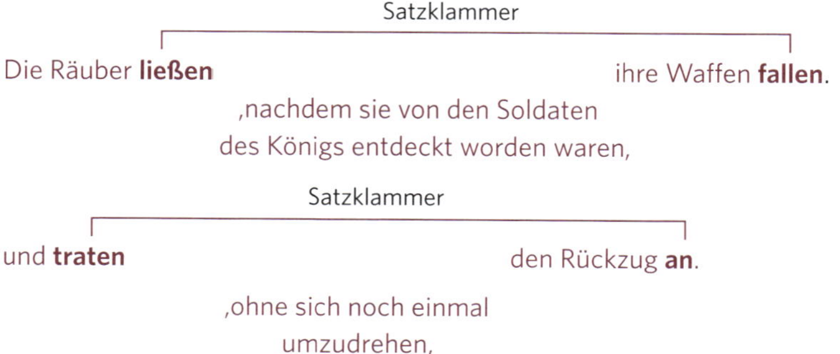

Mit der **Ausklammerung** können wir die Teile des Prädikats enger zusammenrücken und so den Satz besser lesbar machen. Die Nebensätze beginnen dann erst nach dem letzten Teil eines Prädikats. Das vorige Beispiel kann dann so aussehen:

Satzklammer

Die Räuber **ließen** ihre Waffen **fallen**, nachdem sie von den Soldaten des Königs entdeckt worden waren,

Satzklammer

und **traten** den Rückzug **an**, ohne sich noch einmal umzudrehen.

Stellung des Subjekts

Wenn das konjugierte Verb in Zweitstellung steht, steht das Subjekt entweder **an erster Stelle oder es folgt direkt auf das Prädikat** (also an dritter Stelle).

Er schreibt ein umfangreiches Buch.
Ein umfangreiches Buch schreibt **er**.

Häufig treten adverbiale Bestimmungen an die erste Stelle, dann rutscht das Subjekt an die **dritte Stelle**.

Morgen schreibt **er** ein umfangreiches Buch.

Wenn das konjugierte Verb an erster Stelle steht, **folgt das Subjekt unmittelbar auf das konjugierte Verb**.

Schreibt **er** ein umfangreiches Buch?

In eingeleiteten Nebensätzen, in denen das konjugierte Verb in Letztstellung steht, **folgt das Subjekt auf das Einleitewort**.

..., dass **er** ein umfangreiches Buch schreibt.

Allerdings kann das Subjekt von seiner Position verdrängt werden, wenn es nicht durch ein Pronomen (***er, sie, es*** ...), sondern durch ein **Nomen** repräsentiert wird. Dann können Objekte in Form von Personalpronomen (***ihn, ihr, ihm, es, sie*** ...) vor das Subjekt treten.

Der Mann gibt der Katze Futter. Morgen gibt **der Mann** es ihr.
Aber: Morgen gibt es **der Mann** ihr. Morgen gibt es ihr **der Mann**.

Dies funktioniert nur, wenn das Subjekt ein Nomen ist!

~~Morgen füttert es er ihr.~~ ~~Morgen füttert es ihr er.~~

Stellung des Objekts

Objekte (→ S. 424) sind – was ihre Stellung angeht – recht frei. Bei Verb-Erststellung und Verb-Zweitstellung stehen sie **meist nach dem konjugierten Verb**. Objekte können, wenn sie betont werden sollen, auch vor das konjugierte Verb rücken. Diese Stellung ist aber nicht so häufig.

Der Hund verweigert **normales Futter**.
Normales Futter verweigert der Hund.

Ansonsten stehen Objekte **in der Regel nach dem Subjekt** (wenn das Subjekt nicht vor dem finiten Verb steht).

Heute verweigert der Hund **normales Futter**.

Eine Ausnahme ist das Objekt als Pronomen (***ihn, ihr, ihm, es, sie*** ...), das **vor oder nach dem Subjekt** stehen kann (→ vgl. Stellung des Subjekts, S. 459).

Immer bittet der Student **seine Eltern** um Geld.
Immer bittet der Student **sie** um Geld.
Immer bittet **sie** der Student um Geld.

Bei Präpositionalobjekten ist diese Umstellung nicht möglich.

Immer wendet sich der Student **an sie**.
~~Immer wendet sich an sie der Student.~~

Das **Dativobjekt** steht normalerweise vor dem Akkusativobjekt:

Subjekt	Prädikat	Dativobjekt	Akkusativobjekt
Der Hund	bringt	seinem Herrchen	einen Knochen.

Wenn das **Akkusativobjekt** ein Pronomen ist, steht es vor dem Dativobjekt.

Subjekt	Prädikat	Akkusativobjekt	Dativobjekt
Der Hund	bringt	ihn	seinem Herrchen.

Meist ist es so, dass - wenn eines der vorhandenen Objekte **eine Person** bezeichnet - dieses Objekt vor dem anderen Objekt steht.

Er gibt **dem Jungen ein Buch**.
(Dativobjekt + Akkusativobjekt)

Der Ladenbesitzer beschuldigte **den Jungen des Diebstahls**.
(Akkusativobjekt + Genitivobjekt)

Er lehrte **seine Schüler das Fürchten**.
(Akkusativobjekt + Akkusativobjekt)

Dies gilt nicht, für Präpositionalobjekte. **Präpositionalobjekte** stehen in der Regel **am Ende**.

Der Hund hatte **Angst vor dem Jungen**.
(Akkusativobjekt + Präpositionalobjekt)

Gibt es zwei Präpositionalobjekte in einem Satz, so steht wieder die Person an erster Stelle.

Ich habe mich **mit meiner Schwester um den Kuchen** gestritten.

Stellung der adverbialen Bestimmung

Man muss zwischen **freien** und **gebundenen (notwendigen) adverbialen Bestimmungen** unterscheiden.

Notwendige adverbiale Bestimmungen (→ Tipp, S. 435) stehen in Sätzen, in denen das konjugierte Verb die Erst- oder Zweitstellung innehat, normalerweise an letzter Stelle. Wenn die letzte Stelle durch ein Prädikatsteil besetzt ist, stehen sie an vorletzter Stelle.

Das Gewitter zieht **nach Süden**.
Das Gewitter ist **nach Süden** gezogen.
Zieht das Gewitter **nach Süden**?
Er glaubt, dass das Gewitter **nach Süden** zieht.

Soll die adverbiale Bestimmung besonders betont werden, ist auch die Stellung vor dem konjugierten Verb möglich.

Nach Süden ist das Gewitter gezogen.

Adverbiale Bestimmungen (→ S. 430) sind in ihrer Stellung recht flexibel.

Trotz der widrigen Umstände gewann er den Lauf.
Er gewann den Lauf **trotz der widrigen Umstände**.
Wird er den Lauf **trotz der widrigen Umstände** gewinnen?
Er behauptet, dass er den Lauf **trotz der widrigen Umstände** gewinnt.

Auch die Reihenfolge mehrerer adverbialer Bestimmungen unterliegt keinen festen Regeln.

Er wohnt **wegen seiner Freundin schon lange** in München.
Er wohnt **schon lange wegen seiner Freundin** in München.

Treten in einem Aussagesatz ein Temporaladverbial (→ S. 431) und ein Lokaladverbial (→ S. 432) hintereinander auf, steht in der Regel das **Temporaladverbial vor dem Lokaladverbial** (= Zeit vor Ort / Richtung).

Ich komme morgen nach Hause.
Der Empfang wird am 20. April im alten Kutscherhaus stattfinden.

Hauptsatzarten

Sätze erfüllen verschiedene inhaltliche Funktionen. Mit ihnen können Aussagen gemacht, Fragen gestellt, Aufforderungen und Ausrufe formuliert oder auch Wünsche geäußert werden. Einige dieser Funktionen sind an eine feste Satzform, also an einen bestimmten Aufbau des Satzes gebunden.

So steht etwa bei einer Aussage die Personalform des Verbs (der konjugierte Teil des Prädikats) stets an der zweiten Stelle des Satzes. Andere Funktionen, der Wunsch beispielsweise, können in verschiedenen Satzformen und entsprechend unterschiedlichem Satzaufbau ausgedrückt werden.

Ihrer inhaltlichen Funktion entsprechend lassen sich folgende Satzarten unterscheiden: **Aussagesatz, Fragesatz, Aufforderungssatz, Wunschsatz, Ausrufesatz**.

Diese Satzarten sind **Hauptsätze**, da sie sinnvoll allein stehen können und von keinem anderen Satz abhängen.

Auch die **Satzellipse** kann sinnvoll allein stehen, obwohl sie ein grammatisch unvollständiger Kurzsatz ist (→ Satzellipse, S. 470).

Aussagesatz

Der Aussagesatz (Deklarativsatz) ist die am häufigsten gebrauchte Satzart. Mit Aussagesätzen können **Feststellungen, Mitteilungen oder Sachverhalte** formuliert werden. Die **Personalform des Verbs steht nach dem Subjekt** und an zweiter Stelle des Aussagesatzes. Die Satzintonation ist fallend (→ Intonation, S. 54).

Das Wasser **hat** 19 Grad.
Paula **springt** vom 10-Meter-Brett.
Paula **ist** ausgebildete Rettungsschwimmerin.

Fragesatz

Möchte man sich über einen Sachverhalt informieren, gebraucht man einen Fragesatz (Interrogativsatz). Wir unterscheiden zwei Hauptvarianten des Fragesatzes: die **Entscheidungsfrage** und die **Ergänzungsfrage**. Daneben gibt es noch weitere spezielle Fragetypen.

Entscheidungsfrage

Mit einer Entscheidungsfrage möchte man in Erfahrung bringen, ob etwas tatsächlich der Fall ist. In aller Regel und jedenfalls der Tendenz nach folgt auf eine Entscheidungsfrage die Antwort ***Ja*** oder **Nein** (oder auch *Sicher, Doch, Bestimmt, Keineswegs, Auf gar keinen Fall …*). Daneben sind aber auch ausweichende Antworten wie *Vielleicht, Kann sein* o. ä. möglich. Die Personalform des Verbs steht an erster Stelle und leitet die Entscheidungsfrage ein. Die Satzintonation ist steigend (→ Intonation, S. 55).

Triffst du dich heute mit Paula? (→ Ja. / Nein. / Vielleicht heute Abend.)

Zu den Entscheidungsfragen zählen noch zwei weitere Spielarten, die so genannten Alternativfragen und die Vergewisserungsfragen.

Mit **Alternativfragen (Wahlfragen)** erkundigt man sich danach, welche von zwei oder mehreren Möglichkeiten zutreffend ist. Die Personalform des Verbs steht wieder an erster Stelle und leitet die Frage ein, im Übrigen werden die in Frage stehenden Alternativen mit der Konjunktion ***oder*** verbunden. Hier ist die Satzintonation fallend.

Fährst du mit dem Bus oder mit dem Rad zur Schule? (→ Mit dem Bus.)

Mit **Vergewisserungsfragen** möchte man prüfen, ob eine Annahme tatsächlich zutrifft. In aller Regel erwartet man eine bejahende Antwort. Bei Vergewisserungsfragen steht das Subjekt an erster Stelle, sie sind also wie ein normaler Aussagesatz aufgebaut, enden aber mit einem Fragezeichen.

Er hat die E-Mail doch gelesen? (→ Ja.)
Sie sind zum ersten Mal hier? (→ Nein, heute ist das zweite Mal.)
Du wartest auf mich? (→ Nein, ich kann nicht auf dich warten.)

In der gesprochenen Sprache erkennen wir an der Satzbetonung, dass es sich nicht etwa um einen Aussagesatz, sondern um eine Frage handelt: Die Stimme wird zum Ende des Satzes hin angehoben (→ Intonation, S. 56).

***Doch* als Antwort**

Doch wird bei verneinten Fragen anstelle von ***ja*** verwendet.

Gehst du heute nicht schwimmen? – **Doch.** (Ich gehe schwimmen.)

Ergänzungsfrage

Will man über einen Sachverhalt genauere und zusätzliche Informationen erhalten, formuliert man eine Ergänzungsfrage. Ergänzungsfragen werden mit Fragewörtern eingeleitet, die Personalform des Verbs steht an zweiter Stelle der Frage. Auf Ergänzungsfragen kann mit einem Wort, einer Wortgruppe oder auch mit einem Satz geantwortet werden. Die Satzintonation ist meist fallend (→ Intonation, S. 55).

Wer hat den Probenraum abgeschlossen? (→ Der Hausmeister.)
Was geschieht jetzt? (→ Nichts.)
Was kann ich noch tun? (→ Du kannst mir helfen.)
Wem gehört dieser Schuh? (→ Mir.)
Wann probt die Theater-AG? (→ Sie probt morgen von 15.00 - 18.00 Uhr.)
Wo probt sie? (→ In der Aula.)
Welches Stück probt sie? (→ Romeo und Julia.)

Ergänzungsfragen werden auch W-Fragen genannt, da alle Fragewörter (d. h. die Interrogativpronomen ***wer, was, welcher*** sowie Interrogativadverbien ***wann, wie, wo, wohin, wovon*** ...) mit dem Buchstaben ***w*** beginnen. Mitunter steht vor dem Fragewort allerdings noch eine Präposition:

Von wem ist das Stück? → Von William Shakespeare.

Rhetorische Frage

Auf eine rhetorische Frage erwartet man keine Antwort, man stellt sie nur zum Schein und meist, um eine Darstellung wirkungsvoller zu gestalten. Ihrer Form nach können rhetorische Fragen Ergänzungsfragen und ebenso Entscheidungsfragen sein. Meist enthalten sie aber zusätzlich adverbiale Hinweise, die deutlich machen, dass sich eine Antwort erübrigt. Lassen wir diese Hinweise weg, erhalten wir ganz normale Fragesätze.

Ist das **nicht** eine tolle Idee? (rhetorische Frage)
Ist das ~~nicht~~ eine tolle Idee? (Entscheidungsfrage)

Wer möchte **schon** in den Ferien Vokabeln lernen? (rhetorische Frage)
Wer möchte ~~schon~~ in den Ferien Vokabeln lernen? (Ergänzungsfrage)

Die Nachfrage

Die Nachfrage ist ein Sonderfall unter den Fragesätzen. Sie bezieht sich auf eine vorangegangene Aussage. Die Stellung der Satzglieder ist bei der Nachfrage wie in einem Aussagesatz, aber eine Nachfrage enthält immer ein *w*-Fragewort und endet mit einem Fragezeichen. Das *w*-Fragewort wird beim Sprechen immer besonders stark betont.

Wir sind letztes Jahr in Rom gewesen. - Ihr seid **wo** gewesen?
Ich habe meine Kette verloren. - Du hast **was** verloren?

Aufforderungssatz

Mit einem Aufforderungssatz (Imperativ- oder Befehlssatz) werden Befehle, Bitten, Vorschläge oder Forderungen formuliert. Die Intonation ist fallend (→ Intonation, S. 55).

Wendet man sich mit einem **Aufforderungssatz an andere Personen**, steht die Personalform des Verbs an erster Stelle des Satzes und im Imperativ (Befehlsform → Imperativ, S. 315). Mit dem Imperativ kann man vom Befehl über Bitten bis hin zu Vorschlägen und Einladungen unterschiedliche Arten von Aufforderungen ausdrücken.

Vergiss deinen Schlüssel nicht! (Befehl)
Wartet bitte auf mich! (Bitte)

Nimm doch das Handy mit! (Vorschlag)
Geht mir aus dem Weg! (Forderung)

Bei **allgemeinen Aufforderungen** kann die Personalform entfallen; der Satz endet dann mit dem Infinitiv des Verbs.

Hunde bitte **anleinen**!
Aufstehen!

Wendet sich der Sprecher mit einem Aufforderungssatz an eine **Gruppe**, in die er sich mit dem Pronomen ***wir*** selbst einbezieht, oder **siezt** er die angesprochene Person, steht das Verb gleichfalls an erster Stelle des Satzes, aber nicht im Imperativ, sondern im Konjunktiv Präsens (→ S. 317). Hier wird das Personalpronomen bzw. die Höflichkeitsform *Sie* verwendet.

Beginnen wir mit der ersten Aufgabe!
Lassen wir uns Zeit!
Setzen Sie sich doch bitte!
Grüßen Sie Ihre Frau von mir!

Dass es sich hier um Verbformen im Konjunktiv Präsens und nicht etwa im Indikativ Präsens handelt, wird allerdings nur bei Aufforderungen mit dem **Verb *sein*** deutlich. Denn bei allen anderen Verben lauten die Konjunktivformen gleich wie die Indikativformen (→ Präsens, S. 261; → Konjunktiv Präsens, S. 290; → Verbtabellen, S. 326 ff.).

Seien Sie doch bitte etwas leiser! Danke schön!
Seien wir mal ehrlich: Grammatik ist ziemlich anstrengend.

Neben den Imperativsätzen gibt es andere Möglichkeiten und Satzformen, mit denen Aufforderungen zum Ausdruck gebracht werden können. Der Aufforderung wird manchmal durch Wörter wie gefälligst, bitte oder jetzt Nachdruck verliehen.

Jetzt wird gefälligst geschlafen!	(subjektloser Aussagesatz im Passiv)
Du stehst sofort auf!	(Aussagesatz)
Stehst du jetzt endlich auf?	(Entscheidungsfrage)
Achtung! Einsteigen!	(Satzellipsen)

Wunschsatz

Mit einem Wunschsatz (**Desiderativsatz**) bringt ein Sprecher zum Ausdruck, dass er sich wünscht, dass etwas eintritt bzw. eingetreten wäre. Es gibt **realisierbare Wünsche** und **irreale Wünsche**, d. h. Wünsche, die nicht oder nicht mehr erfüllbar sind.

Für Wünsche, die sich auf die Gegenwart oder Zukunft beziehen und deren Realisierung eher unwahrscheinlich erscheint, aber noch im Bereich des Möglichen liegt, wird häufig der Konjunktiv Präteritum (→ S. 299) verwendet. Für nicht mehr realisierbare Wünsche, die sich auf Vergangenes beziehen, wird der Konjunktiv Plusquamperfekt (→ S. 300) verwendet.

Wenn er doch lernen würde!	(realisierbarer Wunsch)
Wenn er doch gelernt hätte!	(irrealer Wunsch)

Der Wunschsatz kann, ähnlich wie der Aufforderungssatz, unterschiedliche Satzformen annehmen. Häufig werden Wünsche **mit der Konjunktion *wenn*** eingeleitet, die Personalform des Verbs steht dabei **an letzter Stelle** des Satzes.

Ein Wunschsatz kann aber auch **ohne *wenn*** formuliert werden, die Personalform des Verbs steht in diesen Fällen **an erster Stelle** des Satzes. Oft werden noch die **Partikeln** (→ S. 395) ***nur, doch, bloß*** ergänzt.

Ließe doch der Regen endlich nach!	(Konjunktiv Präteritum)
Wenn doch der Regen endlich nach**ließe**!	(Konjunktiv Präteritum)
Wärst du bloß da gewesen!	(Konjunktiv Plusquamperfekt)
Wenn du doch nur da gewesen **wärst**!	(Konjunktiv Plusquamperfekt)

In beiden Fällen entspricht der Wunschsatz der Form nach einem **Konditionalsatz** (→ S. 501), also einem Nebensatz (der ausnahmsweise allein, also ohne Hauptsatz, stehen kann).

Daneben gibt es Wunschsätze, die **mithilfe des Modalverbs *mögen* + Infinitiv** oder einer **Verbform im Konjunktiv Präsens** formuliert werden. Beide Formen werden inzwischen jedoch nur noch selten benutzt:

Möge dich der Blitz **treffen**! (*mögen* im Konjunktiv Präsens + Infinitiv)
Nehme dieses Projekt bald ein Ende! (Konjunktiv Präsens)
Gott **behüte** dich! (Konjunktiv Präsens)
Möget ihr noch viele schöne Jahre miteinander verbringen!
(*mögen* im Konjunktiv Präsens + Infinitiv)

Eine Konstruktion mit der Konjunktion *wenn* ist hier nicht möglich.

Ausrufesatz

Der Ausrufesatz (**Exklamativsatz**) wird vor allem in der mündlichen Sprache gebraucht und drückt meist **Verwunderung oder Bewunderung** aus. Gemeinsam ist allen Ausrufesätzen, dass sie mit besonderem Nachdruck gesprochen werden und **keine Aufforderung** enthalten. Im Schriftbild wird dieser Nachdruck durch das Ausrufezeichen verdeutlicht. Außerdem werden manchmal **Partikeln** wie ***ja, aber*** und ***doch*** hinzugefügt.

Ist das **aber** ein Spaß**!** Das ist **ja** nett! Das klappt **doch** prima!

Die Stellung der konjugierten Form des Verbs ist in Ausrufesätzen nicht festgelegt, das konjugierte Verb kann zu Beginn oder an zweiter Stelle stehen.

Sind das aufregende Ferien!
Das **sind** aufregende Ferien!

Manche Ausrufesätze werden mit einem Interrogativpronomen (***wer, was***) oder einem Interrogativadverb (***wann, wie, wo, wohin, wovon*** ...) eingeleitet; dann kann die Personalform des Verbs an zweiter oder auch an letzter Stelle des Satzes stehen.

Was wir nicht alles **unternehmen**! / Was **unternehmen** wir nicht alles!
Wie **freue** ich mich auf morgen! / Wie ich mich auf morgen **freue**!

Satzellipse

Eine Satzellipse ist ein grammatisch unvollständiger **Kurzsatz**. Man spricht oft auch von einem **Satzfragment** oder einfach von einer **Ellipse**. Bei Satzellipsen werden Rede- bzw. Satzteile weggelassen, die für das Verständnis entbehrlich sind und aus dem Zusammenhang ohne Weiteres erschlossen werden können.

Solche Kurzsätze kommen meist in der gesprochenen Sprache vor, werden aber durchaus auch in der Schriftsprache verwendet. Ihnen können alle Satzarten zugrunde liegen.

Satzart	vollständiger Satz	Satzellipse
Aussagesatz	Ihr habt Glück gehabt.	Glück gehabt!
Aussagesatz	Ich wünsche dir viel Erfolg.	Viel Erfolg!
Ergänzungsfrage	Wie komme ich zur Bahnhofstraße?	Zur Bahnhofstraße?
Entscheidungsfrage	Ist bei euch alles in Ordnung?	Alles in Ordnung?
Aufforderungssatz	Geben Sie mir bitte zwei Eintrittskarten für Kinder und zwei für Erwachsene.	Zwei für Kinder, zwei für Erwachsene.

Auch manche **Nebensätze** können zu Satzfragmenten, zu **Satzellipsen** werden. Dann werden sie durch eine **Konjunktion** (meistens sofern, wie, wenn, falls, wenn auch, obschon / obwohl) eingeleitet:

Ich schicke Ihnen(,) **falls erforderlich** (= *falls es erforderlich wird / ist*) (,) ein zweites Muster zu.

Wie angekündigt (= *wie man Ihnen bereits angekündigt hat*) (,) erhalten Sie heute unseren neuesten Katalog mit aktuellen Preisen.

Ich gab ihm(,) **wenn auch nur andeutungsweise** (= *wenngleich ich es auch nur andeutete*) (,) zu verstehen, dass er sein Verhalten ändern muss.

(→ Vgl. auch Tipp unter Nebensätze, S. 516; → Partizipialkonstruktion, S. 514)

Satzäquivalente

Satzäquivalente sind einzelne Wörter, die als Sätze fungieren; es sind also Wörter, die Satzcharakter haben. Sie stehen nicht innerhalb eines Satzes: Entweder werden sie durch Kommas abgetrennt oder sie stehen ganz isoliert.

Kommt er? → **Ja.** / **Ja,** er kommt.

Zu Satzäquivalenten gehören **Interjektionen** (pfui, ach, au, hurra, nanu, ...) (→ Interjektionen, S. 400) und die Wörter ***ja, nein, doch, danke*** und ***bitte*** (→ Satzäquivalente, S. 401).

Satzreihe und Satzgefüge

Hauptsatz

Einen Satz, der sinnvoll allein stehen kann und von keinem anderen Satz abhängt, nennen wir einen **Hauptsatz**. Ein Hauptsatz enthält mindestens ein **Subjekt** und ein **Prädikat** (→ einfache Sätze, S. 407).

Er schwimmt. (Subjekt, Prädikat)

Ein Hauptsatz kann durch weitere Satzglieder, durch Objekte (→ S. 424) und adverbiale Bestimmungen (→ S. 430), ergänzt werden.

Er schwimmt jeden Tag 1000 Meter. (Subjekt, Prädikat, Adverbial, Objekt)

Die Personalform des Verbs steht im Hauptsatz in aller Regel an zweiter Stelle. (→ Satzbaupläne, S. 450)

①	②	③	④
Er	**trainiert**	am liebsten	im Hallenbad.

Satzreihe

Werden **zwei** oder **mehrere Hauptsätze** miteinander verbunden, nennen wir diese Verbindung eine **Satzreihe** (**Parataxe**).

Satzreihen können durch nebenordnende Konjunktionen (und, denn, entweder - oder, aber, doch ... → S. 382) verbunden sein.

Er schwimmt viel **und** er joggt auch gern, **aber** Wanderungen findet er langweilig. (Hauptsatz + Hauptsatz + Hauptsatz)

Satzreihen können aber auch ohne Konjunktion gebildet werden.

Er schwimmt viel, er joggt auch gern, Wanderungen findet er allerdings langweilig. (Hauptsatz + Hauptsatz + Hauptsatz)

Hauptsätze müssen nicht immer nacheinander stehen. Es ist auch möglich, einen Hauptsatz in einen anderen Hauptsatz einzuschieben. Den eingeschobenen Satz nennt man **Schaltsatz** (**Parenthese**).

Er wird, **das ist heute schon klar**, beim nächsten Sportfest ausgezeichnet werden.

Kommasetzung bei Hauptsätzen

Hauptsätze, die eine Satzreihe bilden und nicht mit einer Konjunktion verbunden sind, werden entweder durch einen Punkt oder durch ein Komma getrennt.

Wir bauen das Zelt auf**.** Du kümmerst dich um die Verpflegung.
Wir bauen das Zelt auf**,** du kümmerst dich um die Verpflegung.

Werden Hauptsätze durch nebenordnende Konjunktionen (***und, oder, sowie, beziehungsweise, entweder - oder, nicht - doch, weder - noch***) verbunden, ist es Ihnen **freigestellt, ein Komma zu setzen**. Man sollte es setzen, wenn es die Gliederung des Satzes klarer hervorhebt und die Lesbarkeit verbessert.

Wir bauen das Zelt auf [,] **und** du kümmerst dich um die Verpflegung.
Entweder essen wir heute belegte Brötchen [,] **oder** ich koche einen Eintopf.

Aber: Entweder essen wir heute belegte Brötchen **oder** kochen einen Eintopf.
Der Hauptsatz nach der Konjunktion *oder* ist nicht vollständig; ihm fehlt das Subjekt. Deshalb wird hier **nie ein Komma** gesetzt.

Werden Hauptsätze in einer Satzreihe durch nebenordnende Konjunktionen verbunden, die einen Gegensatz zum Ausdruck bringen (***aber, doch, jedoch, sondern***), muss allerdings **immer ein Komma** stehen.

Das Zelt war endlich aufgebaut**, aber** es wackelte.
Wir lasen die Anleitung noch einmal**, doch** wir konnten den Fehler nicht finden.

→ Komma, S. 584

Nebensatz

Einen Satz, der nicht sinnvoll allein stehen kann und der von einem Hauptsatz abhängt, nennen wir einen **Nebensatz** (→ S. 476).

Nebensätze können auf unterschiedliche Weise mit dem Hauptsatz verbunden werden: durch unterordnende Konjunktionen (als, dass, nachdem, weil, wenn, ob ... → S. 386), durch Relativpronomen (der, die, das, welcher, welche, welches → S. 171), Interrogativpronomen (wer, was) oder auch durch Interrogativadverbien (wie, wo, wohin, wovon ... → S. 355).

Die **Personalform des Verbs** steht bei Nebensätzen – anders als beim Hauptsatz – **am Satzende**.

Meistens trainiert er schon, **bevor** er zur Arbeit **geht**.
Er hofft, **dass** er die Meisterschaft im Herbst **gewinnt**.

An der Meisterschaft, **die** in Stuttgart ausgerichtet **wird**, nehmen Sportler aus dem gesamten Bundesgebiet teil.

Satzgefüge

Eine **Verbindung aus Hauptsatz und Nebensatz** nennen wir ein **Satzgefüge** (**Hypotaxe**).

Hauptsatz | Nebensatz
Er trainiert täglich**, weil er sich auf die Meisterschaft vorbereitet**.
Satzgefüge

Nebensätze können dem Hauptsatz nachgestellt oder vorangestellt sein. Sie können auch in den Hauptsatz eingeschoben werden (→ siehe auch Grafik, S. 408).

(nachgestellt)
Er träumt von der Medaille, **während er seine Bahnen zieht**.

(vorangestellt)
Während er seine Bahnen zieht, träumt er von der Medaille.

(eingeschoben)
Er träumt, **während er seine Bahnen zieht**, von der Medaille.

Ein Hauptsatz kann mit mehreren gleichrangigen Nebensätzen verbunden werden.

Er wird die Meisterschaft sicher gewinnen**, wenn er sich weiterhin anstrengt, wenn er jeden Tag trainiert**.

Gleichrangige Nebensätze

Gleichrangige Nebensätze hängen alle vom selben Hauptsatz ab. Gibt es Zweifel, ob es sich um gleichrangige Sätze handelt, kann folgender **Test** durchgeführt werden: Lassen Sie einfach erst den einen, dann den anderen Nebensatz weg. Bleibt der Satz dabei vollständig und sinnvoll, sind beide Nebensätze gleichrangig.

Er wird die Meisterschaft gewinnen, ~~wenn er sich weiterhin anstrengt~~, wenn er jeden Tag trainiert.

Er wird die Meisterschaft gewinnen, wenn er sich weiterhin anstrengt, ~~wenn er jeden Tag trainiert~~.

Beide Varianten ergeben sinnvolle Sätze, es handelt sich also um gleichrangige Nebensätze.

Ein Hauptsatz kann mit einem Nebensatz verbunden werden, von dem ein weiterer, untergeordneter Nebensatz abhängt. Ihrer Ordnung entsprechend, werden diese Nebensätze nach Graden unterschieden. Der Nebensatz 1. Grades hängt vom Hauptsatz ab, der Nebensatz 2. Grades hängt vom Nebensatz 1. Grades ab usw.

Er trainiert täglich, (Hauptsatz)
weil er sich auf eine Meisterschaft vorbereitet, (Nebensatz 1. Grades)
die in wenigen Wochen stattfinden wird. (Nebensatz 2. Grades)

Diese Abhängigkeit kann in Form von Stufen dargestellt werden:

Er trainiert ...,

Hauptsatz — weil er sich auf eine Meisterschaft ...,

Nebensatz 1. Grades — die in wenigen Wochen ... .

Nebensatz 2. Grades

DIE NEBENSÄTZE

ÜBERSICHT

Ein **Nebensatz** ist ein **untergeordneter Satz** und bildet zusammen mit einem Hauptsatz ein **Satzgefüge**. Er kann nicht allein stehen. Zwischen Haupt- und Nebensatz steht ein **Komma**. Das **Prädikat** steht in einem Nebensatz in der Regel **am Ende**.

Stellung der Nebensätze

→ S. 478

Nebensätze stehen **vor, nach oder innerhalb des Hauptsatzes**.

Davor: Als ich die Blumen gegossen hatte, fing das Gewitter an.
Danach: Ich goss die Blumen, weil es seit Tagen nicht geregnet hatte.
Eingeschoben: Ich goss die Blumen, weil ich keine Gießkanne hatte, mit dem Wasserschlauch.

Eingeleitete und nicht eingeleitete Nebensätze

→ S. 483

Nebensätze, die mit dem Hauptsatz durch eine Konjunktion, ein Pronomen oder ein Frageadverb verbunden werden, heißen **eingeleitete Nebensätze**.

Es war schon spät, **als** sie ging. (Konjunktion)
Das Buch, **das** ich gerade lese, ist ziemlich langweilig. (Relativpronomen)
Ich frage ihn, **wann** er in Urlaub geht. (Frageadverb)

Nebensätze ohne Konjunktion, Pronomen oder Frageadverb am Satzbeginn sind **Nebensätze ohne Einleitewort**, z. B.:

Ihr ist bewusst, die Aufgabe wird sie fordern.
*(Ihr ist bewusst, **dass** die Aufgabe sie fordern wird.)*

Wäre ich gelassener, könnte ich Kräfte sparen.
*(**Wenn** ich gelassener wäre, könnte ich Kräfte sparen.)*

Nebensätze und ihre Aufgabe im Satzgefüge

→ S. 494

Nebensätze erfüllen innerhalb des Satzgefüges die Aufgabe von **Satzgliedern**. Es gibt:

Subjektsätze: **Dass es so spät geworden war**, überraschte uns.
Objektsätze: Ich weiß, **wen du fragen kannst**.
Adverbialsätze: Wir wussten nicht, **wann die Feier beginnt**.
Attributsätze: Ich lese ein Buch, **das mir Peter empfohlen hat**.
Weiterführende Nebensätze: Ich gehe joggen, **was mich sehr anstrengt**.

Es gibt **verschiedene Arten von Adverbialsätzen**. Die wichtigsten sind:

→ S. 498

Lokalsatz (wo, wohin): Ich weiß, **wo** dein Geldbeutel liegt.
Kausalsatz (weil, da ...): Ich muss mich beeilen, **weil** ich spät dran bin.
Temporalsatz (als, wenn, bevor ...): Er rief an, **bevor** ich zu Hause war.
Konditionalsatz (wenn, falls ...): Ich helfe dir, **wenn** du möchtest.
Konzessivsatz (obwohl, auch wenn ...): **Obwohl** er müde war, fuhr er Auto.
Konsekutivsatz (dass, so dass): Es war so kalt, **dass** alle froren.
Komparativsatz (als ob, als ...): Er benahm sich, **als ob** er ein König wäre.
Finalsatz (damit, auf dass): Ich gehe zu Fuß, **damit** ich fit bleibe.

Satzwertige Konstruktionen

→ S. 511

Satzwertige Konstruktionen sind reduzierte Nebensätze, da ihnen das Subjekt fehlt. Zu ihnen gehören:

Infinitivgruppen: Ich traute mich nicht, **bei dir anzurufen**.
Partizipialgruppen: **Ganz vom Wind zerzaust**(,) kamen wir zu Hause an.

Eigenschaften der Nebensätze

Nebensatz und Hauptsatz

Nebensätze sind untergeordnete Sätze: Sie hängen von einem anderen Satz - meist einem Hauptsatz - ab und bilden zusammen mit ihm ein **Satzgefüge**. Zwischen dem Hauptsatz und dem Nebensatz steht ein Komma.

Wir wussten schon lange**, dass er sehr krank ist.**

Die meisten Nebensätze werden **durch eine Konjunktion** oder ein **Pronomen eingeleitet** (→ eingeleitete Nebensätze, S. 487):

Ich muss unbedingt meine Pflanzen gießen, **damit** sie nicht vertrocknen.
Ich suche einen Schlüssel, **der** gestern noch hier lag.

Nebensätze besitzen wie Hauptsätze ein Subjekt und ein Prädikat, sie sind also **grammatisch vollständig**:

Nebensätze können aber nicht alleine stehen, denn sie bilden eine inhaltliche Einheit mit dem Hauptsatz und ergänzen nur seine Aussage. Sie sind abhängig vom Hauptsatz.

~~Wir können nicht ins Freibad gehen,~~ weil es heute regnet.

Den Nebensatz „*weil es heute regnet*" empfinden wir ohne den ergänzenden Hauptsatz als unvollständig.

Stellung der Nebensätze

Nebensätze können in drei Stellungen auftreten:

- Sie können dem Hauptsatz **vorangestellt** sein:
  Weil ich Lust dazu habe, arbeite ich heute sehr viel.

- Sie können dem Hauptsatz **nachgestellt** sein:
  Ich arbeite heute sehr viel**, weil ich Lust dazu habe.**
- Sie können in den Hauptsatz **eingeschoben** sein:
  Ich arbeite**, weil ich Lust dazu habe,** heute sehr viel. (→ Satzklammer, S. 456)

Diese Einteilung gilt für alle Arten von Nebensätzen, der häufigste Typ ist dabei der nachgestellte Nebensatz.

Das Komma bei eingeschobenen Nebensätzen

Achten Sie bei eingeschobenen Nebensätzen darauf, dass der Nebensatz von Kommas umschlossen wird. Vergessen Sie also nicht das zweite Komma! → Kommaregeln, S. 585

Stellung des Prädikats im Hauptsatz bei vorausgehendem Nebensatz

Wird ein Hauptsatz durch einen Nebensatz eingeleitet, bleibt die Personalform (das konjugierte Verb) des Prädikats im Hauptsatz an zweiter Stelle, auch wenn es den Anschein hat, dass das Prädikat nun an die erste Stelle direkt hinter dem Komma gerückt sei.

Denn der Nebensatz belegt in einem solchen Satzgefüge (→ S. 474) die erste Stelle.

① ②

Als das Fußballspiel begann, **war** ich noch unter der Dusche.

Durch eine Ersatzprobe lässt sich der Nebensatz (in diesem Fall ein temporaler Adverbialsatz) durch ein einziges Wort ersetzen: ***dann***.

① ②

Dann (= *zu diesem Zeitpunkt*) war ich noch unter der Dusche.

DER SATZ

Zeitenfolge

Die Zeitverhältnisse zwischen Haupt- und Nebensatz werden nicht nur durch Konjunktionen, sondern vor allem durch die sechs verschiedenen Zeiten (→ S. 233) ausgedrückt. Das Zusammenspiel dieser Zeiten fasst man unter dem Fachausdruck **Zeitenfolge** zusammen.

Im folgenden Schaubild wurden die sechs verschiedenen Zeiten an einem **Zeitstrahl** aufgereiht. Hier können wir sehen, wo die Zeiten in der zeitlichen Reihenfolge einzuordnen sind.

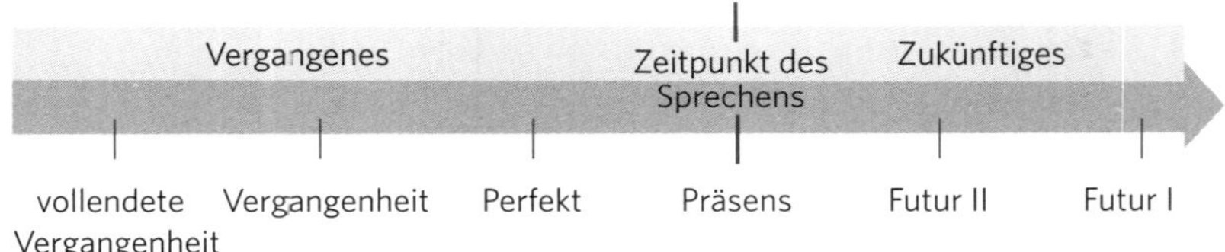

Vorzeitigkeit: Die Handlung im Nebensatz findet vor der Handlung im Hauptsatz statt.

In diesem Beispielsatz finden die Handlungen von Haupt- und Nebensatz beide in der Vergangenheit statt. Aber die Handlung im Nebensatz lief noch vor der Handlung im Hauptsatz ab. Denn zuerst stand Kevin auf und erst danach ging er duschen. Da die Handlung des Hauptsatzes im *Präteritum* stattfand, benötigen wir für die Handlung des Nebensatzes eine Zeitform, die ausdrückt, dass die Handlung des Nebensatzes noch früher stattfand: das *Plusquamperfekt*.

Gleichzeitigkeit: Die Handlung im Nebensatz findet gleichzeitig mit der Handlung im Hauptsatz statt.

Zum selben Zeitpunkt, als Kevin unter der Dusche stand, klingelte es an der Tür. Die Handlungen im Haupt- und im Nebensatz fanden also gleichzeitig statt; deshalb wird im Haupt- und im Nebensatz auch dieselbe Zeit benutzt. Bei diesem Beispiel das *Präteritum*.

Nachzeitigkeit: Die Handlung im Nebensatz findet nach der Handlung im Hauptsatz statt.

Nebensatz Hauptsatz

Als Kevin zur Tür kam, war Kai schon wieder gegangen.

Die Handlung des Nebensatzes (*als Kevin zur Tür kam*) fand erst nach der Handlung des Hauptsatzes statt. Denn zuerst ging Kai fort und erst danach kam Kevin an die Tür. Deshalb werden im Haupt- und im Nebensatz auch unterschiedliche Zeiten benutzt: in diesem Fall das *Plusquamperfekt* und das *Präteritum*. Das Plusquamperfekt im Hauptsatz drückt aus, dass die Handlung vor der Handlung des Nebensatzes stattfand.

Zeitenfolge in Satzreihen

Zeitverhältnisse lassen sich nicht nur mithilfe von Satzgefügen aus Haupt- und Nebensätzen ausdrücken. Auch in Satzreihen aus Hauptsätzen verwenden wir verschiedene Zeiten, um die Reihenfolge der Handlungen deutlich zu machen.

Roland **freute sich**. Er **hatte** im Lotto **gewonnen**.
Letzte Nacht **hat** es **geschneit**. Jetzt **ist** alles weiß.

Nicht alle Zeiten lassen sich wahllos kombinieren in Haupt- und Nebensätzen. Folgende Tabellen geben eine Übersicht über die Zeitenfolge im Haupt- und Nebensatz:

Gleichzeitigkeit

Hauptsatz		Nebensatz	
Präsens	Sie machen sich Notizen,	während er spricht.	**Präsens**
Präteritum	Ich erkannte ihn,	als er sich umdrehte.	**Präteritum**
Perfekt	Wir sind zu Hause geblieben,	weil es geregnet hat.	**Perfekt**

Vorzeitigkeit

Hauptsatz		Nebensatz	
Präsens	Er sieht im Stadtplan nach,	weil er sich verlaufen hat.	**Perfekt**
Präteritum	Sie stellte den Motor ab,	nachdem sie den Wagen geparkt hatte.	**Plusquam-perfekt**
Futur I	Wir werden sofort an den Strand gehen,	sobald wir angekommen sein werden. / angekommen sind.	**Futur II / Perfekt**

Nachzeitigkeit

Hauptsatz		Nebensatz	
Perfekt	Er hat sich so sehr gewünscht,	dass heute die Sonne scheint.	**Präsens**
Plusquam-perfekt	Sie waren leider schon abgereist,	als er ankam.	**Präteritum**
Futur II	Die Zuschauer werden das Theater bereits verlassen haben,	noch bevor der letzte Vorhang fallen wird.	**Futur I**

Zeitliches Verhältnis herstellen durch temporale Adverbien

Das zeitliche Verhältnis in Satzgefügen und Satzreihen muss nicht immer durch unterschiedliche Zeiten gekennzeichnet werden. Mitunter machen **temporale Adverbien** (Adverbien der Zeit) deutlich, in welcher zeitlichen Beziehung die Handlungen zueinander stehen. Dann ist es vor allem in der Umgangssprache möglich, Handlungen auf verschiedenen Zeitebenen mit ein und demselben Tempus wiederzugeben. So kann etwa anstelle des Futur I häufig auch das Präsens gebraucht werden:

Alle freuen sich, denn **morgen beginnen** die Ferien.
(statt: ..., denn morgen werden die Ferien beginnen.)

Ich rufe dich **nachher** an, wenn du mir deine Nummer gibst.
(statt: Ich werde dich nachher anrufen, wenn ...)

→ siehe auch Tipp, S. 274

Eingeleitete Nebensätze

Der Nebensatz kann mit einem Hauptsatz mit Hilfe eines Einleitewortes verbunden werden. Solche Nebensätze heißen **eingeleitete Nebensätze** (→ S. 487). Das Prädikat steht bei diesen Sätzen am Ende des Satzes.

Einleitewörter können Konjunktionen oder Pronomen sein.

Ich weiß, **dass** du es schaffen kannst.
Er wurde abgelehnt, **weil** er kein Abitur hatte.
Ich habe meinen Schlüssel, **den** ich verloren hatte, wieder gefunden!

Nebensätze ohne Einleitewort

In bestimmten Fällen kann der Nebensatz auch ohne ein Einleitewort mit einem Hauptsatz verbunden werden. Solche Nebensätze heißen **uneingeleitete Nebensätze**.

Das Prädikat steht bei diesen Sätzen nicht am Ende des Satzes, sondern an erster bzw. zweiter Stelle.

Ich weiß, du **findest** das auch nicht gut.
(statt: *Ich weiß, dass du das auch nicht gut findest.*)

Uneingeleitete Nebensätze kommen häufig vor. Sie lassen sich aber immer in einen normalen Nebensatz mit Einleitewort umwandeln.

Es gibt folgende Arten von uneingeleiteten Nebensätzen

- **Subjektsätze** (→ S. 495)

  Mir ist bewusst**, jeder will die Meisterschaft gewinnen.**
  (statt: *Mir ist bewusst, dass jeder die Meisterschaft gewinnen will.*)

- **Objektsätze** (→ S. 496)

  Ich weiß**, du kannst es schaffen.**
  (statt: *Ich weiß, dass du es schaffen kannst.*)

- **Indirekte Fragesätze** (→ S. 492)

  Sie fragte sich**, sollte sie die blauen oder die roten Schuhe nehmen**.
  (statt: *Sie fragte sich, ob sie die blauen oder die roten Schuhe nehmen sollte.*)

- **Konditionalsätze** (→ S. 501)

  Bin ich fit, nehme ich am Marathon teil.
  (statt: *Wenn ich fit bin, nehme ich am Marathon teil.*)

- **Konzessivsätze** (→ S. 502)

  War der Einsatz auch gefährlich, musste er fortgesetzt werden.
  (statt: *Obwohl der Einsatz gefährlich war, musste er fortgesetzt werden.*)

Konstruktionen mit Nebensatzfunktion

Neben eingeleiteten und uneingeleiteten Nebensätzen gibt es bestimmte Konstruktionen, die Funktionen eines Nebensatzes haben, sich aber durch ihre reduzierte Form (kein Prädikat, kein Subjekt) von den Nebensätzen unterscheiden. Man nennt sie **satzwertige Konstruktionen**.

Zu den satzwertigen Konstruktionen gehören:

- **Infinitivgruppen**, z. B: (→ S. 511)
  Frau Melz versprach**, ihre Beziehungen spielen zu lassen.**
- **Partizipialgruppen**, z. B.: (→ S. 514)
  Vom Training erschöpft, ging Tom noch in die Bar.

Satzgliedstellung im Nebensatz

Im Unterschied zu einem Hauptsatz steht das **Prädikat** in einem Nebensatz in der Regel **am Ende**. Das gilt für einfache, aber auch längere Nebensätze:

Der Hund bellte, als der Nachbar **klingelte**.
Es regnete, als der lange erwartete Bus endlich mit viel Verspätung **ankam**.

In bestimmten Nebensätzen steht das **Prädikat an erster Stelle**:
Es handelt sich dabei um Nebensätze ohne Einleitewort (→ S. 484), und zwar um Konzessiv- und Konditionalsätze; dann wird auf die Konjunktion *(auch wenn / wenngleich, obwohl* bzw. *wenn, falls* → Konzessivsätze, Konditionalsätze, S. 501 f.) verzichtet.

Der Auftrag muss zu Ende geführt werden, **sei** es noch so schwierig.
Kommt der Zug zu spät, verpassen wir nachher unseren Anschluss.

Das **Prädikat** kann auch **an zweiter Stelle** stehen - damit entspricht die Wortfolge des Nebensatzes der in einem Hauptsatz. Das ist der Fall bei Subjekt- und Objektsätzen (→ S. 495 ff.) ohne Einleitewort:

Es ist besser, du **beschwerst** dich nicht.
(mit Einleitewort: *Es ist besser, dass du dich nicht beschwerst.*)

Ich hoffe, sie **besteht** die Prüfung.
(mit Einleitewort: *Ich hoffe, dass sie die Prüfung besteht.*)

Bei einem hypothetischen Komparativsatz mit *als* (→ Komparativsatz, S. 504) steht das **Prädikat direkt nach dem Einleitewort**:

Er verhält sich so, als **hätte** er keine Ahnung.

Die **Reihenfolge der übrigen Satzglieder**, die sich zwischen dem Einleitewort und dem Prädikat befinden, wird nach denselben Regeln bestimmt, die für einen Hauptsatz gelten (→ Satzglieder).

Das **Subjekt** steht in eingeleiteten Nebensätzen (→ S. 487 ff.) direkt hinter dem Einleitewort, in Nebensätzen ohne Einleitewort unmittelbar hinter dem Prädikat bzw. dem konjugierten (finiten) Teil des Prädikats:

Da er eine Autopanne **hatte**, kam er zu spät.
Hätte er sein Studium beendet, könnte er jetzt Geld verdienen.

Das **Dativobjekt** (→ S. 427) steht normalerweise vor dem Akkusativobjekt:

Dativobjekt Akkusativobjekt
Nachdem Bruno **seiner Freundin** **den Schlüssel** gegeben hatte, verließ er die Wohnung.

Wenn das **Akkusativobjekt** (→ S. 425) allerdings ein Pronomen ist, steht es vor dem Dativobjekt:

Akkusativobjekt Dativobjekt
Nachdem Bruno **ihn** **ihr** gegeben hatte, verließ er die Wohnung.

Die **Adverbiale** (→ S. 430) können an verschiedenen Stellen im Satz stehen, jedoch nicht am Ende eines eingeleiteten Nebensatzes - dort steht in der Regel das Prädikat:

Er kritisierte den Chef, der den Verkauf **gestern** beschlossen hatte.
Er kritisierte den Chef, der **gestern** den Verkauf beschlossen hatte.

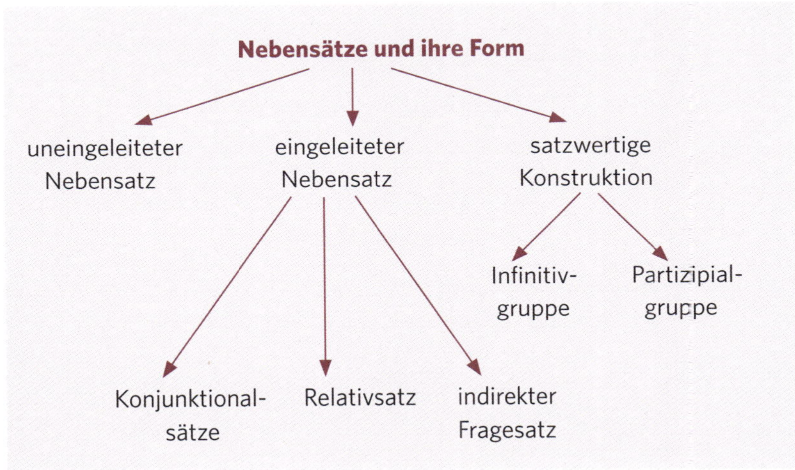

Eingeleitete Nebensätze

Nebensätze, die mit dem Hauptsatz mit Hilfe einer Konjunktion (Bindewort) oder eines Pronomens verbunden werden, heißen *eingeleitete Nebensätze*.

Konjunktionalsätze

Konjunktionalsätze werden durch unterordnende Konjunktionen (→ S. 386 ff.) mit dem Hauptsatz verbunden. Dazu gehören: ***als, bevor, während, wenn, da, weil, dass, damit, wenn, falls, indem, obgleich, ob, sodass …***

Es war schon spät, **als** wir endlich nach Hause kamen.
Im Winter stehen wir immer auf, **bevor** es hell wird.
Er hebt die Bananenschale auf, **damit** niemand ausrutscht.
In der Bedienungsanleitung steht, **dass** die Installation ganz leicht sei.
Ich frage mich, **ob** das wirklich funktioniert.

Wie bei allen Nebensätzen mit Einleitewort steht das **Prädikat am Ende**.

→ Nebensätze und ihre Aufgabe im Satzgefüge, S. 494 ff.

Relativsätze

Relativsätze können eingeleitet werden durch:

- Relativpronomen (***der, die, das, welcher, welche, welches*** → S. 171)
- Fragepronomen (***wer, was*** → S. 178)
- Frageadverbien (***wo, wie, wohin*** ... → S. 355)
- Pronominaladverbien (***woran, worüber, worauf*** ... → S. 356)

Das Prädikat steht in Relativsätzen am Satzende. Ein Relativsatz bezieht sich meist auf ein Satzglied des Hauptsatzes und erläutert dies näher.

Das Buch, **das** ich gerade lese, ist ziemlich langweilig.

Die CD, **welche** er gekauft hat, gefällt mir überhaupt nicht.

Wer so etwas sagt, der ist dumm.

Was ich nicht weiß, das macht mich nicht heiß.

Dort, **wo** wir früher gespielt haben, steht heute ein großer Supermarkt.

Das **Relativpronomen** steht normalerweise **an erster Stelle** des Relativsatzes.

Ich habe die Lügen satt, **die** du mir auftischst.

Manchmal steht eine Präposition vor dem **Relativpronomen**. Das ist dann der Fall, wenn das Prädikat des Relativsatzes nach dieser Präposition verlangt.

Die Kiste, **in der** mein Schmuck lag, ist gestohlen worden.
(Das Verb *liegen* verlangt hier die Präposition *in*: *Der Schmuck* ***liegt in*** *der Kiste.*)

Das <u>Buch</u>, **nach dem** Sie fragen, gibt es nicht mehr.
(Das Verb *fragen* verlangt hier die Präposition *nach*: *Sie* ***fragen nach*** *einem Buch.*)

In Genus und Numerus stimmt das Relativpronomen mit dem Bezugswort im Hauptsatz überein; sein Kasus richtet sich aber nach dem Satzglied, das es im Nebensatz vertritt. Es muss so dekliniert werden, wie es das Prädikat des Relativsatzes erfordert:

Hauptsatz | Relativsatz
Ich suche **einen Schlüssel**, **der** gestern noch hier lag.

Das Bezugswort einen Schlüssel steht im Akkusativ, weil das Prädikat suche des Hauptsatzes nach einem Akkusativobjekt verlangt (*Wen oder was suche ich?*). Das Relativpronomen der, das hier den *Schlüssel* des Hauptsatzes vertritt, steht im Nebensatz aber im Nominativ, da es dort Subjekt ist. Genus und Numerus von einen Schlüssel und der stimmen jedoch überein: Maskulinum, Singular.

Hauptsatz | Relativsatz
Ich treffe heute **Herrn Bader**, **dem** ich vieles verdanke.

Das Bezugswort Herrn Bader steht im Akkusativ, weil das Prädikat treffe des Hauptsatzes nach einem Akkusativobjekt verlangt (*Wen treffe ich?*). Das Relativpronomen dem im Nebensatz steht aber im Dativ, da es dort ein Dativobjekt ist (*Wem verdanke ich vieles?*). Genus und Numerus von Herrn Bader und dem stimmen jedoch überein: Maskulinum, Singular.

Das oder dass?

Das Relativpronomen ***das*** mit einem **s** darf nicht verwechselt werden mit der Konjunktion ***dass*** mit zwei ***s***. → Rechtschreibung, S. 559

Das Frageadverb *wo* auch bei zeitlichem Bezug?

Das Frageadverb *wo* wird in Relativsätzen hauptsächlich für Ortsangaben benutzt. Benutzen Sie *wo* besser nicht bei Relativsätzen mit zeitlichem Bezug.

Der Tag, **an dem** der Regen kam, war endlich da.
Oder: Der Tag, **als** der Regen kam, war endlich da.
Das klingt besser als: Der Tag, wo der Regen kam, war endlich da.

Notwendige und nicht notwendige Relativsätze

Je nach Aufgaben lassen sich Relativsätze in notwendige und nicht notwendige Relativsätze einteilen.

Ein **nicht notwendiger Relativsatz** bezieht sich auf ein Satzglied des übergeordneten Hauptsatzes und erläutert dieses näher. Der Relativsatz ist wie ein Attribut zu einem Satzglied (→ Attribute, S. 436). Wir könnten ihn auch weglassen und würden den Hauptsatz trotzdem grammatisch als sinnvoll empfinden. Beispiele:

- Der Relativsatz bezieht sich auf das **Subjekt** des Hauptsatzes:
  Hunde, die bellen, beißen nicht.
  (Ohne Relativsatz: *Hunde beißen nicht.*)
- Der Relativsatz bezieht sich auf ein **Akkusativobjekt**:
  Basti besucht **seinen Freund, den** er lange nicht gesehen hat.
  (Ohne Relativsatz: *Basti besucht seinen Freund.*)
- Der Relativsatz bezieht sich auf ein **Dativobjekt**:
  Die Bratwurst schmeckte **dem Koch, der** seit Wochen nur Diätkost gegessen hatte.
  (Ohne Relativsatz: *Die Bratwurst schmeckte dem Koch.*)

Notwendige Relativsätze ersetzen dagegen ein für den Satzbau erforderliches Satzglied und können deshalb nicht weggelassen werden. Sie beginnen mit einem *w*-Fragewort. Der **Hauptsatz** wäre ohne den Relativsatz **unvollständig**. Beispiele:

- Der Relativsatz steht für das **Subjekt** des Hauptsatzes:

  Subjekt

  Wer mit dem Auto fährt, kommt später an.

  Kommt später an ist zwar der Hauptsatz, aber er ist in dieser Form unvollständig, denn es fehlt ihm das Subjekt (*Wer kommt später an?*).
  → Subjektsätze, S. 495

- Der Relativsatz steht für ein **Akkusativobjekt**:

  Objekt

  Was man selbst macht, merkt man sich besser.

  Merkt man sich besser ist der Hauptsatz, aber es fehlt ihm das Akkusativobjekt (*Wen oder was merkt man sich besser?*). → Objektsätze, S. 496

- Der Relativsatz steht für ein **Dativobjekt**:

  Objekt

  Ich schenke das Buch**, wem ich will.**

  Ich schenke das Buch ist der Hauptsatz, aber es fehlt ihm das Dativobjekt (*Wem schenke ich das Buch?*). → Objektsätze, S. 496

- Der Relativsatz steht für ein **Präpositionalobjekt** im Akkusativ:

  Objekt

  Er kann glauben**, an wen er will.**

  Er kann glauben ist der Hauptsatz, aber es fehlt ihm das Präpositionalobjekt (*An wen oder was kann er glauben?*).

  (→ Präpositionalobjekt, S. 429)

DER SATZ

- Der Relativsatz steht für ein **Lokaladverbial**:

  Adverbial

  Die Schlüssel liegen noch, **wo er sie vergaß.**

  → Adverbialsätze, S. 508

  Die Schlüssel liegen noch ist der Hauptsatz, aber er ist in dieser Form unvollständig, denn es fehlt ihm eine Angabe über den Ort, also ein Lokaladverbial (*An welchem Ort liegen die Schlüssel?*).

Ersatzprobe bei notwendigen Relativsätzen

Mithilfe der Ersatzprobe (→ S. 410) lassen sich notwendige Relativsätze durch ein einzelnes Wort ersetzen. So sieht man, dass diese Relativsätze anstelle von eigenständigen Satzgliedern stehen:

Was man selbst macht, merkt man sich besser.

Das merkt man sich besser.

Indirekte Fragesätze

Indirekte Fragesätze sind abhängige Fragesätze – sie sind von einem Verb des Fragens oder Wissens im Hauptsatz abhängig. Jeder indirekte Fragesatz lässt sich aus einem Fragesatz herleiten. Das Prädikat steht bei indirekten Fragesätzen am Satzende.

Wie bei direkten Fragesätzen unterscheiden wir auch bei indirekten Fragesätzen zwischen Ergänzungs- und Entscheidungsfragen (→ Fragesätze, S. 463).

Wenn einem indirekten Fragesatz eine **Ergänzungsfrage** zugrunde liegt, beginnt der indirekte Fragesatz mit dem entsprechenden w-Fragewort:

„Wann kommt er zurück?" (direkte Ergänzungsfrage)
Sie möchte wissen, **wann** er zurückkommt. (indirekte Ergänzungsfrage)

„Wo ist der Eingang?" (direkte Ergänzungsfrage)
Er möchte wissen, **wo** der Eingang ist. (indirekte Ergänzungsfrage)

Die indirekte Ergänzungsfrage kann im Indikativ oder im Konjunktiv I stehen (→ indirekte Rede, S. 313).

Er fragte, wie lange die Besprechung dauern **wird**. (Indikativ)
Er fragte, wie lange die Besprechung dauern **werde**. (Konjunktiv I)

Entscheidungsfragen und Wahlfragen werden in indirekten Fragesätzen mit der Konjunktion ***ob*** eingeleitet:

„Hatten sie gewonnen?" (direkte Entscheidungsfrage)
Die Meiers fragten sich, **ob** sie gewonnen hatten. (indirekte Entscheidungsfrage)

„Sollte Lisa lachen oder weinen?" (direkte Entscheidungsfrage)
Lisa konnte sich nicht entscheiden, **ob** sie lachen oder weinen sollte. (indirekte Entscheidungsfrage)

Die indirekte Entscheidungsfrage kann im Indikativ oder im Konjunktiv I formuliert werden.

Klara fragte, ob er heute früher nach Hause **kommt**. (Indikativ)
Klara fragte, ob er heute früher nach Hause **komme**. (Konjunktiv I)

(→ indirekte Rede, S. 314)

Indirekte Fragesätze können auch **uneingeleitet**, also ohne Einleitewort, sein; dann steht das Prädikat an erster Stelle. Diese Sätze ähneln deshalb auf den ersten Blick Entscheidungsfragen. Ihnen fehlt aber das Fragezeichen, da sie von einem Hauptsatz abhängig sind.

Sie fragte sich**, sollte** sie die blauen Schuhe kaufen.
(statt: *Sie fragte sich,* ***ob*** *sie die blauen Schuhe kaufen* *sollte*.)

Indirekter Fragesatz oder Relativsatz?

Indirekte Fragesätze können auf den ersten Blick leicht mit notwendigen Relativsätzen verwechselt werden, denn *w*-Fragewörter benötigt man bei beiden Satzarten. Es gibt aber zwei Merkmale, die bei der Unterscheidung helfen:

1. **Indirekte Fragesätze** hängen immer von einem Verb im Hauptsatz ab, das Bedeutungen wie *fragen, sagen, wissen* oder *zweifeln* ausdrückt.
2. Bei einem **notwendigen Relativsatz** kann man *w*-Wörter ersetzen bzw. ergänzen, z. B. wer = *derjenige, welcher*; was = *das, was*; wo = *dort, wo*; wem = *demjenigen, dem*.

   Was (= Das, was) ich weiß, gebe ich nicht preis.

   Bei einem indirekten Fragesatz ist das nicht möglich:

   Ich frage mich, **wer** (geht nicht: ~~derjenige, welcher~~) das gemacht hat.

Nebensätze und ihre Aufgabe im Satzgefüge

Nebensätze werden nach **Art der Satzglieder** geordnet, deren Stelle sie einnehmen können. In dieser Hinsicht werden Nebensätze oft auch **Gliedsätze** genannt.

Mit der **Satzgliedfrage** und der **Ersatzprobe** (→ S. 410) lässt sich leicht erkennen, ob der Nebensatz ein Satzglied des Hauptsatzes ersetzt. Da es vier verschiedene Satzglieder gibt, können wir auch vier verschiedene Nebensatzarten unterscheiden: **Subjektsätze**, **Objektsätze**, **Adverbialsätze** und (als so genannte Gliedteilsätze) **Attributsätze**.

Es gibt außerdem Nebensätze, die keinem Satzglied oder Satzgliedteil des Hauptsatzes entsprechen, sondern sich vielmehr auf den gesamten Hauptsatz beziehen. Solche Sätze nennt man **weiterführende Nebensätze**.

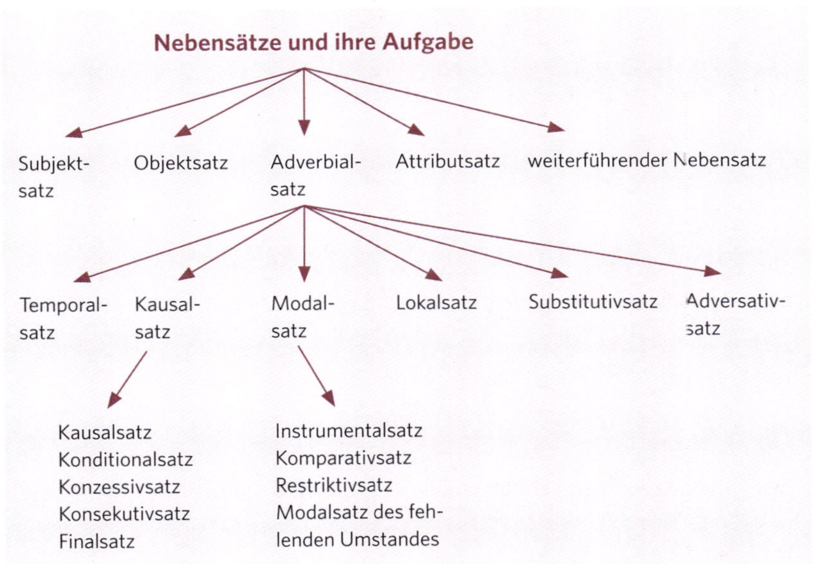

Subjektsätze

Beim Subjektsatz **ersetzt** der Nebensatz **das Subjekt** des Hauptsatzes. Der Hauptsatz wäre ohne den Nebensatz unvollständig: Er hätte kein Subjekt.

Subjektsätze werden durch Konjunktionen ***dass*** und ***ob*** oder durch ein Fragepronomen (***wer***, ***was***) eingeleitet.

Man bestimmt einen Subjektsatz wie jedes andere Subjekt mit Hilfe der Fragen *wer?* oder *was?*

Subjektsatz

Dass er nicht kommt, beunruhigt sie.

Satzgliedfrage: Wer oder was beunruhigt sie?
Ersatzprobe: Der ganze Nebensatz kann durch ein Wort ersetzt werden.
→ ***Es*** beunruhigt sie.

Subjektsatz

Ob er kommt, ist ungewiss.
→ Wer oder was ist ungewiss? → ***Das*** ist ungewiss.

Subjektsatz

Wer nicht fragt, bleibt dumm.
→ Wer oder was bleibt dumm? → ***Der*** bleibt dumm.

Subjektsätze können auch **ohne die Konjunktion *dass*** benutzt werden. In solchen uneingeleiteten Subjektsätzen steht das Prädikat an zweiter Stelle:

Ihr war klar**,** er **kommt** nicht mehr.
(statt: *Ihr war klar,* ***dass*** *er nicht mehr kommt.*)

Objektsätze

Der Objektsatz **ersetzt ein Objekt** des Hauptsatzes. Objektsätze werden durch die Konjunktionen ***dass*** und ***ob*** oder durch ein Fragepronomen (***wer***, ***was***) eingeleitet.

Man bestimmt einen Objektsatz mit Hilfe der Fragen *wen?*, *was?* (Akkusativobjekt), *wem?* (Dativobjekt), *wessen?* (Genitivobjekt).

Sie sah**, wie das Auto auf sie zuraste.**
→ Wen oder was sah sie? (Akkusativobjekt)
→ Sie sah ***es***.

Seinen Rat gibt er**, wem er möchte.**
→ Wem gibt er seinen Rat? (Dativobjekt)
→ Er gibt seinen Rat ***ihm***.

Ich bin mir sicher**, dass ich die Prüfung bestehe.**
→ Wessen bin ich mir sicher? (Genitivobjekt)
→ Ich bin mir ***dessen*** sicher.

Objektsätze können auch **ohne die Konjunktion *dass*** benutzt werden. Sie sehen dann aus wie einfache Hauptsätze – das Prädikat steht in solchen Sätzen an zweiter Stelle:

Ich bin mir sicher, ich **bestehe** die Prüfung.
→ Wessen bin ich mir sicher? (Genitivobjekt)
→ Ich bin mir ***dessen*** sicher.

Uneingeleitete Objektsätze werden oft für die **indirekte Rede** (→ S. 308)) verwendet. Sie sind dann abhängig von einem Verb des Sagens im Hauptsatz, z. B.: sagen, reden, mitteilen, meinen, behaupten ... und ihr Prädikat steht meistens im **Konjunktiv**.

Er sagte**, er habe die Lösung gefunden.**
(statt: *Er sagte,* ***dass*** *er die Lösung gefunden habe / hat.*)

Wenn der nicht eingeleitete Objektsatz keine indirekte Rede wiedergibt, benutzt man den Indikativ – wie in einem normalen *dass*-Satz auch.

Ich weiß**, du kannst es schaffen.**
(statt: *Ich weiß,* ***dass*** *du es schaffen kannst.*)

Ich glaube**, Alex ist schon losgefahren.**
(statt: *Ich glaube,* ***dass*** *Alex schon losgefahren ist.*)

Der Nebensatz als Ersatz für ein Präpositionalobjekt

Ein Nebensatz kann auch ein Präpositionalobjekt (→ S. 429) ersetzen. Auf den ersten Blick ist dies häufig nicht zu erkennen, denn im Satzgefüge taucht gar keine Präposition auf:

Er war erstaunt**, dass die Sitzung schon zu Ende war.**

Es heißt: *erstaunt sein* ***über*** *etwas*
→ Über wen oder was war er erstaunt? / *Worüber* war er erstaunt?
→ Er war erstaunt ***über*** diese Sache / ***darüber***.

Die Präposition *über* entfällt beim *dass*-Satz.

Adverbialsätze

Adverbialsätze werden **anstelle von adverbialen Bestimmungen** gebraucht. Mit ihnen lassen sich die Umstände eines Geschehens im Hauptsatz näher bestimmen. Wie bei den Adverbialen (→ S. 430) gibt es auch bei den Adverbialsätzen vier Hauptgruppen:

- **Temporalsätze** (→ S. 499)
  Temporalsätze setzen die Handlung des Hauptsatzes und des Nebensatzes in ein zeitliches Verhältnis zueinander.
- **Kausalsätze** (→ siehe Grafik, S. 495)
  Kausalsätze können im Allgemeinen entweder die Ursache des Geschehens im Hauptsatz nennen (**Kausalsatz, Konditionalsatz, Konzessivsatz** → S. 501 f.) oder die Wirkung des Geschehens im Hauptsatz angeben (**Konsekutivsatz, Finalsatz** → S. 503).
- **Modalsätze**
  Modalsätze bestimmen die **Art und Weise des Geschehens** im Hauptsatz näher. Dabei geben sie das Mittel des Geschehens an (**Instrumentalsätze** → S. 504), charakterisieren das Geschehen durch einen Vergleich (**Komparativsätze** → S. 504) oder schränken die Gültigkeit der Handlung ein (**Restriktivsätze** → S. 506). Es gibt auch **Modalsätze des fehlenden Umstandes** (→ S. 507; siehe auch Grafik, S. 495).
- **Lokalsätze** (→ S. 508)
  Lokalsätze geben einen Ort oder eine Richtung an, in der sich die Handlung des Hauptsatzes abspielt.

Mit Hilfe der **Ersatzprobe** (→ S. 410) lassen sich Adverbialsätze durch ein Wort bzw. eine kurze Wortgruppe ersetzen und werden so zu einem Adverbial des Hauptsatzes: Ein Temporalsatz wird zum Temporaladverbial, ein Lokalsatz zum Lokaladverbial usw. :

Adverbialsatz

Nelly ging zur Arbeit, **als es noch dunkel war.**
→ Wann ging sie zur Arbeit?
→ Sie ging ***dann*** / ***zu diesem Zeitpunkt*** zur Arbeit. → Temporaladverbial

Adverbialsatz

Klara ärgert sich, **weil Jenny immer zu spät kommt.**
→ Warum ärgert sich Klara?
→ Klara ärgert sich ***deshalb*** / ***aus diesem Grund***. → Kausaladverbial

Adverbialsatz

Ich mache es, **wie ich es schon letztes Mal gemacht habe.**
→ Wie mache ich es?
→ Ich mache es ***so*** / ***auf diese Weise***. → Modaladverbial

Adverbialsatz

Sein Haus steht, **wo der Wald endet.**
→ Wo steht sein Haus?
→ Sein Haus steht ***dort*** / ***an dieser Stelle***. → Lokaladverbial

Temporalsatz

Die Temporalsätze geben an, wann die Handlung des Hauptsatzes stattfindet. Sie können den Zeitpunkt oder die Dauer der Handlung, ihre Einmaligkeit bzw. Wiederholung oder aber ihr Anfang bzw. ihr Ende kennzeichnen.

Nach Temporalsätzen kann mit *wann?, seit wann?, bis wann?, wie lange?, wie oft?* gefragt werden.

Nelly ging zur Arbeit, **als es noch dunkel war**.
→ *Wann* ging sie zur Arbeit?

Temporalsätze können in unterschiedlicher zeitlicher Relation zum Hauptsatz stehen, dabei spielt nicht nur die Konjunktion, sondern auch die Zeitenfolge eine Rolle (→ S. 482):

Findet die Handlung im Nebensatz gleichzeitig mit der Handlung im Hauptsatz statt, spricht man von **Gleichzeitigkeit**. Temporalsätze, die Gleichzeitigkeit ausdrücken, werden mit den Konjunktionen ***als, wenn, während*** und ***solange*** eingeleitet.

Als wir ihn besuchen wollten, war er nicht da.
Die Vorstellung ist zu Ende**, wenn** das Bühnenlicht ausgeht.
Sie machten sich Notizen**, während** er sprach.
Solange er das Praktikum machte, wohnte er im Hotel.

Ereignet sich die Handlung im Nebensatz vor der Handlung im Hauptsatz, spricht man von **Vorzeitigkeit**. Temporalsätze, die Vorzeitigkeit ausdrücken, werden mit den Konjunktionen ***als, wenn, nachdem, sobald*** und ***seit(dem)*** eingeleitet.

Die Antwort fiel ihr erst ein**, als** die Zeit abgelaufen war.
Sie schloss die Tür auf**, nachdem** sie den Schlüssel gefunden hatte.
Sobald ich in Berlin angekommen bin, schicke ich dir eine SMS.
Seit ich umgezogen bin, schlafe ich schlechter.

Folgt die Handlung im Nebensatz erst nach der Handlung im Hauptsatz, nennt man diesen zeitlichen Bezug **Nachzeitigkeit**. Temporalsätze, die Nachzeitigkeit ausdrücken, werden mit den Konjunktionen ***bis, bevor*** und ***ehe*** eingeleitet.

Die Mutter erzählte eine Geschichte**, bis** das Kind einschlief.
Wir waren schon abgereist, **bevor** er ankam.
Sie macht eine Einkaufsliste**, ehe** sie einkaufen geht.

Gebrauch von *als* und *wenn*

Die Konjunktionen *als* und *wenn* bezeichnen beide ein einmaliges Geschehen, sie sind aber nicht austauschbar. Während ***als*** ein einmaliges Geschehen in der **Vergangenheit** kennzeichnet, bezieht sich ***wenn*** auf **Gegenwart oder Zukunft**:

Als wir abreisten, wurde das Wetter besser.
Wenn wir abreisen, müssen wir alle Fenster und Türen abschließen.

Wenn kann außerdem **wiederholtes Geschehen** in Vergangenheit, Gegenwart oder Zukunft bezeichnen:

Wenn wir frühstücken, hören wir immer Nachrichten.
Immer wenn ich am Wochenende nach Hause kam, wurde das Wetter schlecht.
Jedes Mal wenn das Wetter schön war, musste ich arbeiten.

Kausalsatz (Begründungssatz)

Ein Kausalsatz im eigentlichen Sinne gibt über den **Grund oder die Ursache** eines Geschehens im Hauptsatz Auskunft. Meist wird er durch die Konjunktionen ***da*** oder ***weil*** mit dem Hauptsatz verbunden. Nach Kausalsätzen kann mit *warum?*, *aus welchem Grund?* gefragt werden.

Er konnte am Turnier nicht teilnehmen**, weil** er eine Erkältung hatte.
Da Sarah erkrankt ist, fällt die Probe heute aus.

Wird im Nebensatz nur ein zusätzlicher Grund angegeben, wird die Konjunktion ***zumal (da)*** verwendet.

Du solltest nicht so viel Fettes essen**, zumal** dir erst gestern übel war.

Konditionalsatz (Bedingungssatz)

Der Konditionalsatz nennt die Bedingung oder Voraussetzung einer Handlung im Hauptsatz. Meist leiten ihn die Konjunktionen ***wenn, falls, sofern*** ein. Der Konditionalsatz wird mit *unter welcher Bedingung?*, *unter welcher Voraussetzung?* erfragt.

Fangt bitte ohne mich an**, falls** ich mich verspäte.

Wenn sie bis zum Herbst wieder fit ist, macht sie beim Marathon mit.
Ich möchte zum Ende kommen**, sofern** Sie keine weiteren Fragen haben.

Konditionalsätze können **erfüllbare und unerfüllbare Bedingungen** angeben. Entsprechend unterscheidet man reale (potenzielle), hypothetische und irreale Konditionalsätze.

Ein **realer Konditionalsatz** drückt eine realisierbare Bedingung aus. Dabei bezieht er sich auf die Gegenwart / Zukunft oder auf die Vergangenheit.

Wenn ich fit bin, nehme ich am Marathon teil.

Ein **hypothetischer Konditionalsatz** gibt eine Bedingung an, die nur in der Vorstellung des Sprechers erfüllbar ist. Er bezieht sich auf die Gegenwart oder Zukunft und wird im Konjunktiv Präteritum (→ S. 300) bzw. mit *würde* + Infinitiv gebildet.

Wenn ich fit wäre, könnte ich am Marathon teilnehmen.

Ein **irrealer Konditionalsatz** gibt eine nicht erfüllte und nicht mehr erfüllbare Bedingung an. Er bezieht sich auf die Vergangenheit und wird im Konjunktiv Plusquamperfekt (→ S. 300) gebildet.

Wenn ich fit gewesen wäre, hätte ich am Marathon teilgenommen.

Konditionalsätze, die vor dem Hauptsatz stehen, können auch **uneingeleitet** verwendet werden. In solchen Fällen steht die konjugierte Verbform beim Nebensatz und beim Hauptsatz an erster Stelle (→ vgl. auch Tipp S. 479).

Bin ich fit, nehme ich am Marathon teil.
Wäre ich fit, könnte ich am Marathon teilnehmen.
Wäre ich fit gewesen, hätte ich am Marathon teilgenommen.

Konzessivsatz (Einräumungssatz)

Mit dem Konzessivsatz wird eine **Einräumung** formuliert; man kann auch sagen: Der Konzessivsatz nennt einen **unzureichenden Gegengrund**. Meist wird er durch die Konjunktionen ***obwohl*** und ***obgleich*** mit dem Hauptsatz verbunden. In gehobener Sprache können auch die Konjunktionen ***obschon*** und ***wenngleich*** einen Konzessivsatz einleiten. Konzessivsätze können mit *trotz wessen?, trotz welcher Hindernisse?* erfragt werden.

Obwohl er Tag und Nacht gelernt hatte, bestand er die Prüfung nicht.
Sie ist sehr sportlich**, obschon sie gar nicht so aussieht**.

Konsekutivsatz (Folgesatz)

Der Konsekutivsatz nennt die **Folge oder die Wirkung**, die die Handlung des Hauptsatzes hat. Das heißt: Der Hauptsatz liefert den Grund / die Ursache für die Handlung des Nebensatzes.

Der Konsekutivsatz steht meist zusammen mit den Konjunktionen ***sodass / so dass, dass***. Konsekutivsätze können mit Fragen wie *mit welcher Folge?, mit welcher Wirkung?* erfragt werden.

Die Schlange vor dem Kino war sehr lang**, sodass** wir warten mussten.
Er musste laut sprechen**, so dass** er anschließend heiser wurde.

Im Gegensatz zu anderen Adverbialsätzen **funktioniert die Ersatzprobe** (→ S. 410) **beim Konsekutivsatz nicht**. Der Konsekutivsatz kann nicht durch ein einzelnes Wort ersetzt werden, stattdessen aber der Hauptsatz, da er den Grund / die Ursache für das Geschehen des Nebensatzes liefert.

Er sang so laut unter der Dusche, **dass** man ihn auf der Straße hörte.
Frage: Warum hörte man ihn auf der Straße? – Deshalb.

Konsekutivsatz nur mit *dass*?

Wenn der Konsekutivsatz durch die Konjunktion ***dass*** eingeleitet wird, muss der Hauptsatz das Wort ***so*** enthalten.

Es war **so** heiß**, dass** alle ins Schwitzen kamen.

An dem Wörtchen *so* kann man erkennen, dass es sich hier um einen Konsekutivsatz und nicht um einen Subjektsatz mit ***dass*** handelt:

Es war **so** kalt, **dass** alle zitterten. (Konsekutivsatz)
Es war klar, **dass** alle frieren würden. (Subjektsatz → S. 495)

Auch die **Ersatzprobe** hilft weiter bei der Unterscheidung: Ein Konsekutivsatz kann nicht durch ein einziges Wort ersetzt werden, ein Subjektsatz mit *dass* dagegen schon, selbst wenn im Hauptsatz ebenfalls ein *so* auftaucht:

Es war so schön, **dass** du gekommen bist!
Frage: Was war so schön? → ***Das*** *war so schön.*

Es war so schön, **dass** wir den ganzen Tag im Freien verbrachten.
Hier lässt sich der *dass*-Satz nicht durch ein einziges Wort ersetzen.
Es handelt sich also um einen Konsekutivsatz.

Finalsatz (Zweck- oder Absichtsatz)

Der Finalsatz gibt nähere Auskunft über **Ziel, Zweck oder die Absicht einer Handlung** im Hauptsatz. Oft leiten ihn die Konjunktionen ***damit*** oder ***(auf) dass*** ein. Finalsätze können mit *wozu?, zu welchem Zweck?* erfragt werden.

Er schloss das Fenster**, damit es nicht hereinregnete**.
Lasst uns endlich losgehen**, auf dass wir rechtzeitig ankommen**.

Ein Finalsatz kann manchmal durch eine Infinitivkonstruktion (→ S. 512) mit ***um ... zu*** ersetzt werden:

Sie hatte einen Stadtplan eingesteckt**, um** sich nicht **zu verlaufen**.

Instrumentalsatz

Instrumentalsätze geben das **Mittel** an, mit dem das Ziel der Handlung im Hauptsatz erreicht wird. Sie werden durch ***indem*** oder ***dadurch, dass*** eingeleitet. Nach Instrumentalsätzen kann mit *wie?, wodurch?* gefragt werden.

Er stimmte dem Vorschlag zu**, indem** er mit dem Kopf nickte.
Ich trainiere meine Ausdauer **dadurch, dass** ich jeden Tag jogge.

Komparativsatz (Vergleichssatz)

Durch Komparativsätze wird das **Geschehen im Hauptsatz mit dem Geschehen des Nebensatzes verglichen**. Solche Vergleiche können real (wirklich) oder nur hypothetisch (nicht real) sein, dabei können die verglichenen Inhalte gleich oder ungleich sein.

Komparativsätze, bei denen es um **reale** Vergleiche geht, werden durch die Konjunktionen ***wie*** (Gleichheit) und ***als*** (Ungleichheit) eingeführt.

Diese Woche ist es (genau)so kalt**, wie es schon letzte Woche war**.
Die Prüfung war schwieriger**, als ich gedacht habe**.

Wortpaare *so …, wie* bzw. gesteigertes Adjektiv *…, als* sind zwingend

Damit durch einen Vergleich mit der Konjunktion ***wie*** das Verhältnis der Gleichheit ausgedrückt werden kann, muss der Hauptsatz das Wort ***so*** oder ***genauso*** enthalten.

Der Film war **so** schlecht, **wie** ich es befürchtet habe.

Der Vergleich durch ***als*** erfolgt immer zu einem Hauptsatz, der ein **Adjektiv bzw. Adverb im Komparativ** (→ S. 204, 351) enthält.

Der Urlaub war **schöner**, **als** ich es mir erträumt hatte.

Wird das Geschehen des Hauptsatzes mit einem **nur angenommenen (hypothetischen) Sachverhalt** des Nebensatzes verglichen, so spricht man von **hypothetischen Komparativsätzen**. Sie werden durch Konjunktionen ***als***, ***als ob*** eingeführt und meistens mit **Konjunktiv** (→ S. 301) gebraucht. Bei diesen Vergleichen geht es immer um Gleichheit.

Ich war so müde**, als** hätte ich seit Tagen nicht geschlafen.
Er fuhr**, als ob** er getrunken hätte.

Bei hypothetischen Komparativsätzen wird meistens Konjunktiv Präteritum für die Gegenwart und Konjunktiv Plusquamperfekt für die Vergangenheit verwendet.

Stellung des Prädikats nach *als* und *als ob*

Nach der Konjunktion ***als*** steht das konjugierte Verb an erster Stelle!

Er sah so aus, **als hätte** er keine Lust auf die Wanderung.

Nach der Konjunktion ***als ob*** steht das konjugierte Verb dagegen immer am Ende des Satzes:

Er sah so aus, **als ob** er keine Lust auf die Wanderung **hätte**.

Sollen die Inhalte des Hauptsatzes und des Nebensatzes **graduierend aufeinander bezogen** werden, verwendet man ***je … desto, je … umso***. Der Sachverhalt im Hauptsatz bleibt oder ändert sich **proportional** zum Sachverhalt im Nebensatz. Die Konjunktion *je* leitet immer den Nebensatz ein und die Konjunktionen *desto* und *umso* leiten immer den Hauptsatz ein.

Je mehr du dich anstrengst, **desto / umso** besser ist das Ergebnis.

Stellung des Nebensatzes mit *je*

Der Nebensatz mit ***je*** steht meistens vor dem Hauptsatz mit ***desto* / *umso***.

Je höher man steigt, **desto** tiefer kann man fallen.

Statt ***je … desto*** kann auch das Konjunktionspaar ***je … je*** verwendet werden, es klingt aber heute etwas veraltet:

Je höher man steigt, **je** tiefer kann man fallen.

Restriktivsatz

Restriktivsätze **schränken die Gültigkeit der Handlung im Hauptsatz ein**, indem sie sich auf eine bestimmte Informationsquelle beziehen oder eine subjektive Einschätzung des Sprechers angeben. Sie werden durch ***soviel*** und ***soweit*** eingeleitet.

Soweit ich weiß, war er letzte Woche krank.
Soviel mir bekannt ist, fängt die Sitzung um 14 Uhr an.

Stellung des Nebensatzes mit *soweit* und *soviel*

Restriktivsätze mit ***soweit*** und ***soviel*** sind dem Hauptsatz meistens **vorangestellt**!

Soweit / soviel - so weit / so viel

Die Konjunktionen ***soweit*** und ***soviel*** können leicht mit den Fügungen ***so weit*** und ***so viel*** verwechselt werden. Während man aber die Fügungen aus *so* und einem Adjektiv bzw. Adverb immer getrennt schreibt, müssen die Konjunktionen *soweit* und *soviel* stets zusammengeschrieben werden.

Soweit ich das erkenne, ist das Vaters Handschrift.
Aber: Es ist **so weit** zum Strand, dass wir die Räder nehmen sollten.

Soviel ich weiß, gibt's heute Linsen mit Spätzle in der Kantine.
Aber: Du kannst dir **so viel** Schokolade nehmen, wie du möchtest.

Zu den Restriktivsätzen zählen auch Nebensätze, die mit ***außer dass*** und ***nur dass*** eingeleitet werden. Sie schränken die Aussage des Hauptsatzes ein.

Ich war wieder gesund, **außer dass** ich noch ab und zu hustete.

Modalsatz des fehlenden Umstandes

Diese Nebensätze geben einen Umstand zur Handlung im Hauptsatz an, der nicht eintritt bzw. nicht realisiert wurde. Sie werden mit ***ohne dass*** eingeleitet.

Er lief am schnellsten von allen, **ohne dass** es ihn angestrengt hätte.

Wenn die Subjekte des Hauptsatzes und des Nebensatzes identisch sind, wird oft anstelle des Nebensatzes eine Infinitivkonstruktion mit ***ohne … zu*** (→ S. 512) gebraucht.

Er verlässt das Haus**, ohne dass** er davor frühstückt.
→ Er verlässt das Haus, **ohne** davor **zu frühstücken**.
(→ Kommaregeln, S. 587; → Konjunktiv in Sätzen mit *ohne dass*, S. 303)

Lokalsatz

Ein Lokalsatz gibt Auskunft über den **Ort** oder die **Richtung** eines Geschehens im Hauptsatz und wird häufig durch die Lokaladverbien ***wo, wohin*** und ***woher*** eingeleitet. Nach Lokalsätzen kann mit *wo?, wohin?, woher?* gefragt werden.

Nie werde ich vergessen**, wo** wir uns getroffen haben.
Du kannst gehen**, wohin** du willst.
Der Zeuge konnte sich nicht erinnern**, woher** der LKW gekommen war.

Lokalsatz und Attributsatz

Wenn sich ein **Nebensatz mit *wo, wohin* oder *woher*** auf ein konkretes Wort im Hauptsatz bezieht, handelt es sich nicht um einen Lokalsatz, sondern um einen Attributsatz (→ S. 509).

Wir wollen nur **dort** unseren Urlaub verbringen**, wo** es warm ist.

Hier erklärt der Nebensatz nur den Ort (*dort*) genauer. Der Hauptsatz wäre auch ohne den Nebensatz vollständig.

Adversativsatz

Das Geschehen in einem Adversativsatz steht im **Gegensatz zum Geschehen des Hauptsatzes**. Er wird durch die Konjunktion ***während,*** seltener auch durch ***wohingegen*** eingeleitet.

Mein Bruder ist ein Frühaufsteher, **während** ich gerne ausschlafe.
Gestern schneite es, **während** heute die Sonne scheint.

Substitutivsatz

Substitutivsätze drücken eine **Möglichkeit** aus, die – im Gegensatz zu einer anderen Möglichkeit im Hauptsatz – **nicht wahrgenommen wird bzw. nicht stattfindet**. Sie werden durch die Konjunktionen ***anstatt dass*** und ***statt dass*** eingeleitet.

Stark erkältet ging er zur Arbeit**, (an)statt dass** er im Bett blieb.

Wenn der Hauptsatz und der Substitutivsatz das **gleiche Subjekt** besitzen, kann anstelle von *(an)statt dass* auch **(an)statt + Infinitiv mit *zu*** gebraucht werden (→ Infinitivkonstruktion, S. 512).

Stark erkältet ging er zur Arbeit**, (an)statt** im Bett **zu bleiben**.

(→ Kommaregeln, S. 587; → Konjunktiv in Sätzen mit *(an)statt dass*, S. 303)

Attributsätze

Ein Attribut kann nicht nur aus einzelnen Wörtern bestehen; auch ein Nebensatz kann Attribut sein. Der Attributsatz ersetzt ein Attribut zu einem Satzglied und kennzeichnet das Satzglied auf diese Weise näher.

Attribut
Die **längst geplante** Reise konnte er nicht antreten.

Attributsatz
Die Reise**, die er längst geplant hatte,** konnte er nicht antreten.

Der Attributsatz kann mit *welcher?, welche?, welches?* bzw. mit *was für ein?, was für eine?* erfragt werden.

Attributsatz
Die Aufgabe**, die mir übertragen wurde,** kann ich bewältigen.
Frage: *Was für eine Aufgabe?* → Der Bezugssatz ist ein Attribut zu dem Bezugswort *Aufgabe*.

Attributsatz

Frau Pieper hat die Ansicht, **dass Sport schön macht**.
Frage: *Was für eine Ansicht?* → Der *dass*-Satz ist ein Attribut zu dem Wort *Ansicht*.

Attributsätze können – ebenso wie Attribute – weggelassen werden und der Satz bleibt dennoch sinnvoll. Denn Attributsätze geben wie Attribute nur ergänzende Informationen zu dem Wort, auf das sie sich beziehen.

Übrigens: **Nicht notwendige Relativsätze** (→ S. 490) sind immer Attributsätze.

Weiterführender Nebensatz

Weiterführende Nebensätze entsprechen keinem Satzglied oder Satzgliedteil des Hauptsatzes, sondern beziehen sich auf eine relativ lockere Art und Weise auf den gesamten Hauptsatz. Sie kommentieren den Hauptsatz oder führen ihn weiter.

Weiterführende Nebensätze werden mit ***was*** oder mit einem Pronominaladverb (***wofür, worüber***, ...) eingeführt und stehen immer nach dem Hauptsatz.

Er hat an mich geschrieben, **was mich sehr gefreut hat.**
Er hat sein Wort gehalten, **wofür ich ihm sehr dankbar war.**

Weiterführender Nebensatz oder Attributsatz?

Weiterführende Sätze mit ***was*** können leicht mit Attributsätzen verwechselt werden. Der Unterschied liegt darin, dass das Einleitewort des Attributsatzes – im Gegensatz zum weiterführenden Nebensatz – ein Bezugswort im Hauptsatz hat.

Im Kino läuft nichts, **was** mir besonders gefällt. (Attributsatz)
Sie ist immer pünktlich, **was** mir besonders gefällt. (weiterführender Nebensatz)

Satzwertige Konstruktionen

Eine besondere Form von Nebensätzen sind die **Infinitiv- und** die **Partizipialgruppen**. Sie sind reduzierte Nebensätze, denn ihnen fehlt ein eigenes Subjekt, eine konjugierte Form des Verbs im Prädikat und meistens auch ein Einleitewort. Sie haben aber dieselben Funktionen wie die Nebensätze. Deshalb nennt man sie **satzwertig**.

Infinitiv- und Partizipialgruppen können - ähnlich wie Nebensätze - um Objekte sowie adverbiale Bestimmungen (→ S. 430) erweitert werden und zusammen mit einem Hauptsatz ein Satzgefüge (→ S. 474) bilden.

Satzwertige Infinitiv- und Partizipialgruppen können in einen normalen Nebensatz umgewandelt werden:

Es hat mich sehr gefreut(,) **meine Freundin heute wieder zu sehen.**
→ Es hat mich sehr gefreut**, dass ich meine Freundin heute wieder gesehen habe.**

Infinitivkonstruktion

Bei satzwertigen Infinitivgruppen steht das Prädikat immer im **Infinitiv mit *zu***. Das Subjekt fehlt, es steht aber bereits im Hauptsatz.

Hauptsatz + Infinitivgruppe:
Frau Melz versprach(,) ihre Beziehungen spielen **zu lassen**.

Der Satz könnte auch mit einem Nebensatz mit Konjunktion gebildet werden:

Hauptsatz + Konjunktionalsatz:
Frau Melz versprach**, dass** sie ihre Beziehungen spielen lasse.

Die Infinitivgruppe wird oft als eleganter empfunden als der etwas schwerfälligere Konjunktionalsatz.

(→ Komma bei Infinitivgruppen, S. 587)

Satzwertige Infinitivgruppen können für ein **Subjekt** oder ein **Objekt** des Hauptsatzes stehen oder ein **Attribut** im Hauptsatz ersetzen. Sie **entsprechen Subjekt-, Objekt- und Attributsätzen**, die **mit *dass*** eingeleitet werden.

- **Infinitivgruppe als Ersatz für einen Subjektsatz** (→ S. 495)**:**
  Die Sonne zu genießen(,) verbessert die Laune.
  → Frage nach dem Subjekt: **Wer oder was** verbessert die Laune?
- **Infinitivgruppe als Ersatz für einen Objektsatz** (→ S. 496)**:**
  Der Politiker versprach den Journalisten, die Steuern nicht zu erhöhen.
  → Frage nach dem Objekt: **Wen oder was** versprach er den Journalisten?
- **Infinitivgruppe als Ersatz für einen Attributsatz** (→ S. 509)**:**
  Der Auftrag, die Wohnung zu tapezieren, musste unbedingt im April erledigt werden.
  → Frage nach dem Attribut: **Was für ein** Auftrag musste unbedingt im April erledigt werden?

Satzwertige Infinitivgruppen können auch die Rolle eines **Adverbials** (→ S. 430) in einem Hauptsatz übernehmen. Sie werden dann mit ***(an)statt … zu, um … zu*** und ***ohne … zu*** gebildet und entsprechen Adverbialsätzen (→ S. 507, 509), die mit *(an)statt dass, damit, als dass* oder *ohne dass* eingeleitet werden.

Als **Ersatz für einen Substitutivsatz** (→ S. 509) drückt die Infinitivgruppe eine **Möglichkeit** aus, die – im Gegensatz zu der Handlung des Hauptsatzes – **nicht wahrgenommen wird bzw. nicht stattfindet**. Sie wird mit ***(an)statt … zu*** gebildet.

Wir suchten nach Hilfe, anstatt das Problem selbst zu lösen.
Statt: Wir suchten nach Hilfe**, anstatt dass wir das Problem selbst lösten**.

Als **Ersatz für einen Finalsatz** (→ S. 504) drückt die Infinitivgruppe **Ziel, Zweck oder die Absicht einer Handlung** im Hauptsatz aus. Sie wird mit ***um … zu*** gebildet.

Gerda stellte den Motor ab, um Schlimmeres zu verhindern.
Statt: Gerda stellte den Motor ab**, damit sie Schlimmeres verhinderte**.

Als **Ersatz für einen Konsekutivsatz** (→ S. 503) drückt die Infinitivgruppe die **Folge oder die Wirkung der Handlung im Hauptsatz** aus. Sie wird mit ***um ... zu*** eingeleitet.

Die Suppe war zu heiß, um sie essen zu können.
Statt: Die Suppe war so heiß**, dass man sie nicht essen konnte**.

Als **Ersatz für einen Modalsatz des fehlenden Umstandes** (→ S. 507) drückt die Infinitivgruppe einen **Umstand zur Handlung im Hauptsatz** aus, **der nicht eingetreten ist** oder nicht realisiert wird. Sie wird mit ***ohne ... zu*** eingeleitet.

Er log, ohne mit der Wimper zu zucken.
Statt: Er log**, ohne dass er mit der Wimper zuckte**.

Subjektübereinstimmung bei Adverbialsatz

Adverbialsätze können nur dann durch eine Infinitivgruppe ersetzt werden, wenn das Subjekt des Adverbialsatzes dasselbe ist wie im Hauptsatz.

Er hat das Haus verlassen, ohne dass **er** sich verabschiedet hat.
→ Er hat das Haus verlassen, ohne sich verabschiedet zu haben.

Er hat das Haus verlassen, ohne dass **ich** mich von ihm verabschiedet habe. → Infinitivgruppe nicht möglich

Getrennt- und Zusammenschreibung bei Infinitiven mit *zu*

In der Regel wird ***zu*** getrennt vom Infinitiv geschrieben:
zu gehen, **zu** lassen, **zu** genießen, **zu** tapezieren

Bei Verben mit einer **Verbpartikel** bzw. einem **Präfix** hilft Ihnen die Betonungsregel. Bei den folgenden Beispielen ist die betonte Silbe des Verbs jeweils unterstrichen.

- Ist die **Verbpartikel** (→ S. 320) **betont**, wird das ***zu* eingeschoben** und die ganze Verbindung als ein einziges Wort geschrieben:
  'einführen → 'ein**zu**führen, sich umsehen → sich um**zu**sehen
- Bei **unbetontem Präfix** wird immer **getrennt** geschrieben:
  wieder'holen → **zu** wiederholen, hinter'gehen → **zu** hintergehen

Verben mit einem unbetonten **Verbpräfix** (z. B. *be-*, *er-*, *ver-* → S. 319) werden immer zusammengeschrieben - ***zu*** steht hier immer **vor dem Infinitiv**:
zu begreifen, **zu emp**finden, **zu er**fahren, **zu ge**raten, **zu ver**gessen ...

Achtung: Das Präfix ***miss-*** ist in der Regel unbetont:
miss'glücken → **zu** missglücken, miss'lingen → **zu** misslingen ...

Es gibt aber Ausnahmen:
'missbehagen → miss**zu**behagen, 'missverstehen → miss**zu**verstehen.

Aber: 'missinterpretieren → **zu** missinterpretieren

(→ Verbpräfixe, Verbpartikel und Betonung, S. 47 ff.)

Partizipialkonstruktion

Satzwertige Partizipialgruppen beziehen sich auf ein Substantiv (meistens das Subjekt) im Hauptsatz und werden häufig anstelle eines Attribut- oder Adverbialsatzes gebraucht. Sie haben kein eigenes Subjekt und werden mit dem Partizip Präsens oder Partizip Perfekt (→ S. 249 ff.) gebildet.

Bitter weinend(,) verabschiedete sie sich von allen. (Partizip Präsens)
Vom Training erschöpft(,) ging Tom noch in die Bar. (Partizip Perfekt)

→ Komma bei Partizipialgruppen, S. 589

Partizipialgruppen können in einen **Attributsatz** (nicht notwendigen Relativsatz → S. 490) umgeformt werden.

Vor Freude strahlend(,) kam Tom zu uns an den Tisch. (Partizipialgruppe)
→ Tom**, der vor Freude strahlte,** kam zu uns an den Tisch. (Attributsatz)

Der Trainer, nervös am Spielfeldrand hin und her laufend, glaubte noch an den Sieg. (Partizipialgruppe)
→ Der Trainer**, der nervös am Spielfeldrand hin und her lief**, glaubte noch an den Sieg. (Attributsatz)

Partizipialgruppen können aber auch in einen **Adverbialsatz** (→ S. 498 ff.) umgeformt werden.

Vor Freude strahlend(,) kam Tom zu uns an den Tisch. (Partizipialgruppe)
→ **Während Tom vor Freude strahlte,** kam er zu uns an den Tisch. (Adverbialsatz: Temporalsatz)

Von allen ausgelacht(,) wurde sie ganz rot. (Partizipialgruppe)
→ **Weil sie von allen ausgelacht wurde,** wurde sie ganz rot. (Adverbialsatz: Kausalsatz)

Mit dem Kopf nickend(,) stimmte er dem Vorschlag zu. (Partizipialgruppe)
→ **Indem er mit dem Kopf nickte**, stimmte er dem Vorschlag zu. (Adverbialsatz: Modalsatz)

Gleichzeitigkeit und Vorzeitigkeit bei Partizipialgruppen

Das **Partizip Präsens** in einer Partizipialgruppe drückt aus, dass die Handlung gleichzeitig mit der Handlung im Hauptsatz stattfindet. Das **Partizip Perfekt** drückt aus, dass die Handlung der Partizipialgruppe vor der Handlung im Hauptsatz stattfand.

Partizip Präsens: Gleichzeitigkeit

Heftig mit den Händen **gestikulierend**(,) **kam** er auf mich zu.
Nicht auf den Verkehr **achtend**(,) **rannte** das Kind über die Straße.

Partizip Perfekt: Vorzeitigkeit

Als Letzter **gestartet**(,) **kommt** Herr Hurtig als Erster ins Ziel.
Vom Regen völlig **durchnässt**(,) **erreichten** wir unser Ziel.

Partizipialgruppen als feste Wendungen

Viele kurze Partizipialgruppen sind zu festen Wendungen geworden:

So gesehen hatte sie natürlich Recht.
Grob geschätzt brauchen wir noch ca. 10.000 Euro.

Weitere solche Wendungen sind z. B.: allgemein formuliert, anders ausgedrückt, genauer gesagt, im Grunde genommen, kurz gesagt, so betrachtet, streng genommen ...

Vermeiden Sie Fehler beim Schreiben von Briefen

Merken Sie sich, dass sich eine Partizipialgruppe immer nur auf das Subjekt des Hauptsatzes beziehen kann. Dann passieren Ihnen auch nicht Fehler wie der folgende:

Falsch: ~~Angeregt durch Ihren Vorschlag(,) werden heute Prospekte an weitere Interessenten verschickt.~~

Die Prospekte sind Subjekt des Hauptsatzes. Sie selbst wurden jedoch nicht angeregt. Also kann man hier keinen Satzbau mit einer Partizipgruppe wählen.

Richtig ist z. B.: Auf Ihre Anregung hin werden heute Prospekte an weitere Interessenten verschickt.

VERNEINUNG (NEGATION)

ÜBERSICHT

Satznegation und Sondernegation

→ S. 518

Die Satznegation betrifft immer den gesamten Satz, die Sondernegation nur einen Teil des Satzes (einzelne Satzglieder).

Frank liest **nicht**. (Satznegation)
Frank liest **nicht** im Garten, sondern im Haus. (Sondernegation)

Möglichkeiten der Verneinung

→ S. 519

Im Deutschen verneint man eine Aussage mit den **Negationswörtern *nein*, *kein*** und ***nicht***:

Hast du den Film schon gesehen? – **Nein**!
Die Polizei hatte **eine** heiße Spur. → Die Polizei hatte **keine** heiße Spur.
Sie treffen sich heute **nicht**.

→ S. 521

Die wichtigsten **Pronomen**, mit denen verneint wird, sind: ***keiner, keine, keines, niemand*** oder ***nichts***.

→ S. 521

Zu den verneinenden **Adverbien** gehören vor allem: ***nie, niemals, nirgends, nirgendwo, keinesfalls, keineswegs.***

→ S. 522

Verneinende **Konjunktionen** sind: ***weder … noch, ohne dass, anstatt dass***.

Präfixe wie ***un-, miss-*** oder ***in-*** und das **Suffix *-los*** bringen gleichfalls Verneinungen zum Ausdruck:
unfreundlich, **miss**achten, **in**stabil, end**los**

→ S. 522

Es gibt auch **Verben**, die eine Aussage verneinen können:
verweigern, verzichten, bestreiten, verbieten

→ S. 522

Satznegation und Sondernegation

Die Satznegation betrifft immer den gesamten Satz, die Sondernegation nur einen Teil des Satzes (einzelne Satzglieder).

Frank liest nicht. (Satznegation)
Frank liest nicht im Garten, sondern im Haus. (Sondernegation)

Im ersten Fall liest Frank nicht. Im zweiten Fall liest er, aber nicht im Garten. Die Verneinung durch *nicht* wirkt im ersten Fall auf den Gesamtsatz (Frank liest nicht), im zweiten Fall nur auf einen Teil des Satzes (nicht im Garten).

In der Regel legen die **Stellung** des Negationswortes, die **Betonung** und die **Bedeutung** fest, ob der ganze Satz oder nur ein Teil des Satzes verneint wird.

Alle haben die Prüfung **nicht** bestanden. (Satznegation)
→ Niemand hat die Prüfung bestanden.

Aber: Nicht alle haben die Prüfung bestanden. (Sondernegation)

Hier wird nur das Subjekt des Satzes verneint, nämlich das Indefinitpronomen *alle*. → Einige haben die Prüfungen bestanden, aber nicht alle.

Satz- oder Sondernegation?

Manchmal ist es schwierig zu unterscheiden, ob eine Satznegation oder eine Sondernegation vorliegt. Solche Sätze sind doppeldeutig:

Wir unterhielten uns nicht im Büro.

Dies könnte zweierlei bedeuten:

Wir unterhielten uns überhaupt nicht miteinander, auch nicht im Büro.
Oder: *Wir unterhielten uns zwar nicht im Büro miteinander, aber an einem anderen Ort.*

Hier hilft die Wortstellung nicht weiter und wir müssen uns auf den Kontext und die Betonung verlassen.

Die Negationswörter *nein, kein, nicht*

nein

Die Interjektion *nein* gibt eine verneinende Antwort auf eine Entscheidungsfrage (→ S. 463) oder wird als verneinender Einwurf gebraucht; dann verstärkt *nein* die Negation im anschließenden verneinten Satz.

Hast du den Film schon gesehen? – **Nein**. (verneinende Antwort auf Entscheidungsfrage)

Nein, das hätte ich nicht gedacht. (verneinender Einwurf)

kein

Kein ist die Verneinung des unbestimmten Artikels *ein*.

Die Polizei hatte **eine** heiße Spur. → Die Polizei hatte **keine** heiße Spur.
Im Gegensatz zum unbestimmten Artikel kann *kein* **auch im Plural** stehen:

Dieses Buch enthält Fehler. → Dieses Buch enthält **keine** Fehler.

Soll ein **Nomen** verneint werden, das **ohne Artikel** steht, wird ebenfalls *kein* gebraucht.

Sie hatten Glück. → Sie hatten **kein** Glück.

Anstelle von *kein* kann auch die stärkere Verneinung ***nicht ein*** stehen.

Sie hatten **keinen** Anhaltspunkt. → Sie hatten **nicht einen** Anhaltspunkt.

nicht

Wird mit *nicht* das Prädikat (→ S. 412) verneint, gilt die Verneinung dem gesamten Satz (**Satznegation**). *Nicht* kann dann an verschiedener Positionen des Satzes stehen, allerdings nie alleine direkt vor der Personalform des Verbs (→ Negationspartikel, S. 397):

- Am häufigsten steht *nicht* am Satzende.

  Sie treffen sich heute **nicht**.

- Wird das Prädikat aus einem Verb mit Verbpartikel gebildet, steht *nicht* vor der Verbpartikel.

  Nein, das sehe ich **nicht ein**.

- Ist das Prädikat aus der Personalform und einem Partizip Perfekt zusammengesetzt, steht *nicht* vor dem Partizip. Dies gilt also für **Sätze im Perfekt und Plusquamperfekt**.

  Er hat sich bestimmt **nicht geirrt**.
  Sie hatte den Geburtstag **nicht vergessen**.

- Wird das Prädikat aus einer Personalform und einem Infinitiv gebildet, steht *nicht* vor dem Infinitiv. Dies gilt also für **Sätze mit Modalverben**, aber auch für das **Futur I**.

  Sie möchte jetzt **nicht fernsehen**.
  Er wird morgen **nicht abreisen**.

- **Im Nebensatz** (→ S. 473, 478) steht *nicht* vor der Personalform des Verbs.

  Dass du dich über diese Nachricht **nicht freust**, wundert mich.

- *Nicht* kann vor oder hinter **Präpositionalobjekten** (→ S. 429) und freien lokalen Angaben (adverbialen Bestimmungen → S. 430) stehen.

  Er wundert sich **nicht** über sein schlechtes Abschneiden.
  Er wundert sich über sein schlechtes Abschneiden **nicht**.
  Er klettert **nicht** in den Bergen.
  Er klettert in den Bergen **nicht**.

Bei der **Sondernegation** steht *nicht* in der Regel vor dem Satzglied, das es verneint.

Das ist **nicht meine Tasche**, sondern Paulas.
Er wusste **nicht nur viel**, sondern alles darüber.
Er reiste **nicht nach Rom**, sondern nach Venedig.
Ich habe es **nicht böse** gemeint.

Soll das verneinte Satzglied stärker betont werden, steht es oft am Anfang des Satzes. Das verneinende *nicht* wird in diesen Fällen nicht verschoben, sondern steht am Satzende bzw. bei mehrteiligen Prädikaten (→ S. 412, 456) an vorletzter Stelle.

Das ist **nicht** meine Tasche. (neutrale Betonung)
Meine Tasche ist das **nicht**. (stärkere Betonung)

Ich habe es **nicht** böse gemeint. (neutrale Betonung)
Böse habe ich es **nicht** gemeint. (stärkere Betonung)

Wird auch das verneinende *nicht* an den Anfang des Satzes verschoben, folgt oft eine Ergänzung, die das Gegenteil der Verneinung angibt und meist mit ***sondern*** angeschlossen wird.

Nicht ins Kino gehen wir heute, **sondern** ins Theater.
Nicht meine Tasche ist das, **sondern** Lauras.

Verneinende Pronomen und Adverbien

Mit den **Pronomen *keiner, keine, keines, niemand*** oder ***nichts*** können ebenfalls Verneinungen formuliert werden. Dabei bezieht sich *nichts* auf Sachen oder Sachverhalte, mit *niemand* und *keiner*, *keine*, *keines* wird auf Personen Bezug genommen.

Habt ihr schon **etwas** von ihm gehört? – Nein, wir haben noch **nichts** gehört.
Hat **jemand** daran gedacht? – Nein, **niemand / keiner** hat daran gedacht.

Zu den **Adverbien**, mit denen Verneinungen zum Ausdruck gebracht werden können, gehören vor allem ***nie, niemals, nirgends, nirgendwo, keinesfalls, keineswegs***. Mit *nie* und *niemals* werden Angaben zur Zeit, mit *nirgends* und *nirgendwo* Angaben zum Ort gemacht; mit *keinesfalls* und *keineswegs* werden die Umstände eines Geschehens näher gekennzeichnet.

Sie hat **nie / niemals** zuvor davon gehört. (**wann**? = Zeit)
Er kann das Mathebuch **nirgends / nirgendwo** finden. (**wo**? = Ort)
Ich werde mich **keinesfalls / keineswegs** auf den Vorschlag einlassen.
(**unter welchen Umständen**? = modale Bedeutung)

Verneinung durch Konjunktionen

Verneinungen lassen sich auch mit Konjunktionen ausdrücken, beispielsweise mit der Konjunktion ***weder … noch***:

Weder gefielen ihr die blauen **noch** die roten Schuhe.

Konjunktionen ***(an)statt dass*** und ***ohne dass*** verneinen den Nebensatz (→ Nebensätze, S. 509, 511), den sie einleiten:

Er geht, **ohne dass** er sich verabschiedet. (Er verabschiedet sich nicht.)
Er lacht uns aus, **anstatt dass** er uns hilft. (Er hilft nicht.)

Verneinung durch Präfixe und Suffixe

Präfixe wie ***un-***, ***miss-*** oder ***in-*** (→ S. 319) und das Suffix ***-los*** (→ S. 78) bringen gleichfalls Verneinungen zum Ausdruck.

unfreundlich	=	nicht freundlich	**in**stabil	=	nicht stabil
unglaublich	=	nicht zu glauben	end**los**	=	ohne Ende
missachten	=	nicht achten	glück**los**	=	ohne Glück …

Verneinung durch Verben

Bestimmte Verben drücken allein durch ihre Bedeutung schon eine Verneinung aus.

Er **verweigert** ihr seine Unterstützung. (Er unterstützt sie nicht.)

Er **verzichtet** darauf, Anklage zu erheben. (Er erhebt keine Anklage.)

Sie **bestreitet / leugnet**, die Tat begangen zu haben.
(Sie sagt, dass sie die Tat nicht begangen hat.)

Sie **verbietet** ihren Kindern, auf der Straße zu spielen.
(Die Kinder dürfen nicht auf der Straße spielen.)

Das Verb *warnen*

Das Verb *warnen* drückt einen Wunsch oder eine Aufforderung aus, dass eine andere Handlung nicht stattfinden bzw. unterlassen werden soll.

Ich warne dich davor, den Vertrag zu unterschreiben.
= Du sollst den Vertrag **nicht** unterschreiben.

Wird der Nebensatz / die Infinitivgruppe jedoch verneint, ist die Bedeutung von *warnen*, dass eine Handlung ausgeführt werden soll:

Ich warne dich davor, den Vertrag **nicht** zu unterschreiben.
= Du sollst den Vertrag unterschreiben.

Doppelte Verneinung

Ableitungen (→ S. 76 f.), vor allem mit dem Präfix ***un-***, stehen gelegentlich zusammen mit ***nicht*** und bilden dann eine so genannte **doppelte Verneinung**. Die doppelte Verneinung darf man nicht als Negation verstehen: Sie ist eine Bejahung.

Er war **nicht unfreundlich**. (= Er war freundlich.)

Es ist im Deutschen nicht möglich, durch eine doppelte Verneinung eine Negation auszudrücken.

Niemand hat den Fehler ~~nicht~~ erkannt.

Mehrfache Verneinungen als Stolperstein

Doppelte Verneinungen können manchmal stilistisch gekonnt wirken. Bei mehr als einer verdoppelten Verneinung muss man jedoch aufpassen, dass man durch zu viele Verneinungen am Ende nicht das Gegenteil dessen ausdrückt, was man sagen wollte.

Bert hat nicht gesagt, dass er Magda nicht unsympathisch fände.

Findet Bert Magda sympathisch oder nicht? Tatsache ist, dass er sich dazu überhaupt nicht geäußert hat. Eindeutig wäre hier wohl:

Bert hat sich nicht dazu geäußert, ob er Magda sympathisch findet.

Weiteres Beispiel:

Ich kann nicht verneinen, dass mich bei diesem Anblick kein Grausen packte.

Hat es hier nun jemanden gegraust oder nicht? Das Verb *verneinen* bedeutet *nein sagen*.

→ nicht verneinen = ja sagen, zustimmen
→ Diese Person hat es also gar nicht gegraust.

RECHTSCHREIBUNG UND ZEICHENSETZUNG

DIE RECHTSCHREIBUNG

ÜBERSICHT

Durch die **Rechtschreibung** – auch Orthografie genannt – wird festgelegt, wie die Wörter einer Sprache geschrieben werden.

Dazu gehören in der deutschen Sprache folgende Aspekte:

Groß- und Kleinschreibung → S. 526

Nimm dir **Z**eit. – **z**eit seines Lebens

Getrennt- und Zusammenschreibung → S. 535

frei sprechen (ohne Vorlage) – freisprechen (von Schuld)

Schreibung der Vokale und Konsonanten → S. 547

Lid (Augendeckel) – Lied (Gesangsstück)
Mal (Zeichen) – Mahl (Speise)

Gleich lautende Vokale und Diphthonge → S. 555

aufwendig → aufwenden, aufwändig → Aufwand

Schreibung der Konsonanten und Konsonantengruppen → S. 557

z. B. *s*-Laute: Fluss, Floß, außen, das, dass ...

Zeiten und Zahlen → S. 565

am **A**bend, aber: **a**bends, **D**ienstagabend,
am **M**ittwochvormittag ...

Die Groß- und Kleinschreibung

Die Großschreibung

Satzanfänge

Das erste Wort eines Satzes schreibt man mit großem Anfangsbuchstaben.

Gestern hatte ich einen Unfall. **H**ast du davon gewusst?

Das gilt auch für

- **Kurzsätze:** **H**alt! **W**arte! **W**ie bitte?
- **das erste Wort einer wörtlichen Rede:** „**H**ast du mich verstanden?"
- **Überschriften:** **W**ieder ein Wohnhausbrand
- **Buchtitel:** **D**ie Mütter-Mafia

Nomen

Nomen werden immer großgeschrieben. Man erkennt sie meist an einem vorangehenden Begleiter. Also kann man sagen, dass Nomen und Begleiter eng zusammengehören und **Begleiter** Hinweis auf die Großschreibung der Nomen sind.

der **L**ärm, ein **H**aus, kein **L**icht, alle **K**inder, viele **F**reunde ...

Viele Nomen erkennt man an ihrer **Endung**, die den Hinweis auf die Großschreibung gibt:

Ahn**ung**, Bos**heit**, Übel**keit**, Wag**nis**, Irr**tum**, Trüb**sal**, Find**ling**, Lieb**schaft** ...

→ Wortarten, Nomen, Begleiter, Suffixe

Begleiter des Nomens können sein:

- die Artikel der, die das und ein, eine
- der verneinende Artikel kein, keine
- die Possessivpronomen mein, dein, sein ...

- die Demonstrativpronomen dieser, jener, solcher ...
- bestimmte Zahlwörter: zwei, hundert, tausend ...
- unbestimmte Zahlwörter: beide, einige, wenige, viele, alle(s), nichts ...
- die Fragepronomen welcher, welche, welches

Oft ist ein **bestimmter Artikel mit einer Präposition verschmolzen** und nicht gleich zu erkennen.

am = an dem, **ans** = an das, **beim** = bei dem, **ins** = in das ...

Auch in diesen Fällen erfolgt die Großschreibung des nachfolgenden Bezugsworts; es ist ein Nomen:

zur **A**rbeit gehen, vors **H**aus treten, im **W**ohnzimmer sitzen ...

→ siehe auch Präpositionen, S. 370

Manchmal fehlt der Begleiter, aber man muss trotzdem großschreiben: Die Begleiter lassen sich aber leicht ergänzen:

Es folgte Wagen auf Wagen in geringem Abstand.
→ Es folgte **ein** Wagen auf **einen** anderen Wagen in **einem** geringen Abstand.

Namen für Personen, Straßen, Organisationen, geografische Begriffe und historische Ereignisse

In folgenden Fällen wird immer **großgeschrieben**:

- Namen für Personen und Berufstitel:
  Susanne, **P**rofessor **M**utschler, **D**r. **E**wald **H**äubler ...
- Nomen in mehrteiligen Personennamen:
  Felicitas von **L**ovenberg, **A**ndreas von der **G**racht ...
- Adjektive und Partizipien in Namen von Personen der Zeitgeschichte und Amtsinhabern:
  Karl der **G**roße, der **H**eilige **V**ater, der **R**egierende **B**ürgermeister von Berlin ...

- Namen von Straßen und Plätzen:
  Domstraße, **A**denauerufer, **I**m **H**of, **D**omplatz ...
- Adjektive, die von Städtenamen oder anderen geografischen Begriffen abgeleitet sind:
  die **K**öln**er** Altstadt, nahe beim **H**alle**schen** Tor, am **B**ergisch**en** Ring ...
- das erste Wort mehrteiliger Straßennamen und weitere Wörter, ausgenommen Artikel und Präpositionen:
  An der **G**roßen **F**reiheit, **U**nter den **L**inden, **W**eg hinter der **M**auer ...
- die Adjektive in geografischen Begriffen:
  der **S**chwarze **K**ontinent, der **F**erne / **N**ahe **O**sten, die **E**uropäische **U**nion, der **G**roße Belt ...
- Namen von Organisationen und historischen Ereignissen:
  die **V**ereinten **N**ationen, der **W**eiße **R**ing, das **R**ote **K**reuz ...;
  der **W**estfälische **F**rieden, die **F**ranzösische **R**evolution ...

Nominalisierung anderer Wortarten

Auch andere Wortarten können zu Nomen werden, wenn man ihnen einen Begleiter beigibt. Sie werden dann großgeschrieben. Dies gilt für nominalisierte

- Adjektive:
  Das Schöne an diesem Buch ist die Handlung.
  Es hat sich **zum G**uten gewendet.
  Dieses Blau steht Susanne sehr gut.
  Wir sind uns **im G**roßen und **G**anzen einig.
  Im Allgemeinen gab es keine Probleme.
  → Adjektive, S. 193
- Adverbien:
  Wir leben **im H**ier und **J**etzt.
  Wer immer **im G**estern lebt, vergisst die Zukunft.
  → Adverbien, S. 347 ff.

- Konjunktionen:
  Es gibt nur **ein E**ntweder-oder.
  Jetzt kommt das **A**ber.
  → Konjunktionen, S. 381 ff.
- Zahlwörter:
  Er hat **eine Z**wei geschrieben.
  → Zahlwörter, S. 217 ff.
- Präpositionen:
  Wir erörtern gerade **das F**ür und **W**ider der Großschreibung.
  → Präpositionen, S. 363 ff.
- Pronomen:
  Er wollte ihr **das D**u anbieten. Sie ist aber bei**m S**ie geblieben.
  → Pronomen, S. 143 ff.
- Verben:
  das **K**ochen lernen, zum **S**chwimmen gehen, beim **R**eden ...

Fehlende Begleiter kann man ergänzen

Bei **Adjektiven** und **Zahladjektiven** fehlt manchmal der Artikel; man erkennt jedoch meistens an zwei Dingen, dass sie nominalisiert sind und deshalb **großgeschrieben** werden müssen:

1. Sie haben eine Deklinationsendung.
2. Sie beziehen sich nicht auf ein Nomen.

Man kann in diesen Fällen den **Artikel** leicht **ergänzen**, ohne dass der Zusammenhang seinen Sinn verliert:

Richtig**es** und **F**alsch**es** tun → **das R**ichtige und **das F**alsche tun
Er wurde **D**ritt**er**. → Er wurde **der D**ritte.

Manchmal fehlen auch die Deklinationsendungen. In diesen Fällen stehen die Adjektive für einen längeren **Ausdruck aus Adjektiv + Nomen**:

Die Ampel schaltete auf **G**rün. (kurz für auf grünes Licht)
Er liebt **B**lond. (kurz für blondes Haar)
Wir liefern die Ware nur in **S**chwarz. (kurz für in schwarzer Farbe)

Aber: In festen, nicht deklinierten paarigen Ausdrücken gilt die Großschreibung nur, wenn Personen gemeint sind. Ansonsten schreibt man klein:

Es trafen sich **A**rm und **R**eich (kurz für arme und reiche Menschen)
ein Fest für **J**ung und **A**lt (kurz für junge und alte Menschen)

Sie kamen von **n**ah und **f**ern. (Keine Personen sind gemeint.)
Wir gingen zusammen durch **d**ick und **d**ünn. (Keine Personen sind gemeint.)
Über **k**urz oder **l**ang geht das schief. (Keine Personen sind gemeint.)

Die Anredepronomen

Die Anredepronomen der zweiten Person (*du / deiner / dir / dich* und *ihr / euer / euch*) sowie die entsprechenden besitzanzeigenden Pronomen (*dein / deine / euer / eure*) schreibt man klein.

„Ich sah **e**ure bösen Blicke." – „Diese Blicke hast **d**u **d**ir verdient."

In Briefen darf man sie aber auch **großschreiben**.

Liebe Sarah,
ich danke **d**ir / **D**ir sehr für **d**eine / **D**eine Postkarte! Hattet **i**hr / **I**hr einen schönen Urlaub?

Das Pronomen für die höfliche Anrede, ***Sie / Ihnen***, und das entsprechende Possessivpronomen ***Ihr / Ihre*** schreibt man immer groß.

Könnten **S**ie mir **I**hre E-Mail-Adresse geben?

Beachten Sie, dass **unterschiedliche Schreibung** von Anredepronomen zu einem **Bedeutungsunterschied** führen kann:

Vielleicht hat Frau Meier bei der Bearbeitung **Ihrer / ihrer** Termine nicht bemerkt, dass...

Bei *Ihrer* handelt es sich um die Termine des Briefempfängers; bei *ihrer* sind es Frau Meiers Termine.

Die folgende Übersicht zeigt die unterschiedlichen Bedeutungen, die ein Satz je nach Schreibweise haben kann.

Haben **Sie Ihre** Uhr wiedergefunden?	Die angesprochene Person und ihre Uhr sind gemeint.
Haben **Sie ihre** Uhr wiedergefunden?	Die angesprochene Person hat nach der Uhr einer dritten (weiblichen) Person gesucht.
Haben **sie Ihre** Uhr wiedergefunden?	Eine Gruppe anderer hat nach der Uhr der angesprochenen Person gesucht.
Haben **sie ihre** Uhr wiedergefunden?	Man spricht hier über andere, nicht anwesende Personen, die eine Uhr suchten.

→ siehe Pronomen, S. 148

Kleinschreibung

Die Kleinschreibung ist der Normalfall; es bedarf also keiner besonderen Begründung, wenn man Wörter kleinschreibt. Begründungen braucht man nur für Wörter, die man großschreibt. Daher nur die folgenden Hinweise:

Diese Wendungen schreibt man immer klein:

- **Ausdrücke aus Präposition + undekliniertem Adjektiv**:
  gegen bar, von fern, von nah und fern, durch dick und dünn, über kurz oder lang, von klein auf, schwarz auf weiß, grau in grau, von privat, an privat ...
- **Weitere solche Ausdrücke mit zusätzlichem Verb**:
  in bar zahlen, etwas für wahr / falsch halten, für dumm verkaufen, auf stur schalten, auf Nummer sicher gehen ...

Besonderheiten der Groß- und Kleinschreibung

Schuld / schuld, Recht / recht …

Die Nomen ***Schuld, Recht, Leid, Gram, Angst*** und ***Bange*** verlieren die Eigenschaften eines Nomens, wenn sie mit ***sein, werden*** oder ***bleiben*** verbunden sind; dann schreibt man sie klein.

Er hat **S**chuld …	Er **ist s**chuld …
Du hast kein **R**echt …	Es **ist** nicht **r**echt …
Wir hatten **A**ngst . .	Mir **wird a**ngst …
Nur keine **B**ange …	… und **b**ange.
Geteiltes **L**eid ist halbes **L**eid.	Ich bin es **l**eid …
Du hast mir ein **L**eid angetan.	Es tut mir **l**eid (Infinitiv: leidtun)
Aus **G**ram erkrankte ich.	Bleib mir nicht **g**ram.

Die Nomen ***Recht*** und ***Unrecht*** können groß- oder kleingeschrieben werden, wenn sie in Verbindung mit den Verben ***behalten, bekommen, geben, haben, tun*** verwendet werden:

Du hast **r**echt / **R**echt behalten.	Tu ihm nicht **u**nrecht / **U**nrecht.

Aber immer großgeschrieben: **R**echt sprechen, zu **R**echt bestraft werden
Immer kleingeschrieben: **z**urechtlegen, **z**urechtkommen, **z**urechtmachen …

Laut / laut, Dank / dank, Trotz / trotz, Zeit / zeit, Kraft / kraft

Die Nomen ***Laut, Dank, Trotz, Zeit, Kraft*** können auch als Präpositionen (Verhältniswörter) verwendet werden; dann schreibt man sie klein.

Man hört keinen **L**aut.	**l**aut Urteil nicht schuldig
Ich schulde dir **D**ank.	**d**ank deiner Hilfe
Nimm dir **Z**eit.	**z**eit seines Lebens
allen zum **T**rotz	**t**rotz des nassen Wetters
mit aller **K**raft	**k**raft seines Amtes

→ siehe auch Präpositionen, S. 363 ff.

Lieber Peter, danke für die Blumen!

Das Wörtchen ***danke*** als Höflichkeitsformel schreibt man immer klein, weil es eigentlich Teil eines Kurzsatzes (→ Satzäquivalent) ist, der da lautet: *Ich danke dir / Ihnen.*

Möchtest du noch Tee? Nein **d**anke. (→ *Nein, ich danke dir.*)
Kann ich helfen? Oh **d**anke, sehr freundlich. (→ *Oh, ich danke Ihnen …*)

In den folgenden Fällen gibt es **zwei Schreibweisen**:

Du sollst immer **D**anke / **d**anke sagen.
Wir wollen ihr **D**anke / **d**anke schön sagen.

Auch diese Möglichkeit gibt es:

Wir möchten dir für deine Hilfe **D**ank sagen / **d**anksagen.

Wenn Sie einen **Begleiter** hinzufügen, müssen Sie **großschreiben**:

Sie gab **ein** ganz leises **Danke** von sich.
Das ist **ein** dickes **Dankeschön** wert.

Kleinschreibung trotz Begleiter

Sehr wenige Wörter schreibt man stets klein, obwohl ein Begleiter vorausgeht:

Ein jeder kann sich zum Turnier anmelden.
Ich habe **ein bisschen / ein kleines bisschen / kein bisschen** … Angst!
Ich habe **ein wenig / ein klein wenig** nachgeholfen.
Die beiden scheinen sich sehr zu mögen.

Acht / acht, Eigen / eigen, Mal / mal, Paar / paar

Andere Wörter, die je nach Zusammenhang / Verwendung / Gebrauch mal groß-, mal kleingeschrieben werden:

Acht und **acht**	die **A**cht, habt **A**cht, in **A**cht und Bann, außer **A**cht lassen, der **A**chtjährige, **A**cht geben sich in **A**cht nehmen große **A**cht geben	**a**cht Kinder, Kapitel **a**cht, **a**chtjährig / 8-jährig, **a**cht zwanzig (8 € 20), genau / sehr / besonders **a**chtgeben
Eigen und **eigen**	sein **E**igen(tum), sein **E**igen nennen	das ist ihm **e**igen, sich zu **ei**gen machen, sein **e**igen Fleisch ..., mein **e**igener Sohn
Mal und **mal**	das erste / zweite / nächste / letzte **M**al, ein anderes **M**al, zum letzten **M**al, tausende / viele **M**ale	**e**inmal, **z**weimal, 1- bis 2-mal, x-**m**al, dies**m**al, kein**m**al, viel**m**al(s), alle**m**al, ein paar**m**al
Paar und **paar**	ein **P**aar Schuhe, ein schönes **P**aar, **P**aare bilden	ein **p**aar (einige) Äpfel, ein **p**aar hundert / Hundert Menschen

Wahlweise Groß- und Kleinschreibung in bestimmten Wendungen

Folgende Wendungen aus **Präposition + nachfolgendem deklinierten Adjektiv** darf man **groß- oder kleinschreiben**:

von **n**ahem / **N**ahem	ohne **w**eiteres / **W**eiteres
von **n**euem / **N**euem	bei **w**eitem / **W**eitem
seit **l**angem / **L**angem	bis auf **w**eiteres / **W**eiteres
binnen **k**urzem / **K**urzem	von **w**eitem / **W**eitem

→ vgl. hierzu Tipp unter Abschnitt „Nominalisierung"

Die Getrennt- und Zusammenschreibung

Die Getrennt- und Zusammenschreibung befasst sich mit Wörtern, die in Texten unmittelbar hintereinanderstehen und aufeinander bezogen sind. Dabei muss man unterscheiden, dass man **Wortgruppen getrennt**, **Teile von Zusammensetzungen aber zusammenschreibt**.

Wortgruppe: Wir werden bald **daheim ankommen**.
Zusammensetzung: Wir werden bald **heimkommen**.

Getrennt- und Zusammenschreibung bei Verben

Verben können mit anderen Wörtern trennbare Zusammensetzungen bilden, deren Infinitive und Partizipien zusammengeschrieben werden.

In vielen anderen Fällen erfolgt jedoch stets Getrenntschreibung.

Adverb + Verb

Ob ein Adverb mit dem nachfolgenden Verb zusammengeschrieben werden muss, kann man an der Betonung feststellen:

Wird beim Sprechen das **Adverb stärker betont** als das Verb, **schreibt man zusammen**.

anein'**a**ndergeraten:	Die beiden sind aneinandergeraten.
da'v**o**nkommen:	Wir sind noch einmal dav**o**ngekommen.
da'h**ei**mbleiben:	Wer krank ist, sollte dah**ei**mbleiben.

Werden jedoch **beide Wörter etwa gleich stark betont** oder wird das **Verb sogar stärker betont** als das Adverb, **schreibt man getrennt**.

aneinander 'd**e**nken:	Wir werden täglich aneinander d**e**nken.
'd**a**von 'k**o**mmen:	Das kann d**a**von k**o**mmen, dass es friert.
da'h**ei**m '**a**rbeiten:	Bei Homeoffice kann man dah**ei**m **a**rbeiten.

→ Adverb, S. 347 ff.; → trennbare Verben, S. 48, 320

Adjektiv + Verb

In den meisten Fällen werden **Adjektiv und Verb getrennt** geschrieben. Dabei behalten beide Wörter ihren ursprünglichen Sinn:

Ich musste meinen Sohn **allein erziehen**.
Wie kann ich dir das **deutlich machen**?

Weitere Beispiele:
eng verbinden, ernst nehmen, falsch schreiben, neu eröffnen, schwer stürzen, stark fallen, weit gehen ...

Getrenntschreibung bei zusammengesetzten Adjektiven

Getrennt schreibt man immer, wenn das Adjektiv bereits ein zusammengesetztes Wort ist: aus|wendig lernen, bewusst|los schlagen, dunkel|blau anmalen, un|genau arbeiten ...

Manchmal ergeben Adjektiv und Verb zusammen aber eine ganz **neue Bedeutung in einem übertragenen Sinn**; dann muss man **zusammenschreiben**, z. B.:

heiligsprechen, kundtun, krankschreiben, nahegehen, schiefgehen, schwerfallen, wahrhaben, weismachen ...

Weitere Beispiele verschiedener Schreibweisen in der Gegenüberstellung:

Wörtliche Bedeutung	**Übertragene Bedeutung**
fest stehen (auf sicherem Boden)	feststehen (entschieden, sicher sein)
frei sprechen (ohne Konzept)	freisprechen (von Schuld)
gerade biegen / geradebiegen (z. B. ein Rohr)	geradebiegen (einen Fehler berichtigen)
klar sehen (deutlich sehen)	klarsehen (begreifen)
krank machen / krankmachen (z. B. das Rauchen)	krankmachen (vorgeben, krank zu sein)
näher kommen (sich räumlich nähern)	sich näherkommen (in eine engere Beziehung treten)
richtig schreiben (korrekt schreiben)	richtigstellen (korrigieren)

Zwei Schreibweisen bei fehlender Eindeutigkeit

Wenn sich nicht eindeutig festlegen lässt, ob Adjektiv und Verb zusammen eine übertragene Bedeutung haben, dürfen Sie **getrennt oder zusammenschreiben**:

ähnlichsehen / ähnlich sehen, liebhaben / lieb haben, sich schönmachen / schön machen, wehtun / weh tun, zufriedenstellen / zufrieden stellen ...

Wenn das **Adjektiv ein Ergebnis der Tätigkeit darstellt**, die das Verb ausdrückt, darf man **getrennt oder zusammenschreiben**:

Er soll den Kessel so lange **blankputzen** / **blank putzen**, bis er glänzt wie neu.

Das gilt auch für:

klein schneiden / kleinschneiden (z. B. Gemüse in kleine Stücke schneiden), warm machen / warmmachen (z. B. Essen) ...

Verb + Verb

Verbindungen zweier Verben schreibt man getrennt, weil sie eine Wortgruppe bilden.

laufen lernen, schreiben üben, spazieren gehen, sitzen bleiben, kennen lernen ...

Groß- und Zusammenschreibung bei Nominalisierung

Wenn Sie diese Verbverbindungen nominalisieren, d.h. ihnen einen Artikel oder sonstigen Begleiter hinzufügen, müssen Sie groß- und zusammenschreiben:

In der Reha wurde das **Laufenlernen** trainiert.
Der Lehrer immer mit seinem **Schreibenüben**!
Mit (dem) **Spazierengehen** ist es nicht getan.
Ein **Kennenlernen** war nicht mehr möglich.

→ Nominalisierung, S. 528

Zwei aufeinanderfolgende Verben darf man zusammenschreiben, wenn der zweite Bestandteil ***bleiben*** oder ***lassen*** ist und die Verbindung eine übertragene Bedeutung hat.

Wörtliche Bedeutung	Übertragene Bedeutung
sitzen bleiben (im Zug)	sitzenbleiben (nicht versetzt werden)
hängen lassen (den Mantel am Haken)	hängenlassen (nicht helfen)
liegen lassen (auf dem Tisch)	(links) liegenlassen (nicht beachten)

Ausnahme *kennenlernen*

Das Verb ***kennenlernen*** darf man jederzeit zusammenschreiben.

Ich war sehr einsam, bevor ich sie **kennenlernte / kennen lernte**.

Nomen + Verb

Verbindungen von **Nomen und Verb** werden in der Regel **getrennt geschrieben**.

Auto fahren, Rad fahren, Kegel schieben, Hof halten, Folge leisten, Gefahr laufen, Radio hören, Tee trinken, Zeitung lesen ...

Zusammenschreibung bei Nominalisierung

Wenn Sie diese Verbindungen aus Nomen und Verb nominalisieren, d.h. ihnen einen Artikel oder einen anderen Begleiter hinzufügen, müssen Sie zusammenschreiben:

Beim Autofahren soll man nicht telefonieren.
Wir lieben **das Radfahren** am Sonntag.
In unserem Keller ist **(das) Radiohören** nicht möglich.

Es gibt aber auch **einige untrennbare Verbindungen**. Dazu gehören auch zusammengesetzte Verben, die von zusammengesetzten Nomen abgeleitet wurden, z. B. brandmarken: Dieses Verb entstand aus dem zusammengesetzten Nomen Brandmarke.

bergsteigen → ich bergsteige → ich bin berggestiegen
schlussfolgern → ich schlussfolgere → ich habe geschlussfolgert

Ebenso: handhaben, lobpreisen, maßregeln, nachtwandeln, notlanden, schlafwandeln, wallfahren, wetteifern ...

Bei einigen mit einem Nomen zusammengesetzten Verben hat sich das Nomen zu einer **trennbaren Partikel** (→ S. 321) zurückgebildet. Dann wird bei getrennter Schreibung der nominale Teil immer **kleingeschrieben**:

eislaufen → ich laufe **e**is → ich bin eisgelaufen
teilnehmen → ich nehme **t**eil → ich habe teilgenommen

Ebenso: irreführen, kopfstehen, nottun, leidtun, preisgeben, standhalten, stattfinden, stattgeben, teilnehmen, wundernehmen …

In einigen Fällen hat man die **Wahl zwischen zwei Schreibweisen**:

Acht geben / **a**chtgeben
Gewähr leisten / **g**ewährleisten
Maß halten / **m**aßhalten
Brust schwimmen / **b**rustschwimmen …
(und andere Schwimmstile)
Dank sagen / **d**anksagen
Halt machen / **h**altmachen
Staub saugen / **s**taubsaugen

Allerdings muss man darauf achten, **die Nomenanteile der konjugierten Formen großzuschreiben,** wenn man diese Ausdrücke nicht als zusammengesetzte Verben verwendet:

Ich sauge **S**taub in der ganzen Wohnung.
Ich **s**taubsauge die ganze Wohnung.

Wir leisten **G**ewähr auf alle Teile.
Wir **g**ewährleisten einen tadellosen Service.

Verbindungen mit *sein* schreibt man getrennt

Alle Verbindungen mit dem Verb *sein* werden immer getrennt geschrieben:

da sein, groß sein, hier sein, vorbei sein, weg sein, zufrieden sein …

Adverb + Verb

Bei den folgenden mit einem Adverb zusammengesetzten Verben ist das Adverb zu einer **trennbaren Partikel** (→ S. 321) geworden und hat seine Bedeutung als eigenständiges Wort verloren. Im Infinitiv und bei den Partizipformen wird zusammengeschrieben; in den flektierten Formen erfolgt Getrenntschreibung:

fürliebnehmen, fürliebnehmend, fürliebgenommen; ich nehme fürlieb
anheimstellen, anheimstellend, anheimgestellt; ich stelle anheim

Ebenso: einhergehen, entzweigehen, heimzahlen, hintanstellen, innehaben, übereinkommen, überhandnehmen, umhinkönnen, vorliebnehmen, zugutehalten, zurechtlegen (aber: zu **R**echt bestraft werden), zunichtemachen, zuteilwerden, zustattenkommen ...

Eine Reihe von Adverbien können je nach Bedeutung **Verbpartikel oder selbstständiges Adverb sein.** Entsprechend muss **getrennt oder zusammengeschrieben** werden.

Hier hilft die **Betonungsregel**: Ist das Adverb stärker betont als das Verb, erfolgt immer Zusammenschreibung. Sind beide Wörter gleichermaßen betont oder ist das Verb stärker betont, erfolgt Getrenntschreibung:

Er will immer dab**ei**sitzen.	Du kannst d**a**bei (währenddessen) s**i**tzen.
Du kannst den Stuhl dav**o**rstellen.	Du kannst den Brief dav**o**r (vorher) schr**ei**ben.
Es muss irgendwie w**ei**tergehen.	Wir müssen w**ei**ter (weiterhin) w**ar**ten.
Ich muss noch meine Sachen zus**a**mmensuchen.	Wir können den Schlüssel zus**a**mmen (gemeinsam) s**u**chen.

→ Betonung von Wörtern, S. 47 ff.

Getrennt- und Zusammenschreibung bei Adjektiven und Partizipien

Adjektive oder Partizipien, die wie Adjektive benutzt werden, können zusammen mit einem anderen Wort die **stark verkürzte Form eines Ausdrucks** aus mehreren Wörtern sein. Dann schreibt man **zusammen**.

herzerfrischend → das Herz erfrischend
farbenblind → blind gegenüber Farben
freudestrahlend → vor Freude strahlend
sturmerprobt → im Sturm erprobt
gottverlassen → von Gott verlassen
fingerbreit → so breit wie ein Finger
eisfrei → frei von Eis
denkfaul → zu faul zum Denken
hitzebeständig → beständig gegen Hitze
angsterfüllt → von Angst erfüllt ...

Verbindungen aus **Partizip und Adjektiv** schreibt man getrennt:

brechend voll, brüllend heiß, leuchtend blau, strahlend hell, verschwindend gering ...

Verbindungen aus **Adjektiv und Partizip** kann man getrennt oder zusammenschreiben:

weitreichende / weit reichende Veränderungen
getrenntlebende / getrennt lebende Ehepaare
grüngestreifte / grün gestreifte Trikots
schwerwiegende / schwer wiegende Probleme

Wenn diese Verbindungen aber **im Komparativ oder Superlativ** stehen oder **auf andere Weise erweitert** sind, hängt die Schreibung davon ab, welcher Teil davon betroffen ist:

- Wird der **erste Teil** gesteigert oder sonstwie erweitert, gilt **Getrenntschreibung**:

weit**er** reichende / **sehr** weit reichende / **zu** weit reichende Veränderungen; schwer**er** wiegende / **äußerst** schwer wiegende Probleme, die **am** schwer**sten** wiegenden Probleme

- Wird der zweite Teil, also das Partizip gesteigert, gilt Zusammenschreibung:

  weitreichend**ere** Verbindungen, schwerwiegend**ere** Probleme

Aber: Wenn solche Verbindungen keinen wörtlichen, sondern einen **übertragenen Sinn** haben, muss man zusammenschreiben:

eine alleinstehende Frau, ein frischgebackenes Ehepaar, eine zufriedenstellende Antwort ...

Zusammenschreibung bei Fugenelementen

Wenn ein **Fugenelement** auftaucht, wird immer zusammengeschrieben:

gebrauch**s**fertig, ahnung**s**los, handel**s**üblich, sonn**en**beschienen, werb**e**wirksam ...

Wenn zwei Adjektive **Eigenschaften** ausdrücken, die beide **gleichermaßen ausgeprägt** sind, wird zusammengeschrieben:

dummdreist, nasskalt, süßsauer, taubstumm ...

Wenn das erste Wort – ein Adjektiv oder Nomen – die **Bedeutung des zweiten Adjektivs verstärkt oder abschwächt**, wird auch zusammengeschrieben:

altbekannt, bitterböse, brandneu, extrabreit, frühreif, hellblau, hochbetagt, lauwarm, rosarot, stocksauer, strohdumm, superschlau, todkrank, uralt ...

Wenn eine Verbindung aus **Nomen + Verb** oder **Adjektiv + Verb** getrennt geschrieben wird, kann man auch die davon abgeleitete **Partizipform getrennt** schreiben. Zusammenschreibung ist jedoch auch erlaubt.

Vertrauen erwecken → Vertrauen erweckend / vertrauenerweckend
Rat suchen → Rat suchend / ratsuchend
allein erziehen → allein erziehend / alleinerziehend
brach liegen → brach liegend / brachliegend ...

In Zweifelsfällen hilft es, die Betonung des Gesamtausdrucks zu beachten: Ist **der erste Teil betont**, schreiben Sie am besten **zusammen**, sind aber **beide Teile gleich betont** oder liegt die Hauptbetonung auf dem zweiten Teil, schreiben Sie **getrennt**.

der erste Teil stärker betont	beide Teile gleich betont bzw. der zweite Teil stärker betont
ein v**ie**lgelesenes Buch	eine st**a**rk bef**a**hrene Autobahn
Der Junge ist fr**ü**hreif.	Die Äpfel sind in diesem Jahr fr**ü**h r**ei**f.
L**ei**chtverständliche Regeln sind immer gut.	Es ist l**ei**cht verst**ä**ndlich, dass er so gehandelt hat.
Ein schw**e**rbeladener LKW bog um die Ecke.	Der LKW ist schw**e**r bel**a**den.

Achtung: Man schreibt **getrennt**,

- wenn der erste Teil dieser Verbindungen **im Komparativ** steht:

  Diese Erklärung ist schon leicht**er** verständlich.
  Dieser Patient ist schwe**rer** krank als der andere.
  → Steigerung der Adjektive, S. 204

- wenn der erste bzw. der zweite Teil **durch weitere Wörter erweitert** ist:

  Der LKW war **zu** schwer beladen.
  Er ist schwer **zucker**krank.
  Die Regeln sind **recht** leicht verständlich.

Zusammenschreibung bei *schwerst-*

Er ist **schwerstkrank**. (weil „schwerst“ als selbstständiges Wort nicht vorkommt).

Getrennt- und Zusammenschreibung bei Nomen

Es gibt eine Vielzahl zusammengesetzter Nomen. Hier erfolgt stets Zusammenschreibung:

Nomen + Nomen: das Fensterglas, die Haustür ...
Eigenname + Nomen: der Schillerplatz ...
Adjektiv + Nomen: das Freibier, die Blaumeise ...
Verbstamm + Nomen: das Fahrzeug, der Rollmops ...
Pronomen + Nomen: das Wirgefühl, der Icherzähler ...
Adverb + Nomen: die Hinfahrt, der Außendienst ...
Zahlwort + Nomen: das Neunauge, der Vielfahrer ...

Dieser Regel folgen auch viele **Nomen aus dem Englischen**, sofern sie auf dem ersten Wortteil stärker betont werden als auf dem zweiten:

Software, Mountainbike, Warehouse, Homebanking, Stuntman, Swimmingpool ...

Aber: Electronic Cash, High Fidelity ...

Präposition + Nomen

Einige Verbindungen aus **Präposition und Nomen** werden **zusammengeschrieben**.

anhand, anstatt, beizeiten, bisweilen, infolge, inmitten, zufolge, zuliebe, zurzeit, zuzeiten ...

RECHTSCHREIBUNG

Andere Verbindungen aus Präposition + Nomen können wahlweise **getrennt oder zusammengeschrieben** werden.

anstelle / an Stelle
aufgrund / auf Grund
aufseiten / auf Seiten
mithilfe / mit Hilfe
nachhause / nach Hause
infrage / in Frage (stellen)
zugunsten / zu Gunsten
zuungunsten / zu Ungunsten
zulasten / zu Lasten
zugrunde / zu Grunde (gehen)
zuhause / zu Hause (bleiben)
zuwege / zu Wege (bringen) ...

Getrennt- und Zusammenschreibung bei Zahlwörtern

Zahlen unter einer Million werden zusammengeschrieben:

eintausendvierhundert, dreihundertzweiunddreißig ...

Davon getrennt geschrieben werden aber die Nomen ***Million, Milliarde***, ***Billion*** ...:

vier Millionen fünfhundertdreiundachtzigtausendsechshundert

Aber: der **zweimillionste** Besucher, denn hier ist das Zahlwort zu einem Zahladjektiv geworden.

Zur Schreibung von Zahlen → S. 570

Wortverbindungen, die häufig falsch geschrieben werden

aufs Beste / beste	diesmal
dementsprechend	ebenso gut, ebenso oft ...
demzufolge	ebensovielmal / ebenso viel Mal
des ungeachtet / dessen ungeachtet	gar kein
des Weiteren	gar nicht, gar nichts
desgleichen	gar sehr
dieses Mal	genau so oft wie nötig

genausogut, genauso oft

genausovielmal / genauso viel Mal

infolgedessen

irgend so ein

irgendetwas

irgendjemand

jederzeit

nicht Berufstätige / Nichtberufstätige

nicht Leitende / Nichtleitende

nicht Selbstständige / Nichtselbstständige

nichtsdestotrotz

nichtsdestoweniger

noch mal, noch einmal

nochmals

so oft wie früher

so viel Arbeit, so viele Gedanken

so weit, dass ...

sooft ich danach frage, ... (Konjunktion)

soviel ich weiß ... (Konjunktion)

soweit ich informiert bin, ... (Konjunktion)

stattdessen (Adverb)

von Hand

währenddessen

zu Anfang

zu Ende

zu Fuß

zu Hilfe

zu jeder Zeit

zu Lande

zu Recht bestraft werden

zu Schaden kommen

zu viel, zu viele

zuallererst

zur Zeit Goethes

zurechtkommen

zurzeit (= momentan)

zuzeiten (bisweilen)

Die Schreibung der Vokale und Konsonanten

Vokale werden mit den Buchstaben ***a, e, i, o, u*** wiedergegeben.

Zu den Vokalen gehören auch die **Umlaute *ä, ö, ü*** und die **Diphthonge *ai, au, äu, ei, eu, ui*** (→ Laute, S. 16).

Die Konsonanten werden durch die Buchstaben des Alphabets wiedergegeben, die nicht zu den Vokalen gehören.

→ Laute, S. 18

Das Stammprinzip

Das **Stammprinzip** ist eine **wichtige Grundregel** für die Rechtschreibung. Nach ihm richtet sich die Schreibung der allermeisten Wörter, die von einem **Wortstamm** oder **Lexem** abgeleitet werden, z. B. durch Anhängen von Präfixen oder Suffixen.

(→ Lexem, S. 65, Suffix, S. 78, Präfix, S. 76)

Häufig wird bei der Ableitung eines Wortes ein **Ablaut** (→ S. 79) gebildet: *a* wird zu *ä, o* zu *ö, u* zu *ü* umgelautet, manchmal treten bei abgeleiteten Wörtern auch andere Vokale anstelle des Stammlauts.

Die abgeleiteten Wörter werden in Bezug auf **Dehnung** oder **Schärfung** der Stammvokale aber genauso geschrieben wie das zugrunde liegende Lexem bzw. der zugrunde liegende Wortstamm.

Bef**eh**l → (er) bef**ieh**lt, bef**oh**len (Dehnungs-*h*)
f**ind**en → (er) f**and**, F**und**, Bef**und** (Schärfung durch zwei Konsonanten)
N**am**e → n**äm**lich, n**am**entlich, Zun**am**e ... (kein Dehnungszeichen)
n**eh**men → Zun**ah**me, Vereinn**ah**mung, Vern**eh**mung ... (Dehnungs-*h*)
s**ag**en → S**ag**e, uns**äg**lich ... (kein Dehnungszeichen)
St**and** → st**änd**ig, St**änd**chen ... (Schärfung durch zwei Konsonanten)

→ Dehnung und Schärfung siehe folgende Abschnitte

Wenn man sich also merkt, wie ein Wortstamm oder ein Lexem geschrieben wird, kann man daraus in der Regel die **Schreibung** aller mit diesem Wortstamm oder Lexem verwandten Wörter **ableiten**.

Die Schärfung – Schreibung der Konsonanten nach kurz gesprochenem Vokal

Unter Schärfung versteht man die **kurze Aussprache eines betonten Vokals**. In der Regel ist dieser kurz gesprochene Vokal der **Stammvokal eines Lexems** (→ S. 65).

Diese Schärfung erfährt ein Vokal meist dadurch, dass ihm zwei Konsonanten (Mitlaute) folgen. Entweder sind dies **zwei verschiedene Konsonanten**:

Ba**nd**, Ka**rt**e, Schu**ld**, ge**lt**en, A**mt**, Wi**nk**, wi**rk**lich ...

oder **zwei gleiche Konsonanten**:

Bla**tt**, Sti**mm**e, So**nn**e, sta**rr**en, wi**ss**en, wi**ll**ig ...

Alle Wörter, die sich auf denselben Wortstamm zurückführen lassen, behalten also die Schreibweise dieses Wortstammes bei, selbst wenn der Stammvokal dann nicht mehr die Hauptbetonung trägt.

anbä**nd**eln, abgeka**rt**et, unschu**ld**ig, Bea**mt**er, wi**nk**en, Wi**rk**lichkeit ...
entblä**tt**ern, Sti**mm**ung, so**nn**ig, Sta**rr**heit, wi**ss**entlich, Unwi**ll**en ...

Viele kurze Wörter werden nach kurzem Vokal jedoch **mit nur einem Konsonanten** geschrieben:

Präpositionen: ab, bis, in, mit, um, vom ...
Pronomen: das, des, es, man, was ...
Fremdwörter: fit, Jet, Klub, Pop, top ...
Verbformen: (ich) bin, gib!, (er) hat ...

Die Konsonanten ***z*** und ***k*** werden in deutschen Wörtern nicht verdoppelt. Sie werden nach kurzem, betontem Vokal **mit *tz*** bzw. **mit *ck*** geschrieben:

Spi**tz**e, Ka**tz**e, we**tz**en, mo**tz**ig ...
He**ck**e, So**ck**en, ra**ck**ern, dre**ck**ig ...

Abweichend davon schreibt man einige Wörter aus fremden Sprachen:

mit zz: Skizze, Pizza, Razzia, Jazz, Intermezzo ...
mit kk: Sakko, Stakkato, Mokka, Trekking, Akkumulator ...
mit k: Fabrik. Kautschuk, Tabak, Artikel ...

Die Buchstaben *z* und *k* nach *l*, *n* und *r*

Merken Sie sich den folgenden Vers:
*Nach **l, n, r,** das merke ja, steht nie **tz** und nie **ck**!*

Wa**lz**e, ra**nz**ig, schwa**rz**; Ne**lk**e, kra**nk**, stä**rk**en ...

Ausnahmen bei der Konsonantenverdopplung

Bei wenigen Wörtern lässt sich das Stammprinzip, also die gleichartige Schreibung verwandter Wörter, nicht anwenden. Ihnen liegt ein Wortstamm mit einer Konsonantenverdopplung zugrunde. Bei der Ableitung wurde dieser Doppelkonsonant jedoch zu einem einfachen Konsonanten, an den sich dann sehr kurze, **seltene Suffixe** anhängen: ***-d***, ***-st*** und ***-d***.

bre**nn**en, **aber**: der Bra**nd**
schwe**ll**en, **aber**: die Geschwu**lst**
gö**nn**en, **aber**: die Gu**nst**
kö**nn**en, **aber**: die Ku**nst**
scha**ff**en, **aber**: Geschä**ft**, beschä**ft**igen

Noch weiter abgewandelt wurde der Wortstamm bei ko**mm**en: die Anku**nft**, die Zuku**nft**, die Herku**nft**, die Unterku**nft** ... Hier jedoch wird die Verwandtschaft der Wörter kaum noch wahrgenommen.

Die Dehnung – Schreibung der lang gesprochenen, betonten Vokale

Die Dehnung von Vokalen – das bedeutet ihre gedehnte Aussprache – kann durch verschiedene Schreibweisen ausgedrückt werden.

Häufig folgt auf einen lang gesprochenen Vokal ein so genanntes Dehnungszeichen:

Dehnungs-*h*:	bohren, Fuhre, ihnen, Lehne, nah, Stahl , Zeh ...
Dehnungs-e nach *i*:	Biene, Biest, dienen, Niere, Schiene ...
Vokalverdopplung:	Beet, Fee, haarig, leeren, Moor, Staat, Zco ...

→ Laute, S. 28 ff.

Sehr viele Wörter enthalten jedoch **kein Dehnungszeichen**. Auf den Vokal folgt lediglich ein einzelner Konsonant. Dennoch wird der Vokal lang ausgesprochen. Man muss sich ihre Schreibweise merken:

Bibel, Biber, Igel, leben, Mal, oder, pur, Rasen, rufen, schwer, Tor, Träne, Tür, wagen, Weg ...

Gleich und ähnlich klingende Wörter

Bei **lang gesprochenem Vokal** gibt es eine Reihe so genannter **Homophone**. Dies sind Wörter, die zwar gleich ausgesprochen, aber unterschiedlich geschrieben werden und unterschiedliche Bedeutungen haben. Man muss sich ihre Schreibung einprägen, da es keine feste Regelung gibt, mithilfe der sich die Schreibung herleiten ließe.

der Aal (schlangenförmiger Fisch)	die Ahle (nadelähnliches Werkzeug)
beten, das Gebet (Gespräch mit Gott)	das Beet (Anpflanzung)
Fiber (Faserstoff)	Fieber (erhöhte Körperwärme)
hehr (erhaben, heilig)	das Heer (Streitmacht)
holen (herbringen)	hohl (nicht massiv)
Leere (Inhaltslosigkeit)	Lehre (Unterricht, Ausbildung)

das L**i**d (Augendeckel)	das L**ie**d (Gesangsstück)
m**eh**r (in Zahl oder Menge steigend)	das M**ee**r (Ozean)
die M**i**ne (Sprengkörper oder Inneres eines Schreibgeräts)	die M**ie**ne (Gesichtsausdruck)
das M**a**l (Erkennungszeichen, Ereignis)	das M**ah**l (Speise)
das M**oo**r (sumpfiges Gelände)	der M**o**hr (dunkelhäutiger Mensch)
R**i**gel (Name eines Sterns)	der R**ie**gel (Schließvorrichtung)
s**e**lig (glücklich), Seligkeit	die S**ee**le (Das Unsterbliche), beseelt
das S**i**gel (Abkürzungszeichen)	das S**ie**gel (Stempelabdruck)
die St**e**le (Grabsäule)	st**eh**len (entwenden, rauben)
der St**i**l (künstlerische Ausrichtung)	der St**ie**l (Haltestab)
die Uhr	der Ur (ausgestorbenes Wildrind)
der W**a**gen, etwas w**a**gen	die W**aa**ge (zur Gewichtmessung)
der W**a**l (Meeressäugetier)	die W**ah**l (mehrere Möglichkeiten)
w**i**der (gegen), w**i**derspiegeln	w**ie**der (erneut), w**ie**derholen

Alle Wörter, die von diesen Wörtern abgeleitet oder mit diesen Wörtern zusammengesetzt sind, werden entsprechend ebenfalls mit bzw. ohne Dehnungszeichen geschrieben (→ Stammprinzip, S. 548).

Eine Reihe von Nomen mit fremdsprachlicher Herkunft endet auf ***-ine***:

Masch**ine**, Gard**ine**, Apfels**ine**, Kant**ine**, Ros**ine**, Margar**ine** …

Dehnungs-*h*

Das Dehnungs-*h* kann nach allen Vokalen und Umlauten vorkommen. Es bewirkt die gedehnte Aussprache des vorangehenden Vokals.

Allerdings kann das Dehnungs-*h* **nur vor den Konsonanten *l, m, n,* und *r*** stehen.

Dehnungs-*h* vor *l*: hohl, Mahlzeit, Mehl, wühlen ...
Dehnungs-*h* vor *m*: angenehm, lahm, Ruhm ...
Dehnungs-*h* vor *n*: Bahn, Bühne, Sehne, wohnen ...
Dehnungs-*h* vor *r*: Fähre, führen, kehren, Rohr ...

Dehnungs-*h* nach lang gesprochenem *i*

Nach *i* kommt das Dehnungs-*h* nur bei den **Pronomen *ihn, ihm, ihr, ihnen, ihren, ihre, ihrer*** vor. Darüber hinaus gibt es lediglich noch das Nomen ***der Ihle*** – ein Hering, der abgelaicht hat.

Vom Dehnungs-*h* muss man **das Silben trennende *h*** unterscheiden wie in ge-hen und blü-hen, Mü-he, Ru-he. Das *h* steht hier also zu Beginn einer neuen Silbe. Bei deutlicher Aussprache kann man dieses *h* im Gegensatz zum Dehnungs-*h* heraushören.

Bei vielen Konjugationsformen eines Verbs, das im Infinitiv ein Silben trennendes *h* enthält, verliert dieses *h* zwar seine Stellung am Anfang einer Silbe und ist nicht mehr hörbar, dennoch entfällt es nicht:

blühen → es blü**h**t, fliehen → er flo**h**, gehen → du ge**h**st, nähen → du nä**h**test, leihen → sie lie**h**, mä**h**en → ihr mä**h**tet, stehen → sie ste**h**t, sehen → er sie**h**t, verzeihen → du verzei**h**st ...

Verbformen mit oder ohne *h*?

Merken Sie sich die Schreibweise des Infinitivs.

Wenn ein Verb **im Infinitiv kein Dehnungs-*h* oder Silben trennendes *h*** enthält, kommt auch in den konjugierten Formen niemals ein h vor.

Also:
säen → sie sät, sie säte, sie hat gesät
schreien → er schreit, er schrie, er hat geschrien

speien → es speit, es spie, es hat gespien
spüren → du spürst, du spürtest, du hast gespürt

Ebenso gilt: **Enthält der Infinitiv ein *h***, behalten auch alle konjugierten Formen das h:

bef**eh**len → du bef**ieh**lst, du bef**ah**lst, du hast bef**oh**len
f**üh**len → sie f**üh**lt, sie f**üh**lte, sie hat gef**üh**lt

Es gibt nur **zwei Ausnahmen**:

Bei den Verben ***gehen*** und ***ziehen*** entfällt das *h* in den Präteritumformen und im Partizip Perfekt. Der Verbstamm ändert sich stark:

g**eh**en → ich g**i**ng, geg**a**ngen (hier wird der lang gesprochene Vokal durch einen kurz gesprochenen Vokal ersetzt)

z**ieh**en → ich z**o**g, gez**o**gen

Dehnungs-e nach lang gesprochenem *i*

Das Dehnungs-*e* kommt nur nach *i*, aber vor allen möglichen Konsonanten vor. Es bewirkt die gedehnte Aussprache des vorangehenden *i*.

Bier, bieten, dienen, diese, gierig, gießen, Liebe, Lied, er lief, Riemen, viel ...

Von vielen Nomen werden **Verben auf *-ieren*** abgeleitet:

Export → export**ieren,** Marsch → marsch**ieren**, Probe → prob**ieren**

Vokalverdopplung

Die Vokalverdopplung zeigt ebenfalls an, dass ein Vokal lang ausgesprochen wird. Nur die **Vokale *a*, *e* und *o*** können verdoppelt auftreten.
Die **Vokale *i* und *u*** sowie die **Umlaute *ä*, *ö* und *ü*** werden in der deutschen Sprache **nie verdoppelt**.

Die Anzahl der Wörter mit Doppelvokal ist nicht besonders groß. Hier die häufigsten:

aa: Aal, Haar, Paar, Saal (aber: Plural: Säle), Saat, Waage, Staat ...
ee: Beere, Beet, Gelee, Idee, Kaffee, leer, See, Seele, Tee, Meer ...
oo: Boot (aber: Bötchen), Moor, Moos, Zoo ...

Gleich lautende Vokale und Diphthonge

Die **Vokale *ä* und *e*** werden häufig identisch ausgesprochen. Ebenso werden manche **Diphthonge** (Doppellaute) zwar gleich ausgesprochen, aber unterschiedlich geschrieben.

ä oder *e*?

Nach dem Stammprinzip schreibt man ein Wort mit *ä*, wenn man es von einem Wort oder Wortstamm mit *a* ableiten kann (→ Stammprinzip, S. 548).

Kr**ä**nkung ← kr**a**nk, bes**ä**nftigen ← s**a**nft, St**ä**ngel ← St**a**nge, B**ä**ndel ← B**a**nd, W**ä**lder ← W**a**ld, beh**ä**nde ← H**a**nd ...

Dass bei Ableitungen der Vokal von *a* zu *e* wechselt oder von *e* zu *a*, kommt nicht vor. Die einzige Ausnahme: ***alt,*** aber ***Eltern***.

Statt ***aufwendig*** darf man auch ***aufwändig*** schreiben, weil dieses Adjektiv sowohl von *aufwenden* als auch von *Aufwand* abgeleitet werden kann.

Jedoch nicht alle Wörter, die mit *ä* geschrieben werden, lassen sich von einem Wort mit *a* ableiten. Sie klingen manchmal auch anderen Wörtern sehr ähnlich, die man mit *e* schreibt (Homophone). In solchen Fällen muss man sich die Schreibung einprägen. Beispiele:

die **Ä**hre (Getreidefruchtstand)	die **E**hre
die B**ä**ren	die B**ee**ren
die L**ä**rche (ein Nadelbaum)	die L**e**rche (ein Vogel)
die S**ä**gen	der S**e**gen

ai oder *ei?*

Es gibt **keine Regel** dafür, wann man *ai* oder *ei* schreiben muss, aber es gibt **nur wenige Wörter mit *ai*,** die man sich schnell einprägen kann.

Aitel (eine Fischart), Hai, Hain, Kai, Kaiser, (Brot-)Laib, (Fisch-)Laich, Laie, Mai, Mais, Rain, (Gitarren-)Saite, Waid (Jagd), Waise(nkind)

Alle anderen Wörter werden **mit ei** geschrieben.

beide, breit, Eimer, Feier, Heide, leiden, Leiter, meiden, meinen, reich, Seite, Teich, weise, weit ...

äu oder *eu?*

Nach dem Stammprinzip schreibt man ein Wort mit *äu*, wenn es sich von einem Wort oder einem Wortstamm mit *au* ableiten lässt.

→ Wortstamm, S. 66; → Ablaut, S. 79; → Stammprinzip, S. 548

sich **äu**ßern ← **au**ßen	B**äu**me ← B**au**m	beh**ä**nde ← H**a**nd
F**äu**lnis ← f**au**l	Geb**äu**de ← b**au**en	Ger**äu**sch ← r**au**schen
Gr**äu**el ← gr**au**	H**äu**te ← H**au**t	l**äu**ten ← L**au**t
s**äu**bern ← s**au**ber	sch**äu**men ← Sch**au**m	t**äu**schen ← T**au**sch

Nur wenige Wörter mit *äu* lassen sich nicht ableiten. Man muss sie sich einprägen. Hier die wichtigsten:

sich sträuben, Knäuel, Räude, sich räuspern, Säule

Alle anderen Wörter schreibt man mit *eu*, weil die Rückführung auf ein Wort mit *au* nicht möglich ist.

Beule, Beute, Eule, Euter, Freude, heulen, heute, Leute, Meute, Reue, Scheune, Scheusal, Seuche, Steuer, teuer, Teufel, Zeuge ...

Die Schreibung der Konsonanten und Konsonantengruppen

Die Schreibung der *s*-Laute

Die Schreibung der s-Laute ist ein schwieriges Kapitel, das sich aber in eine Version bringen lässt, die zwar nicht alle Einzelfälle abdeckt, dafür aber leicht zu merken ist:

Stimmhaftes (weiches, gesummtes) **s** taucht nur am Wortanfang oder am Silbenanfang auf und wird immer als einfaches *s* geschrieben:

sauber, **S**u**s**anne, le**s**en, Am**s**el, Lin**s**e, nie**s**en ...

Stimmloses (gezischtes, scharf gesprochenes) **s** gibt es als **einfaches *s***
- am Wortende: Mais, bis, heraus, als, Mus, Gas, etwas, famos ...
- unmittelbar nach Konsonanten: Erbse, plumpsen, (des) Vaters ...
- und vor *p* und *t*: Rispe, Knospe, knusprig, Ast, lustig, Kunst, leisten ...

→ Aussprache, S. 19 f.

Stimmloses *s* schreibt man **als *ss*** nach kurz gesprochenem Vokal:

Wasser, Fluss, (er) isst, russisch, verhasst, Klasse, flüssig ...

Stimmloses *s* schreibt man **als *ß***

- nach lang gesprochenem Vokal:

  Floß, genießen, Ruß, Spaß, (er) stieß, stoßen, Straße, verdrießen ...

- nach lang gesprochenen Umlauten *(ä, ö, ü)*:

  Füße, mäßig, Schöße ...

- und nach Diphthongen *(ei, au, eu, äu)*:

  außen, Preußen, reißen, Sträuße ...

Stimmloses *s* schreibt man als **einfaches *s* im Auslaut einiger Suffixe**, mit denen Nomen gebildet werden. **Nomen auf *-nis*** verdoppeln das *s* im Plural. **Nomen auf *-ismus*** bilden häufig keine Pluralformen. In wenigen Fällen jedoch ist der **Plural auf *-ismen*** möglich.

Fremdsprachliche Nomen auf ***-ismus***:

Fanat**ismus** (Fanatismen)
Real**ismus**
Rheumat**ismus** (Rheumatismen) …

Deutsche Nomen auf ***-nis:***

Zeug**nis** (Zeugnisse)
Geheim**nis** (Geheimnisse)
Finster**nis** (Finsternisse) …

→ Suffixe, S. 78

Einige weitere Wörter, die im Singular trotz kurzer Aussprache auf einfaches *s* enden:

Atlas (Atlasse / Atlanten)
Bus (Busse)
Fundus (Fundus)
Globus (Globen / Globusse)
Kaktus (Kakteen)
Krokus (Krokusse)
Kürbis (Kürbisse)
Status (Status)
Zirkus (Zirkusse) …

fff

Verbformen mit *s, ss* oder *ß*?

Wenn man nicht genau weiß, ob die konjugierte Form eines Verbs mit *s, ss* oder *ß* geschrieben wird, hilft immer der **Infinitiv** weiter:

Enthält der Infinitiv ein **stimmhaftes *s***, werden alle Formen des Verbs, aber auch von diesem Wort abgeleitete Wörter – gemäß dem Stammprinzip (→ Stammprinzip, S. 548) – **mit einfachem *s*** geschrieben:

blasen → er bläst → er blies → die Blasmusik
lesen → er liest → er las → lies! → Leseverhalten
niesen → er niest → er nieste → Niesanfall
reisen → er reist → er reiste → gereist → Reisekatalog

Schreibt man den **Infinitiv mit *ss* oder mit *ß***, werden auch alle konjugierten Formen und von diesen Verben abgeleitete Wörter mit *ss* oder *ß* geschrieben. Dabei gilt: Nach kurzem Vokal erfolgt die Schreibung mit *ss*, nach langem Vokal oder Diphthong wird mit *ß* geschrieben:

fressen → er frisst → er fraß → gefressen → friss! → Fraß, gefräßig
fassen → er fasst → gefasst → fass! → Fassung

genießen → er genießt → er genoss → genossen → genieß! → Genuss
heißen → er heißt → er hieß → geheißen → Verheißung
lassen → er lässt → er ließ → gelassen → lass! → Überlassung
reißen → er reißt → er riss → gerissen → reiß ab! → Reißwolf

Einfaches *s* kommt bei diesen Verben nie vor!

Die Buchstabenfolge *sst* bei manchen Konjugationsformen der Verben mit *ss* oder *ß* im Infinitiv weicht von den Regeln der Vokalschärfung (→ Vokalschärfung, S. 549) ab, nach denen nur zwei Konsonanten (zweimal derselbe oder zwei unterschiedliche) auf einen kurz gesprochenen Vokal folgen.

das und *dass*

Um ***das*** von der Konjunktion ***dass*** sicher unterscheiden zu können, braucht man nur einen einfachen Test zu machen:

Jedes ***das***, das sich durch ***dieses, jenes*** oder ***welches ersetzen*** lässt, wird mit einfachem *s* geschrieben:

Das Auto, das dort parkt, ist meins. Das gehört mir.

das	Wortart	ersetzbar durch
das Auto	bestimmter Artikel	**dieses, jenes** Auto
das dort parkt	Relativpronomen	**welches** dort parkt
das gehört mir	Demonstrativpronomen	**dieses** gehört mir

Wenn eine solche Ersatzprobe nicht möglich ist, weil der Satz dann keinen Sinn mehr ergibt, handelt es sich mit Sicherheit um die **Konjunktion *dass***, die **mit *ss* geschrieben** werden muss:

Ich weiß, **dass** es schon spät ist.
Dass das so richtig ist, leuchtet mir ein.

Hier ist eine Ersetzung von *dass* durch *dieses, jenes, welches* nicht möglich.

→ siehe auch Nebensätze, S. 488, 496, 503

Die Schreibung der *v-, f-, ph*-Laute

In der gesprochenen Sprache klingen *v, f, ph* wie *f*, müssen aber bei der Schreibung unterschieden werden:

Wörter mit den Vorsilben ***ver-*** und ***vor-*** werden **immer mit *v*** geschrieben:

Verkauf, **ver**schwinden, un**ver**hofft, **Vor**trag, **vor**sprechen, un**vor**sichtig ...

Die Wortbausteine ***fern, fertig, Ferien*** werden **immer mit *f*** geschrieben:

fern: Fernseher, entfernen, Fernweh ...
fertig: fertig machen, Fertiggericht, anfertigen ...
Ferien: Sommerferien, Ferienbeginn, ferienbedingt ...

Es gibt noch ein paar weniger häufig verwendete Wörter mit *fer-*:

Ferse, Ferkel, Ferner *(bairischer Ausdruck für Gletscher)* sowie die Fremdwörter ***fertil, Ferment, Feralien***

ph in Fremdwörtern

Die wie *f* gesprochene Buchstabenfolge *ph* kommt nur in Fremdwörtern meist griechischen Ursprungs vor:

Alphabet, Asphalt, Philosoph, Phosphor, Strophe ...

Bei den Wortbausteinen ***fot / phot, fon / phon, graf / graph*** kann man zwischen *f* und *ph* wählen:

Fotogra**f** / **Ph**otogra**ph**
Gra**f**ik / Gra**ph**ik
Saxo**f**on / Saxo**ph**on
Tele**f**on schreibt man aber im Allgemeinen nur mit *f*.

b oder *p*, *d* oder *t*, *g* oder *k*?

Im **Inlaut** (d. h. im Wortinnern) und vor allem im **Auslaut** eines Wortes (d. h. am Wortende) klingen *b* und *p*, *d* und *t* sowie *g* und *k* oft sehr ähnlich. Im Auslaut klingen sie alle wie stimmlose Konsonanten. Diese Erscheinung nennt man in der Phonetik **Auslautverhärtung**.

→ Aussprache, S. 39

Um herauszufinden, wie der Schlusskonsonant eines Wortes geschrieben werden muss, kann man **das Wort**, besonders bei Nomen und Adjektiven, **verlängern**. Dann hört man den abschließenden Konsonanten deutlich.

Beispiel: Das Wort Dieb hört sich an, als würde es am Ende mit *p* geschrieben, aber sobald man den Plural bildet (Diebe) oder eine andere Verlängerung findet (z. B. des Diebes, Diebin), klärt sich der Fall: Man hört ein *b*, schreibt also auch *b*. Beispiele:

Wortverlängerung bei *b* oder *p*

Hieb	→	Hiebe	Camp	→	Camping
Kalb	→	Kälber	Tipp	→	tippen
Raub	→	rauben	Skalp	→	skalpieren
Kalb	→	kalben	Typ	→	typisch

Nicht alle Wörter lassen sich verlängern. Deshalb muss man sie sich einfach **gut einprägen**:

Merkwörter mit ***b***: Erbse, Krebs, Obst, Herbst, Abt …
Merkwörter mit ***p***: Gips, Haupt, knipsen, Klaps, knipsen, Knirps, Schlips, Straps …

Wortverlängerung bei *d* oder *t*:

Geld	→	Gelder	Entgelt	→	entgelten
Rad	→	Räder	Rat	→	Räte, raten
Tod	→	des Todes	tot	→	töten

RECHTSCHREIBUNG

Wörter mit *end-* oder *ent-*:

Wörter, die **mit *Ende* verwandt** sind, müssen mit ***d*** geschrieben werden. Der Wortbestandteil ***end-*** ist immer betont. Beispiele:

endlich, endlos, endgültig, unendlich, Endzeit, Endspiel ...

Die **Vorsilbe *ent-*** ist immer unbetont. Sie bedeutet, dass sich etwas von anderem trennt oder löst. Beispiele:

entfernen, entführen, entlang, entgleisen, Entzug, Entsetzen, Entschluss ...

Wörter mit *tod-* oder *tot-*:

Der Zusatz ***tod-*** bei einem Wort bedeutet meistens eine Steigerung oder Intensivierung der Bedeutung: Wenn jemand sich todelend fühlt, geht es ihm äußerst schlecht, so dass er sich dem Tode nahe fühlt. Weitere Beispiele:

todernst, Todfeind, todkrank, todschick, todmüde, todsicher, todtraurig, todunglücklich, Todsünde, tödlich ...

Der Wortanteil ***tot-*** ist meist wörtlich gemeint: totfahren bedeutet, dass jemand überfahren wird und dann tot ist. Sich totlachen bedeutet lachen, bis man tot ist. Weitere Beispiele:

sich totärgern, Totgeburt, Totgesagte, Totschlag, tottreten ...

Wörter mit *stadt* oder *statt*:

Wörter, die mit dem Nomen ***die Stadt*** verwandt sind, werden **mit *dt*** geschrieben:

die Vorstadt, die Stadtverwaltung, städtisch, stadteinwärts, Verstädterung ...

Wörter mit dem Wort(stamm) ***statt*** haben etwas mit dem Nomen ***die Statt*** im Sinne von *Stätte (Platz, Stelle)* zu tun:

Statt / Anstatt des Essens gab es nur einen Imbiss.
Er kehrte an die alte Stätte zurück.

Weitere Beispiele:

abstatten, bestatten, stattdessen, stattlich, an Eides statt, stattfinden, stattgeben, Statthalter, unstatthaft, Werkstatt ...

Wortverlängerung bei *g* oder *k*

Das Verlängerungsprinzip für *b* / *p* und *d* / *t* (→ vgl. S. 561) gilt auch bei der Unterscheidung von *g* und *k* als Schlusskonsonanten:

Balg	→	Bälge	Werk	→	werken
Teig	→	teigig	Volk	→	Völker
Ausschank	→	ausschenken	König	→	Könige

Heimlich und *heimelig* – die Endungen *-lich* und *-ig*

Die beiden Endungen *-ig* und *-lich* klingen häufig gleich. Ihre Schreibweise lässt sich deshalb oft nicht anhand der Aussprache erschließen. Wenn man das Wort verlängert, wird jedoch hörbar, wie die Endung geschrieben werden muss.

freudig	→	eine freudige Nachricht
rostig	→	ein rostiger Nagel
staubig	→	ein staubiger Weg
fröhlich	→	eine fröhliche Runde
möglich	→	mögliche Gefahren
vergeblich	→	vergebliche Mühe

Besonders aufpassen muss man, wenn **Adjektive auf *-lig*** enden:

grus(e)lig	→	eine grus(e)lige Geschichte
heimelig	→	eine heimelige Wohnung
kniff(e)lig	→	eine kniff(e)lige Aufgabe
ek(e)lig	→	eine ek(e)lige Vorstellung

→ siehe auch Aussprache, S. 42

Gesprochen wie *x*: *chs, cks, gs, ks, x*

Der *x*-Laut kann auf fünf verschiedene Weisen geschrieben werden.

Tipp: Merken Sie sich Beispielwörter und versuchen Sie zusätzlich, die Wörter von anderen Wörtern abzuleiten (→ Stammprinzip, S. 548), z. B.:

x-Laut	Beispiel	abgeleitet von	Beispiel	abgeleitet von
cks	glu**cks**en	Glucke	Hä**cks**el	hacken
	Kle**cks**,	kleckern	Kna**cks**	knacken
	kni**cks**en	knicken	Mu**cks**	mucken
	(aus)tri**cks**en	Trick		
gs	flu**gs**	Flug	unterwe**gs**	Weg
	anfan**gs**	Anfang	rin**gs**	Ring
ks	Ko**ks**	verkoken		

Bei den folgenden Wörtern mit *ks* ist keine Ableitung möglich. Man muss sich ihre Schreibung besonders merken:

E**ks**tase, Fa**ks**imile, Ke**ks**, Mur**ks**, schla**ks**ig

Wörter mit *chs* und mit ***x*** lassen sich nicht ableiten. Deshalb hier eine Liste häufig gebrauchter Wörter:

chs: Achse, Buchse, Büchse, Dachs, Deichsel, drechseln, Echse, Fuchs, Flachs, Luchs, Ochse, Sachse, sechs, Wachs, wachsen, wechseln, Wuchs ...

x: ausbüxen, Axt, Exemplar (und viele weitere Wörter mit *Ex- / ex-*), Fax, feixen, fixen, Hexe, Jux, kraxeln, Lexikon, mixen, Nixe, Praxis, Sex, Taxi, Text, verflixt ...

Aber beide Schreibweisen möglich bei: ***die Hachse / Haxe***

Besonderheiten bei der Schreibung der Vokale und der Konsonanten

Bei den Vokalen und Konsonanten kommt es zu Häufungen gleicher Buchstaben, dadurch dass Wörter zusammengesetzt werden.

Häufung gleicher Vokale

Tee + Ei → **Teeei**   Zoo + Orchester → **Zooorchester**

Solche Verbindungen sind nicht schön und stören den Lesefluss, weil sie als ungewöhnlich empfunden werden. Deshalb darf man sie auch mit Bindestrich schreiben:

Tee-Ei, Zoo-Orchester

Weitere Beispiele: Seeelefant → See-Elefant, Kaffeeernte → Kaffee-Ernte ...

Häufung gleicher Konsonanten

Öfter als bei den Vokalen kommt die Häufung gleicher Konsonanten vor. Auch hier kann man mit Bindestrich schreiben.

Stofffülle → Stoff-Fülle
Schritttempo → Schritt-Tempo
Rollladen → Roll-Laden
Stillleben → Still-Leben
schnelllebig → schnell-lebig
Sauerstoffflasche → Sauerstoff-Flasche

→ siehe auch Bindestrich, S. 605

Zeiten und Zahlen

Die Schreibung der Zeiten und Zahlen ergibt sich weitgehend aus den Regelungen der **Groß- und Kleinschreibung** und der **Getrennt- und Zusammenschreibung**.

Groß- und Kleinschreibung:

am **A**bend   aber: **a**bends
ein volles **H**undert   aber: **h**undert Euro ...

Getrennt- und Zusammenschreibung:

am späten Abend aber: spätabends
sechs Millionen aber: sechshundertfünfundzwanzig ...

Die Schreibung der Tageszeiten

Ist einer Tageszeit ein Begleiter (→ S. 94) **hinzugefügt, schreibt man groß,** weil es sich dann um ein Nomen handelt:

am **V**ormittag, eines **M**orgens, jeden **M**ittag ...

Ist an eine Tageszeit ein *s* angehängt und fehlt der Begleiter, schreibt man klein, denn dann ist aus dem Nomen ein Adverb (→ S. 347) geworden:

vormittag**s**, **f**rühmorgen**s**, von **m**orgen**s** bis **a**bend**s** ...

Ist ein **Wochentag mit einer Tageszeit** zusammengesetzt, schreibt man **groß und zusammen**, wenn **ein Begleiter** hinzugefügt ist, denn dann handelt es sich um ein zusammengesetztes Nomen (→ S. 122):

jeden **D**ienstagabend, am **M**ittwochvormittag ...

Das gilt auch, wenn der Begleiter leicht zu ergänzen ist:

Wir spielen (am = an dem) **S**onntagmorgen Golf.

Man schreibt allerdings **klein**, wenn der **Begleiter fehlt** und ein ***s* an die Tageszeit angehängt** wird, denn dann ist aus dem Wort ein Adverb geworden (→ S. 347):

Sie treffen sich immer **d**onnerstagabend**s** / **d**onnerstag**s** **a**bend**s**.

In der folgenden Übersicht sind alle gebräuchlichen Formulierungen rund um die Tageszeiten nach Groß- und Kleinschreibung sortiert. Die meisten Beispiele beziehen sich auf den ***Abend***. Für die anderen Tageszeiten – **Morgen, Mittag, Vormittag, Nachmittag, Nacht** – gilt Entsprechendes.

Großschreibung	**Kleinschreibung**
am / diesen **A**bend	**a**bends (spät) heimkehren
den **A**bend über	**s**pätabends
am **D**ienstagabend	von **m**orgens bis **a**bends
des / eines **A**bends	um 8 Uhr **a**bends
jeden / manchen **A**bend	**d**ienstags **a**bends, **d**ienstagabends
in der **F**rüh(e)	**f**rühmorgens
um **M**itternacht	**m**itternachts

Auch in diesen Fällen – ohne Begleiter – wird großgeschrieben:

gegen **A**bend (zu) **A**bend essen Bald wird (es) **A**bend.

vorgestern / gestern / heute / morgen / übermorgen **A**bend

nach **M**itternacht

Bei der folgenden Formulierung gibt es zwei Möglichkeiten der Schreibung:

morgen **F**rüh oder: morgen **f**rüh

Das folgende Textbeispiel zeigt, dass ein Schreiber sehr aufpassen muss, wenn er alle Tageszeiten richtig schreiben will:

Vielen Dank für eure Einladung! Wir kommen am **M**ittwochnachmittag an, wollen aber **a**bends nicht spät zu Bett gehen und dann am **D**onnerstagmorgen recht **f**rüh aufbrechen, damit wir nicht erst **s**pätabends wieder zu Hause ankommen.

Die Uhrzeiten in Wort und Zahl und das Datum

Uhrzeiten:

Großschreibung	Kleinschreibung
Es ist (ein) **V**iertel vor / nach eins.	Es ist **e**in Uhr. Es ist **s**echs (Uhr).
Es hat ein **V**iertel acht geschlagen.	Es ist (Punkt) **e**ins.
Es ist eine Minute vor / nach drei **V**iertel.	Es ist (kurz vor / nach) **e**ins.
	Um **z**wei essen wir.
eine **V**iertelstunde / **D**reiviertelstunde	Es ist **v**iertel / **h**alb / **d**rei **v**iertel **d**rei.
in einer **V**iertelstunde / **D**reiviertel-stunde	um (**d**rei) **v**iertel **a**cht
	Es ist **a**cht Uhr **z**wanzig.
	Es ist **e**lf vor **z**wölf.
	in einer **h**alben Stunde

Die Uhrzeiten in Ziffern:

Es ist 8 Uhr / 8.00 Uhr / 8:00 Uhr / 8^{00}Uhr.

Die Uhrzeiten mit Sekundenangaben:

14.31.54 Uhr 13:15:07 Uhr

Das Datum:

Stuttgart, den 5.8.2008 / 05.08.2008 / 5.8.08
Stuttgart, den 5. August 2008 (→ siehe auch Komma, S. 584)

Das Datum international (Jahreszahl – Monat – Tag):

07-08-05 2007-08-05

Die Schreibung der Kardinalzahlen

Kardinalzahlen (Grundzahlen) **unter einer Million** schreibt man **klein**:

Mit **siebzehn** hat man noch Träume, mit **fünfundsechzig** geht man in Rente.
Unser Nachbar ist jetzt Mitte **siebzig**.
Er hat etwa **zweihundert** Fische in seinem Teich.

Zahlen in diesem Bereich bilden ein **zusammenhängendes Wort** und werden deshalb zusammengeschrieben.

Das Dorf hat **zweitausendsechshundertfünfundzwanzig** Einwohner.

Selten wird man höhere Zahlen mit vielen verschiedenen Ziffern in Worten schreiben. Das Wort würde viel zu lang.

Inzwischen ist es auch erlaubt, **niedrige Zahlen in Ziffern** zu schreiben.

Das Schriftbild wirkt allerdings schöner, wenn man die Zahlen **von 1 bis 20 in Worten** schreibt - sofern nicht auch höhere Zahlen im Text vorkommen. Innerhalb eines Textes sollte man jedoch die Zahlen einheitlich entweder **nur in Ziffern oder nur in Worten** schreiben:

Die Reisegruppe bestand aus **fünf** Männern und **drei** (**nicht:** ~~3~~) Frauen.

Große Zahlen in **Ziffern ab 1000** kann man in Dreierschritten jeweils durch einen Leerschritt gliedern: 3 000 2 459 872

Eine Zahl mit Begleiter gilt als Nomen und wird deshalb großgeschrieben

eine **Fünf** schreiben
eine **Sechs** würfeln
Das erste **Hundert** war bald erreicht.
in den **Achtzigern**

Obwohl ein Begleiter davorsteht, schreibt man die zwanzig, dreißig ... fünfzig, sechzig erreichen **klein**, weil *Jahre* zu ergänzen wäre.

RECHTSCHREIBUNG

Millionenbeträge und darüber schreibt man **groß**:

sechs Millionen (abgekürzt: 6 Mio.)
fünfzehn Milliarden (abgekürzt: 15 Mrd.)

Die Zahlen ***hundert*** und ***tausend*** kann man bei unbestimmten Mengenangaben auch großschreiben:

ein paar **h**undert / **H**undert

Wenn Sie aber **grundsätzlich kleinschreiben**, machen Sie nichts falsch. Schreiben Sie also am besten:

einige (mehrere, viele) **h**undert / **t**ausend Menschen
hunderte / **t**ausende von Bäumen
zu **h**underten / **t**ausenden
aberhundert / **a**bertausend Sterne
aberhunderte / **a**bertausende kleiner Ameisen

Das Wort ***Dutzend*** steht für die Zahl 12. Am besten schreibt man dieses Wort immer **groß**:

Ich hatte zehn **D**utzend Pappbecher für das Sommerfest gekauft.
Hinterher lagen **D**utzende von ihnen überall verstreut auf der Wiese.

Das Wort ***zig*** steht für eine ungenaue Zehnerzahl. Es wird immer **kleingeschrieben**.

Er hat **z**ig Armbanduhren zu Hause und trägt nie eine davon.
Das hat mich wieder **z**ig Euro gekostet.

Die Schreibung der Ordinalzahlen

Ordinalzahlen (Ordnungszahlen) gelten als **Adjektive**. Also gilt **generell** die **Kleinschreibung**.

der **d**ritte Mai, der **f**ünfte Juni
der **e**rste / **z**weite ... Platz

das / beim / zum **d**ritte(n) Mal
am **v**ierten Tag

im **d**ritten Programm
der **t**ausendste Besucher
den **e**rsten Spatenstich tun
die **e**rsten beiden auszeichnen
(= den 1. und den 2. Sieger)

Kommen Ordnungszahlen in **Eigennamen und feststehenden Begriffen** vor, muss man sie **großschreiben**. Außerdem können Ordnungszahlen nominalisiert werden (→ S. 125)

Eigennamen:

der **E**rste Mai, der **D**ritte Oktober (Feiertage)
Friedrich der **D**ritte (oder: Friedrich III.)
die **Z**weite Bundesliga, der **Z**weite Weltkrieg
das **Z**weite, das **D**ritte (Fernsehsender)

Feststehende Begriffe und Nominalisierungen:

die **D**ritte Welt
zum **E**rsten, **Z**weiten und zum **D**ritten ...
die **D**ritten (= die dritten Zähne)
als **Z**weiter durchs Ziel gehen
den beiden **E**rsten gratulieren (= den 1. Siegern von zwei Gruppen)
etwas als **E**rstes, **Z**weites, **D**rittes tun
Unterhaltung im **D**ritten (= im dritten Programm)
Das **V**ierte – Wir sind Hollywood!
Jeden **E**rsten gibt's Geld. (= an jedem ersten Tag des Monats)
der **E**rste, der kommt
Jeder **H**undertste erhält ein Geschenk.

Die Schreibung der Bruchzahlen

Bruchzahlen werden normalerweise **kleingeschrieben**:

ein **h**albes Pfund
eineinhalb / **a**nderthalb Kilo
um drei **v**iertel neun (8:45 Uhr)
Sie kommt in drei **v**iertel Stunden.
ein **a**chtel Liter Wein
um **v**iertel neun (8:15 Uhr)
Das Kino ist drei **v**iertel voll.

→ siehe auch Uhrzeiten, S. 568

Mit Begleiter (→ S. 94) werden Bruchzahlen jedoch zu Nomen. Dann muss man sie **großschreiben**:

ein **V**iertel des Kuchens
Sie benötigen drei **A**chtelliter. (als Maß)
Das Kino ist zu drei **V**ierteln voll.
Es hat ein **V**iertel neun geschlagen.
Aber: Es hat drei **v**iertel neun geschlagen.
ein **F**ünftel der Bevölkerung
Es ist **V**iertel vor / nach acht.
Sie kommt in drei **V**iertelstunden.

Zusammensetzungen aus Zahl + Wort

Bei Begriffen aus **Zahl + Wort** hat man oft **zwei Möglichkeiten**:

Schreibung in Worten	Schreibung mit Zahl + Wort
ein zehnjähriger Junge	ein 10-jähriger Junge
eine zweitägige Veranstaltung	eine 2-tägige Veranstaltung
ein dreiteiliger Film	ein 3-teiliger Schrank
Ein Zwanzigliterkanister	ein 20-Liter-Kanister
dreigeschossig, dreistöckig	3-geschossig, 3-stöckig
vierfach	4-fach / 4fach
ein Fünfzehntel	ein 15tel
achtzigprozentig	100-prozentig / 100%ig
einmal, elfmal, fünf- bis zehnmal (bei besonderer Betonung auch: elf Mal ...)	11-mal, 5- bis 10-mal (Das Wort *einmal* wird nicht mit Ziffer geschrieben)
die achtziger Jahre / Achtzigerjahre	die 80er-Jahre / die 80er Jahre
im Dreivierteltakt	im ¾-Takt
acht mal fünf ist vierzig	8 mal 5 ist 40

→ siehe auch Bindestrich, S. 603

DIE ZEICHENSETZUNG

ÜBERSICHT

Die **Zeichensetzung** – auch Interpunktion genannt – dient der Verdeutlichung von schriftsprachlichen Strukturen.

Dazu gehören die folgenden Aspekte:

Punkt: Heute Abend gehen wir ins Kino**.** → S. 574

Ausrufezeichen: Ist das schön**!** → S. 576

Fragezeichen: Müssen wir noch weit gehen**?** → S. 576

Komma: Ich glaube**,** dass es bald regnen wird. → S. 578

Semikolon (Strichpunkt): Heute ist endlich schönes Wetter**;** es wird ja auch allmählich Zeit. → S. 592

Doppelpunkt: Eines war klar**:** So konnte es nicht weitergehen. → S. 592

Anführungszeichen: **„**So also ist das.**“** → S. 593

Apostroph: M**'**gladbach → S. 598

Bindestrich: Hals**-**Nasen**-**Ohren**-**Arzt → S. 602

Gedankenstrich: Der Chef blickte **–** er verzog dabei keine Miene **–** von einem zum anderen. → S. 609

Klammern: In New London **(**Connecticut**)** gibt es auch ein College. → S. 610

Schrägstrich: 20 Euro**/**Stunde Ausleihgebühr → S. 612

Die Satzschlusszeichen

Satzschlusszeichen informieren den Leser über das Ende eines Satzes und darüber, um welche Satzart es sich handelt. Als Satzschlusszeichen stehen **Punkt, Ausrufezeichen** und **Fragezeichen** zur Verfügung.

Der Punkt

Ein Punkt steht **nach Aussagesätzen und höflichen Aufforderungen**:

Heute Abend gehen wir ins Kino**.**
Setzen Sie sich bitte**.**

Es kann sich auch um **mehrteilige Sätze** handeln, die z. B. aus Haupt- und Nebensatz bestehen:

Sie schloss die Tür, weil es draußen so laut war**.**
Nehmen Sie, bevor Sie abends ins Bett gehen, immer eine Tablette**.**

Aussagesätze können auch **als Kurzsatz** formuliert werden:

Stimmt**.** So**.** Na sowas**.** Wohl kaum**.** Ungern**.**

Punkt nach Ordnungszahlen und Kürzungen

Punkte stehen auch nach Ordnungszahlen:

die 3**.** Ausgabe
der 17**.** April
Karl V**.**
Er kam als 15**.** ins Ziel. ...

→ Ordnungszahlen, S. 223, 570

und bei vielen **Abkürzungen** und **Kurzwörtern**:

z**.** B**.** (zum Beispiel)
u**.** a**.** (unter anderem) ...

Aber ohne Punkt: BGB, CDU, EKG, km, PS ...

→ siehe auch Abkürzungen, Buchstabenwörter, S. 80 ff.

Kein Punkt steht **nach Titeln, Überschriften und Schlagzeilen**:

Die Mittagsfrau	(Buchtitel)
So bleiben Sie gesund	(Überschrift)
Einladung zur Vorstandssitzung	(Einladungsanlass)
PKW landet im Kirchendach	(Schlagzeile)

Wenn ein Satz mit einer Ordnungszahl, einer Abkürzung mit Punkt oder mit Auslassungspunkten endet, gibt es **keinen weiteren Schlusspunkt**:

Die Schule beginnt nicht am 3. August, sondern am 6**.**
Elisabeth war eine Tochter Heinrichs VIII**.**
Wir brauchen noch Butter, Milch, Eier, Käse usw**.**
Das Märchen endet mit „Und wenn sie nicht gestorben sind **...**"

Auslassungspunkte

Auslassungspunkte bestehen aus drei Punkten. Sie kündigen an, dass aus einem Satz oder Text etwas ausgelassen wird.

Wenn mit den Auslassungspunkten ein Satz endet, folgt danach kein Schlusspunkt mehr. **Frage- oder Ausrufezeichen werden** jedoch **gesetzt**, und zwar **ohne Leerschritt** davor:

Er kam, sah, und **...**
Glaubst du etwa, dass er **...?**
Dieses ewige Genörgel finde ich zum **...!**

Werden **innerhalb eines Wortes** Buchstaben ausgelassen, setzt man **keinen Leerschritt** vor bzw. nach den Auslassungspunkten:

Es gibt verschiedene Möglichkeiten, das Wort **be...en** zu vervollständigen.
So eine **Sch...!**

Das Ausrufezeichen

Das Ausrufezeichen steht bei nachdrücklichen **Aufforderungen** und nach **Ausrufe- und Wunschsätzen**:

Geh mir aus den Augen**!** Halt jetzt endlich den Mund**!** Schluss jetzt**!**
Ist das schön**!** Wie hell doch der Mond scheint**!** Aua**!**
Wenn es doch aufhörte, zu regnen**!** Riefe sie doch endlich an**!**

→ Aufforderungssätze, Wunschsätze, Ausrufesätze, S. 466 ff.

Manchmal steht ein Ausrufezeichen nach **Ausrufen**, die wie Frage- oder Aussagesätze formuliert sind:

Lässt du die Finger davon**!**
Gibt's denn so was**!**
Vielleicht fragst du mal vorher**!**
Du lügst doch**!**

Ausrufe können auch aus **einem einzigen Wort** bestehen:

Mensch**!** Ach**!** Warte**!** Nein**!**

Das Fragezeichen

Das Fragezeichen steht am Ende **direkter Fragesätze** (→ S. 463 ff.):

Müssen wir noch weit gehen**?**
Warum weinst du**?**
Ist es wirklich schon so spät**?**
Soll ich dir helfen**?**

Auch **höflich gemeinte Aufforderungen** können als Frage formuliert werden:

Würdest du bitte die Musik leiser stellen**?**
Reichst du mir bitte das Salz herüber**?**
Geht es vielleicht ein bisschen langsamer**?**

Oft drückt ein Sprecher sein **Erstaunen** aus, indem er einen Aussagesatz wie eine Frage betont (→ Intonation, S. 56). Im Schriftlichen zeigt das Fragezeichen an, dass der Aussagesatz als Frage zu verstehen ist.

Sie hat tatsächlich gewonnen**?** *(Das ist aber erstaunlich.)*
Und er hat dir nicht geholfen**?** *(Das sieht ihm aber gar nicht ähnlich.)*
Das hast du wirklich gesagt**?** *(Das hätte ich dir nicht zugetraut.)*

Aussagen können auch durch kurze **Frageanhängsel** zum Fragesatz werden, die eine **Bestätigung** des Angesprochenen erwarten:

Das ist eine Ausrede, **nicht (wahr)?**
Du hast gelogen, **stimmt's?**
Das stimmt doch, **oder?**
Ich hatte mal wieder recht, **gell?** (süddeutsch)

Auch **Titel, Überschriften und Schlagzeilen** können mit Fragezeichen abgeschlossen werden:

Wetten, dass ...**?** (eine Fernsehsendung)
Verliebe dich oft, verlobe dich selten, heirate nie**?** (ein Buchtitel)
Sind die Banken noch zu retten**?** (Schlagzeile in der Zeitung)

Auch **unvollständige Sätze und Kurzsätze** können als Fragen gestellt werden:

Wie denn das**?**
Wieso eigentlich immer ich**?**
Wie**?** Wo**?** Was**?**
Tatsächlich**?**

Häufung von Frage- und Ausrufezeichen

Immer wieder begegnen einem vor allem im E-Mail-Verkehr Häufungen von Frage- oder Ausrufezeichen, die der Aussage eines Satzes **mehr Nachdruck** verleihen sollen:

Abgabetermin war der 20. März**!!!**
Wie soll ich das bitte verstehen**???**
Das hätte man doch erwarten können**!?**

Stilistisch gesehen sind solche Häufungen fragwürdig, da sie vom Empfänger falsch verstanden werden können. Besser ist in jedem Fall, einen Aussagesatz zu formulieren und Fragen mit einfachem Fragezeichen zu versehen:

Abgabetermin war der 20. März**.**
Wie darf ich Ihre Erklärung verstehen**?**
Ich hatte, ehrlich gesagt, ebendies erwartet**.**

Das Komma

Kommas dienen der Gliederung eines Textes mit dem Ziel, ihn für den Leser verständlicher und übersichtlicher zu machen. Innerhalb von Sätzen teilt es Teilsätze, Wortgruppen oder einzelne Wörter vom übrigen Text ab.

Wenn Sie die Absicht haben, sich bei uns zu bewerben, müssen Sie Ihren Lebenslauf, Tätigkeitsnachweis, Foto und Anschreiben hier einreichen.

Teilsatz: Wenn Sie die Absicht haben,
Infinitivgruppe: sich bei uns zu bewerben,
Aufzählung einzelner Wörter: Lebenslauf, Tätigkeitsnachweis, Foto
Übriger Text: müssen Sie Ihren ... und Anschreiben hier einreichen.

Grundsätzliches zur Kommasetzung

Setzen Sie ein Komma nur dann, wenn Sie es auch begründen können, das heißt, wenn Sie Ihr Komma mit einer der im Folgenden ausgeführten Regeln in Zusammenhang bringen können. Lassen Sie Kommas weg, für die Ihnen keine Begründung einfällt.

Das Komma bei Aufzählungen gleichrangiger Wörter und Wortgruppen

Aufzählen kann man alle Wortarten, Wortgruppen, Satzglieder und sogar Sätze. Mehrere gleichrangige Glieder einer Aufzählung werden durch Kommas voneinander getrennt. **Gleichrangig** sind die **Glieder einer Aufzählung**, wenn man das Komma zwischen ihnen durch ein ***und*** ersetzen könnte.

Aufzählung von Nomen (hier als Subjekte → S. 420):
Weizen**,** Roggen**,** Gerste sind Getreidesorten.

Aufzählung von Adjektiven (hier als Prädikatsadjektive → S. 417):
Eine Orange sollte groß**,** rund**,** saftig sein.

Aufzählung von Verben (hier als Teil des Prädikats → S. 412):
Wir wollen singen, tanzen, feiern.

Aufzählung von Wortgruppen (hier Präpositionalobjekte → S. 429):
Sie schimpft über ihr Auto**,** über die Leute**,** über das Essen**,** über Gott und die Welt.

Einzelne (vor allem letzte) **Glieder der Aufzählung können durch *und*,** ***sowie*** oder ***oder*** verbunden werden. **Dann entfällt das Komma**.

Weizen**,** Roggen **und** Gerste sind Getreidesorten.
Rentner**,** Schüler **sowie** Studenten zahlen ermäßigten Eintritt.
Du gehst am besten joggen**,** walken **oder** wandern.

RECHTSCHREIBUNG

Was für *und, oder, sowie* gilt, trifft auch auf folgende **nebenordnende Konjunktionen** (→ S. 382) zu, die auch mehrteilig sein können:

beziehungsweise (bzw.)
sowohl ... als auch
entweder ... oder
weder ... noch

Du solltest das Bußgeld schnellstens einzahlen **bzw.** überweisen.
Er ist **sowohl** jung **als auch** unerfahren.
Er will **entweder** anrufen **oder** selbst hingehen.
Sie spricht **weder** Französisch **noch** Spanisch.

Wird ein **Gegensatz** ausgedrückt, steht immer ein Komma.

Wir wandern bei gutem Wetter**, allerdings** nur im Schatten.
Dies ist eine Schule**, kein** Kindergarten.

Dies gilt auch für **Konjunktionen, die einen Gegensatz ausdrücken**:

Du bist nicht nur frech**, sondern** auch dumm.
Er war groß und stark**, aber** er war nicht klug.
Sie kann nicht kochen**, (je)doch** ganz toll Squash spielen.

Konjunktionen, die ein Komma zwischen Wortgruppen erfordern:

einerseits ..., andererseits
teils ..., teils
ob ..., ob
nicht nur ..., sondern auch
bald ..., bald
halb ..., halb

Das Wetter war **einerseits** sonnig**, andererseits** aber viel zu kalt.
Es gab **nicht nur** Salat**, sondern** auch warmes Essen.
Seine Familie lebt **teils** in der Stadt**, teils** auf dem Land.
Bald gras' ich am Neckar**, bald** gras' ich am Rhein ...
Ob blond**, ob** braun**,** ich liebe alle Frau'n ...
Halb lachend**, halb** weinend fiel sie ihm um den Hals.

Das Komma bei mehreren Adjektiven

Bei mehreren Adjektiven vor einem Nomen gilt: **Sind die Adjektive gleichrangig, werden sie durch Komma getrennt.**

Gleichrangig bedeutet, dass sich beide Adjektive in gleichem Maß auf das nachfolgende Nomen beziehen. Hierfür gibt es einen einfachen **Test**: Setzen Sie das Wort *und* zwischen die Adjektive. Wenn es dann immer noch sinnvoll klingt, sind die Adjektive gleichrangig und Sie brauchen ein **Komma**.

ein kostenloses**,** unverbindliches Angebot = kostenloses **und** unverbindliches Angebot
warmes**,** sonniges Wetter = warmes **und** sonniges Wetter

Sind die Adjektive **nicht gleichrangig**, darf **kein Komma** stehen:

Im Hafen lag ein großer britischer Frachter.
~~(Im Hafen lag ein großer und britischer Frachter.)~~

Der *Frachter* ist nicht groß und britisch, sondern es handelt sich um einen britischen Frachter, der groß ist. Das Adjektiv *groß* gilt als Attribut (→ S. 440) zu dem Ausdruck *britischer Frachter*. Anders ausgedrückt: Das dem Nomen am nächsten stehende Adjektiv (*britischer*) hat eine engere Bindung zu ihm als das weiter entfernte (*großer*). Die Adjektive *großer* und *britischer* sind also nicht gleichrangig, daher **kein Komma**. Weitere Beispiele:

Die allgemeine politische Lage ist schwierig.
~~(Die allgemeine und politische Lage ist schwierig.)~~

Deine schönen neuen Schuhe sind nass.
(~~Deine schönen und neuen Schuhe sind nass.~~)

Sie hatte große blaue Augen.
(~~Sie hatte große und blaue Augen.~~)

Siehst du die verspielten jungen Katzen dort?
(~~Siehst du die verspielten und jungen Katzen dort?~~)

Hier ergäbe ein *und* zwischen den Adjektiven keinen Sinn → **kein Komma**.

Das Komma bei der Aufzählung gleichrangiger Teilsätze

Auch **Hauptsätze** und **Nebensätze** können Glieder einer Aufzählung sein. Hauptsätze sind immer gleichrangig, Nebensätze dann, wenn sie vom selben übergeordneten Satz abhängen. Es gelten im Wesentlichen dieselben Regeln wie für die Aufzählung von Wörtern oder Wortgruppen.

Aufzählung von Hauptsätzen

Der Himmel war blau**,** die Sonne schien**,** alles freute sich**,** da platzte die Bombe.
Du magst kein Gemüse**,** deine Schwester isst kein Fleisch**,** was soll ich da kochen?

Auch bei so genannten Satzreihen (→ S. 407 f., 472) ersetzen die Konjunktionen ***und, oder, sowie, beziehungsweise (bzw.), entweder ... oder, weder ... noch*** das Komma. Man **kann** dieses **Komma jedoch setzen**, wenn man die **Gliederung des Ganzsatzes** deutlich machen will:

Ich schnitt das Fleisch für das Gulasch**(,)** und Kim machte die Salatsoße.
Sie ruft ihn an**(,)** oder sie geht bei ihm vorbei.
Entweder du staubsaugst das Wohnzimmer**(,)** oder du hilfst mir beim Fensterputzen.
Weder haben wir miteinander gesprochen**(,)** noch hatten wir sonst irgendwie Kontakt.

Aufzählung gleichrangiger Nebensätze

Ich weiß nicht**,** woher du kommst**,** wer du bist**,** was du willst.
Es ist schön**,** dass es dich gibt**,** dass du bei mir bist**,** dass du mir hilfst.

Die Konjunktionen ***beziehungsweise (bzw.), und, oder, sowie*** **ersetzen** das Komma vor dem letzten Aufzählungsglied:

Falls es morgen regnet **bzw.** wenn es noch nass ist**,** bleiben wir zu Hause.
Als Wolken aufkamen**,** als es anfing zu regnen **und** als schließlich das Unwetter losbrach, packte uns die Angst.

Gehst du jetzt, weil es schon spät ist, weil du müde bist, weil du morgen früh aufstehen musst **oder** weil du mich nicht mehr sehen willst?

Das Komma bei Anreden

Direkte **Anreden** trennt man normalerweise durch ein Komma ab bzw. setzt sie in Kommas.

Das, mein Freund, wird dir nicht viel helfen.
Ich bitte dich, Susanne, komm doch zurück!
Hallo, liebe Susanne!

Aber: Folgt auf das ***Hallo*** ein einzelner Name ohne jeglichen Zusatz, kann das Komma entfallen.

Hallo(,) Susanne!

Wenn die **Anrede am Satzanfang oder Satzende** steht, wird sie durch ein Komma abgetrennt:

Sehr geehrter Herr Wohl,
ich hoffe, ich konnte Ihnen in diesem Brief darlegen, ...

Könnten Sie mal kurz kommen, Frau Meier?

Kommas bei der Anrede im Brief- und Mailverkehr

Hier haben Sie folgende Möglichkeiten bei der Kommasetzung:

Sehr verehrter, lieber Herr Probst,
Hallo, lieber Bruder,
Hallo, alter Freund,
Guten Tag(,) Frau Forst,

Sehr geehrter Herr Wading,
Hallo(,) Peter,
Hallo(,) Frau Forst,
Guten Tag, liebe Frau Forst,

Wenn Sie mit jemandem vertraut sind, können Sie statt des Kommas ans Ende der Anrede auch ein Ausrufezeichen setzen:

Hallo(,) Frau Forst!

RECHTSCHREIBUNG

Aufgepasst: Nach der **Grußformel** am Ende des Briefes / der E-Mail steht **kein Komma**!

Mit freundlichen Grüßen
Beste Grüße aus Stuttgart
Grüße
Herzlichst

Das Komma bei Orts- und Datumsangaben

Bei Datums- und Ortsangaben werden die einzelnen Bestandteile **durch Kommas getrennt**. Das letzte Komma kann entfallen.

Die Prüfung findet am Montag**,** dem 10. Juni**,** 8 Uhr**(,)** statt.
Sarah Müller**,** wohnhaft in Hannover**,** Heinrichplatz 64**(,)** ist angeklagt, ...
Zu seinem Nachfolger ist Herr Sven Taler**,** Kochstraße 27**,** Neustadt**(,)** ernannt worden.

Aber ohne Komma: Sie wohnt in Düren in der Thomasgasse 25 im 1. Stock.

Gesetzesangaben ohne Komma!

Führt man Paragraphen aus Gesetzen oder Verordnungen an, wird **kein Komma** gesetzt:

Gemäß § 24 Abs. 2 Satz 4 wurde die Frist eingehalten.

Das Komma bei Ausrufen

Ausrufe werden durch ein **Komma** abgetrennt, wenn sie **betont** sind:

Ach, wie schade!
Nein, das glaube ich nicht!
Wir haben den Zug verpasst**, leider**!
Aber ja, wir kommen gerne!
Oje, ist das wieder heiß!

Sind die Ausrufe jedoch **nicht betont,** steht **kein Komma**:

Ach geh doch! Oh du lieber Himmel!

Das Komma beim Wort *bitte*

Bei *bitte* steht **normalerweise kein Komma**:

Gib mir bitte mal das Salz. Bitte hör auf damit.

Will man seiner Bitte aber **mehr Nachdruck** verleihen, kann man ein Komma setzen:

Iss jetzt**,** bitte! Bitte**,** halt doch mal den Mund!

Das Komma zwischen Haupt- und Nebensätzen

Haupt- und Nebensatz werden durch Kommas voneinander getrennt.

Das gilt für **vorangestellte** und für **nachgestellte** Nebensätze (→ S. 480):

Solange es regnet, bleibt das Spiel unterbrochen.
Ich glaube**, dass es bald regnen wird.**

Wird der Hauptsatz durch den Nebensatz unterbrochen, muss der **eingeschobene** Nebensatz durch **Kommas** eingeschlossen werden.

Ich ärgerte mich**, nachdem ich die Prüfung verpatzt hatte,** noch lange über mich selbst.

Eingeschobene Nebensätze werden auch dann in Kommas eingeschlossen, wenn sie zwei Hauptsätze trennen. Vergessen Sie also nie das Komma am Ende des Nebensatzes!

Ich glaube**, dass ich die Richtige für Sie bin,** und würde mich über Ihre positive Antwort sehr freuen.

Vorsicht bei versteckten *dass*-Sätzen!

Es gibt *dass*-Sätze, die **wie ein Hauptsatz aussehen**, weil sie in einer nicht eingeleiteten Form verwendet werden (→ S. 485); dennoch sind sie Nebensätze und müssen durch Kommas vom Hauptsatz getrennt werden:

Ich glaube**, du kannst es schaffen,** und wünsche dir viel Glück.
→ *Ich glaube,* ***dass*** *du es schaffen kannst, und wünsche dir viel Glück.*

Ich denke**, wir können den Termin halten,** und verlasse mich ganz auf Sie.
→ *Ich denke,* ***dass*** *wir den Termin halten können, und verlasse mich ganz auf Sie.*

Er versprach schon oft**, er käme pünktlich,** und dann kam er doch viel zu spät.
→ *Er versprach schon oft,* ***dass*** *er pünktlich käme, und dann kam er doch viel zu spät.*

Wenn ein **Nebensatz gemeinsam mit einer Wortgruppe mit Präposition** auftritt, wird nur dann ein Komma zwischen Haupt- und Nebensatz gesetzt, wenn der Nebensatz direkt neben dem Hauptsatz steht.

Wortgruppe	Nebensatz	Hauptsatz
Wegen deines Gejammers	und **weil du böse warst,**	gehen wir nicht baden.

Aber:

Nebensatz	Wortgruppe	Hauptsatz
Weil du böse warst	und wegen deines Gejammers	gehen wir nicht baden.

Hauptsatz	Nebensatz	Wortgruppe
Wir gehen nicht baden**,**	**weil du böse warst**	und wegen deines Gejammers.

Aber:

Hauptsatz	Wortgruppe	Nebensatz
Wir gehen nicht baden	wegen deines Gejammers	und **weil du böse warst**.

Das Komma bei Infinitiven und Infinitivgruppen

Kommas können entfallen, wenn es sich um bloße Infinitive handelt. Dabei spielt es keine Rolle, ob der Infinitiv im Satz vorne, in der Mitte oder hinten steht:

Abzunehmen**(,)** habe ich schon oft vergeblich versucht.
In der Hektik habe ich ganz vergessen**(,)** zu essen.
Ich denke nicht daran**(,)** aufzuhören.
Den Plan**(,)** zu verreisen**(,)** hatte er schon seit längerer Zeit.

Wenn nach dem bloßen Infinitiv ein Nebensatz folgt, wird dieser durch ein Komma getrennt.

Ich habe ganz vergessen**(,)** zu essen**,** weil ich so sehr in Hektik war.
Sie hatten gerade begonnen**(,)** zu essen**,** als sich plötzlich die Tür öffnete.

Wenn Infinitive durch andere Wörter erweitert sind, spricht man von **Infinitivgruppen** (→ S. 511). Sie werden dann als Nebensätze gesehen und müssen mit einem Komma vom übergeordneten Satz getrennt werden.

Ein paar Kilo abzunehmen**,** habe ich schon oft vergeblich versucht.
In der Hektik habe ich ganz vergessen**,** mein Brötchen zu essen.
Ich denke nicht daran**,** früher aufzuhören.
Den Plan**,** mit seinem Freund zu verreisen**,** hatte er schon seit längerer Zeit.

Auch wenn ein bloßer Infinitiv oder eine Infinitivgruppe mit ***als, (an)statt, außer, ohne, um*** eingeleitet wird, setzt man ein Komma:

Dir bleibt nichts anderes übrig**, als** abzuwarten.
Anstatt sich an die Wahrheit zu halten**,** log er weiter.
Ich habe keinen Wunsch mehr**, außer** noch einmal nach Australien zu reisen.
Er verließ das Haus**, ohne** davor zu frühstücken.
Um nicht zu fallen**,** stützte er sich ab.

Manchmal muss man aufpassen, an welcher Stelle man das Komma setzt, weil die Aussage sich ändert, je nachdem, wo das Komma steht.

Der Täter behauptete**,** heute Morgen nicht in der Bar gewesen zu sein.
Der Täter behauptete heute Morgen**,** nicht in der Bar gewesen zu sein.
Der Täter behauptete heute Morgen nicht**,** in der Bar gewesen zu sein.

Kein Komma bei *brauchen zu / pflegen zu / scheinen zu*!

Sie dürfen **kein Komma** setzen bei Infinitivgruppen, die von den Hilfsverben ***haben*** oder ***sein*** oder von Verben wie ***brauchen, pflegen, scheinen*** abhängig sind.

Dieser Mensch hat hier nichts zu sagen.
Das Firmengebäude war schon von weitem zu sehen.
Du brauchst mir beim Abspülen nicht zu helfen.
Meine Oma pflegte sich mittags hinzulegen.
Nach wenigen Minuten schien sie ihre Müdigkeit überwunden zu haben.

Ebenfalls **kein Komma** steht, wenn die Infinitivgruppe von ***es gibt*** abhängt.

Bei unserer Tombola gibt es tolle Preise zu gewinnen. / Es gibt bei unserer Tombola tolle Preise zu gewinnen.

Die Infinitivgruppe wird auch dann **nicht durch Komma abgetrennt**, wenn sie einen **übergeordneten Satz umschließt**. Diese Wortstellung ergibt sich dann, wenn ein Glied der Infinitivgruppe an den Anfang des Satzes gestellt wird, weil man es besonders betonen will. Es steht dann in **Spitzenstellung**.

Normale Wortstellung (= Komma möglich):
Das Parlament beschloss**(,) die Wirtschaftshilfen sofort zu gewähren.**

Spitzenstellung (= **kein Komma**):
Die Wirtschaftshilfen beschloss das Parlament **sofort zu gewähren.**

Kein Komma setzt man auch dann, wenn die Infinitivgruppe **mit dem übergeordneten Satz verschränkt** ist. Die zur Infinitivgruppe gehörenden Wörter sind auseinandergerissen, der Infinitiv mit *zu* steht dann direkt vor dem konjugierten Verb des Hauptsatzes am Satzende. Hier würde ein Komma den Satzzusammenhang stören.

Normale Wortstellung (= Komma möglich):
Wir wollen versuchen**(,) diese Familientradition zu verstehen**.

Verschränkt (= kein Komma):
Diese Familientradition wollen wir **zu verstehen** versuchen.

Das Komma bei Partizip- und Adjektivgruppen

Partizip- und Adjektivgruppen oder auch sonstige Wortgruppen können durch Kommas vom restlichen Satz getrennt werden.

Der Jäger setzte sich**(,) sichtlich erschöpft(,)** auf einen Stein.
Sichtlich erschöpft(,) setzte sich der Jäger auf einen Stein.
Wir treffen uns**(,) wie vereinbart(,)** nächsten Montag um neun Uhr.
Wie vereinbart(,) treffen wir uns nächsten Montag um neun Uhr.

Aber aufgepasst: Wenn die Gruppe zwischen das Subjekt am Satzanfang und das Prädikat geschoben wird, muss sie in Kommas eingeschlossen werden.

Der Jäger**, sichtlich erschöpft,** setzte sich auf einen Stein.

Auch wenn die Gruppe eine nachgestellte Erläuterung ist, wird sie durch ein Komma abgegrenzt. Beim Sprechen macht man an den Kommastellen kleine Pausen.

Der Jäger setzte sich auf einen Stein**, sichtlich erschöpft**.

Das Komma bei Nachträgen und Einschüben

Nachträge und Einschübe, die nicht in den üblichen Satzbau passen, werden durch Kommas abgetrennt. Solche Einschübe oder Nachträge beginnen häufig mit:

, vor allem …
, zum Beispiel / z. B. …
, außer …
, und zwar …
, also …
, nämlich …
, besonders …
, das heißt …

Sie liest gerne**, vor allem** historische Romane.
Sport hält gesund**, zum Beispiel** regelmäßiges Schwimmen.
Hier muss ich ein Komma setzen**, und zwar** immer.
Das Amt ist einmal pro Woche**, und zwar** donnerstags**,** auch am Nachmittag geöffnet.

In manchen Fällen ist es Ihnen freigestellt, ob Sie einen Nachtrag oder Einschub besonders hervorheben und deshalb durch Kommas abtrennen:

Das kostet Sie 325 Euro**(,) einschließlich** der Transfergebühren.
Die Hitze war**(,) besonders** um die Mittagszeit**(,)** unerträglich.
Alle Wäsche war gebügelt**(,) außer / bis auf** seine Hemden.

Komma nach *das heißt*, wenn ein Nebensatz folgt!

Wenn nach der Einleitung eines Nachtrags mit *das heißt* ein Nebensatz folgt, muss er durch ein **weiteres Komma** getrennt werden:

Ich kam erst sehr spät von der Arbeit nach Hause**, das heißt,** nachdem meine Familie längst zu Bett gegangen war.

Wegen der anhaltenden Wirtschaftskrise hat sich das Konsumverhalten verändert**, das heißt,** weil die Menschen an Zuversicht verloren haben.

Das Komma bei Appositionen

Eine Apposition ist eine besondere Form des Attributs (Beifügung) (→ S. 446). Sie wird durch Kommas **eingeschlossen**, wenn der Satz danach fortgeführt wird.

Ich kenne Rolf Schmitz**, deinen neuen Bekannten,** schon ewig.
Wilhelm II.**, der letzte deutsche Kaiser,** starb im Exil.

Steht eine Apposition **am Satzende**, wird sie durch ein Komma vom Satz abgetrennt, danach steht nur ein Punkt.

Sie liebt ihn**, den besten aller Männer.**
Das ist Gabi Lander**, die neue Chefin.**

Besteht die Apposition aus einem **Namen**, der erst nach seinem Bezugswort genannt wird, können die Kommas entfallen:

Unsere neue Chefin**(,) Gabi Lander(,)** ist sehr nett.
Ich kenne deinen neuen Bekannten**(,) Rolf Schmitz(,)** schon ewig.

Aber: Bei mehrteiligen historischen Eigennamen wie Katharina die Große, Iwan der Schreckliche steht kein Komma!

Das Komma bei Parenthesen (Einschüben)

Parenthesen sind komplette Sätze, die nicht Teil der eigentlichen Satzstruktur sind. Sie müssen deshalb durch Kommas eingeschlossen werden.

Die Wolkentürme entluden sich**, es war wohl so gegen acht,** in einem fürchterlichen Platzregen.
Ihre fristlose Kündigung**, das will ich deutlich betonen,** ist unangemessen.
Ich werde mir morgen**, glaub mir's oder nicht,** diesen tollen Fernseher holen.

Statt der Kommas können Sie hier auch **Gedankenstriche** setzen.

Das Semikolon (Strichpunkt)

Ein Semikolon verwendet man, **wenn ein Komma eine zu schwache, aber ein Punkt eine zu starke Trennung zwischen zwei gleichrangigen Sätzen wäre**. Durch Semikolon getrennte Sätze haben einen starken inhaltlichen Zusammenhang. Nach dem Semikolon schreibt man klein weiter, es sei denn, das folgende Wort ist ein Nomen.

Man kann nicht alles wissen**; m**an muss nur wissen, wo man nachschlagen kann.
Heute ist endlich schönes Wetter**; e**s wird ja auch allmählich Zeit.

Da es keine festen Regeln für die Verwendung des Semikolons gibt, bleibt es Ihnen überlassen, ob Sie in diesen Fällen einen Punkt, ein Semikolon oder ein Komma setzen möchten.

Das Semikolon macht eine **deutlichere Gliederung innerhalb von Aufzählungen** möglich:

Der Fahrplan gibt folgende Abfahrtszeiten an: Düren 8:35 Uhr**;** Horrem 8:47 Uhr**;** Köln-Deutz 9:03 Uhr.

Es kann auch verwendet werden, um **zusammengehörige Gruppen** innerhalb von Aufzählungen **abzugrenzen**:

In seinem Gepäck befand sich: Gaskocher, Ersatzkartusche, Feuerzeug**;** Getränke, Müsliriegel, Schokolade**;** Karte, Kompass, Feldstecher.

Der Doppelpunkt

Ein Doppelpunkt steht in der Regel **nach einem ankündigenden Satz**. Der Gegenstand der Ankündigung folgt dann auf den Doppelpunkt.

Eines war klar**:** So konnte es nicht weitergehen.

Ein Doppelpunkt steht **vor einer angekündigten wörtlichen Rede**. Das wörtliche Zitat steht dabei in Anführungszeichen:

Der Lehrer fragte**:** **„**Wer will sich dazu äußern?**"**
Die Zeitung titelte**:** **„**Verkehrsminister tritt zurück!**"**

Ein Doppelpunkt steht auch **vor angekündigten Aufzählungen, Erklärungen und Einzelangaben**:

Sie benötigen**:** Papier, Füller, Lineal, Bleistift.
So rührt man den Teig**:** schnell und gleichmäßig.
Anwendung**:** Nehmen Sie die Tabletten kurz vor den Mahlzeiten ein.
Name**:** Weber Vorname**:** Norbert Geburtsort**:** München

Folgt auf den Doppelpunkt ein **vollständiger Satz**, beginnt er mit einem **großen Anfangsbuchstaben**:

Es ist immer dasselbe**: N**iemand möchte den Anfang machen.

Man setzt einen Doppelpunkt auch vor **Sätze, die das zuvor Gesagte zusammenfassen** oder eine Schlussfolgerung daraus ziehen:

Es krachte, Glas splitterte, Menschen schrien, das Licht ging aus**:** Das Chaos war komplett.

Die Anführungszeichen

Anführungszeichen signalisieren, dass etwas wörtlich wiedergegeben wird. Sie kommen immer paarweise vor und finden Verwendung in der wörtlichen Rede und bei Zitaten.

Die Zeichen bei wörtlicher Rede

Am häufigsten kommen die Anführungszeichen bei der wörtlichen Rede vor. Dabei schließt man die **wirklich gesprochenen Wörter** in Anführungszeichen ein:

„So also ist das.**"**

Alternativen zu den normalen Anführungszeichen

Es gibt noch andere Möglichkeiten, wörtlich Wiedergegebenes kenntlich zu machen:

- Kursivschrift: Mit dem Gedanken *Hoffentlich ist bald alles vorbei!* schlief ich ein.
- andere Formen der Anführungszeichen: **»**Dann ist es aussichtslos**«**, sagte der kleine Prinz.
- Viele Schriftsteller verzichten ganz auf eine Kennzeichnung der wörtlichen Rede: Ich kann dich erledigen, sagte der Neue.

Leitet man die wörtliche Wiedergabe durch einen **Begleitsatz** ein, benötigt man den Doppelpunkt (→ siehe voriger Abschnitt):

Er stellte fest**:** **„**So also ist das.**“**

Der **Begleitsatz** kann aber auch an einer anderen Stelle stehen, zum Beispiel kann er die Wiedergabe der wörtlichen Rede unterbrechen und steht dann **innerhalb der wörtlichen Rede**. Er wird dann in Kommas eingeschlossen:

„Ich gehe**“,** sagte sie**, „**und zwar für immer**.“**

Tritt der **Begleitsatz ans Ende**, entfällt der Schlusspunkt der wörtlichen Rede. Stattdessen steht ein Komma hinter dem Schlusszeichen:

„Ich gehe, und zwar für immer**“,** sagte sie.

Beim wiedergegebenen Satz lässt man den **Punkt** auch **weg, wenn er im Inneren eines Gesamtsatzes steht**:

Er rief ihr noch zu**: „**Ich hole dich gleich ab**“,** und verschwand um die Ecke.

Handelt es sich bei der wörtlichen Rede um eine **Aufforderung, einen Ausruf oder um eine Frage**, werden Ausrufe bzw. Fragezeichen benötigt. Sie stehen dann vor dem hinteren Anführungszeichen.

Begleitsatz vorne:
Sie fragte**:** **„**Was willst du hier**?“**
Er brüllte**:** **„**Weg hier**!“**

Steht der **Begleitsatz hinten**, kann es zur **Zeichenhäufung** kommen:
„Was willst du hier**?“,** fragte er.
„Weg hier**!“,** brüllte er.
„Gib mir gefälligst die Zange**!“,** herrschte er mich an.
„Das hat man nun davon**!“,** maulte sie.

Auch wenn die Wiedergabe der wörtlichen Rede **Teil eines Gesamtsatzes** ist, kann es zu einer Häufung von Zeichen kommen:

Susanne rief**:** **„**Hol schon mal das Auto**!“,** und wandte sich wieder dem Spiegel zu.

„Kannst du**“,** fragte meine Mutter**,** **„**mich bitte mitnehmen**?“,** und zog den Mantel an.

Manchmal ist der **Begleitsatz** selbst eine **Aufforderung**, ein **Ausruf** oder eine **Frage**. Dann behalten sowohl der Begleitsatz als auch die wörtliche Rede ihre Zeichen:

Sag ihm doch mal deutlich: **„**Halt den Mund**!“!**
Wenn doch irgendjemand endlich fragte**:** **„**Was soll das Ganze**?“!**
Fragte sie wirklich**:** **„**Wo bin ich geboren**?“?**
Was meinst du mit**:** **„**Geh mir aus den Augen**!“?**

Die Zeichensetzung bei Zitaten

Fürs Zitieren gelten **ähnliche Regeln wie für die wörtliche Rede**, weil es sich auch hier um die wörtliche Wiedergabe von Ausdrücken, Überschriften und Ähnlichem handelt.

Zitate müssen original sein

Geben Sie Zitate immer in der Originalform, das heißt völlig unverändert und mit den zugehörigen Zeichen wieder:

Das Buch „Was fliegt denn da**?**" ist sehr nützlich.

Das gilt auch, wenn die Satzkonstruktion eigentlich einen anderen Fall erfordert:

Viel Vergnügen mit „Das Quiz" mit Jörg Pilawa! (nicht: ~~„dem Quiz"~~)
Ich habe ein Kapitel aus „Die Akte" von John Grisham gelesen. (nicht: ~~„der Akte"~~)

Man macht oft von Zitaten Gebrauch bei

- **besonderen Wörtern oder denkwürdigen Ausdrücken**, zu denen man eine Aussage machen will:

  Meine Frau nennt mich immer „Dickerchen", was ich gar nicht mag.
  Der Begriff „notleidende Banken" ist Unwort des Jahres 2008.

- bei **Überschriften und Namen** von Zeitschriften und Zeitungen und bei **Buchtiteln** etc.:

  Ich las im „Focus online" den Artikel „Paris Hilton leckt ihre Wunden".

  Gehören **Punkt, Frage- oder Ausrufezeichen** zum Satz, der das Zitat umgibt, stehen sie nach dem hinteren Anführungszeichen:

  Das Buch auf dem Nachttisch hieß „Die Quelle"**.**
  Wer kennt den Roman „Die Akte"**?**
  Lies doch mal „Sag niemals nie**!**"**!**

- **Aussprüchen, Bemerkungen und Sprichwörtern**, zu denen man einen Kommentar abgibt. In diesen Fällen setzt man **keinen Doppelpunkt**:

  Wenn unser Lehrer „Stop talking**!**" rief, schwiegen alle sofort.
  Sein fröhliches „Na, ihr Lausebande" munterte uns stets auf.
  Sag ruhig wieder „Lügen haben kurze Beine", aber du irrst dich.

- **Bemerkungen,** die als **ironisch gemeint** deutlich gemacht werden sollen:

  Er tut immer so, als sei er der **„**liebe Onkel**"**.
  Die Polizei, **„**dein Freund und Helfer**"**, legte mein Auto still.

- **Auszügen aus Büchern und Texten**. Da man solche Auszüge meist gekürzt zitiert, müssen die ausgelassenen Stellen durch **Auslassungspunkte** (S. 575) gekennzeichnet werden:

  „Alle Menschen sind klug – die einen vorher, die anderen nachher. Vor allem ... sind es die meisten nachher. Vorher denken sie ..., dass die Statistik des Scheiterns niemals von ihrem Fall gefüttert wird.**"**
  (Aus: F. v. Lovenberg: Verliebe dich oft, verlobe dich selten, heirate nie?)

  In wissenschaftlichen Texten setzt man die Auslassungspunkte oft zusätzlich **in eckige Klammern**.

  Anhand dieser Versuchsreihe [...] konnte der Nachweis erbracht werden.

Doppelte Anführungszeichen

Es kommt vor, dass **innerhalb der Wiedergabe einer wörtlichen Rede ein weiterer Text in Anführungszeichen** enthalten ist. Dieser wird dann von einfachen (halben) Anführungszeichen eingeschlossen.

Frau von Lovenberg schreibt: **„**Wenn die Rede auf ihre außerehelichen Aktivitäten kam, sprach er nachsichtig von **‚**deinem Durcheinander**'** und sie von **‚**deinem Vergnügen**'**.**"**

Mündlich zitieren

Wenn man – zum Beispiel während eines Referates – **mündlich etwas zitiert**, muss man den Zuhörern ebenfalls deutlich machen, wo das Zitat beginnt und wo es endet.

„**Ich zitiere** aus dem Bericht vom 25. Mai: (Wortlaut des Zitats) – **Ende des Zitats.**"

Der Apostroph

Der Apostroph ist ein Auslassungszeichen. Er kennzeichnet die Auslassung eines oder mehrerer Buchstaben innerhalb eines Wortes. In manchen Fällen muss er gesetzt werden, in anderen Fällen kann er gesetzt werden und in einigen Fällen darf er nicht gesetzt werden.

Hier muss ein Apostroph stehen

- **Bei verkürzten Städte- oder Straßennamen:**

  Hier werden Buchstaben im Wortinnern ausgelassen. Es gibt allerdings nur wenige solcher Fälle.

  D'dorf, M'gladbach, Ku'damm ...

- **Zur Kennzeichnung des Genitivs bei Namen, die auf *s, ss, ß, z, tz, x, ce* enden:**

  Sonst würde man nicht erkennen, dass das Wort im Genitiv steht:

  Franz-Josef Strauß' Sohn Max, Jens Schmitz' Computerladen, Hans' Geburtstag, Alice' Blumenladen, Aristoteles' Werke ...

Kein Apostroph, wenn ein Begleiter vor dem Eigennamen steht!

Der Apostroph entfällt, wenn der Genitiv durch einen Begleiter deutlich wird:

der Blumenladen **unserer Alice**, die Werke **des Aristoteles**

- **Wenn eine Formulierung wegen der Auslassung eines *e* oder *i* schwer lesbar oder schwer verständlich ist:**

  In solchen Fällen, die meist aus literarischen Texten stammen, verwendet man den Apostroph als Auslassungszeichen:

  ... daran zweifl' ich nicht, ... in diesen heil'gen Hallen ...

Oft wird am Satzanfang das *e* des Pronomens **es** weggelassen, sodass ein Apostroph erforderlich ist:

's ist schade um ihn. Hat er's verstanden?

Hier kann ein Apostroph stehen

- Wenn das **e des Pronomens *es* im Zusammenhang mit Verbformen oder Konjunktionen** weggelassen wird:

  Nimm's (Nimms) dir!
  Wenn's (Wenns) mal läuft, ...
  So geht's (gehts) nicht!

- Bei **Verbendungen** mit **unbetontem e** als letztem Buchstaben, vor allem wenn im Text **gesprochene Sprache** wiedergegeben wird:

  Ich **geh** noch schnell zum Bäcker.
  Ich **frier** schon den ganzen Morgen.

Apostroph zur Verdeutlichung der e-Auslassung

Es ist zwar erlaubt, ein unbetontes *e* am Ende einer Verbform in der 1. Person Singular Präsens wegzulassen und dies nicht mit einem Apostroph zu kennzeichnen. Dennoch wird die **Apostrophsetzung empfohlen**.

Ich geh' (statt: gehe) noch schnell ...
Ich frier' (statt: friere) schon ...
Ich hab' (statt: habe) viel erreicht.

Auch bei Endungen der **1. und 3. Person Singular im Indikativ und im Konjunktiv Präteritum** sollte die *e*-Auslassung stets durch einen Apostroph gekennzeichnet werden:

Ich konnt' mich gar nicht daran sattsehen.
Es fänd' sich sicherlich ein Weg.
Ich käm' dir gerne entgegen, wenn du mich ließest.

- Zur Verdeutlichung der **Grundform eines Personennamens**, wenn er **im Genitiv** steht:

  Zuerst waren wir in Leandro's Spezialitätenrestaurant, anschließend in Andrea's Bierstube.

  Besser ist in diesen Fällen aber, das **Genitiv-*s* ohne Apostroph** dranzuhängen:

  Leandro**s** Spezialitätenrestaurant
  Frank**s** Geburtstagsfeier
  Onkel Tom**s** Hütte
  Andrea**s** Bierstube

- Bei der schriftlichen Wiedergabe **gesprochener Sprache**:

  Beim Sprechen werden oft Buchstaben ausgelassen, die im Schriftlichen durch einen Apostroph kenntlich gemacht werden:

  So'n / Son (So ein) Quatsch!
  Da sitzt **sich's** / sichs (es sich) schlecht.
  Komm, wir fahren **mit'm** / mitm (mit dem) Roller.
  Haben Sie **'nen** / nen Moment Zeit für mich?
  Der **Käpt'n** / Käptn war an Deck.

- In **Adjektiven**, die von **Eigennamen** abgeleitet sind:

  Von Eigennamen kann man durch Anhängen der **Endung *-sch*** Adjektive bilden. Im Allgemeinen schreibt man diese Adjektive klein:

  Die mendel**schen** Gesetze, die goethe**sche** Farbenlehre, die braun**sche** Röhre ...

  Will man die **Grundform des Personennamens** jedoch deutlich **hervorheben**, kann in diesen Adjektiven ein **Apostroph** gesetzt werden. Der **Eigenname** wird dann **großgeschrieben**. In dieser Verwendungsweise gilt der Apostroph aber nicht als Auslassungszeichen:

  die **M**endel**'schen** Gesetze, die **G**oethe**'sche** Farbenlehre, die **B**raun**'sche** Röhre ...

  Groß und ohne Apostroph werden von Personennamen abgeleitete Adjektive in einigen wenigen **festen Verbindungen** geschrieben. Diese Verbindungen gelten in ihrer Gesamtheit als Namen:

die Galilei**schen** Monde, der Halley**sche** Komet, die Magellan**schen** Wolken ...

Hier darf kein Apostroph stehen

- In bestimmten Fällen, wenn ein **e im Wortinneren eines Adjektivs ausgelassen** wird:

  im **finstren** / **finstern** (finst**e**r**e**n) Wald,
  biedre (bied**e**re) Ansichten,
  düstre (düst**e**re) Aussichten
  ein ekliger (ek**el**iger) Anblick,
  schludrige (schlud**e**rige) Arbeit ...

  → Adjektive, S. 200

- Bei **verkürzten**, aber **gebräuchlichen Formen** von Adjektiven, die auf -e enden:

  blöd, fad, öd, feig, trüb
  (ungekürzte Formen: blöd**e** / fad**e** / öd**e** / feig**e** / trüb**e**)
  und beim Adverb heut (heut**e**)

- Bei **Imperativen in der 2. Person Singular**:

  Geh! / Bleib! / Fahr! / Halt an! ...

  → Imperativ, S. 315

- Bei der **Verschmelzung von Präposition und Artikel**:

  am, vorm, untern, übers ...

  → Verschmelzung, S. 131

- Bei **Kurzformen der Adverbien *herauf, herein, herüber, herunter*** ...:

  Immer **ran** ans Büfett!
  Komm doch **rauf**.
  Sie kam **runter**.
  Ich geh mal **rüber**.
  Er kam **rein**.

RECHTSCHREIBUNG

- Bei **Namen und Kurzwörtern mit der Endung *-s* im Genitiv**:

  Hamburg**s** Elbtunnel, Goethe**s** Gedichte, Tim**s** und Karin**s** Geburtstag; die Reifen des Pkw(**s**), das Foto des VIP**s**

  → vgl. in diesem Kapitel, S. 598

- **Vor der Pluralendung *s*:**
  Ein Apostroph vor der Pluralendung *s* ist **ausnahmslos falsch.**

die E-Mail	→	die E-Mail**s**	die Kamera	→	die Kamera**s**
der Flirt	→	die Flirt**s**	die Story	→	die Story**s**
der VIP	→	die VIP**s**			

Der Bindestrich

Der Verwendungsbereich des Bindestrichs ist sehr groß. Meist dient er dazu, **mehrere Wörter und Kurzformen von Wörtern zu lesbaren Einheiten zusammenzufügen**. In manchen Fällen muss ein Bindestrich stehen, in vielen anderen kann man darauf verzichten. Am Zeilenende verwendet man den Bindestrich auch als **Trennstrich**.

Hier muss ein Bindestrich stehen

- **Bei Zusammensetzungen mit nominalisierten Infinitiven**

  Aufgepasst: Bei nominalisierten Infinitiven schreibt man das erste Wort, alle Nomen und den nominalisierten Infinitiv groß:

  das ewige **S**ich**-**nicht**-**entscheiden**-K**önnen
  das **S**o**-T**un**-**als**-**ob
  zum **A**us**-**der**-H**aut**-F**ahren
  beim **A**uf**-**der**-**faulen**-H**aut**-L**iegen

- **Bei anderen Zusammensetzungen**

  Wenn einzelne Wörter gemeinsam einen völlig neuen Begriff bilden, werden sie durch Bindestriche verbunden:

das Immer-wieder-Neue　　eine 10-Pence-Briefmarke
die Ad-hoc-Entscheidung　　ein Hunderttausend-Dollar-Geschäft
Hals-Nasen-Ohren-Arzt (auch: HNO-Arzt)

→ Abkürzungen, S. 82

Großschreibung bei Zusammensetzungen

Auch wenn das zusammengesetzte Wort kein Nomen ist, wird das **erste Wort** dennoch **großgeschrieben**, sofern es sich um ein Nomen handelt: **M**ake-up-frei, **V**itamin-C-reich

Bei beiden Beispielen handelt es sich um zusammengesetzte Adjektive, erkennbar am letzten Wort (*frei, reich*), dem so genannten Grundwort (→ S. 72). Dennoch schreibt man am Anfang groß, da sowohl das *Make-up* als auch das *Vitamin* Nomen sind.

- **Bei zusammengesetzten Wörtern, die ein Kurzwort, eine Abkürzung, einzelne Buchstaben oder Ziffern enthalten**

  Zwischen Wörtern und Kurzwörtern bzw. Abkürzungen (→ S. 80 ff.), die einen gemeinsamen Begriff bilden, stehen Bindestriche:

  WDR-Sendung, Lkw-Reifen, Film-DVD, MS-krank, km-Leistung;
  x-förmig, x-te Wurzel, Dehnungs-h;
  Reg.-Bez.;
  4-Zylinder, 8-jährig, 10-prozentig
  DIN-A4-Format

  → siehe auch Kürzung Zahladjektive und Zahlwörter, S. 217; → Rechtschreibung, S. 572

- **Als Ergänzungszeichen**

  Um zu vermeiden, dass bei Zusammensetzungen ein Wort mehrfach genannt wird, ersetzt man es durch Bindestriche. Dabei ist es ohne Bedeutung, ob es sich um das Grund- oder ein Bestimmungswort handelt:

Park**-**, Garten**-** und Balkonmöbel
sang**-** und klanglos
vor**-** und rückwärts
Blütendüfte und **-**essenzen
Abwasserleitungen und **-**kanäle

Nennung männlicher und weiblicher Personenbezeichnungen

Wenn Sie Platz sparen wollen bei der **Nennung männlicher und weiblicher Personenbezeichnungen,** müssen Sie aufpassen. Nicht alles ist erlaubt oder gut lesbar.

Wenn die **weibliche Endung *-innen*** einfach angehängt werden kann, sind die beiden folgenden Varianten allgemein anerkannt:

- Die weibliche Endung wird mit Schrägstrich + Bindestrich angehängt:
  Lehrer**/-innen**, Handwerker**/-innen**
- Die weibliche Endung wird in Klammern dahintergesetzt:
  Lehrer**(innen)**, Handwerker**(innen)**

Ist die **Endung für die männliche und weibliche Form dieselbe**, nämlich ***-en***, darf man ***(inn)*** in Klammern einfügen:

Kolleg**(inn)**en, Patient**(inn)**en, Polizist**(inn)**en

Weichen die männlichen Personenbezeichnungen jedoch ab von den weiblichen, muss man **beide Formen ausschreiben**. Also nicht: ~~die Ärzte/-innen,~~ sondern nur die Ärzte und Ärztinnen. Heißt es aber den Ärzten und Ärztinnen, ist die verkürzte Version mit Klammern erlaubt, weil die Endung *-en* bei beiden Formen wieder übereinstimmt:
den Ärzt**(inn)**en

- **Bei mehrteiligen Straßenbezeichnungen mit Personennamen**

  Alle Einzelwörter werden durch Bindestriche miteinander verbunden:

  Konrad-Adenauer-Platz, Peter-von-der-Gracht-Weg ...

  → siehe auch Groß- und Kleinschreibung, S. 527

- **Bei anderen mehrteiligen Bezeichnungen, die Namen enthalten**

  Alle Einzelwörter werden durch Bindestriche miteinander verbunden:

  Donau-Ems-Kanal, Paul-Klee-Gymnasium, Karl-Arnold-Stiftung ...

Hier kann ein Bindestrich stehen

- **Missverständnisse vermeiden**

  Manchmal ist es sinnvoll, einen Bindestrich an der Wortfuge zu setzen, damit beim Lesen sofort deutlich wird, was gemeint ist:

  Musiker-Leben / Musik-Erleben
  Spiel-Erzeugnis / Spieler-Zeugnis
  Elektroniker-Zeugnis / Elektronik-Erzeugnis ...

- **Wortstruktur sichtbar machen**

  Wenn durch Vokal- oder Konsonantenhäufung das Wort schwer lesbar wird:

  Tee-Ei (Teeei)
  Zoo-Ordnung (Zooordnung)
  hell-lila (helllila)
  Sauerstoff-Flasche (Sauerstoffflasche)

- **Lesbarkeit langer Wörter verbessern**

  Bei langen, unübersichtlichen Wortzusammensetzungen (Komposita) kann der Bindestrich die Lesbarkeit erleichtern:

  Donau-Wasserstandsbericht
  Multifunktions-Küchenmaschine
  Desktop-Publishing (Desktoppublishing)

Geländefahrzeug-Entwicklungsprogramm
Landesbezirks-Fachbereichs-Vorstandssitzung

- **Einzelne Bestandteile hervorheben**

  Ich-Sucht (Ichsucht)
  die Hoch-Zeit (Hochzeit) des Barock
  Kann-Bestimmung

Zwei- oder Mehrfarbigkeit einer Sache ausdrücken

Soll deutlich gemacht werden, dass eine Sache mit **klar unterscheidbaren Farbelementen** gestaltet ist, verwendet man Bindestriche:

Sie trug einen schwarz-weiß gestreiften Pullover.
Sein Auto ist schwarz-rot-gelb lackiert.

Dabei wird im Bedarfsfall nur der letzte Teil des Farbbegriffes dekliniert:

Dein blau-rot**es** Kleid steht dir sehr gut.
Diese blau-grün**e** Tapete gefällt mir gut.

In den genannten Fällen wäre aber auch die Schreibung in einem einzigen Wort ohne Bindestrich korrekt.

Handelt es sich aber eher um eine **Mischfarbe oder Farbtönung**, entfällt der Bindestrich:

Um uns war nur **blaugrünes** Meerwasser. (Das Meerwasser ist von einem bläulichen Grün)

Der **braunschwarze** Ackerboden glänzte wie nach einem Regenguss.

Hier darf kein Bindestrich stehen

- **Bei einfachen, übersichtlichen Zusammensetzungen**, bestehend aus Bestimmungs- und Grundwort:

  das Motorradfahren, das Sichanstellen, die Außerkraftsetzung, das Schlangestehen, das Verlorensein, das Sprachenlernen, die Vierzimmerwohnung ...

  Insbesondere wenn ein **Fugen-s** die Zusammensetzung zweier Wörter deutlich macht, steht kein Bindestrich.

  Bewusstsein**s**erweiterung, Schaffen**s**kraft, Dotierung**s**rahmen, Sicherheit**s**beratung ...

- Bei adjektivischen Begriffen, wenn das **erste Adjektiv die Bedeutung des zweiten näher bestimmt:**

  schwerreich, lauwarm, süßsauer ...

  → siehe auch Getrennt- und Zusammenschreibung, S. 543

Die Worttrennung (Silbentrennung)

Einsilbige Wörter (Ei, Haus, klar, Zwerg ...) können nicht getrennt werden.

Bei mehrsilbigen Wörtern ergibt sich manchmal die Notwendigkeit zu trennen, wenn man beim Schreiben am Zeilenende angekommen ist, weil das Wort nicht mehr ganz in die Zeile passt. Normalerweise trennt man nach **Sprechsilben** (→ S. 59 ff.), das heißt nach den Bestandteilen, aus denen das Wort bei ganz langsamem Sprechen besteht:

hei**-**ßen, Ei**-**er, Pfle**-**ger ...

Dies ist die **Grundregel**. Es gibt jedoch ein paar Besonderheiten zu beachten:

- **Zusammengesetzte Wörter** (Komposita → S. 71 ff.) trennt man an der Wortfuge, also dort, wo sie aneinandergefügt wurden:

  Fern**-**seher, Schreib**-**tisch**-**lampe, spiegel**-**glatt, ab**-**holen ...

- **Einzelne Vokale** am Wortbeginn oder -ende dürfen nicht abgetrennt werden:

  ~~a-ber, A-der, I-gel, O-fen, Tri-o, Lai-e~~.

  Bei Pluralformen mancher Wörter kann man trennen, wenn durch die Pluralendung die Vokale nicht mehr allein stehen: Tri-os, Lai-en.

- **Im Wortinneren** hat man bei zwei **aufeinanderfolgenden Einzelvokalen** die Wahl, zu welcher Silbe man sie stellt, sofern es nicht die Wortfuge eines zusammengesetzten Wortes betrifft:

  nati-onal / natio-nal, re-alistisch / rea-listisch, Rui-ne / Ru-ine ...

  Aber: Bio-loge (nicht: ~~Bi-ologe~~), europä-isch (nicht: ~~europ-äisch~~)

- Folgen **im Wortinnern mehrere Konsonanten** aufeinander, kommt nur der letzte Konsonant in die nächste Zeile:

  Brenn-nessel, eif-rig, es-sen, Don-ner, größ-te, Karp-fen, knusp-rig, Lan-ze, Mus-ter, schnup-pern, sit-zen ...

  Aber: Bei der Buchstabenfolge ***tsch*** darf nur ***t-sch*** getrennt werden, da *sch* einem Laut entspricht:

  Kut-sche, plant-schen, Prit-sche ...

- Folgende Konsonantenverbindungen sind **nicht trennbar**, weil sie zusammen einen Laut bilden:

  ch (la-chen), ***ck*** (We-cker), ***sch*** (La-sche), ***ph*** (Stro-phe), ***th*** (Ma-thema-tik), ***sh*** (Fa-shion), ***rh*** (Zir-rhose)

- Folgt **in Fremdwörtern** ein ***l, n*** oder ***r*** auf einen anderen Konsonanten, kann vor dem *l, n* bzw. *r* getrennt werden oder beide Konsonanten gehen auf die nächste Zeile:

  Hyd-rant / Hy-drant, stag-nieren / sta-gnieren, Fib-rin / Fi-brin, nob-le / no-ble Hotels, Mag-net / Ma-gnet

Bei manchen Wörtern kann man nicht mehr erkennen, wie sie sich zusammensetzen. In diesen Fällen hat man **zwei Möglichkeiten der Trennung**:

Chrys-antheme / Chry-santheme, dar-um / da-rum, Hekt-ar / Hek-tar, hin-auf / hi-nauf, her-an / he-ran, inter-essant / inte-ressant, Päd-agoge / Pä-dagoge ...

Der Gedankenstrich

Auch für die Verwendung des Gedankenstrichs gibt es keine festen Regeln.

Der einfache Gedankenstrich ist meist **durch ein Komma, einen Doppelpunkt oder einen Strichpunkt ersetzbar**. Beim Lesen signalisiert er eine deutliche Pause.

Wenn der Gedankenstrich einen Satz unterbricht oder abbricht, schreibt man nach dem Gedankenstrich klein weiter, es sei denn, das folgende Wort ist ein Nomen.

Der Zug fährt gleich ab **–** wir müssen uns beeilen.

Statt des Gedankenstriches sind auch folgende Lösungen möglich:

Der Zug fährt gleich ab**,** wir müssen uns beeilen.
Der Zug fährt gleich ab**:** Wir müssen uns beeilen.
Der Zug fährt gleich ab**;** wir müssen uns beeilen.

In diesen Fällen können Sie Gedankenstriche verwenden:

- Unerwartetes folgt: Dann, plötzlich **–** ein Knall!
- Ein Kommando: Laden **–** entsichern **–** Feuer!
- Ein Gegensatz: Alle tanzen **–** nur du sitzt da.
- Ein plötzlicher Themenwechsel: Ich habe jetzt keine Zeit**. –** Wie siehst du überhaupt aus?

Der doppelte Gedankenstrich dient dazu, **Einschübe** (Parenthesen) vom eigentlichen Text abzugrenzen. Nach den Gedankenstrichen wird **klein weitergeschrieben**, es sei denn das folgende Wort ist ein Nomen.

Der Chef blickte **–** er verzog dabei keine Miene **–** von einem zum anderen.

Diese Gedankenstriche sind **oft durch Kommas oder Klammern ersetzbar**. Also sind auch diese Lösungen möglich:

Der Chef blickte**,** und dabei verzog er keine Miene**,** von einem zum anderen.
Der Chef blickte **(**und dabei verzog er keine Miene**)** von einem zum anderen.

Soll der Einschub **durch ein Ausrufe- oder Fragezeichen abgeschlossen werden**, steht dieses Zeichen vor dem zweiten Gedankenstrich. Einschübe werden nicht durch Punkte abgeschlossen.

Er übersah mich **–** leider**! –** auch nicht.
Ich folgte ihr **–** warum auch nicht**? –** bis vor die Haustür.

Die Klammern

Klammern kommen fast immer **paarweise** vor. Sie können statt Kommas oder Gedankenstrichen für erklärende Zusätze benutzt werden.

Heute **(**man glaubt es kaum**)** ist endlich das Päckchen angekommen.
In New London **(**Connecticut**)** gibt es auch ein College.

Auch ganze Sätze können in Klammern gesetzt werden. Dabei gilt: Auch wenn der Zusatz in Klammern ein vollständiger Satz ist, wird das **erste Wort nicht großgeschrieben**, und am Ende des Satzes in Klammern steht **kein Punkt**:

Der junge Mann **(**er war ihr bereits bekannt**)** winkte sie zu sich an den Tisch.

Wenn jedoch ein **Ausrufe- oder Fragezeichen** zu dem eingeklammerten Zusatz gehört, steht es vor der abschließenden Klammer:

Er änderte seine Meinung erneut **(**wer hätte das gedacht?**)**.

Nach der zweiten Klammer folgt ein **Komma**, wenn dies auch bei Fehlen des eingeklammerten Zusatzes stehen müsste:

Er ging nach Hause **(**das stand fest**)**, denn es war schon spät.

Wenn ein Zusatz in Klammern unmittelbar zu einem Satz gehört, steht der abschließende **Punkt nach der abschließenden Klammer**:

Ich sage es dir jetzt noch ein letztes Mal **(**wiederholt habe ich es schon oft genug**)**.

Der Zusatz in Klammern steht nach dem Punkt, wenn es sich um eine **zusätzliche Information** handelt, die nicht unmittelbar mit dem letzten Satz zusammenhängt. Dann wird das erste Wort in der Klammer großgeschrieben:

Die Nordsee hat mir immer sehr gut gefallen. **(**Wir haben dort zuletzt vor zwei Jahren Urlaub gemacht.**)**

Eckige Klammern

Eckige Klammern werden meistens verwendet, wenn ein **Zusatz in runden Klammern noch weiter erläutert** wird:

Der Ort Paris **(**Kentucky **[**USA**])** ist nur wenigen bekannt.

Sie werden auch, besonders **in wissenschaftlichen Texten**, dazu benutzt, **eigene Anmerkungen zu Zitaten** zu kennzeichnen:

Professor Mitschig schreibt: „Dieses Ereignis **[**gemeint ist seine Beförderung**]** brachte viel Unruhe."

Der Schrägstrich

Man verwendet einen Schrägstrich, um deutlich zu machen, dass Wörter zusammengehören. Das können Namen, Kürzungen, Zahlen etc. sein.

Der Schrägstrich steht

- zur Angabe von **Alternativen** in der Bedeutung von ***und***, ***oder***, ***beziehungsweise***:

Parkplatz für Besucherinnen/Besucher
200 ml Wasser/Milch hinzufügen
Ein-/Ausgang für Betriebsangehörige
die Gremien der SPD/Die Grünen-Koalition
die Steuererklärung für 2009/10
die Rechnung für April/Mai/Juni

- zur Gliederung von **Telefonnummern, Aktenzeichen, Rechnungsnummern** etc:

Telefonnummer 02462/620-123
Aktenzeichen Az II/679/8
Rechnungsnummer 2009/133
Diktatzeichen Re/ga

- zur Angabe von **Größenverhältnissen** mit Zahlen im Sinne von ***pro/ je*** und als **Bruchstrich**:

zulässige Höchstgeschwindigkeit auf Landstraßen: 100 km/h
Niederschlag im Monat Februar: 50 l/m^2
Bevölkerungsdichte: 550 Einwohner/km^2
ein 3/4 Liter

Anmerkung: In der Regel werden vor und nach einem Schrägstrich keine Leerzeichen gesetzt. In diesem Buch jedoch wurden aus gestalterischen Gründen überwiegend Leerzeichen benutzt.

ANHANG

1

Grammatische Fachbegriffe

2

Sach- und Stichwortverzeichnis

Grammatische Fachbegriffe

In dieser Übersicht finden Sie Definitionen und Erläuterungen zu zahlreichen grammatischen Fachbegriffen. Nicht alle werden in diesem Buch behandelt, aber vielleicht begegnen Sie ihnen in anderen Büchern. Oftmals werden auch Beispiele angegeben.

A

abänderndes Verb → modifizierendes Verb

Abkürzung
Kurzform, die nur in der Schriftsprache verwendet und in der mündlichen Rede vollständig ausgesprochen wird. sog., usw., z. B.

Ablaut
Wechsel des Vokals in einem Wortstamm. b**i**nden, b**a**nd, geb**u**nden; der B**au**m, die B**äu**me

ableiten, Ableitung
Bildung von Wörtern durch Anhängen von Präfixen und Suffixen und anderen Wortendungen an einen Wortstamm. **leit** ab**leit**en, Um**leit**ung → siehe auch Stammprinzip

Ableitungspräfix
Präfixe, mit dem neue Wörter gebildet werden können. be-, ver-, zer-

Ableitungssuffix
Suffix, mit dem neue Wörter gebildet werden können. -heit, -lich, -ieren

Absichtssatz → Finalsatz

Abstrakta (Singular: Abstraktum)
Nomen für gedachte Dinge, die wir nicht mit den Sinnen begreifen können. Freude, Stille, Weisheit

additive Konjunktion
Konjunktion, die Aufzählungen und Reihungen ermöglicht. und, sowie

Adjektiv (Eigenschaftswort, Wiewort)
beschreibt, wie etwas beschaffen ist. schön, klein, bunt

Adjektivadverb
Adjektiv, das undekliniert als Adverb benutzt wird. Er lügt **schlecht**.

Adjektivattribut
Adjektiv, das als Attribut zu einem Nomen benutzt wird. der **neue** Mitarbeiter

Adverb (Umstandswort)
nicht flektierbare Wortart. Adverbien beschreiben die Umstände einer Handlung oder eines Geschehens. schon, hier, gern, deshalb

Adverbial (Adverbiale, adverbiale Bestimmung, Umstandsbestimmung)
ein Satzglied, das die Umstände (örtlich, zeitlich, Art und Weise, Ursache) beschreibt, unter denen eine Handlung geschieht. **Unter diesen Umständen** stimme ich zu.

Adverbialattribut (Umstandsbeifügung)
Attribut, das aus Adverbien besteht. das Auto **auf der Straße**

adverbiale Bestimmung → Adverbial

Adverbialsatz
steht für das Satzglied *Adverbial* des Hauptsatzes. Sie ging fort, **als es noch dunkel war**.

adversativ
einen Gegensatz ausdrückend. Es ist nicht sonnig, **sondern** regnerisch.

Adversativsatz
Nebensatz, der einen Gegensatz zur Handlung des Hauptsatzes ausdrückt; wird eingeleitet durch die Konjunktionen *während, wohingegen*. Ich arbeite Tag und Nacht, **wohingegen du immer nur herumsitzt**.

Affix
Oberbegriff für Infix, Präfix, Suffix und Zirkumfix

Akkusativ
4. Fall, Wen-Fall. **den** Baum, mich

Akkusativobjekt (direktes Objekt, Satzergänzung im 4. Fall)
ein Satzglied. Ich nehme den **roten Mantel**.

Aktiv
Tatform bei Verben. er **läuft**

Alliteration
gleicher Anfangslaut der Stammsilben aufeinanderfolgender Wörter. mit **M**ann und **M**aus, **n**ie und **n**immer, **l**ieber **l**eben **l**assen

Allophon
lautliche Varianten eines Phonems. i**ch**, wa**ch**

Alphabet
Zeichen, mit denen Wörter einer Sprache schriftlich dargestellt werden können. a, b, c, d

Alternativfrage
Frage mit zwei vorgegebenen Antwortmöglichkeiten. Möchtest du Kaffee oder Tee?

Amtsdeutsch
formelhafte, umständliche Ausdrucksweise, wie sie oft von Behörden gebraucht wird.

Anführungszeichen " "
umschließen wörtliche Rede und Zitate. Er sagte: „Ich freue mich."

Anglizismus
Einführung und Benutzung englischer Wörter in der deutschen Sprache. sich outen, der Event

Anlaut
erster Laut eines Wortes

Anrede
Liebe Tina, sehr geehrte Damen und Herren,
höfliche Anrede Sie, Ihnen

Antonym
Wort, das das Gegenteil zu einem anderen ausdrückt. heiß - kalt; früher - später; kommen - gehen

Apostroph '
Auslassungszeichen. Mir macht's nichts aus.

Appellativ
Gattungsname. Nomen, das eine Klasse von Lebewesen oder Gegenständen bezeichnet. Mensch, Fahrzeug, Hund

Apposition
besondere Form des Attributs. Frau Meyer, **die neue Nachbarin**, hat einen Goldfisch.

Artikel (Geschlechtswort)
ein Begleiter
bestimmter Artikel (Definitartikel) der, die, das
unbestimmter Artikel (Indefinitartikel) ein, eine
verneinender Artikel (Negationsartikel) kein, keine

Artikulation
Bildung der Laute und ihre Aussprache

Attribut (Beifügung)
Satzgliedteil; ergänzt Satzglieder. Du kaufst sofort ein **neues** Auto.

Attributsatz
Nebensatz, der ein Attribut ersetzt. Der Zug, **der jetzt fahren müsste**, kommt nicht.

Aufforderungssatz
Befehlssatz, mit dem Befehle, Bitten, Vorschläge oder Forderungen formuliert werden. Geh weg! Gehen Sie bitte nach Hause.
Aufforderungssatz in der indirekten Rede: Sie verlangte, **er solle bleiben**.

Ausklammerung
Auflösung einer Satzklammer

Auslassungspunkte ...
zeigen an, dass Text ausgelassen wurde.

Auslassungssatz → Satzellipse

Auslassungszeichen → Apostroph

Auslaut
letzter Laut eines Wortes

Grammatische Fachbegriffe

Auslautverhärtung
Stimmloswerden von [b], [d], [g] am Ende einer Silbe oder eines Wortstammes.

Ausrufesatz
Das ist aber schön! Wie geistreich!

Ausrufezeichen !
Schlusszeichen bei Befehls- und Ausrufesätzen. Geh jetzt!

Aussagesatz
einfacher Satz, mit dem Feststellungen, Mitteilungen oder Sachverhalte formuliert werden. Ro and lacht.

Aussageweise → Modus

B

Basiswort
Wort, dem Präfixe und/oder Suffixe angehängt werden können. **freund**lich, ur**alt**

Bedingungssatz → Konditionalsatz

Befehlsform → Imperativ

Befehlssatz → Aufforderungssatz

Begleiter
zusammenfassender Begriff für Wortarten, die ein Nomen begleiten können. **das/ein/dieses/kein/mein/jedes** ... Haus

Begriffswort → Abstrakta

Begründungssatz → Kausalsatz

Beifügung → Attribut

Beistrich → Komma

besitzanzeigendes Fürwort → Possessivpronomen

Besitzverhältnis
kann ausgedrückt werden durch Possessivpronomen (mein, dein), Genitivattribute (das Haus des Nachbarn),
Dativ + *von* (die Brücken von Amsterdam)

Bestätigungsfrage
Du fährst erst morgen zurück?

bestimmter Artikel → Artikel

bestimmtes Geschlechtswort → Artikel

Bestimmungswort
erster Bestandteil eines zusammengesetzten Wortes, bestimmt das Grundwort näher. **Hand**schuh, **Blumen**topf, **sonnen**gebräunt

Betonung
Bei mehrsilbigen Wörtern wird immer eine Silbe besonders betont. **heu**te. Bei Sätzen werden einzelne Wörter besonders betont. Er geht morgen **fort**. Er geht **morgen** fort.

Betonungsregel
bei Wortverbindungen. Betonung auf dem ersten Wortteil → Zusammenschreibung; Betonung verteilt auf die Wortteile → Getrenntschreibung

Beugung → Flexion, Deklination, Konjugation

bezügliches Adverb → Relativadverb

bezügliches Fürwort → Relativpronomen

bezügliches Umstandswort → Relativadverb

Bezugssatz → Relativsatz

Bezugswort
Wort, auf das sich ein anderes Wort bezieht; z. B. haben alle Begleiter, Adjektive, Präpositionen und Relativpronomen Bezugswörter. auf **dem Tisch**; **die Frau**, die ich sah

Bindestrich -
wird als Trennstrich verwendet

Bindewort → Konjunktion

Bindewortsatz → Konjunktionalsatz

Bruchzahl
Zahlwort. ein Viertel, zwei Drittel

Buchstabe
kleinste Einheit der geschriebenen Sprache

Buchstabenwort → Initialwort

D

Dativ
3. Fall, Wem-Fall. dem Nachbarn; mir

Dativendung
-e bei Nomen. im Jahr**e**, bei Tag**e**

Dativobjekt (indirektes Objekt, Satzergänzung im 3. Fall)
ein Satzglied. Ich helfe **meinem Chef**.

Definitartikel → Artikel

Deklination (Beugung, Flexion)
Veränderung von deklinierbaren Wörtern durch Anhängen von Endungen, um verschiedene Kasus- und Numerusformen zu bilden

Demonstrativpronomen (hinweisendes Fürwort)
dieser, jenes

Derivation → Ableitung

Dialekt
Mundart. Badisch, Berlinerisch, Sächsisch

Diathese
Oberbegriff für Aktiv und Passiv bei Verben

Diminutiv
Verkleinerungsform bei Nomen, die durch Anhängen bestimmter Suffixe entstehen. Däum**ling**, Schätz**chen**, Spätz**lein**

Diphthong (Zwielaut)
Doppellaut. äu, eu, ai

direkte Rede (wörtliche Rede)
Er sagte: **„Ich gehe jetzt."**

direktes Objekt → Akkusativobjekt

disjunktiv
trennend. Disjunktive Konjunktionen trennen Inhalte voneinander.

Doppelperfekt
falsche Zeitformbindung, die in der Umgangssprache statt des Plusquamperfekts benutzt wird. Gebildet aus Perfekt + Anhängen von *gehabt* bzw. *gewesen*. ~~Als sie kam, hat er schon gegessen gehabt.~~

Doppelpunkt :
steht vor wörtlicher Rede

Drehprobe
Hilfsmittel zur Prüfung der Gleichrangigkeit aufgezählter Adjektive

dreiwertiges Verb
Verb, das neben dem Subjekt noch zwei Objekte fordert, damit der Satz vollständig wird. geben, gestehen, schicken. Er gibt ihr einen Kuss.

E

Eigenname
Name für Personen, Tiere, Gebäude, Städte, Flüsse, Länder

Eigenschaftswort → Adjektiv

einfache Zeit
Präsens und Präteritum sind einfache Zeiten → zusammengesetzte Zeiten

Einräumungssatz → Konzessivsatz

Einschub → Parenthese

einwertiges Verb
Verb, das keine Objekte zulässt. niesen, faulen, sich ereignen

Einzahl → Singular

Elativ
Superlativform eines Adjektivs zum Ausdruck einer sehr ausgeprägten Eigenschaft. etwas mit **höchster** Sorgfalt behandeln

Ellipse
bewusste Auslassung von Satzteilen oder -gliedern

Empfindungswort → Interjektion

Entscheidungsfrage
kann mit *Ja* oder *Nein* beantwortet werden

Entlehnung
Übernahme eines Wortes aus einer Sprache in eine andere Sprache. Sauna, Schamane

Ergänzungsfrage
W-Frage, Satzgliedfrage, fragt nach einem Satzglied

Ersatzprobe
Hilfsmittel zur Bestimmung der Satzglieder, bei der jedes Satzglied durch ein einziges Wort ersetzt wird.
erweiterte Grundformgruppe → Infinitivgruppe
erweiterte Infinitivgruppe → Infinitivgruppe
erweiterte Mittelwortgruppe → Partizipialgruppe
erweiterte Partizipialgruppe → Partizipialgruppe

F

Fall → Kasus
falscher Freund
Begriff für ein fremdsprachliches Wort, das einem deutschen sehr ähnlich sieht, aber eine völlig andere Bedeutung hat. sensible (engl) - vernünftig; chef (engl) - Küchenchef, Chefkoch
Farbadjektiv
rot, beige, blau
feminin (weiblich)
ein Genus. die Tanne
final
einen Zweck, eine Absicht kennzeichnend → Finalsatz
Finalsatz (Absichtssatz, Zwecksatz)
Nebensatz, der angibt, für welchen Zweck bzw. mit welcher Absicht die Handlung des Hauptsatzes erfolgt; wird eingeleitet durch die Konjunktionen *damit, auf dass, um ... zu*. Wir gehen zur Schule, **damit wir etwas lernen**.
finite Form
konjugierte (gebeugte) Form bei Verben ich gehe, du spielst
flektiert (gebeugt)
zusammenfassender Begriff für *dekliniert* (bei Nomen und Adjektiven) und *konjugiert* (bei Verben). Gegensatz: *unflektiert*
Flexion (Beugung)
zusammenfassender Begriff für Deklination und Konjugation. Veränderung von Nomen, Pronomen, Adjektiven (Deklination) und Verben (Konjugation) durch Anhängen verschiedener Endungen. → Deklination, Konjugation
Flexionsendung → Flexionssuffix
Flexionssuffix
Suffix, das zur Bildung der Wortformen dient. Frau**en**, komm**e**, gebau**t**
Folgesatz → Konsekutivsatz
Frageadverb → Interrogativadverb
Fragebegleiter
Interrogativpronomen, das als Begleiter benutzt wird. **Welchen** Stuhl möchtest du?
Fragefürwort → Interrogativpronomen
Fragepronomen → Interrogativpronomen
Fragesatz
Wer bist du?
Fragewort
leitet Fragesätze ein. Hierzu gehören Interrogativpronomen und -adverbien. wer? was? wo?
Fragezeichen ?
schließt Fragesätze ab
Fremdwort
Wort, das aus einer anderen Sprache ins Deutsche übernommen wurde und dessen Schreibung und Aussprache weitgehend erhalten sind. Computer, Facette, Visite
Füllwort → Partikel
Fürwort → Pronomen
Fugenelement/-laut
eingeschobener Hilfslaut. sehen**s**wert, versehen**t**lich, werb**e**wirksam
Funktionsverb (Steckform des Verbs)
Verb, das in festen Gefügen mit Nomen nur eine grammatische Funktion übernimmt. zum Ausdruck **bringen** statt ausdrücken; zur Entfaltung **kommen** statt sich entfalten.

Funktionsverbgefüge
Gefüge aus bestimmten Verben mit Nomen, bei denen das Verb seine ursprüngliche Bedeutung verliert. zur Verfügung stellen, zur Sprache bringen, in Gang kommen, Anwendung finden

Futur I (Zukunft)
eine der sechs Zeiten. ich werde gehen, ich werde spielen

Futur II (vollendete Zukunft)
eine der sechs Zeiten. ich werde gegangen sein, ich werde gespielt haben

G

Gattungszahlwort
dreierlei

Gedankenstrich –
gliedert einen Satz

Gegensatz → adversativ, Adversativsatz

Gegenwart → Präsens

Gegenstandswort → Nomen

gemischte Deklination
Deklination von Nomen und Adjektiven, die Merkmale der starken und der schwachen Deklination besitzt

gemischte Konjugation (unregelmäßige Konjugation)
Konjugation von Verben, die Merkmale der regelmäßigen und der unregelmäßigen Konjugation besitzt

generisches Maskulinum
maskuline Wörter, die sowohl männliche wie weibliche Personen bezeichnen. niemand, die Teilnehmer

Genitiv
2. Fall, Wessen-Fall, **des** Bruders, meiner

Genitivattribut (Beifügung im 2. Fall)
die Frau des **Bäckers**

Genitivobjekt (Satzergänzung im 2. Fall)
ein Satzglied. Ich bin mir **der Sache** bewusst.

Genus (Geschlecht)
grammatisches Geschlecht, das Dingen, Personen, Tieren und Pflanzen in der Grammatik zugewiesen wird. Maskulin (männlich): der Garten; feminin (weiblich): die Blume; neutral (sächlich): das Haus

Genus verbi
Verwendungsweise eines Verbs: aktiv oder passiv. tragen – getragen werden

Gerundiv
von transitiven Verben gebildete Form aus zu + Partizip Präsens. der **zu zahlende** Betrag, die **zu lösenden** Aufgaben

Geschlecht → Genus

Geschlechtswort → Artikel

gleichrangig
grammatische Formen auf gleicher sprachlicher Ebene (z. B. gleichrangige Sätze, gleichrangige Adjektive)

Gleichsetzung → Prädikativ, Prädikatsnomen, Prädikatsadjektiv

Gleichsetzungsnominativ → Prädikativ, Prädikatsnomen

Gleichzeitigkeit
ein zeitliches Verhältnis der Handlungen in Haupt- und Nebensatz

Gliedsatz
Nebensatz, der ein Satzglied ersetzt

Grammatik
Lehre von der Sprache

grammatisches Geschlecht → Genus

Graphem
kleinste geschriebene Einheit, die die Bedeutung eines Wortes verändert (entspricht meist einem Buchstaben). le**b**en – le**g**en – Lebe**r**

Grundform → Infinitiv

Grundformgruppe → Infinitivgruppe

Grundstufe → Positiv

Grundwort
letzter Bestandteil eines zusammengesetzten Wortes, der die Wortart, bei Nomen auch das Geschlecht und den

Numerus des zusammengesetzten Wortes (Kompositums) bestimmt. die Haus**tür**, der Auto**reifen**, sonnen**gebräunt**

Grundzahl → Kardinalzahl

H

Hauptsatz
Aussagesatz. Ich lese ein Buch.

Hauptwort → Nomen

Hendiadyoin
eine Form der Tautologie - eine feste Verbindung zweier meist synonymer Wörter, die gemeinsam einen neuen Begriff ergeben. Kind und Kegel, mit Fug und Recht

Hilfsverb (Hilfszeitwort)
sein, haben, werden

Hilfszeitwort → Hilfsverb

hinweisendes Fürwort → Demonstrativpronomen

historisches Präsens
wird aus stilistischen Gründen in literarischen Texten verwendet, um Spannung bei der Erzählung einer Handlung in der Vergangenheit zu erzeugen. Wir saßen gemütlich am Tisch und unterhielten uns. - Plötzlich **geht** das Licht aus.

Hochdeutsch
Standardsprache des Deutschen, wie sie auch an Schulen gelehrt wird

Höchststufe → Superlativ

höfliche Anrede
höfliche Anrede in der 3. Person. Sie, Ihr

Homonyme
Wörter mit identischer Schreibung, aber unterschiedlicher Bedeutung. das Band - der Band

Homophone
Wörter, die gleich klingen, aber unterschiedlich geschrieben werden. läute - Leute

Hypotaxe
Anordnung von über- und untergeordneten Sätzen. Satzgefüge aus Haupt- und Nebensatz. Er fuhr los, als es hell wurde.

I

Imperativ (Befehlsform)
ein Modus des Verbs. Geh heim!

Imperativsatz → Befehlssatz, Aufforderungssatz

Imperfekt → Präteritum

Indefinitartikel → Artikel

Indefinitpronomen (unbestimmtes Fürwort)
alle, jeder

Indikativ (Wirklichkeitsform)
eine Aussageweise des Verbs. sie fährt heute

indirekte Rede
Er sagte, sie sei gekommen.

indirekter Fragesatz
Sie fragt sich, **wann er kommt**.

indirektes Objekt → Dativobjekt

Infinitiv (Grundform)
unkonjugierte/unflektierte Form des Verbs. schreiben, laufen

Infinitivgruppe (Grundformgruppe)
zu + Infinitiv + Objekt oder Adverbial als Ersatz für einen Nebensatz

Infinitiv Perfekt (Infinitiv II)
Verbindung aus Partizip II und Infinitiv des Hilfsverbs *haben, sein* (Aktiv, Zustandspassiv) und *werden* (Vorgangspassiv). geschlafen haben, geblieben sein, gekauft worden sein, geschlossen gewesen sein

Infinitivprobe
Hilfsmittel zur Unterscheidung zwischen Subjekt und Prädikatsnomen

Infix
Morphem/Wortbildungselement, das keine lexikalische, sondern nur eine

grammatische Bedeutung hat und im Innern eines (zusammengesetzten) Wortes vorkommt. In der deutschen Sprache gibt es nur wenige echte Infixe. ver**un**sichern (*un* ist hier Infix, kann jedoch als Präfix zum Wort *sicher* gesehen werden), Heirat**s**antrag (Fugenelement)

Initialwort
Kurzwort, das aus Initialen, d. h. Anfangsbuchstaben einer Wortform oder einer Wortgruppe besteht. CD, PKW, USA

Inlaut
Laut im Innern eines Wortes

Instrumentalsatz
Nebensatz, der das Mittel angibt, mit dem das Ziel der Handlung im Hauptsatz erreicht wird. Wird durch die Konjunktionen *indem* und *dadurch, dass* eingeleitet. Er stimmte zu, **indem er mit dem Kopf nickte**.

Interjektion (Empfindungswort)
unflektierbares Wort, das Empfindungen oder Geräusche beschreibt. Ach! Aua! Oh! Buh! Jippie! Platsch! Boing! He! Heul! Stöhn! Miau! Auch Begrüßungswörter gehören dazu. Hallo! Hi! Ciao!

Interpunktion
Zeichensetzung

Interrogativadverb
Frageadverb zur Einleitung einer Ergänzungsfrage. Wann? Wie? Wo?

Interrogativpronomen (Fragefürwort)
welcher, wer, was?

Intonation
Betonung. Das Heben und Senken der Stimme, vor allem bei Sätzen, z. B.: Entscheidungsfrage: Stimme hebt sich zum Satzende. Gehst du heute mit? Aussagesatz: Stimme senkt sich. Er geht heute mit.

intransitiv (nicht zielend)
ist ein Verb, das kein Akkusativobjekt bei sich haben kann. husten, helfen

Inversion
Positionierung des Subjekts direkt hinter die Personalform des Prädikats. Heute **schlafe ich** aus.

IPA (Internationales Phonetisches Alphabet)
Lautschriftalphabet [ʤ], [ɐ], [ə]

Irrealis
Konjunktiv II, Modus der Unwirklichkeit
→ Konjunktiv

Iterativzahlen → Wiederholungszahlen

K

Kardinalzahl (Grundzahl)
eins, zwei, drei

Kasus (Fall)
Deklinationsform, die Nomen, Adjektive, Pronomen, Artikel und Zahlwörter für die Übernahme einer Aufgabe im Satz annehmen
Nominativ (1. Fall) - Wer-Fall: der Mann
Genitiv (1. Fall) - Wessen-Fall: des Mannes
Dativ (1. Fall) - Wem-Fall: dem Mann
Akkusativ (1. Fall) - Wen-Fall: den Mann

Kausaladverbial
adverbiale Bestimmung des Grundes

Kausalsatz (Begründungssatz)
Nebensatz, der die Begründung für die Handlung des Hauptsatzes liefert; wird eingeleitet durch die Konjunktionen *weil, da*. Sie hat Stress, **da sie bald in Urlaub gehen will**.

Klammern ( )
ein Satzzeichenpaar

Komma
gliederndes Satzzeichen

Komparation → Steigerung

Komparativ (Steigerungsstufe)
zweite Stufe der Steigerung des Adjektivs. größer, weiter, kleiner

Komparativsatz (Vergleichssatz)
Nebensatz, der einen Vergleich zum Inhalt des Hauptsatzes bietet; eingeleitet durch die Konjunktionen *als, als ob, je, desto*. Es kam, **wie ich es mir gedacht hatte**.

Komposition (Zusammensetzung)
(selbstständig) vorkommender Wörter zu einem neuen Wort Fingernagel, Telefonnummernliste

Kompositum (zusammengesetztes Wort)
Wort, das aus zwei oder noch mehr Wörtern zusammengesetzt ist. Glückwunschkarte, Parkhaus, langlebig, untergehen

konditional
bedingend

Konditionalsatz (Bedingungssatz, Wenn-Satz)
Nebensatz, der eine Bedingung für die Handlung des Hauptsatzes stellt; wird eingeleitet durch die Konjunktionen *wenn, falls*. **Falls du heute nicht kommen kannst**, treffen wir uns morgen.

Konfix
Wortelement, das nicht als selbstständiges Wort vorkommt, aber eine lexikalische Bedeutung hat. **Brom**beere, **Schorn**stein

Kongruenz (Übereinstimmung)
Anpassung der Flexionsendungen bei Verb, Adjektiv, Pronomen nach dem Genus, Numerus, Kasus und/oder der Person des Subjekts bzw. Bezugsworts. gut**en Mutes**, schön**en Dingen**, ich fahr**e**, **ihre** Mutter

Kongruenzprobe
Hilfsmittel zur Unterscheidung von Subjekt und Prädikatsnomen

Konjugation (Beugung des Verbs)
Veränderung des Verbs durch Anhängen verschiedener Endungen, um das Genus verbi (Aktiv oder Passiv), den Modus, die Person, den Numerus und die Zeit (Tempus) festzulegen.

Konjunktion (Bindewort)
verbindet Satzglieder, Satzgliedteile und Sätze. und, oder, weil, wenn

Konjunktionaladverb
Adverb, das Hauptsätze verbindet. daher, zuvor, dennoch

Konjunktionalsatz (Bindewortsatz)
wird durch unterordnende Konjunktionen eingeleitet. Ich weiß, **dass** ich nichts weiß.

Konjunktiv (Möglichkeitsform)
ein Modus des Verbs. Er sagt, er **sei** krank.

Konkreta (Gegenstandswort)
(Singular: Konkretum) Nomen für Dinge, die man mit seinen Sinnen wahrnehmen kann. Stuhl, Zange, Metall

konsekutiv
eine Folge beschreibend

Konsekutivsatz (Folgesatz)
Nebensatz, der eine Folge der Handlung des Hauptsatzes beschreibt. Er sang so laut, **dass sich alle die Ohren zuhielten**.

Konsonant (Mitlaut)
b, c, d, f, g ...

Kontamination (Wortkreuzung)
Zusammenziehung von Wörtern oder von bestimmten Fügungen, die sowohl von der Form her als auch inhaltlich verwandt sind. nichtsdestotrotz aus **nichtsdesto**weniger und **trotz**dem

Kontext
Textzusammenhang

Kontraktion
Verschmelzung von Präposition und Artikel. bei + dem → **beim**, für + das → **fürs**

Konversion
eines der Prinzipien der Wortbildung. Übertragung eines Wortes ohne Veränderung seiner Form in eine neue Wortart. ernst → Ernst, suchen → Suche

Konzessivsatz (Einräumungssatz)
Nebensatz, der eine Handlung ausdrückt, die im Widerspruch zur

Handlung des Hauptsatzes steht; wird eingeleitet durch die Konjunktionen *obwohl, obgleich, wenn auch*. Es regnet, **obwohl schönes Wetter vorausgesagt worden ist**.

Kopfwort
Kurzwort, bei dessen Bildung der hintere Teil des ursprünglichen Wortes entfällt. Abo, Navi

Korrelat
Wort in einem übergeordneten Satz (meistens Hauptsatz), das auf den folgenden Nebensatz hinweist, ihn ankündigt. Mir gefällt **es**, dass du nicht mehr rauchst. Ich danke dir **dafür**, dass du mir geholfen hast.

Kürzung
eines der Prinzipien der Wortbildung – Verkürzung von Wörtern. Europäische Union → EU

Kurzwort
Ergebnis einer Kürzung – eine Kurzform, die neben seiner Langform als eigenständiges Wort existiert. Prof, CDU, Bus

L

Laut
Grundbaustein der gesprochenen Sprache

lautmalendes Element → Onomatopoetikum

Lehnübersetzung
Glied für Glied aus einer fremden Sprache übersetztes Wort. Gehirnwäsche (aus engl. *brainwashing*); im gleichen Boot sitzen (aus engl. *to be in the same boat*)

Lehnübertragung
nicht ganz wörtlich vorgenommene Übersetzung aus einer fremden Sprache. Wolkenkratzer (aus engl. *skyscraper*)

Lehnwendung → Lehnübersetzung

Lehnwort
ein Wort, das aus einer Sprache in eine andere Sprache auf dem Weg der Entlehnung übernommen wird. Assassin, Wodka

Leideform → Passiv

Lexem
Wortbaustein, der auch für sich schon ein selbstständiges Wort ist. Bild, lieb

linke Einheit → Bestimmungswort

lokal
Ort oder Richtung betreffend

Lokaladverb
Adverb, das einen Ort oder eine Richtung angibt. dort, hier, links, rückwärts

Lokaladverbial
adverbiale Bestimmung des Ortes

Lokalsatz
Nebensatz, der einen Ort oder eine Richtung angibt; wird eingeleitet durch *wo, wohin, woher*. Ich weiß nicht, **wo dein Schlüssel liegt**.

M

männlich → maskulin

maskulin (männlich)
ein Genus. der Jäger

Mehrzahl → Plural

Mitlaut → Konsonant

Mittelwort der Gegenwart → Partizip Präsens

Mittelwort der Vergangenheit → Partizip Perfekt

Mittelwortgruppe → Partizipialgruppe

Modaladverbial
adverbiale Bestimmung der Art und Weise

modales Verb → Modalverb

Modalsatz
Nebensatz, der die Art und Weise der Handlung des Hauptsatzes erläutert; wird eingeleitet durch die Konjunktionen *indem, wobei*. Du kannst mir helfen, **indem du die Spülmaschine ausräumst**.

Modalverb (modales Zeitwort)
Verb, das die Art und Weise eines anderen Verbs oder einer Handlung näher bestimmt. dürfen, müssen, können

Modalwort
Kommentaradverb. Adverb, das die Aussage eines Satzes moduliert. vielleicht, sicherlich

modifizierendes Verb (abänderndes Verb)
werden zusammen mit *zu* + Infinitiv eines Verbs benutzt und wandeln dessen Bedeutung ab. Er **pflegt zu** lesen. Sie **versucht zu** lesen. Du **brauchst** es nur (zu) lesen.

Modus (Aussageweise)
Es gibt drei Aussageweisen des Verbs: Indikativ (Wirklichkeitsform), Konjunktiv (Möglichkeitsform), Imperativ (Befehlsform)

Möglichkeitsform → Konjunktiv

Morphem
kleinster bedeutungstragender Wortbaustein. bau, -lich, vor-

Morphologie
Lehre von den kleinsten bedeutungs- oder funktionstragenden Elementen einer Sprache - den Morphemen.

Multiplikativzahl → Vervielfältigungszahl

N

Nachfrage
Du hast **wen** getroffen?

Nachsilbe → Suffix

Nachzeitigkeit
ein zeitliches Verhältnis der Handlungen in Haupt- und Nebensatz

Namenwort → Nomen

natürliches Geschlecht → Sexus

nebenordnende Konjunktion
Konjunktion, die gleichrangige Wörter, Wortgruppen und Sätze miteinander verbindet. und, oder, aber

Nebensatz
inhaltlich vom Hauptsatz abhängiger Satz

Negation → Verneinung

negieren
verneinen → Verneinung

neutral (Neutrum, sächlich)
ein Genus. das Schiff

Neutrum → neutral

nicht notwendiger Relativsatz
Nebensatz, der sich auf ein Satzglied des übergeordneten Hauptsatzes bezieht und dieses näher erläutert. Ich mag Kuchen, **der viel Schokolade enthält**.

nicht zielend → intransitiv

Nomen (Hauptwort, Substantiv)
Wort, das Lebewesen, Pflanzen, Gegenstände und nicht mit den Sinnen wahrnehmbare Dinge benennt. das Haus, die Sonne

Nominalgruppe
eine Gruppe zusammengehöriger Wörter, deren Kern ein Nomen (Substantiv) ist. ein bekannter Dichter, auf wundersame Weise

Nominalisierung (Substantivierung)
Gebrauch eines Wortes als Nomen das **L**esen, etwas **S**chönes, das **F**ür und **W**ider

Nominalphrase → Nominalgruppe

Nominativ
1. Fall, Wer-Fall **der** Löwe, ich, mein

notwendiger Relativsatz
Nebensatz, der ein für den Satzbau erforderliches Satzglied ersetzt und kann deshalb nicht weggelassen werden kann. Ich lese, **was mir gefällt**.

Numerale (Zahlwort; Plural: Numeralien/Numeralia)
zwei, dritter, fünfmal

Numerus (Zahl)
Singular (Einzahl) und Plural (Mehrzahl). der Baum, die Bäume, ich, wir

O

Objekt (Satzergänzung)
ein Satzglied. → Akkusativobjekt, Dativobjekt, Genitivobjekt

Objektsatz
Nebensatz, der die Satzergänzung (das Objekt) des Hauptsatzes ersetzt.

Onomatopoetikum
(Plural: -poetika); Wort, mit dem man Geräusche und Tierlaute nachahmt, lautmalendes Element. miau, wuff, peng

Ordinalzahl (Ordnungszahl)
der erste, zweite, dritte

Ordnungszahl → Ordinalzahl

Orthoepie/Orthophonie
Regeln zur Aussprache der Laute

Orthografie/Orthographie
Regeln zur Rechtschreibung

P

Parataxe
Gleichrangigkeit, Nebenordnung von Sätzen oder Satzgliedern, Satzreihung. Ich gehe zur Arbeit und du bleibst hier.

Parenthese (Einschub)
Satz oder Teilsatz, der in einen anderen Satz eingeschoben wird und dessen Struktur unterbricht

partielles Kurzwort
entsteht, wenn bei der Kürzung nur ein Teil des Wortes gekürzt wird und der Rest erhalten bleibt. U-Bahn, O-Saft

Partikeln
eine Gruppe nicht flektierbarer Wörter, die einen Teil des Satzes näher bestimmen bzw. hervorheben oder die innere Einstellung des Sprechers signalisieren, z. B. Verwunderung. doch, bloß, wohl. Du gehst **doch** nicht **etwa**? Kannst du **denn** schon lesen?

Partikelverb
Verb, dem ein trennbarer Verbzusatz vorangestellt ist. **ab**schlagen, **unter**kommen, **dazwischen**schieben, **fest**stellen, **teil**nehmen

Partizip (Mittelwort)
kann dekliniert als Adjektiv (das **spielende** Kind, der **gewachste** Tisch) und als Nomen (**Folgendes**, **die Gezeichneten**) benutzt werden.

Partizip I → Partizip Präsens

Partizip II → Partizip Perfekt

Partizip Perfekt (Partizip II, Mittelwort der Vergangenheit)
wird zur Bildung der zusammengesetzten Zeiten (Perfekt, Plusquamperfekt) und beim Passiv benötigt. Kann dekliniert und wie ein Adjektiv benutzt werden. Bildung: Bei schwachen Verben *ge-* + Verbstamm + *-t*, bei starken Verben *ge-* + Perfektstamm + *-en*. **ge**gang**en**, **ge**spiel**t**

Partizip Präsens (Partizip I, Mittelwort der Gegenwart)
beschreibt einen Vorgang oder eine Handlung, die gleichzeitig mit der Handlung des Satzes stattfindet. Wird wie ein Adjektiv oder Adverb benutzt. Das **weinende** Kind ruft nach seiner Mutter. Das Kind lief **weinend** nach Hause.
Bildung: Infinitiv + *d*. gehen**d**, sprechen**d**

Partizipialgruppe (Mittelwortgruppe)
Partizip + Objekt oder Adverbial als Ersatz für einen Nebensatz

Passiv
Leideform. er **wird geschlagen**

Perfekt (vollendete Gegenwart)
eine der sechs Zeiten. ich bin gegangen, ich habe gespielt

persönliches Fürwort → Personalpronomen

persönliches Passiv
kann mit transitiven Verben gebildet werden. Die von der Handlung betroffene Person oder Sache ist Subjekt des Satzes. Martha wurde entlassen. Das Haus ist frisch verputzt.

Grammatische Fachbegriffe

P - S

Person
Es gibt drei grammatische Personen, und zwar jeweils im Singular (Einzahl) und im Plural (Mehrzahl). ich, sie, ihr

Personalform
Verbstamm + Personenendung, konjugierte/finite Verbform; Gegensatz: infinite Form

Personalpronomen (persönliches Fürwort)
ich, er, wir

Phonem
kleinste lautliche Unterscheidung. **b**iegen – **s**iegen

Phonetik
Teil der Lautlehre, der beschreibt, wie die Laute der gesprochenen Sprache gebildet werden.

Pleonasmus
inhaltlich überflüssige Wiederholung. nochmals wiederholen, ebenso auch

Plural (Mehrzahl)
die Häuser, die Pferde

Plusquamperfekt (vollendete Vergangenheit)
eine der sechs Zeiten. ich war gegangen, ich hatte gespielt

Polyseme
gleich lautende Nomen, die unterschiedliche Bedeutungen haben, die aber auf eine gemeinsame (sprachhistorische) Wurzel zurückgeführt werden können. der Schild – das Schild.

Positiv (Grundstufe)
erste, ungesteigerte Stufe bei der Steigerung des Adjektivs. schön, gut, klein

Possessivbegleiter
Possessivpronomen, das als Begleiter benutzt wird

Possessivpronomen (besitzanzeigendes Fürwort)
mein, dein, sein, unser, euer, Ihr

Postposition
Präposition, die ihrem Bezugswort nachgestellt ist. mir zuliebe, dem Bericht zufolge

Prädikat (Satzaussage)
ein Satzglied, das die finite (= die Konjugationsendung tragende) Verbform eines Satzes enthält. Es **regnet**. Mehrteilige Prädikate kommen bei zusammengesetzten Zeiten, mit Modalverben und im Passiv vor. ich **habe gelernt**, ich **wurde vertrieben**, ich **konnte singen**, ich **hätte** es **tun sollen**.

prädikativ (zum Prädikat gehörend)
Nomen oder Adjektiv als Teil des Prädikats. → Prädikatsnomen, Prädikatsadjektiv

Prädikatsadjektiv
Gleichsetzung eines Adjektivs mit dem Subjekt oder Akkusativobjekt; Teil des Prädikats. Sie ist **stark**. Ich finde dich **super**.

Prädikatsnomen/Prädikativer Nominativ
Gleichsetzung eines Nomens mit dem Subjekt oder Akkusativobjekt; Teil des Prädikats. Frau Mai ist unsere **Nachbarin**.

präfigiert
mit einem Präfix versehen. **Ver**schlag, **ver**suchen, **un**schön

Präfix (Vorsilbe)
nicht trennbarer Wortteil, der einem anderen Wort vorangestellt wird und mit diesem ein neues Wort bildet. **An**schaffung, **be**gleiten, **er**klären, **zer**teilen, **voll**enden

Präposition (Verhältniswort)
mit, von, gegen, in

Präpositionaladverb → Pronominaladverb

Präpositionalgruppe
Wortgruppe mit einer Präposition; meist ist der Kern der Gruppe ein Nomen. Die Kinder spielen **auf der Straße**.

Präpositionalobjekt (Satzergänzung mit Verhältniswort)
Ich warte **auf deinen Anruf**.

Präsens (Gegenwart)
eine der sechs Zeiten. ich gehe, ich spiele

Präteritum (Imperfekt, Vergangenheit)
eine der sechs Zeiten. ich ging, ich spielte

Pronomen (Fürwort)
Stellvertreter von Nomen. ich, du, dieser, jeder, alle

Pronominaladverb
Adverb, das aus den Umstandswörtern *da, hier* oder *wo* + Präposition besteht und eine Verbindung aus Präposition + *das* oder *was* ersetzt. **Worüber** (aus: *über was*) freust du dich? **Darüber** (aus: *über das*).

Punkt .
ein Satzzeichen

R

Reduplikation
Verdopplung meist einer Silbe, manchmal mit leichten Veränderungen zur Bildung von Wörtern. zickzack, klippklapp, Mau-Mau

rechte Einheit → Grundwort

Reflexivpronomen (rückbezügliches Fürwort)
mich, dich, uns, euch, sich

Reflexivverb (rückbezügliches Verb)
sich wundern

regelmäßige Konjugation (Beugung)
Konjugation der Verben ohne Änderung des Stammvokals oder der Stammform. ich arbeite, ich arbeitete

regelmäßiges Verb
schwaches Verb → Konjugation

Rektion (Verb: regieren)
Fähigkeit der Verben, Adjektive und Präpositionen, den grammatischen Kasus von Nomen und Pronomen festzulegen. Er **vertraut ihm**. Ich lege es **auf den Tisch**. Ich bin mir **dieser Sache bewusst**.

Relativadverb (bezügliches Adverb)
leitet einen Relativsatz ein. womit, wovon, wodurch

Relativpronomen (bezügliches Fürwort)
leitet einen Relativsatz ein. Die Geschäftspartnerin, **die/welche** ich gestern traf, ist heute wieder abgereist.

Relativsatz (Bezugssatz)
Nebensatz, der sich auf das Subjekt, ein Objekt oder ein Adverbial im Hauptsatz bezieht; wird durch ein Relativpronomen oder Relativadverb eingeleitet. Ich lese ein Buch, **das immer spannender wird**.

Restriktivsatz
Nebensatz, der die Gültigkeit der Handlung des Hauptsatzes einschränkt. Wird eingeleitet durch die Konjunktionen *soviel, soweit*. **Soweit ich informiert bin**, ist heute Markttag.

reziprok
wechselseitig

Reziprozität
wechselseitige Beziehung Sie begrüßten sich (gegenseitig).

rhetorische Frage
Frage, auf die keine Antwort erwartet wird. Hab' ich's nicht gesagt?

rückbezügliches Fürwort → Reflexivpronomen

rückbezügliches Verb → Reflexivverb

S

sächlich → neutral

Satzäquivalent
nicht flektierbares Wort, das für einen vollständigen Satz steht. Ja. Danke. Stop!

Satzaussage → Prädikat

Satzbau
Zusammensetzung der Satzglieder

Satzbauplan
Satzmuster. Darstellung der Möglich-

keiten, wie Sätze aus verschiedenen Satzgliedern gebildet werden können.

Satzellipse
grammatisch unvollständiger, aber trotzdem verständlicher Kurzsatz. Glück gehabt!

Satzergänzung → Objekt

Satzgefüge
Gefüge aus Haupt- und Nebensatz

Satzgegenstand → Subjekt

Satzglied
ein oder mehrere Wörter, die eine bestimmte Aufgabe im Satz erfüllen

Satzgliedteil → Attribut

Satzklammer
mehrteilige Satzaussage (Prädikat), die andere Satzglieder umschließt. Der Bus **fährt** später **ab**.

Satznegation
Verneinung des ganzen Satzes durch die Negationspartikel *nicht*. Das weiß ich **nicht**.

Satzreihe
Aneinanderreihung von gleichrangigen Hauptsätzen

satzwertiger Infinitiv
zu + Infinitiv + Objekt oder Adverbial als Ersatz für einen Nebensatz. Er gestand, **die Tasche gestohlen zu haben**.

satzwertige Infinitivgruppe → Infinitivgruppe

satzwertige Partizipialgruppe
→ Partizipialgruppe

Satzzeichen
gliedern Sätze

Schachtelsatz
Satzgefüge aus einem oder mehreren Hauptsätzen und Nebensätzen

Scheinanglizismus
Wort, das aus dem Englischen stammt, aber in einer anderen Bedeutung als seiner ursprünglichen benutzt wird, oder ein Wort, das so im Englischen nicht existiert. Handy, Body, Talkmaster

Schlusszeichen
schließen einen Satz ab

Schrägstrich /
ein Satzzeichen

Schriftsprache → Hochdeutsch

schwache Deklination
Deklination von Nomen und Adjektiven ohne besondere Merkmale

schwache Konjugation (Beugung)
→ regelmäßige Konjugation

Selbstlaut → Vokal

Semantik
Lehre von der Bedeutung eines Wortes oder Ausdrucks

Semikolon (Strichpunkt) **;**
ein Satzzeichen

Sexus (natürliches Geschlecht)
biologisches Geschlecht von Menschen, Tieren und Pflanzen

Silbe
Sprecheinheit in Wörtern. re-den

Silbenkurzwort
Kurzwort, das aus den Anfangsbuchstaben zusammengesetzter Nomen zu neuen Silben und Wörtern geformt wird. Kripo, Kita

Silbentrennung → Worttrennung

Singular (Einzahl)
das Haus, ein Pferd, ich

Sondernegation
Verneinung eines Satzgliedes durch die Negationspartikel *nicht*. Er spielt **nicht** gut.

Sprachsilbe
Morphem, bedeutungstragender Wortbestandteil. trag-en, Um-geb-ung

Sprechsilbe
lautliche Einteilung eines Wortes. tra-gen, Um-ge-bung

Stamm des Verbs → Verbstamm

Stammformen
die drei Formen eines Verbs, die erkennbar machen, ob das Verb regelmäßig oder unregelmäßig konjugiert wird

Stammprinzip
eine wichtige Regel für die Rechtschreibung

Stammvokal
Vokal im Verbstamm, der bei unregelmäßigen Verben wechselt. ich biete, ich bot, ich böte, geboten; ich fahre, ich fuhr, ich führe, gefahren; ich spreche, ich sprach, ich spräche, gesprochen

Standardsprache
Hochdeutsch

starke Deklination
Deklination mit besonderen Merkmalen bei Nomen, Adjektiven und manchen Pronomen

starkes Verb
unregelmäßiges Verb → Konjugation

starke Konjugation → unregelmäßige Konjugation

Steigerung (Komparation)
des Adjektivs. laut - lauter - am lautesten

Steigerungsstufe → Komparativ

Stellvertreter
Pronomen, das ein Nomen ersetzt → Pronomen

stimmhafte Laute
Laute, bei deren Bildung die Stimmlippen (Stimmbänder) durch die Luft aus der Lunge in Schwingung versetzt werden. a, o, l, n

stimmlose Laute
Laute, bei deren Bildung die Stimmlippen nicht in Schwingung versetzt werden. f, h, k, z

Streckform des Verbs → Funktionsverbgefüge

Strichpunkt → Semikolon

Subjekt (Satzgegenstand)
ein Satzglied. **Das Unwetter** zieht vorbei.

Subjektteil
Manchmal besteht ein Subjekt aus mehreren Subjektteilen. **Das Haus**, **der Garten** und **das Auto** gehören mir.

Subjektsatz
Nebensatz, der das Subjekt des Hauptsatzes ersetzt

Subjunktion
unterordnende Konjunktion, die einen Nebensatz einleitet. indem, wenn, weil

Substantiv → Nomen

Substantivierung → Nominalisierung

Substitutivsatz
Nebensatz, der eine Möglichkeit ausdrückt, die nicht wahrgenommen wird. Wird mit den Konjunktionen *anstatt dass* und *statt dass* eingeleitet. **Statt dass er aß**, trank er nur

Suffix (Nachsilbe, Anhängsel)
Wortteil, das nicht als selbstständiges Wort vorkommt; wird an ein Wort (Mitglied**schaft**) oder einen Wortstamm (laun**isch**) angehängt und bildet so ein neues Wort.

Superlativ (Höchststufe)
dritte, höchste Stufe der Steigerung des Adjektivs. am schnellsten; der schnellste Zug

Syntax
Lehre vom Satzbau

T

Tatform → Aktiv

Tätigkeitswort → Verb

Tautologie
Wiederholung eines Wortes zur Ausdrucks- oder Bedeutungsverstärkung. nach und nach, wieder und wieder

Teilsatz
Satz, der Teil einer Satzreihe oder eines Satzgefüges ist.

Temporaladverbial
adverbiale Bestimmung der Zeit

Temporalsatz (Zeitsatz)
Nebensatz, der eine Handlung in ein zeitliches Verhältnis zum Hauptsatz setzt; wird z. B. durch die Konjunktionen

als, nachdem, während, bevor eingeleitet. Sie schlief schon, **als du kamst**.

Tempus (Plural: Tempora)
Zeit, Zeitform. Vergangenheit, Zukunft

transitiv (zielend)
ist ein Verb, das Akkusativobjekte bei sich haben kann. Ich lese **diese Liste**.

transponieren
in eine andere Wortart überführen. Suffixe können Wörter in eine andere Wortart überführen Leser (Nomen) - leserlich (Adjektiv)

trennbare Verbpartikel
(unechtes Präfix) dem Verb vorangestellter Zusatz (Adverb, Präposition, seltener Nomen oder Adjektiv), der vom Verb trennbar ist. **ab**fahren: ich fahre **ab**; **vor**ziehen: er zog es **vor** ...; **fest**stellen: wir stellen **fest**

trennbares Verb
Verb mit abtrennbarem Verbzusatz **hier**bleiben - Bleib **hier**!

trennbarer Verbzusatz → trennbare Verbpartikel

Tunwort → Verb

U

Übereinstimmung → Kongruenz

Umgangssprache
Sprache, die im Alltag benutzt wird, aber nicht im Schriftlichen

Umlaut
ä, ö, ü. M**ö**hre, V**ä**ter, tr**ü**b

Umstandsbestimmung → Adverbial

Umstandswort → Adverb

unbestimmter Artikel → Artikel

unbestimmtes Fürwort → Indefinitpronomen

unbestimmtes Geschlechtswort → Artikel

unbestimmtes Pronomen → Indefinitpronomen

unbestimmtes Zahlwort
einige, manche, viele

unflektiert
in Kasus, Genus, Numerus nicht verändert (ungebeugt). Gegensatz: *flektiert* → Flexion

unikale Einheit
Wort, das heute nicht mehr selbständig, sondern nur noch als Bestandteil eines zusammengesetzten Wortes vorkommt. **Brom**beere, **Schorn**stein

unpersönliches *es*
ist Subjekt in Sätzen mit unpersönlichen Verben oder mit unpersönlichem Passiv. **Es** regnet nicht mehr. **Es** wurde viel gelacht.

unpersönliches Passiv
wird mit *es* gebildet. Derjenige, der von der Handlung betroffen ist, wird nicht genannt. Es wurde viel getrunken.

unpersönliches Verb
Verb, das nur unpersönlich mit *es* benutzt werden kann. es regnet

unregelmäßige Konjugation
Konjugation der Verben mit Wechsel des Stammvokals st**e**chen, st**a**ch, gest**o**chen

unterordnende Konjunktion
Konjunktion, die Nebensätze einleitet. weil, als, dass

untrennbares Verb
Verb mit Präfix, dessen Formen immer ungetrennt bleiben. Ich **verliere** immer. Er **vollendete** sein Werk.

V

Valenz
Fähigkeit des Verbs (Prädikats), die Zahl der Satzglieder in einem Satz zu bestimmen → Wertigkeit

Verb (Zeitwort, Tätigkeitswort, Tunwort)
spielen, sein

Verbalabstraktum, Verbalsubstantiv
von einem Verb abgeleitetes Substantiv. schlafen - Schlaf; ernennen - Ernennung; warten - das Warten

Verbstamm (Stamm des Zeitworts)
ergibt sich, wenn man am Ende des Infinitivs *-en/-ern/-eln* wegstreicht. spiel~~en~~, wander~~n~~, klingel~~n~~

Verbzusatz
Oberbegriff für Adverbien, Nomen, Präpositionen oder Adjektive, die einem Verb vorangestellt werden und mit ihm eine trennbare Zusammensetzung bilden. **hier**bleiben, **vor**gehen, **statt**finden, **warm**halten

Vergangenheit → Präteritum
Vergleichsformen → Steigerung
Vergleichspartikel
Partikel, die benutzt wird, um zwei Dinge oder Personen miteinander in einen Vergleich zu setzen. wie, als

Vergleichssatz → Komparativsatz
Verhältniswort → Präposition
Verkleinerungsform → Diminutiv
verkürzter Satz (Satzellipse)
grammatisch unvollständiger, aber verständlicher Kurzsatz. Glück gehabt!

Verneinung (Negation)
einzelner Wörter oder ganzer Sätze → Satznegation, Sondernegation

Verschiebeprobe
Hilfsmittel zur Bestimmung der Satzglieder, bei dem die Reihenfolge der Satzglieder umgestellt wird.

Verschmelzung → Kontraktion
Vervielfältigungszahl (Multiplikativzahl)
mehrfach, zweifach

Vokal (Selbstlaut)
a, e, i, o, u

vollendete Gegenwart → Perfekt
vollendete Vergangenheit → Plusquamperfekt
vollendete Zukunft → Futur II
Vollverb (vollwertiges Zeitwort)
fahren, helfen

vollwertiges Zeitwort → Vollverb
Vorgangspassiv
Passivform, die einen Vorgang beschreibt. Das Licht **wird ausgemacht**.

Vorsilbe → Präfix
Vorzeitigkeit
ein zeitliches Verhältnis der Handlungen in Haupt- und Nebensatz

W

w-Wort
Fragewort, das mit dem Buchstaben *w* beginnt. wer, warum, wo

Wahlfrage → Alternativfrage
wechselseitige Beziehung (Reziprozität)
Sie begrüßten sich (gegenseitig).

weiblich → feminin
weiterführender Nebensatz
Nebensatz, der sich auf lockere Art auf den gesamten Hauptsatz bezieht, meistens kommentierend. Er hat zugesagt, **was mich freut**.

Wem-Fall → Dativ
Wen-Fall → Akkusativ
Wenn-Satz → Konditionalsatz
Wer-Fall → Nominativ
Wertigkeit (Valenz)
Fähigkeit der Verben, die Zahl der Satzglieder in einem Satz zu bestimmen.

Wessen-Fall → Genitiv
Wiewort → Adjektiv
Wiederholungszahlen (Iterativzahlen)
dreimal, x-mal

Wirklichkeitsform → Indikativ
wörtliche Rede → direkte Rede
Wortbaustein
Wörter bestehen aus Wortbausteinen.

Wortbildung
Bildung neuer Wörter durch Abwandlung (Zusammensetzung, Ableitung, Kürzung oder Konversion) bestehender Wörter.

Wortfamilie
Wörter, die alle vom selben Wortstamm abgeleitet sind. send → **send**en, **Send**eschluss, Ver**sand**

Grammatische Fachbegriffe

W - Z

Wortfuge
Stelle, an der bei zusammengesetzten Wörtern das eine Wort endet und das nächste beginnt. Ton|leiter, fort|gehen

Wortgruppe
aus mehreren Wörtern bestehende Sinneinheit. drei Jahre alt, schrecklich laut

Wortkreuzung → Kontamination

Wortstamm
Baustein für Wörter. wort, hand, viel, fahr, leit

Wortstellung
Anordnung der Wörter bzw. Satzglieder in einem Satz

Worttrennung (Silbentrennung)
Trennung von Wörtern im Schriftlichen nach Sprecheinheiten. Mo-ni-tor, Spal-tung

Wunschsatz
Wäre ich nur ein wenig reicher!

Z

Zählprobe
Hilfsmittel zur Prüfung der Gleichrangigkeit aufgezählter Adjektive

Zahl → Numerus

Zahladjektiv
Zahlwort, das ein Adjektiv ist oder adjektivisch benutzt werden kann. **zwei** Fliegen, zum **dritten** Mal,

Zahlwort, → Numerale

Zeit (Tempus)
Es gibt im Deutschen sechs Zeiten (Tempora): Präsens, Präteritum, Perfekt, Plusquamperfekt, Futur I, Futur II

Zeitenfolge
Reihenfolge der Handlungen in Haupt- und Nebensatz

Zeitsatz → Temporalsatz

Zeitstrahl
bildliche Darstellung der sechs Zeiten

Zeitwort → Verb

zielend → transitiv

Zirkumfix
ein Affix, das aus zwei Teilen besteht und ein Wortelement/einen Wortstamm umschließt und neue Wörter oder Verbformen bildet. **Ge**red**e**, **ge**schmeid**ig**, **be**herzig**en**

Zitat, zitieren
eine Textstelle wörtlich wiedergeben

Zukunft → Futur I

zusammengesetztes Wort → Kompositum

zusammengesetzte Zeit
Zeit, die aus Hilfsverb + Vollverb gebildet wird. er hat gegessen, er wird essen

Zusammensetzung → Komposition, Kompositum

Zusatz
Zusätzliche Information in einem Satz, die durch Komma abgetrennt ist. Ich habe, **ohne die Zusatzkosten**, genau 30 Euro bezahlt.

Zustandspassiv
Passivform, die einen Zustand beschreibt. Das Licht ist gelöscht.

Zwecksatz → Finalsatz

zweiwertiges Verb
Verb, das neben dem Subjekt noch ein Objekt fordert, damit der Satz vollständig wird. lieben, brauchen, helfen

Zwielaut → Diphthong

In der folgenden Liste finden Sie zahlreiche Fachbegriffe und Stichwörter, die in diesem Buch im Rahmen eines oder mehrerer Themen behandelt werden. Dahinter wird auf die entsprechende Seite verwiesen. Stichwörter sind kursiv gesetzt. Ein → verweist auf einen gleichbedeutenden Fachbegriff.

A

Sach- und Stichwortverzeichnis

B

Sach- und Stichwortverzeichnis

E

2 SACH- UND STICHWÖRTER

J

K

U

V

2 SACH- UND STICHWÖRTER

2 SACH- UND STICHWÖRTER